环球网校

全国一级建造师执业资格考试

应试教材

U1016816

建设工程项目管理

建造师考试研究院 编

哈尔滨工业大学出版社
HARBIN INSTITUTE OF TECHNOLOGY PRESS

内容简介

本书根据一级建造师执业资格考试大纲编写，共包括10章内容，分别为建设工程项目组织、规划与控制，建设工程项目管理相关体系标准，建设工程招标投标与合同管理，建设工程进度管理，建设工程质量管理，建设工程成本管理，建设工程施工安全管理，绿色建造及施工现场环境管理，国际工程承包管理及建设工程项目管理智能化。本书的主要特点：有本章导学、知识点讲解，图文并茂；有知识点总结、重点提示、实战演练；有课程兑换、题库兑换等板块，讲练并重。

本书主要针对工程类相关专业工作，有一定的专业基础和实践经验，对一级建造师执业资格考试缺少知识梳理和系统学习的考生编写，可作为一级建造师执业资格考试考生的复习备考用书。

图书在版编目（CIP）数据

建设工程项目管理 / 建造师考试研究院编. -- 哈尔滨 ：哈尔滨工业大学出版社，2025. 4. --（全国一级建造师执业资格考试应试教材）. -- ISBN 978 - 7 - 5767 - 1978 - 9

Ⅰ. F284

中国国家版本馆 CIP 数据核字第 2025Y7W484 号

建设工程项目管理

JIANSHE GONGCHENG XIANGMU GUANLI

策划编辑　王桂芝
责任编辑　赵凤娟
出版发行　哈尔滨工业大学出版社
社　　址　哈尔滨市南岗区复华四道街10号　邮编150006
传　　真　0451－86414749
网　　址　http://hitpress.hit.edu.cn
印　　刷　三河市中晟雅豪印务有限公司
开　　本　787 mm×1 092 mm　1/16　印张26　字数650千字
版　　次　2025年4月第1版　2025年4月第1次印刷
书　　号　ISBN 978 - 7 - 5767 - 1978 - 9
定　　价　78.00元

（如因印装质量问题影响阅读，我社负责调换）

编者寄语

亲爱的考生：

“建设工程项目管理”是一级建造师考试的核心科目，也是一项复杂且系统的工作。“建设工程项目管理”涉及多个领域的知识，包括项目的策划、组织、执行、监控与收尾等各个阶段的管理。因此，考试内容不仅考查考生在项目管理方面的理论知识，还涉及实际应用、法律法规、合同管理、质量控制、成本管理、安全管理、风险管理等多方面的内容。考生不仅需要掌握项目管理的基础理论，还需理解如何将这些理论运用到实际项目中去。在考试中，很多题目都会结合实际工程管理情境来考查考生解决问题的能力。例如，如何根据项目的实际情况调整管理计划、如何应对项目中的风险等。因此，理论学习与实际操作的结合非常重要，考生需要通过做大量的练习题和案例分析，提升实际操作能力。尤其是在复杂的工程管理环境中，如何应对风险、如何合理调度资源、如何进行成本控制等问题，都是考试考查的重点。

总体来说，一级建造师考试的“建设工程项目管理”科目具有综合性强、内容广泛、注重实践应用、与法律法规密切相关、题型多样化等特点。考生需要具备较强的理论基础，掌握相关法律法规，并具备解决实际问题的能力。通过合理规划备考，强化综合运用能力，考生可以较好地应对这一科目的考试挑战。一级建造师考试作为建筑行业的权威认证，对各位考生来说既是对自身能力的考验，也是对未来发展的投资。在备考的过程中，或许你会遇到艰难时刻，感到疲惫或迷茫。但请记住，这一切的付出和努力都是值得的。每一分坚持都在积累力量，推动你向更高的目标迈进。

下面的几条备考建议，供学习时参考：

合理的学习规划　在备考阶段，首先需要制订一个详细且实际的学习计划。根据自己的备考时长，将备考期划分为若干个阶段，如基础学习阶段、强化阶段、冲刺阶段等。每个阶段的重点不同，可以根据自己对各个科目的掌握情况来调整学习内容。要将每日的学习任务细化，制订合理的每日学习时间表。

必过的坚定信念 在一级建造师考试的备考过程中，坚定的信念和决心是成功的关键因素之一。目标要明确，每一分努力都为达成这个目标积累经验和知识。坚持每天学习，努力突破每一个难点，一点一滴的进步会让你离目标更近，从而坚定自己的信念。通过每天的学习、做题、总结，逐渐积累起自己的优势。把大目标转化为日常的小目标，逐步完成每一项任务，而这些小目标的积累，最终会汇聚成你考试成功的坚实基础。要始终保持良好的学习状态，保证每天学有所获。

有效的时间管理 在备考一级建造师考试的过程中，时间管理的有效性直接决定了复习的质量与效果。要根据学习任务的优先级来合理安排复习内容，什么时间学基础、记忆性内容，什么时间学重点、难点内容，什么时间回顾分析、查缺补漏，做到事事有落实，日日有总结。定期进行模拟考试和考试时间测试对于时间管理至关重要。通过模拟考试，不仅可以检验自己对知识的掌握情况，还能帮助提高在实际考试中管理时间的能力。

过硬的心理素质 良好的心理素质有助于在考试中发挥出最佳水平。在备考过程中要学会调整情绪，合理安排休息时间，避免过度焦虑。始终保持自信的心态，相信自己已经为考试做好了充分准备。遇到困难时，不妨适当放松，调整状态，保持平和心态，从而更好地迎接挑战。考试的压力和复习的疲惫，可能会让你感到焦虑和不安，但请始终保持积极的心态，调整自己的情绪，做到自信从容。无论考试结果如何，备考过程中的每一分坚持和付出，都会让你成长和进步。

无论你是为了提升自我、追求更高职位，还是为了在行业中脱颖而出，一级建造师考试都是你向梦想迈出的坚实一步。相信自己的能力，保持信心，付出努力，你一定能够获得成功。祝愿所有考生顺利通过考试，未来可期！

建造师考试研究院

目　　录

第一章

建设工程项目组织、规划与控制

本章导学

建设工程项目组织、规划与控制是施工管理的核心内容。本章一共包括3节内容，从项目投资策划开始，自项目依法立项之后，在项目实施阶段，重点讲解工程承包模式、工程项目管理组织及任命项目经理的相关内容，并且对施工前的施工组织设计和施工过程中的动态控制进行详细介绍。本章内容是学习建设工程项目管理知识的基础，考生应重点掌握。

第一节　工程项目投资管理与实施

知识点 1　工程项目投资管理制度

一、投资体制改革

根据《国务院关于投资体制改革的决定》（国发〔2004〕20号），改革开放以来，国家对原有的投资体制进行了一系列改革，打破了传统计划经济体制下高度集中的投资管理模式，初步形成了投资主体多元化、资金来源多渠道、投资方式多样化、项目建设市场化的新格局。但是，现行的投资体制还存在一些问题，如企业的投资决策权没有完全落实、市场配置资源的基础性作用尚未得到充分发挥等。因此，国务院决定进一步深化投资体制改革。

（一）深化投资体制改革的指导思想和目标

1. 深化投资体制改革的指导思想

按照完善社会主义市场经济体制的要求，在国家宏观调控下充分发挥市场配置资源的基础性作用，确立企业在投资活动中的主体地位，规范政府投资行为，保护投资者的合法权益，营造有利于各类投资主体公平、有序竞争的市场环境，促进生产要素的合理流动和有效配置，优化投资结构，提高投资效益，推动经济协调发展和社会全面进步。

2. 深化投资体制改革的目标

改革政府对企业投资的管理制度，按照“谁投资、谁决策、谁收益、谁承担风险”的原则，落实企业投资自主权；合理界定政府投资职能，提高投资决策的科学化、民主化水平，建立投资决策责任追究制度；进一步拓宽项目融资渠道，发展多种融资方式；培育规范的投资中介服务组织，加强行业自律，促进公平竞争；健全投资宏观调控体系，改进调控方式，完善调控手段；加快投资领域的立法进程；加强投资监管，维护规范的投资和建设市场秩序。通过深化改革和扩大开放，最终建立起市场引导投资、企业自主决策、银行独立审贷、融资方式多样、中介服务规范、宏观调控有效的新型投资体制。

（二）转变政府管理职能，确立企业的投资主体地位

1. 改革项目审批制度，落实企业投资自主权

彻底改革不分投资主体、不分资金来源、不分项目性质，一律按投资规模大小分别由各级政府及有关部门审批的企业投资管理办法。对于企业不使用政府投资建设的项目，一律不再实行审批制，区别不同情况实行核准制或登记备案制。其中，政府仅对重大项目和限制类项目从维护社会公共利益角度进行核准，其他项目无论规模大小，均改为备案制，项目的市场前景、经济效益、资金来源和产品技术方案等均由企业自主决策、自担风险，并依法办理环境保护、土地使用、资源利用、安全生产、城市规划等许可手续和减免税确认手续。对于企业使用政府补助、转贷、贴息投资建设的项目，政府只审批资金申请报告。各地区、各部门要相应改进管理办法，规范管理行为，不得以任何名义截留下放给企业的投资决策权利。

2. 规范政府核准制

要严格限定实行政府核准制的范围，并根据变化的情况适时调整。《政府核准的投资项目目录（2016年本）》（以下简称《目录》）由国务院投资主管部门会同有关部门研究提出，报国务院批准后实施。未经国务院批准，各地区、各部门不得擅自增减《目录》规定的范围。

企业投资建设实行核准制的项目，仅需向政府提交项目申请报告，不再经过批准项目建议书、可行性研究报告和开工报告的程序。政府对企业提交的项目申请报告，主要从维护经济安全、合理开发利用资源、保护生态环境、优化重大布局、保障公共利益、防止出现垄断等方面进行核准。对于外商投资项目，政府还要从市场准入、资本项目管理等方面进行核准。政府有关部门要制定严格规范的核准制度，明确核准的范围、内容、申报程序和办理时限，并向社会公布，提高办事效率，增强透明度。

3. 健全备案制

对于《目录》以外的企业投资项目，实行备案制，除国家另有规定外，由企业按照属地原则向地方政府投资主管部门备案。备案制的具体实施办法由省级人民政府自行制定。国务院投资主管部门要对备案工作加强指导和监督，防止以备案的名义变相审批。

项目投资审批制、核准制和备案制管理如图1-1-1所示。

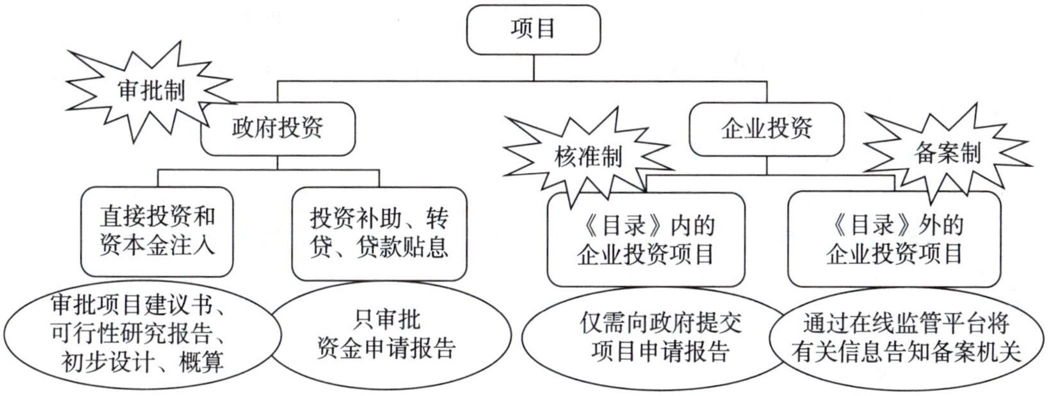

图1-1-1　项目投资审批制、核准制和备案制管理

4. 扩大大型企业集团的投资决策权

基本建立现代企业制度的特大型企业集团，投资建设《目录》内的项目，可以按项目单独申报核准，也可编制中长期发展建设规划，规划经国务院或国务院投资主管部门批准后，规划中属于《目录》内的项目不再另行申报核准，只需办理备案手续。企业集团要及时向国务院有关部门报告规划执行和项目建设情况。

5. 鼓励社会投资

放宽社会资本的投资领域，允许社会资本进入法律法规未禁入的基础设施、公用事业及其他行业和领域。逐步理顺公共产品价格，通过注入资本金、贷款贴息、税收优惠等措施，鼓励和引导社会资本以独资、合资、合作、联营、项目融资等方式，参与经营性的公益事业、基础设施项目建设。对于涉及国家垄断资源开发利用、需要统一规划布局的项目，政府在确定建设规划后，可向社会公开招标选定项目业主。鼓励和支持有条件的各种所有制企业进行境外投资。

6. 进一步拓宽企业投资项目的融资渠道

允许各类企业以股权融资方式筹集投资资金，逐步建立起多种募集方式相互补充的多层次资本市场。经国务院投资主管部门和证券监管机构批准，选择一些收益稳定的基础设施项目进行试点，通过公开发行股票、可转换债券等方式筹集建设资金。

7. 规范企业投资行为

各类企业都应严格遵守国土资源、环境保护、安全生产、城市规划等法律法规，严格执行产业政策和行业准入标准，不得投资建设国家禁止发展的项目；应诚信守法，维护公共利益，确保工程质量，提高投资效益。国有和国有控股企业应按照国有资产管理体制改革和现代企业制度的要求，建立和完善国有资产出资人制度、投资风险约束机制、科学民主的投资决策制度和重大投资责任追究制度。严格执行投资项目的法人责任制、资本金制、招标投标制、工程监理制和合同管理制。

（三）完善政府投资体制，规范政府投资行为

1. 合理界定政府投资范围

政府投资主要用于关系国家安全和市场不能有效配置资源的经济和社会领域，包括加强公益性和公共基础设施建设，保护和改善生态环境，促进欠发达地区的经济和社会发展，推进科技进步和高新技术产业化。能够由社会投资建设的项目，尽可能利用社会资金建设。合理划分中央政府与地方政府的投资事权。中央政府投资除本级政权等建设外，主要安排跨地区、跨流域以及对经济和社会发展全局有重大影响的项目。

2. 健全政府投资项目决策机制

进一步完善和坚持科学的决策规则和程序，提高政府投资项目决策的科学化、民主化水平；政府投资项目一般都要经过符合资质要求的咨询中介机构的评估论证，咨询评估要引入竞争机制，并制定合理的竞争规则；特别重大的项目还应实行专家评议制度；逐步实行政府投资项目公示制度，广泛听取各方面的意见和建议。

3. 规范政府投资资金管理

编制政府投资的中长期规划和年度计划，统筹安排、合理使用各类政府投资资金，包括预算内投资、各类专项建设基金、统借国外贷款等。政府投资资金按项目安排，根据资金来源、项目性质和调控需要，可分别采取直接投资、资本金注入、投资补助、转贷和贷款贴息等方式。以资本金注入方式投入的，要确定出资人代表。要针对不同的资金类型和资金运用方式，确定相应的管理办法，逐步实现政府投资的决策程序和资金管理的科学化、制度化和规范化。

4. 简化和规范政府投资项目审批程序，合理划分审批权限

按照项目性质、资金来源和事权划分，合理确定中央政府与地方政府之间、国务院投资主管部门与有关部门之间的项目审批权限。对于政府投资项目，采用直接投资和资本金注入方式的，从投资决策角度只审批项目建议书和可行性研究报告，除特殊情况外不再审批开工报告，同时应严格政府投资项目的初步设计、概算审批工作；采用投资补助、转贷和贷款贴息方式的，只审批资金申请报告。具体的权限划分和审批程序由国务院投资主管部门会同有

关方面研究制定，报国务院批准后颁布实施。

5. 加强政府投资项目管理，改进建设实施方式

规范政府投资项目的建设标准，并根据情况变化及时修订完善。按项目建设进度下达投资资金计划。加强政府投资项目的中介服务管理，对咨询评估、招标代理等中介机构实行资质管理，提高中介服务质量。对非经营性政府投资项目加快推行“代建制”，即通过招标等方式，选择专业化的项目管理单位负责建设实施，严格控制项目投资、质量和工期，竣工验收后移交给使用单位。增强投资风险意识，建立和完善政府投资项目的风险管理机制。

6. 引入市场机制，充分发挥政府投资的效益

各级政府要创造条件，利用特许经营、投资补助等多种方式，吸引社会资本参与有合理回报和一定投资回收能力的公益事业和公共基础设施项目建设。对于具有垄断性的项目，试行特许经营，通过业主招标制度，开展公平竞争，保护公众利益。已经建成的政府投资项目，具备条件的经过批准可以依法转让产权或经营权，以回收的资金滚动投资于社会公益等各类基础设施建设。

实战演练

［2024 真题・单选］根据《国务院关于投资体制改革的决定》，对于企业不使用政府投资建设的项目，实行的投资管理制度是（　　）。

A. 审批制或核准制　　B. 核准制或登记备案制

C. 审批制或承诺制　　D. 承诺制或登记备案制

［解析］ 对于企业不使用政府投资建设的项目，一律不再实行审批制，区别不同情况实行核准制或登记备案制。

［答案］ B

［经典例题・单选］对于采用投资补助、贷款贴息方式的政府投资项目，政府投资主管部门应审批的文件是（　　）。

A. 可行性研究报告　　B. 资金申请报告

C. 开工报告　　D. 项目建议书

［解析］ 对于企业使用政府补助、转贷、贴息投资建设的项目，政府只审批资金申请报告。

［答案］ B

二、投资项目资本金

根据《国务院关于固定资产投资项目试行资本金制度的通知》（国发〔1996〕35 号），为了深化投资体制改革，建立投资风险约束机制，有效地控制投资规模，提高投资效益，促进国民经济持续、快速、健康发展，国务院决定对固定资产投资项目（以下简称投资项目）试行资本金制度。

（1）从 1996 年开始，对各种经营性投资项目，包括国有单位的基本建设、技术改造、房地产开发项目和集体投资项目，试行资本金制度，投资项目必须首先落实资本金才能进行建设。个体和私营企业的经营性投资项目参照《国务院关于固定资产投资项目试行资本金制

度的通知》的规定执行。

公益性投资项目不实行资本金制度。外商投资项目（包括外商投资、中外合资、中外合作经营项目）按现行有关法规执行。

（2）在投资项目的总投资中，除项目法人（依托现有企业的扩建及技术改造项目，现有企业法人即为项目法人）从银行或资金市场筹措的债务性资金外，还必须拥有一定比例的资本金。投资项目资本金，是指在投资项目总投资中，由投资者认缴的出资额，对投资项目来说是非债务性资金，项目法人不承担这部分资金的任何利息和债务；投资者可按其出资的比例依法享有所有者权益，也可转让其出资，但不得以任何方式抽回。

《国务院关于固定资产投资项目试行资本金制度的通知》中作为计算资本金基数的总投资，是指投资项目的固定资产投资与铺底流动资金之和，具体核定时以经批准的动态概算为依据。

（3）投资项目资本金可以用货币出资，也可以用实物、工业产权、非专利技术、土地使用权作价出资。对作为资本金的实物、工业产权、非专利技术、土地使用权，必须经过有资格的资产评估机构依照法律、法规评估作价，不得高估或低估。以工业产权、非专利技术作价出资的比例不得超过投资项目资本金总额的20%，国家对采用高新技术成果有特别规定的除外。投资者以货币方式认缴的资本金，其资金来源有：

①各级人民政府的财政预算内资金、国家批准的各种专项建设基金、“拨改贷”和经营性基本建设基金回收的本息、土地批租收入、国有企业产权转让收入、地方人民政府按国家有关规定收取的各种规费及其他预算外资金。

②国家授权的投资机构及企业法人的所有者权益（包括资本金、资本公积金、盈余公积金和未分配利润、股票上市收益等）、企业折旧资金以及投资者按照国家规定从资金市场上筹措的资金。

③社会个人合法所有的资金。

④国家规定的其他可以用作投资项目资本金的资金。

（4）投资项目资本金占总投资的比例，根据不同行业和项目的经济效益等因素确定。投资项目资本金的具体比例，由项目审批单位根据投资项目的经济效益以及银行贷款意愿和评估意见等情况，在审批可行性研究报告时核定。经国务院批准，对个别情况特殊的国家重点建设项目，可以适当降低资本金比例。

《国务院关于加强固定资产投资项目资本金管理的通知》（国发〔2019〕26号）中适当调整基础设施项目最低资本金比例：港口、沿海及内河航运项目，项目最低资本金比例由25%调整为20%。机场项目最低资本金比例维持25%不变，其他基础设施项目维持20%不变。其中，公路（含政府收费公路）、铁路、城建、物流、生态环保、社会民生等领域的补短板基础设施项目，在投资回报机制明确、收益可靠、风险可控的前提下，可以适当降低项目最低资本金比例，但下调不得超过5个百分点。实行审批制的项目，审批部门可以明确项目单位按此规定合理确定的投资项目资本金比例。实行核准或备案制的项目，项目单位与金融机构可以按此规定自主调整投资项目资本金比例。

投资项目最低资本金比例见表1-1-1。

表 1-1-1　投资项目最低资本金比例

序号	投资项目		最低资本金比例
1	城市和交通基础设施项目	城市轨道交通项目	20%
		港口、沿海及内河航运项目	
		铁路、公路项目	
		机场项目	25%
2	房地产开发项目	保障性住房和普通商品住房项目	20%
		其他项目	25%
3	产能过剩行业项目	钢铁、电解铝项目	40%
		水泥项目	35%
		煤炭、电石、铁合金、烧碱、焦炭、黄磷、多晶硅项目	30%
4	其他工业项目	玉米深加工项目	20%
		化肥（钾肥除外）项目	25%
		电力等其他项目	20%

（5）对某些投资回报率稳定、收益可靠的基础设施、基础产业投资项目，以及经济效益好的竞争性投资项目，经国务院批准，可以试行通过发行可转换债券或组建股份制公司发行股票方式筹措资本金。

（6）为扶持不发达地区的经济发展，国家主要通过在投资项目资本金中适当增加国家投资的比重，在信贷资金中适当增加政策性贷款比重以及适当延长政策性贷款的还款期等措施增强其投融资能力。

（7）投资项目的资本金一次认缴，并根据批准的建设进度按比例逐年到位。

（8）试行资本金制度的投资项目，在可行性研究报告中要就资本金筹措情况做出详细说明，包括出资方、出资方式、资本金来源及数额、资本金认缴进度等有关内容。上报可行性研究报告时须附有各出资方承诺出资的文件，以实物、工业产权、非专利技术、土地使用权作价出资的，还须附有资产评估证明等有关材料。

对投资项目概算要实行静态控制、动态管理。凡实际动态概算超过原批准动态概算的，投资项目资本金应按《国务院关于固定资产投资项目试行资本金制度的通知》规定的比例，以经批准调整后的概算为基数，相应进行调整，并按照国家有关规定，确定各出资方应增加的资本金。实际动态概算超过原批准动态概算 10%的，其概算调整须报原概算审批单位批准。

（9）主要使用商业银行贷款的投资项目，投资者应将资本金按每年应到位数量存入其主要贷款银行；主要使用国家开发银行贷款的投资项目，应将资本金存入国家开发银行指定的银行。投资项目资本金只能用于项目建设，不得挪作他用，更不得抽回。

（10）对在《国务院关于固定资产投资项目试行资本金制度的通知》印发前已批准项目建议书，尚未批准可行性研究报告的投资项目，要按《国务院关于固定资产投资项目试行资本金制度的通知》的要求，编报可行性研究报告或补报有关资本金方面的材料；对已批准可行性研究报告，尚未批准开工报告的投资项目，要按《国务院关于固定资产投资项目试行资本金制度的通知》的要求落实资本金，并补报有关资本金落实情况的材料，重新编报开工报告；凡资本金不落实的投资项目，一律不得开工建设。

实战演练

［经典例题·单选］对于实行项目资本金制度的投资项目，用来确定资本金的项目总投资是指该投资项目的（　　）之和。

A. 固定资产投资与全部流动资金　　B. 固定资产投资与铺底流动资金

C. 建设投资与建设期贷款利息　　D. 工程费用与预备费

［解析］作为计算资本金基数的总投资，是指投资项目的固定资产投资与铺底流动资金之和，具体核定时以经批准的动态概算为依据。

［答案］B

［经典例题·单选］固定资产投资项目实行资本金制度，以工业产权、非专利技术作价出资的比例不得超过投资项目资本金总额的（　　）。

A. 20%　　B. 25%

C. 30%　　D. 35%

［解析］固定资产投资项目实行资本金制度，以工业产权、非专利技术作价出资的比例不得超过投资项目资本金总额的20%。

［答案］A

［经典例题·单选］下列项目中，资本金占项目总投资比例最大的是（　　）。

A. 城市轨道交通项目　　B. 保障性住房项目

C. 普通商品住房项目　　D. 机场项目

［解析］根据表1-1-1，机场项目资本金占项目总投资的比例最大，为25%。

［答案］D

［经典例题·多选］根据固定资产投资项目资本金制度的相关规定，除用货币出资外，投资者还可以用（　　）作价出资。

A. 实物　　B. 工业产权

C. 专利技术　　D. 非专利技术

E. 无形资产

［解析］投资项目资本金可以用货币出资，也可以用实物、工业产权、非专利技术、土地使用权作价出资。

［答案］ABD

知识点 2　工程建设实施程序

工程建设实施程序是指项目从工程勘察设计、建设准备、工程施工、生产准备到竣工验收的整个建设过程。

一、工程勘察设计

工程勘察设计是工程建设的首要环节，包括初步设计、技术设计和施工图设计。初步设计需要经过可行性研究的批准，若初步设计提出的投资概算超过可行性研究报告提出的投资估算的10%，则需重新报批。施工图设计文件需经审查批准后方可实施。

二、建设准备

在建设准备阶段，主要由建设单位完成征地、拆迁、场地平整以及接通施工用水、电、通信网络等工作。此外，还需准备施工图纸，组织工程监理、施工及材料设备采购招标，并办理施工许可证和工程质量监督手续。

三、工程施工

在获得施工许可证后，进入施工阶段。开工时间根据工程性质而定，分期建设的工程分别以各期工程开工的时间为准。

四、生产准备

在工程全部建成并达到竣工验收条件时，建设单位需组织生产准备工作，包括组建生产管理机构，制定管理制度，招聘与培训生产人员，组织生产人员参加设备安装、调试和工程验收，落实原材料、燃料、水、电、气等来源。

五、竣工验收

竣工验收是工程建设实施阶段的最后一个环节，标志着投资成果转入生产或使用。竣工验收是全面考核工程成果和检验工程质量的重要步骤。建设工程自竣工验收合格之日起进入缺陷责任期，最长不超过2年。

实战演练

[经典例题·单选] 建设工程缺陷责任期通常从（　　）起计算。

A. 试生产工作完成之日　　B. 办理竣工结算之日

C. 竣工验收合格之日　　D. 出具工程接收证书之日

[解析] 竣工验收是全面考核工程成果和检验工程质量的重要步骤。建设工程自竣工验收合格之日起进入缺陷责任期。

[答案] C

[经典例题·单选] 缺陷责任期最长不超过（　　）年。

A. 1　　B. 2

C. 3　　D. 4

[解析] 缺陷责任期最长不超过2年。

[答案] B

知识点 3　工程承包模式

工程承包模式有多种类型，每种模式都有其特点和适用条件，下面介绍几种常见的工程承包模式。

一、设计—招标—建造（DBB）模式

DBB 模式是最传统的工程项目管理模式，强调按照设计、招标、建造的顺序进行。业主分别与设计单位和施工单位签订合同，设计和施工任务由不同的承包商完成。

（一）优点

1. 明确的权责分配

DBB 模式将项目分为设计、招标和施工 3 个阶段，每个阶段的任务和责任清晰明了，有助于避免行政部门的干扰，并使各方的权责利分配更加明确。

2. 提供具有竞争性的价格

在招标阶段，多个承包商参与竞争性投标，通常会提供更具竞争性的价格，有助于降低项目成本。

3. 确保设计完成度

设计阶段完成后才进行招标，这有助于确保设计方案的充分完善，减少施工过程中的变更和调整，提高项目的执行效率。

4. 透明度和公平性

招标过程为多个承包商提供了机会，强调公平竞争，有助于确保最有资质和价格最合理的承包商中标。

（二）缺点

1. 沟通不畅

DBB 模式中，设计和施工阶段之间存在较大的信息断层，可能导致在施工过程中出现问题，增加项目风险。

2. 变更困难

设计在招标之前完成，一旦在施工阶段出现需要修改的情况，变更往往会更加困难和昂贵，可能导致项目延误和成本增加。

3. 时间较长

DBB 模式的每个阶段需要相对较长的时间，特别是在设计和招标阶段，使得项目的整体周期较长，不适用于时间要求紧急的项目。

4. 潜在合作问题

不同承包商之间可能存在合作问题，特别是在设计和施工之间，缺乏良好的沟通和协调可能导致项目执行困难。

5. 投资成本易失控

建设周期长，投资成本容易失控，且设计与施工分离，协调复杂，容易导致业主前期投入高和管理成本高。

6. 设计与施工协调困难

建造商无法参与设计工作，设计变更频繁，可能导致设计与施工协调困难，使业主利益受损。

DBB 模式在明确权责、竞争性定价等方面具有明显优势，但其较长的项目周期、沟通

不畅以及变更管理困难等缺点也需引起重视。业主在选择项目实施方式时，需要根据具体项目的特点、要求和风险承受能力，综合考虑各种因素，选择最适合的实施方式。

二、设计—建造（DB）模式

DB模式又称交钥匙模式，业主选定一家公司负责项目的设计和施工，该公司对工程的质量、安全、工期、造价全面负责。

（一）优点

1. 权责单一

由于设计和施工由同一承包商负责，业主只需与一个承包商签订合同，避免了责任推诿，有利于问题的快速解决。

2. 缩短工期

DB模式允许边设计边施工，从而大幅缩短了项目的工期。

3. 成本控制

承包商可以将其丰富的从业知识和经验融入设计中，有助于控制成本，降低造价。

4. 减少协调时间

设计和施工由同一承包商负责，减少了不同单位之间的协调时间和费用。

5. 风险转移

大部分项目风险由承包商承担，减少了业主的风险负担。

（二）缺点

1. 业主控制能力较弱

业主对最终设计和细节的控制能力较弱，可能对最终的设计结果不满意。

2. 承包商承担较大风险

承包商需要承担更大的风险，包括设计和施工的风险，这要求承包商具备较高的技术水平和管理能力。

3. 竞争性较小

DB模式具有特殊性，潜在的投标人较少，可能导致投标竞争性不足。

4. 质量控制依赖于招标文件

项目的质量控制主要依赖于业主在招标时提供的功能描述书的质量，如果描述不明确，可能导致项目质量或功能上的问题。

5. 操作复杂且成本较高

虽然DB模式可以缩短工期和降低成本，但其操作过程复杂，且初期投资成本可能较高。

DB模式在加快项目交付、降低成本和简化管理等方面具有显著优势，但也存在业主控制能力不足、前期工作量大、承包商承担风险较大等缺点。因此，在选择DB模式时，业主应根据项目的具体需求和特点进行综合评估，以确保项目的成功实施。

三、设计—采购—施工（EPC）模式

总承包商负责设计、采购、施工等工作，对工程的质量、安全、费用和进度负责。EPC

模式适用于需要一体化管理的大型项目。

EPC 模式在提高项目效率、缩短周期方面具有显著优势，但同时也要求业主在前期进行充分的需求分析和明确项目目标，并且在选择承包商时谨慎考虑其能力和信誉。

四、设计—建造—运营（DBO）模式

承包商负责设计、建造和运营公共设施或基础设施，在一定期限后将项目移交给政府或所属机构。

DBO 模式通过整合设计、建造和运营环节，优化了项目的全寿命周期成本，简化了责任归属，并提高了项目的质量和效率。然而，该模式也面临较高的专家咨询费用、较长的项目周期以及复杂的监管和投标过程等挑战。

五、施工管理承包（CM）模式

CM 模式是一种“边设计、边施工”的管理方式，通过分阶段发包的方式，由业主委托 CM 单位以承包单位的身份进行施工管理。

（一）优点

1. 缩短建设周期

CM 模式通过设计与施工的充分搭接，能够有效缩短项目的建设周期。

2. 加强设计与施工的协调

CM 单位通过加强与设计方的协调，可以减少因修改设计而造成的工期延误。

3. 控制投资和减少设计变更

CM 模式有助于控制投资，减少施工阶段的设计变更，从而降低工程费用，减少风险。

4. 提高施工质量

设计与施工的结合和相互协调，有利于提高施工质量。

5. 明智选择分包商

通过业主和承包人共同决定分包商的选择，使得选择过程更加理性、明智。

（二）缺点

1. 对 CM 经理资质要求高

CM 模式对 CM 经理及其所在单位的资质和信誉要求较高，这对 CM 经理的专业能力提出了更高的要求。

2. 分项招标可能导致承包费较高

采用分项招标的方式，可能导致承包费用较高。

3. 合同范本要求高

CM 模式一般采用“成本加酬金”合同，对合同范本的要求较高。

4. 组织和控制难度增加

CM 模式涉及复杂的组织和协调工作，增加了项目的组织和控制难度，尤其在大型或复杂的项目中，可能会延长周期并增加成本。

CM 模式在缩短建设周期、加强设计与施工的协调、控制投资等方面具有显著优势，但同时也面临对 CM 经理资质要求高、分项招标可能导致承包费较高以及合同范本要求高等挑

战。因此，在选择 CM 模式时，业主需要根据项目的具体情况和需求进行综合评估。

六、政府和社会资本合作（PPP）模式

PPP 模式是一种政府与私营部门合作，两者共同投资和运营公共基础设施及服务项目的模式。

（一）优点

1. 缓解政府的财政压力

PPP 模式可以有效缓解政府的财政压力，因为政府不需要一次性投入大量资金，而是通过分摊建设成本来实现项目的推进。

2. 提高效率和质量

引入私营部门的专业知识和技术，可以提高项目的质量和效率，同时降低项目成本。

3. 风险分担

PPP 模式允许将项目风险合理分配给最擅长管理风险的一方，通常是私营部门，从而降低政府的风险负担。

4. 拉动经济增长

PPP 模式能够吸引私人资本进入基础设施建设领域，从而拉动经济增长，并推动市场化改革。

5. 资源优化配置

PPP 模式有助于整合政府和社会资本的资源，实现资源的优化配置。

（二）缺点

1. 融资成本高

私营部门的融资成本通常高于公共部门，这可能导致项目整体成本增加。

2. 合同复杂且缺乏灵活性

PPP 项目的合同结构复杂，长期合同缺乏灵活性，这可能影响项目的调整和应对变化的能力。

3. 管理难度大

由于涉及多方利益协调，PPP 项目的管理和运营复杂性较高，需要较强的监管能力和绩效监控。

4. 潜在垄断风险

特许经营可能导致某些服务市场的垄断，减少市场竞争。

PPP 模式在提高公共服务供给质量和效率、缓解政府财政压力等方面具有显著优势，但也存在融资成本高、合同复杂、管理难度大等挑战。因此，在实施 PPP 项目时，需要加强监管和绩效评估，以确保项目的成功实施和可持续发展。

七、合伙（Partnering）模式

Partnering 模式是一种创新的项目管理模式，旨在通过建立合作伙伴之间的长期合作关系，优化资源分配，提高项目执行的效率和质量。与传统的合同关系相比，Partnering 模式更加注重合作、信任和共同目标的实现。

Partnering 模式的主要特征包括：

（1）自愿性。在 Partnering 模式中，建立伙伴关系的各方必须是完全自愿的，而非出于强迫。这种模式的出发点是实现建设工程的共同目标，使参建方都能获益。

（2）高层管理者的参与。Partnering 模式的实施需要突破传统的观念和组织界限，建设工程各方高层管理者的参与以及高层管理者之间达成的共识，对该模式的顺利实施非常重要。

（3）信息开放性。Partnering 协议不是法律意义上的合同，而是在相互信任和资源共享的基础上达成的一种短期或长期的协议。信息的开放性是该模式的重要特征之一。

（4）共同的目标。Partnering 模式强调将项目参与各方的目标作为一个整体来考虑，并着眼于长期合作，以促进知识和经验的积累，增进彼此了解，为项目参与各方带来利益。

（5）风险共担。在 Partnering 模式中，合作伙伴共同承担项目风险，而不是将风险转嫁给单个参与者。这种风险共担机制有助于减少争议和诉讼的发生。

（6）灵活性。Partnering 模式允许合作伙伴在项目执行过程中灵活调整策略和计划，以应对不断变化的环境。

（7）互惠互利。在 Partnering 模式中，合作伙伴之间追求的是双赢的结果，而不是单方面的利益最大化。

Partnering 模式通过建立合作伙伴之间的信任关系，优化资源分配，提高项目执行效率和质量，从而实现各方目标和利益的最大化。

八、平行承包模式

平行承包模式是一种将工程项目分解为多个独立的合同包，每个合同包由不同的承包商负责完成的项目管理方式。这种模式在建设工程中广泛应用，尤其适用于大型、复杂的工程项目。

平行承包模式的特点包括：

（1）缩短建设工期。通过将设计和施工任务分解并分别发包，可以实现设计与施工阶段的衔接，从而缩短整个项目的建设周期。

（2）有利于质量控制。由于各承包商之间是独立和平行的关系，业主可以通过合同约束和相互制约来确保每一部分都达到预期的质量要求。

（3）择优选择承包商。平行承包模式允许业主在更大范围内选择最合适的承包商，尤其适合中小承包商参与竞争。

（4）增加组织管理和协调的工作量。建设单位需要与多个承包商签订合同，并负责协调各承包商之间的配合关系，增加了项目管理的复杂性和工作量。

（5）造价控制难度大。总合同价难以在短期内确定，且需控制多项合同价格，增加了工程造价控制的难度。

（6）不利于高水平承包单位的优势发挥。相比总承包模式，平行承包模式可能限制了技术先进、综合管理能力强的承包单位的优势发挥。

（7）提高项目的灵活性和专业性。平行承包模式提高了项目的灵活性和专业性，有助于业主根据工程实际需要逐步确定承包方。

（8）适用于多种项目类型。平行承包模式适用于大型基础设施、房地产开发、工业建设和公共设施项目等。

总之，平行承包模式通过分解工程任务和引入多家承包商，能够有效缩短工期和提高质量控制水平，但同时也增加了管理的复杂性和对造价控制的挑战。

九、联合体承包模式

联合体承包模式是指两个或多个法人或非法人组织自愿组成一个联合体，以一个承包人的身份共同与建设单位签订合同的工程承包行为。这种模式通常适用于大型和结构复杂的建设项目，其主要特点包括：

（1）合同结构简单。对于建设单位而言，与平行承包模式相比，联合体承包模式的合同结构较为简单，组织协调工作量小，有利于工程造价和建设工期的控制。

（2）增强竞争力和抗风险能力。联合体可以集中各成员单位在资金、技术和管理等方面的优势，克服单一公司力不能及的困难，不仅增强了竞争能力，也增强了抗风险能力。

（3）风险分担。联合体各成员共同承担工程设计、施工风险，并通过联合体协议明确风险分担机制。

（4）法律特征。联合体不具有法人资格，而是依约组成，各成员需签订协议明确各自职责和责任。对外作为一个整体共同投标、签订合同并承担连带责任。

（5）适用于大型复杂项目。由于联合体能够集中各成员单位的优势，因此特别适用于规模巨大或技术复杂的建设项目。

（6）管理与协调。联合体内部设有组织机构，实行统一经营，按投入比重确定经济利益和风险承担，明确责任、权利和义务。

（7）临时性。联合体管理模式具有临时性的特点，工程完工后联合体自动解散，可以为成员单位节约长期供养和维修保养的费用。

联合体承包模式通过集中各成员单位的优势，简化了建设单位的合同关系和组织协调工作，同时增强了项目的竞争力和抗风险能力，特别适用于大型和复杂的项目。

十、合作体承包模式

合作体承包模式是建筑行业中的一种项目承包方式，适用于工程类型复杂、数量庞大或专业配套需求较高的建设项目。在这种模式下，业主将施工任务发包给由多家公司组成的合作体，各公司分别与业主签订承包合同，并在合作体的统一计划、指挥和协调下完成施工任务。

合作体承包模式的特点包括：

（1）组织协调工作量小。各公司之间能够相互协调，业主的组织协调工作量较小。

（2）风险较大。合作体承包模式下，风险主要由业主承担。如果合作体内的某家公司倒闭或出现困难，其他成员及机构不承担经济责任，这一风险由业主承担。

（3）各承包单位之间既有合作愿望，又不愿意组成联合体。各承包单位之间有合作的愿望，但彼此信任度不够，因此不愿意采取联合体的捆绑式经营方式。

（4）各成员单位自主作业、管理，自负盈亏。各成员单位在合作体的统一计划、指挥和协调下实施自主作业、管理和经营，自负盈亏、自担风险。

（5）合同结构复杂。虽然合作体以一个整体的名义与业主签订基本合同，但各成员单位仍需分别与业主签订具体的施工承包合同。

合作体承包模式有助于解决单一公司无法独立完成大型复杂工程的问题，同时通过统一的协调组织确保项目顺利进行。然而，由于风险较大且成员间缺乏信任，这种模式需要业主具备较高的风险承受能力。

➤ **总结：** 平行承包模式、联合体承包模式、合作体承包模式的区别见表 1-1-2。

表 1-1-2 平行承包模式、联合体承包模式、合作体承包模式的区别

项目	平行承包模式	联合体承包模式	合作体承包模式
质量控制	有利于质量控制	有利于质量、进度、造价控制	质量、进度、造价控制有风险
进度控制	有利于缩短工期		
造价控制	造价控制难度大		
合同管理	工作量大	工作量小	工作量大
组织协调	工作量大	工作量小	工作量小
备注	（1）有利于择优选择承包单位； （2）不利于发挥承包商的综合优势	（1）对外承担连带责任； （2）对内按份承担责任	各施工单位不承担连带责任

实战演练

［2024 真题 · 单选］与传统的设计—招标—建造（DBB）模式相比，采用工程总承包模式的不足是（　　）。

A. 建设单位前期工作量大

B. 建设单位合同管理负担重

C. 不利于缩短建设工期

D. 不利于建设单位控制工程造价

［解析］ 与传统的设计—招标—建造（DBB）模式相比，采用工程总承包模式在加快项目交付、降低成本和简化管理等方面具有显著优势，但也存在业主控制能力不足、前期工作量大、承包商风险较大等缺点。

［答案］ A

［2024 真题 · 单选］采用 CM 工程管理模式时，CM 单位以（　　）的身份进行施工管理。

A. 建设单位　　B. 监理单位

C. 设计单位　　D. 承包单位

［解析］ 施工管理承包（CM）模式是一种“边设计、边施工”的管理方式，通过分阶段发包的方式，由业主委托 CM 单位以承包单位的身份进行施工管理。

［答案］ D

[2024 真题 · 单选] 采用联合体方式承包工程时，对联合体各成员单位要求的说法，正确的是（　　）。

A. 共同与建设单位签订工程承包合同

B. 需要具有与工程规模相适应的相同承包资质

C. 承担相同的工程承包合同义务和责任

D. 共同与建设单位签订联合体协议

[解析] 联合体承包模式是指两个或多个法人或非法人组织自愿组成一个联合体，以一个承包人的身份共同与建设单位签订合同的工程承包行为。

[答案] A

[经典例题 · 单选] 工程项目承包模式中，建设单位组织协调工作量小，但风险较大的是（　　）。

A. 施工总承包模式

B. 合作体承包模式

C. 平行承包模式

D. 联合体承包模式

[解析] 合作体承包模式组织协调工作量小，但风险较大。

[答案] B

[经典例题 · 多选] 下列属于平行承包模式特点的有（　　）。

A. 有利于缩短建设工期

B. 有利于质量控制

C. 可以择优选择承包商

D. 施工单位承担较大风险

E. 造价控制难度大

[解析] 选项 D 属于设计—建造（DB）模式的特点。

[答案] ABCE

知识点 4 工程监理

根据《建设工程监理规范》（GB/T 50319—2013），建设工程监理是指工程监理单位受建设单位委托，根据法律法规、工程建设标准、勘察设计文件及合同，在施工阶段对建设工程质量、造价、进度进行控制，对合同、信息进行管理，对工程建设相关方的关系进行协调，并履行建设工程安全生产管理法定职责的服务活动。工程监理单位是指依法成立并取得建设主管部门颁发的工程监理企业资质证书，从事建设工程监理与相关服务活动的服务机构。

一、项目监理机构

（一）一般规定

（1）工程监理单位实施监理时，应在施工现场派驻项目监理机构。项目监理机构的组织形式和规模，可根据建设工程监理合同约定的服务内容、服务期限，以及工程特点、规模、技术复杂程度、环境等因素确定。

（2）项目监理机构的监理人员应由总监理工程师、专业监理工程师和监理员组成，且专业配套、数量应满足建设工程监理工作需要，必要时可设总监理工程师代表。

(3) 工程监理单位在建设工程监理合同签订后，应及时将项目监理机构的组织形式、人员构成及对总监理工程师的任命书面通知建设单位。

(4) 工程监理单位调换总监理工程师时，应征得建设单位书面同意；调换专业监理工程师时，总监理工程师应书面通知建设单位。

(5) 1名注册监理工程师可担任1项建设工程监理合同的总监理工程师。当需要同时担任多项建设工程监理合同的总监理工程师时，应经建设单位书面同意，且最多不得超过3项。

(6) 施工现场监理工作全部完成或建设工程监理合同终止时，项目监理机构可撤离施工现场。

(二) 监理人员职责

总监理工程师应履行下列职责：

(1) 确定项目监理机构人员及其岗位职责。

(2) 组织编制监理规划，审批监理实施细则。

(3) 根据工程进展及监理工作情况调配监理人员，检查监理人员工作。

(4) 组织召开监理例会。

(5) 组织审核分包单位资格。

(6) 组织审查施工组织设计、(专项) 施工方案。

(7) 审查工程开复工报审表，签发工程开工令、暂停令和复工令。

(8) 组织检查施工单位现场质量、安全生产管理体系的建立及运行情况。

(9) 组织审核施工单位的付款申请，签发工程款支付证书，组织审核竣工结算。

(10) 组织审查和处理工程变更。

(11) 调解建设单位与施工单位的合同争议，处理工程索赔。

(12) 组织验收分部工程，组织审查单位工程质量检验资料。

(13) 审查施工单位的竣工申请，组织工程竣工预验收，组织编写工程质量评估报告，参与工程竣工验收。

(14) 参与或配合工程质量安全事故的调查和处理。

(15) 组织编写监理月报、监理工作总结，组织整理监理文件资料。

总监理工程师不得将下列工作委托给总监理工程师代表：

(1) 组织编制监理规划，审批监理实施细则。

(2) 根据工程进展及监理工作情况调配监理人员。

(3) 组织审查施工组织设计、(专项) 施工方案。

(4) 签发工程开工令、暂停令和复工令。

(5) 签发工程款支付证书，组织审核竣工结算。

(6) 调解建设单位与施工单位的合同争议，处理工程索赔。

(7) 审查施工单位的竣工申请，组织工程竣工预验收，组织编写工程质量评估报告，参与工程竣工验收。

(8) 参与或配合工程质量安全事故的调查和处理。

专业监理工程师应履行下列职责：

(1) 参与编制监理规划，负责编制监理实施细则。

(2) 审查施工单位提交的涉及本专业的报审文件，并向总监理工程师报告。

(3) 参与审核分包单位资格。

(4) 指导、检查监理员工作，定期向总监理工程师报告本专业监理工作实施情况。

(5) 检查进场的工程材料、构配件、设备的质量。

(6) 验收检验批、隐蔽工程、分项工程，参与验收分部工程。

(7) 处置发现的质量问题和安全事故隐患。

(8) 进行工程计量。

(9) 参与工程变更的审查和处理。

(10) 组织编写监理日志，参与编写监理月报。

(11) 收集、汇总、参与整理监理文件资料。

(12) 参与工程竣工预验收和竣工验收。

监理员应履行下列职责：

(1) 检查施工单位投入工程的人力、主要设备的使用及运行状况。

(2) 进行见证取样。

(3) 复核工程计量有关数据。

(4) 检查工序施工结果。

(5) 发现施工作业中的问题，及时指出并向专业监理工程师报告。

实战演练

[经典例题·单选] 根据《建设工程监理规范》，下列不属于总监理工程师职责的是（　　）。

A. 组织编制监理实施细则　　B. 组织审核分包单位资格

C. 参与工程质量安全事故的调查和处理　　D. 组织工程竣工预验收

[解析] 总监理工程师审批监理实施细则。

[答案] A

[经典例题·多选] 根据《建设工程监理规范》，以下属于专业监理工程师职责的有（　　）。

A. 处置发现的质量问题和安全事故隐患

B. 组织编写监理月报

C. 负责编制监理实施细则

D. 复核工程计量有关数据

E. 参与验收分项工程

[解析] 选项B错误，专业监理工程师组织编写监理日志，参与编写监理月报。选项D错误，复核工程计量有关数据属于监理员的职责。选项E错误，专业监理工程师验收检验批、隐蔽工程、分项工程，参与验收分部工程。

[答案] AC

[经典例题·多选] 根据《建设工程监理规范》，可由总监理工程师代表行使的职责和权力有（　　）。

A. 签发工程开工令

B. 确定项目监理机构人员及其岗位职责

C. 组织审查施工组织设计

D. 组织审核分包单位资格

E. 组织工程竣工预验收

[解析] 下列工作不得委托给总监理工程师代表：①组织编制监理规划，审批监理实施细则；②根据工程进展及监理工作情况调配监理人员；③组织审查施工组织设计、(专项)施工方案；④签发工程开工令、暂停令和复工令；⑤签发工程款支付证书，组织审核竣工结算；⑥调解建设单位与施工单位的合同争议，处理工程索赔；⑦审查施工单位的竣工申请，组织工程竣工预验收，组织编写工程质量评估报告，参与工程竣工验收；⑧参与或配合工程质量安全事故的调查和处理。

[答案] BD

二、监理规划及监理实施细则

(一) 一般规定

(1) 监理规划应结合工程实际情况，明确项目监理机构的工作目标，确定具体的监理工作制度、内容、程序、方法和措施。

(2) 监理实施细则应符合监理规划的要求，并应具有可操作性。

(二) 监理规划

(1) 监理规划可在签订建设工程监理合同及收到工程设计文件后由总监理工程师组织编制，并应在召开第一次工地会议前报送建设单位。

(2) 监理规划编审应遵循下列程序：

①总监理工程师组织专业监理工程师编制。

②总监理工程师签字后由工程监理单位技术负责人审批。

(3) 监理规划应包括下列主要内容：

①工程概况。

②监理工作的范围、内容、目标。

③监理工作依据。

④监理组织形式、人员配备及进退场计划、监理人员岗位职责。

⑤监理工作制度。

⑥工程质量控制。

⑦工程造价控制。

⑧工程进度控制。

⑨安全生产管理的监理工作。

⑩合同与信息管理。

⑪组织协调。

⑫监理工作设施。

(4) 在实施建设工程监理过程中，实际情况或条件发生变化而需要调整监理规划时，应由总监理工程师组织专业监理工程师修改，并应经工程监理单位技术负责人批准后报建设单位。

(三) 监理实施细则

(1) 对专业性较强、危险性较大的分部分项工程，项目监理机构应编制监理实施细则。

(2) 监理实施细则应在相应工程施工开始前由专业监理工程师编制，并应报总监理工程师审批。

(3) 监理实施细则的编制应依据下列资料：

①监理规划。

②工程建设标准、工程设计文件。

③施工组织设计、(专项) 施工方案。

(4) 监理实施细则应包括下列主要内容：

①专业工程特点。

②监理工作流程

③监理工作要点。

④监理工作方法及措施。

(5) 在实施建设工程监理过程中，监理实施细则可根据实际情况进行补充、修改，并应经总监理工程师批准后实施。

三、工程质量、造价、进度控制及安全生产管理的监理工作

(一) 一般规定

(1) 项目监理机构应根据建设工程监理合同约定，遵循动态控制原理，坚持预防为主的原则，制定和实施相应的监理措施，采用旁站、巡视和平行检验等方式对建设工程实施监理。

(2) 监理人员应熟悉工程设计文件，并应参加建设单位主持的图纸会审和设计交底会议，会议纪要应由总监理工程师签认。

(3) 工程开工前，监理人员应参加由建设单位主持召开的第一次工地会议，会议纪要应由项目监理机构负责整理，与会各方代表应会签。

(4) 项目监理机构应定期召开监理例会，并组织有关单位研究解决与监理相关的问题。项目监理机构可根据工程需要，主持或参加专题会议，解决监理工作范围内的工程专项问题。

监理例会以及由项目监理机构主持召开的专题会议的会议纪要，应由项目监理机构负责整理，与会各方代表应会签。

(5) 项目监理机构应协调工程建设相关方的关系。项目监理机构与工程建设相关方之间的工作联系，除另有规定外宜采用工作联系单形式进行。

(6) 项目监理机构应审查施工单位报审的施工组织设计，符合要求时，应由总监理工程

师签认后报建设单位。项目监理机构应要求施工单位按已批准的施工组织设计组织施工。施工组织设计需要调整时，项目监理机构应按程序重新审查。

施工组织设计审查应包括下列基本内容：

①编审程序应符合相关规定。

②施工进度、施工方案及工程质量保证措施应符合施工合同要求。

③资金、劳动力、材料、设备等资源供应计划应满足工程施工需要。

④安全技术措施应符合工程建设强制性标准。

⑤施工总平面布置应科学合理。

(7) 总监理工程师应组织专业监理工程师审查施工单位报送的工程开工报审表及相关资料；同时具备下列条件时，应由总监理工程师签署审核意见，并应报建设单位批准后，总监理工程师签发工程开工令：

①设计交底和图纸会审已完成。

②施工组织设计已由总监理工程师签认。

③施工单位现场质量、安全生产管理体系已建立，管理及施工人员已到位，施工机械具备使用条件，主要工程材料已落实。

④进场道路及水、电、通信等已满足开工要求。

(8) 分包工程开工前，项目监理机构应审核施工单位报送的分包单位资格报审表，专业监理工程师提出审查意见后，应由总监理工程师审核签认。

分包单位资格审核应包括下列基本内容：

①营业执照、企业资质等级证书。

②安全生产许可文件。

③类似工程业绩。

④专职管理人员和特种作业人员的资格。

(9) 项目监理机构宜根据工程特点、施工合同、工程设计文件及经过批准的施工组织设计对工程风险进行分析，并宜提出工程质量、造价、进度目标控制及安全生产管理的防范性对策。

(二) 工程质量控制

(1) 工程开工前，项目监理机构应审查施工单位现场的质量管理组织机构、管理制度以及专职管理人员和特种作业人员的资格。

(2) 总监理工程师应组织专业监理工程师审查施工单位报审的施工方案，符合要求后应予以签认。

施工方案审查应包括下列基本内容：

①编审程序应符合相关规定。

②工程质量保证措施应符合有关标准。

(3) 专业监理工程师应审查施工单位报送的新材料、新工艺、新技术、新设备的质量认证材料和相关验收标准的适用性，必要时，应要求施工单位组织专题论证，审查合格后报总监理工程师签认。

（4）专业监理工程师应检查、复核施工单位报送的施工控制测量成果及保护措施，签署意见。专业监理工程师应对施工单位在施工过程中报送的施工测量放线成果进行查验。

施工控制测量成果及保护措施的检查、复核应包括下列内容：

①施工单位测量人员的资格证书及测量设备检定证书。

②施工平面控制网、高程控制网、临时水准点的测量成果及控制桩的保护措施。

（5）专业监理工程师应检查施工单位为工程提供服务的试验室。

试验室的检查应包括下列内容：

①试验室的资质等级及试验范围。

②法定计量部门对试验设备出具的计量检定证明。

③试验室管理制度。

④试验人员资格证书。

（6）项目监理机构应审查施工单位报送的用于工程的材料、构配件、设备的质量证明文件，并应按有关规定、建设工程监理合同约定，对用于工程的材料进行见证取样、平行检验。

项目监理机构对已进场经检验不合格的工程材料、构配件、设备，应要求施工单位限期将其撤出施工现场。

（7）专业监理工程师应审查施工单位定期提交影响工程质量的计量设备的检查和检定报告。

（8）项目监理机构应根据工程特点和施工单位报送的施工组织设计，确定旁站的关键部位、关键工序，安排监理人员进行旁站，并应及时记录旁站情况。

（9）项目监理机构应安排监理人员对工程施工质量进行巡视。巡视应包括下列主要内容：

①施工单位是否按工程设计文件、工程建设标准和批准的施工组织设计、（专项）施工方案施工。

②使用的工程材料、构配件和设备是否合格。

③施工现场管理人员，特别是施工质量管理人员是否到位。

④特种作业人员是否持证上岗。

（10）项目监理机构应根据工程特点、专业要求，以及建设工程监理合同约定，对施工质量进行平行检验。

（11）项目监理机构应对施工单位报验的隐蔽工程、检验批、分项工程和分部工程进行验收，对验收合格的应给予签认；对验收不合格的应拒绝签认，同时应要求施工单位在指定的时间内整改并重新报验。

对已同意覆盖的工程隐蔽部位质量有疑问的，或发现施工单位私自覆盖工程隐蔽部位的，项目监理机构应要求施工单位对该隐蔽部位进行钻孔探测、剥离或采用其他方法进行重新检验。

（12）项目监理机构发现施工存在质量问题的，或施工单位采用不适当的施工工艺，或施工不当，造成工程质量不合格的，应及时签发监理通知单，要求施工单位整改。整改完毕后，项目监理机构应根据施工单位报送的监理通知回复单对整改情况进行复查，提出复查意见。

(13) 对需要返工处理或加固补强的质量缺陷，项目监理机构应要求施工单位报送经设计等相关单位认可的处理方案，并应对质量缺陷的处理过程进行跟踪检查，同时应对处理结果进行验收。

(14) 对需要返工处理或加固补强的质量事故，项目监理机构应要求施工单位报送质量事故调查报告和经设计等相关单位认可的处理方案，并应对质量事故的处理过程进行跟踪检查，同时应对处理结果进行验收。

项目监理机构应及时向建设单位提交质量事故书面报告，并应将完整的质量事故处理记录整理归档。

(15) 项目监理机构应审查施工单位提交的单位工程竣工验收报审表及竣工资料，组织工程竣工预验收。存在问题的，应要求施工单位及时整改；合格的，总监理工程师应签认单位工程竣工验收报审表。

(16) 工程竣工预验收合格后，项目监理机构应编写工程质量评估报告，并应经总监理工程师和工程监理单位技术负责人审核签字后报建设单位。

(17) 项目监理机构应参加由建设单位组织的竣工验收，对验收中提出的整改问题，应督促施工单位及时整改。工程质量符合要求的，总监理工程师应在工程竣工验收报告中签署意见。

(三) 工程造价控制

(1) 项目监理机构应按下列程序进行工程计量和付款签证：

①专业监理工程师对施工单位在工程款支付报审表中提交的工程量和支付金额进行复核，确定实际完成的工程量，提出到期应支付给施工单位的金额，并提出相应的支持性材料。

②总监理工程师对专业监理工程师的审查意见进行审核，签认后报建设单位审批。

③总监理工程师根据建设单位的审批意见，向施工单位签发工程款支付证书。

(2) 项目监理机构应编制月完成工程量统计表，对实际完成量与计划完成量进行比较分析，发现偏差的，应提出调整建议，并应在监理月报中向建设单位报告。

(3) 项目监理机构应按下列程序进行竣工结算款审核：

①专业监理工程师审查施工单位提交的竣工结算款支付申请，提出审查意见。

②总监理工程师对专业监理工程师的审查意见进行审核，签认后报建设单位审批，同时抄送施工单位，并就工程竣工结算事宜与建设单位、施工单位协商；达成一致意见的，根据建设单位审批意见向施工单位签发竣工结算款支付证书；不能达成一致意见的，应按施工合同约定处理。

(四) 工程进度控制

(1) 项目监理机构应审查施工单位报审的施工总进度计划和阶段性施工进度计划，提出审查意见，并应由总监理工程师审核后报建设单位。

施工进度计划审查应包括下列基本内容：

①施工进度计划应符合施工合同中工期的约定。

②施工进度计划中主要工程项目无遗漏，应满足分批投入试运行、分批动用的需要，阶段性施工进度计划应满足总进度控制目标的要求。

③施工顺序的安排应符合施工工艺要求。

④施工人员、工程材料、施工机械等资源供应计划应满足施工进度计划的需要。

⑤施工进度计划应符合建设单位提供的资金、施工图纸、施工场地、物资等施工条件。

(2) 项目监理机构应检查施工进度计划的实施情况，发现实际进度严重滞后于计划进度且影响合同工期时，应签发监理通知单，要求施工单位采取调整措施加快施工进度。总监理工程师应向建设单位报告工期延误风险。

(3) 项目监理机构应比较分析工程施工实际进度与计划进度，预测实际进度对工程总工期的影响，并应在监理月报中向建设单位报告工程实际进展情况。

(五) 安全生产管理的监理工作

(1) 项目监理机构应根据法律法规、工程建设强制性标准，履行建设工程安全生产管理的监理职责，并应将安全生产管理的监理工作内容、方法和措施纳入监理规划及监理实施细则。

(2) 项目监理机构应审查施工单位现场安全生产规章制度的建立和实施情况，并应审查施工单位安全生产许可证及施工单位项目经理、专职安全生产管理人员和特种作业人员的资格，同时应核查施工机械和设施的安全许可验收手续。

(3) 项目监理机构应审查施工单位报审的专项施工方案，符合要求的，应由总监理工程师签认后报建设单位。超过一定规模的危险性较大的分部分项工程的专项施工方案，应检查施工单位组织专家进行论证、审查的情况，以及是否附具安全验算结果。项目监理机构应要求施工单位按已批准的专项施工方案组织施工。专项施工方案需要调整时，施工单位应按程序重新提交项目监理机构审查。

专项施工方案审查应包括下列基本内容：

①编审程序应符合相关规定。

②安全技术措施应符合工程建设强制性标准。

(4) 项目监理机构应巡视检查危险性较大的分部分项工程专项施工方案实施情况。发现未按专项施工方案实施时，应签发监理通知单，要求施工单位按专项施工方案实施。

(5) 项目监理机构在实施监理过程中，发现工程存在安全事故隐患时，应签发监理通知单，要求施工单位整改；情况严重时，应签发工程暂停令，并应及时报告建设单位。施工单位拒不整改或不停止施工时，项目监理机构应及时向有关主管部门报送监理报告。

四、工程变更、索赔及施工合同争议处理

(一) 一般规定

(1) 项目监理机构应依据建设工程监理合同约定进行施工合同管理，处理工程暂停及复工、工程变更、索赔及施工合同争议、解除等事宜。

(2) 施工合同终止时，项目监理机构应协助建设单位按施工合同约定处理施工合同终止的有关事宜。

(二) 工程暂停及复工

(1) 总监理工程师在签发工程暂停令时，可根据停工原因的影响范围和影响程度，确定

停工范围，并应按施工合同和建设工程监理合同的约定签发工程暂停令。

（2）项目监理机构发现下列情况之一时，总监理工程师应及时签发工程暂停令：

①建设单位要求暂停施工且工程需要暂停施工的。

②施工单位未经批准擅自施工或拒绝项目监理机构管理的。

③施工单位未按审查通过的工程设计文件施工的。

④施工单位违反工程建设强制性标准的。

⑤施工存在重大质量、安全事故隐患或发生质量、安全事故的。

（3）总监理工程师签发工程暂停令应事先征得建设单位同意，在紧急情况下未能事先报告时，应在事后及时向建设单位做出书面报告。

（4）暂停施工事件发生时，项目监理机构应如实记录所发生的情况。

（5）总监理工程师应会同有关各方按施工合同约定，处理因工程暂停引起的与工期、费用有关的问题。

（6）因施工单位原因暂停施工时，项目监理机构应检查、验收施工单位的停工整改过程、结果。

（7）当暂停施工原因消失、具备复工条件时，施工单位提出复工申请的，项目监理机构应审查施工单位报送的工程复工报审表及有关材料，符合要求后，总监理工程师应及时签署审查意见，并应报建设单位批准后签发工程复工令；施工单位未提出复工申请的，总监理工程师应根据工程实际情况指令施工单位恢复施工。

（三）工程变更

（1）项目监理机构可按下列程序处理施工单位提出的工程变更：

①总监理工程师组织专业监理工程师审查施工单位提出的工程变更申请，提出审查意见。对涉及工程设计文件修改的工程变更，应由建设单位转交原设计单位修改工程设计文件。必要时，项目监理机构应建议建设单位组织设计、施工等单位召开论证工程设计文件的修改方案的专题会议。

②总监理工程师组织专业监理工程师对工程变更费用及工期影响做出评估。

③总监理工程师组织建设单位、施工单位等协商确定工程变更费用及工期变化，会签工程变更单。

④项目监理机构根据批准的工程变更文件监督施工单位实施工程变更。

（2）项目监理机构可在工程变更实施前与建设单位、施工单位等协商确定工程变更的计价原则、计价方法或价款。

（3）建设单位与施工单位未能就工程变更费用达成协议时，项目监理机构可提出一个暂定价格并经建设单位同意，作为临时支付工程款的依据。工程变更款项最终结算时，应以建设单位与施工单位达成的协议为依据。

（4）项目监理机构可对建设单位要求的工程变更提出评估意见，并应督促施工单位按会签后的工程变更单组织施工。

（四）费用索赔

（1）项目监理机构应及时收集、整理有关工程费用的原始资料，为处理费用索赔提供证据。

（2）项目监理机构处理费用索赔的主要依据应包括下列内容：

①法律法规。

②勘察设计文件、施工合同文件。

③工程建设标准。

④索赔事件的证据。

（3）项目监理机构可按下列程序处理施工单位提出的费用索赔：

①受理施工单位在施工合同约定的期限内提交的费用索赔意向通知书。

②收集与索赔有关的资料。

③受理施工单位在施工合同约定的期限内提交的费用索赔报审表。

④审查费用索赔报审表。需要施工单位进一步提交详细资料时，应在施工合同约定的期限内发出通知。

⑤与建设单位和施工单位协商一致后，在施工合同约定的期限内签发费用索赔报审表，并报建设单位。

（4）项目监理机构批准施工单位费用索赔应同时满足下列条件：

①施工单位在施工合同约定的期限内提出费用索赔。

②索赔事件是由非施工单位造成，且符合施工合同约定。

③索赔事件造成施工单位直接经济损失。

（5）当施工单位的费用索赔要求与工程延期要求相关联时，项目监理机构可提出费用索赔和工程延期的综合处理意见，并应与建设单位和施工单位协商。

（6）由施工单位造成的建设单位损失，建设单位提出索赔时，项目监理机构应与建设单位和施工单位协商处理。

（五）工程延期及工期延误

（1）施工单位提出工程延期要求符合施工合同约定时，项目监理机构应予以受理。

（2）当影响工期事件具有持续性时，项目监理机构应对施工单位提交的阶段性工程临时延期报审表进行审查，并应签署工程临时延期审核意见后报建设单位。

当影响工期事件结束后，项目监理机构应对施工单位提交的工程最终延期报审表进行审查，并应签署工程最终延期审核意见后报建设单位。

（3）项目监理机构在批准工程临时延期、工程最终延期前，均应与建设单位和施工单位协商。

（4）项目监理机构批准工程延期应同时满足下列条件：

①施工单位在施工合同约定的期限内提出工程延期。

②由非施工单位造成施工进度滞后。

③施工进度滞后影响到施工合同约定的工期。

（5）施工单位因工程延期提出费用索赔时，项目监理机构可按施工合同约定进行处理。

（6）发生工期延误时，项目监理机构应按施工合同约定进行处理。

（六）施工合同争议

项目监理机构处理施工合同争议时应进行下列工作：

（1）了解合同争议情况。

（2）及时与合同争议双方进行磋商。

（3）提出处理方案后，由总监理工程师进行协调。

（4）当双方未能达成一致时，总监理工程师应提出处理合同争议的意见。

（七）施工合同解除

（1）由建设单位导致施工合同解除时，项目监理机构应按施工合同约定与建设单位和施工单位按下列款项协商确定施工单位应得款项，并应签发工程款支付证书：

①施工单位按施工合同约定已完成的工作应得款项。

②施工单位按批准的采购计划订购工程材料、构配件、设备的款项。

③施工单位撤离施工设备至原基地或其他目的地的合理费用。

④施工单位人员的合理遣返费用。

⑤施工单位合理的利润补偿。

⑥施工合同约定的建设单位应支付的违约金。

（2）由施工单位导致施工合同解除时，项目监理机构应按施工合同约定，从下列款项中确定施工单位应得款项或偿还建设单位的款项，并应与建设单位和施工单位协商后，书面提交施工单位应得款项或偿还建设单位款项的证明：

①施工单位已按施工合同约定实际完成的工作应得款项和已给付的款项。

②施工单位已提供的材料、构配件、设备和临时工程等的价值。

③对已完工程进行检查和验收、移交工程资料、修复已完工程质量缺陷等所需的费用。

④施工合同约定的施工单位应支付的违约金。

实战演练

［2024 真题·单选］施工单位采用新材料、新工艺、新技术、新设备时，应将相应质量认证材料和相关验收标准报送（　　）审查。

A. 建设单位　　B. 工程质量监督机构

C. 政府技术监管部门　　D. 项目监理机构

［解析］专业监理工程师应审查施工单位报送的新材料、新工艺、新技术、新设备的质量认证材料和相关验收标准的适用性，必要时，应要求施工单位组织专题论证，审查合格后报总监理工程师签认。

［答案］D

［经典例题·多选］下列情形中，应由总监理工程师及时签发工程暂停令的有（　　）。

A. 建设单位要求暂停施工且工程需要暂停施工的

B. 施工单位未经批准擅自施工的

C. 施工存在质量、安全事故隐患的

D. 施工单位违反工程建设强制性标准的

E. 施工单位未按审查通过的工程设计文件施工的

［解析］项目监理机构发现下列情况之一时，总监理工程师应及时签发工程暂停令：①建设单位要求暂停施工且工程需要暂停施工的；②施工单位未经批准擅自施工或拒绝项目监理机构管理的；③施工单位未按审查通过的工程设计文件施工的；④施工单位违反工程建设强制性标准的；⑤施工存在重大质量、安全事故隐患或发生质量、安全事故的。

［答案］ABDE

五、必须实行监理的工程范围

《建设工程监理范围和规模标准规定》（建设部令第86号）规定，下列建设工程必须实行监理：

（1）国家重点建设工程。

（2）大中型公用事业工程。

（3）成片开发建设的住宅小区工程。

（4）利用外国政府或者国际组织贷款、援助资金的工程。

（5）国家规定必须实行监理的其他工程。

国家重点建设工程，是指依据《国家重点建设项目管理办法》所确定的对国民经济和社会发展有重大影响的骨干项目。

大中型公用事业工程，是指项目总投资额在3 000万元以上的下列工程项目：

（1）供水、供电、供气、供热等市政工程项目。

（2）科技、教育、文化等项目。

（3）体育、旅游、商业等项目。

（4）卫生、社会福利等项目。

（5）其他公用事业项目。

成片开发建设的住宅小区工程，建筑面积在5万 m^2 以上的住宅建设工程必须实行监理；5万 m^2 以下的住宅建设工程，可以实行监理，具体范围和规模标准由省、自治区、直辖市人民政府建设行政主管部门规定。为了保证住宅质量，对高层住宅及地基、结构复杂的多层住宅应当实行监理。

利用外国政府或者国际组织贷款、援助资金的工程包括：

（1）使用世界银行、亚洲开发银行等国际组织贷款资金的项目。

（2）使用国外政府及其机构贷款资金的项目。

（3）使用国际组织或者国外政府援助资金的项目。

国家规定必须实行监理的其他工程是指：

（1）项目总投资额在3 000万元以上关系社会公共利益、公众安全的下列基础设施项目：

①煤炭、石油、化工、天然气、电力、新能源等项目。

②铁路、公路、管道、水运、民航以及其他交通运输业等项目。

③邮政、电信枢纽、通信、信息网络等项目。

④防洪、灌溉、排涝、发电、引（供）水、滩涂治理、水资源保护、水土保持等水利建设项目。

⑤道路、桥梁、地铁和轻轨交通、污水排放及处理、垃圾处理、地下管道、公共停车场等城市基础设施项目。

⑥生态环境保护项目。

⑦其他基础设施项目。

（2）学校、影剧院、体育场馆项目。

实战演练

[经典例题·单选] 根据《建设工程监理范围和规模标准规定》，关于必须实行监理的工程范围和规模标准的说法，正确的是（　　）。

A. 项目总投资额 3 500 万元的公用事业工程必须实行监理

B. 高层住宅可以不实行监理

C. 总投资额 2 000 万元的水利建设项目必须实行监理

D. 政府直接投资的项目必须实行监理

[解析] 选项 B 错误，高层住宅及地基、结构复杂的多层住宅应当实行监理。选项 C 错误，总投资额在 3 000 万元以上的水利建设项目必须实行监理。选项 D 错误，利用外国政府或者国际组织贷款、援助资金的工程必须实行监理。

[答案] A

[经典例题·多选] 下列建设工程中，必须实行监理的有（　　）。

A. 国家重点建设工程

B. 成片开发建设的住宅小区工程

C. 中小型公用事业工程

D. 利用外国政府或者国际组织贷款、援助资金的工程

E. 农民个人出资自建住宅

[解析] 下列建设工程必须实行监理：①国家重点建设工程；②大中型公用事业工程；③成片开发建设的住宅小区工程；④利用外国政府或者国际组织贷款、援助资金的工程；⑤国家规定必须实行监理的其他工程。

[答案] ABD

知识点 5 工程质量监督

一、质量监督规定

《建设工程质量管理条例》（国务院令第 279 号）规定，国家实行建设工程质量监督管理制度。

国务院建设行政主管部门对全国的建设工程质量实施统一监督管理。国务院铁路、交通、水利等有关部门按照国务院规定的职责分工，负责对全国的有关专业建设工程质量的监督管理。

县级以上地方人民政府建设行政主管部门对本行政区域内的建设工程质量实施监督管理。县级以上地方人民政府交通、水利等有关部门在各自的职责范围内，负责对本行政区域

内的专业建设工程质量的监督管理。

县级以上人民政府建设行政主管部门和其他有关部门履行监督检查职责时，有权采取下列措施：

（1）要求被检查的单位提供有关工程质量的文件和资料。

（2）进入被检查单位的施工现场进行检查。

（3）发现有影响工程质量的问题时，责令改正。

建设单位应当自建设工程竣工验收合格之日起 15 日内，将建设工程竣工验收报告和规划、公安消防、环保等部门出具的认可文件或者准许使用文件报建设行政主管部门或者其他有关部门备案。

建设行政主管部门或者其他有关部门发现建设单位在竣工验收过程中有违反国家有关建设工程质量管理规定行为的，责令停止使用，重新组织竣工验收。

有关单位和个人对县级以上人民政府建设行政主管部门和其他有关部门进行的监督检查应当支持与配合，不得拒绝或者阻碍建设工程质量监督检查人员依法执行职务。

供水、供电、供气、公安消防等部门或者单位不得明示或者暗示建设单位、施工单位购买其指定的生产供应单位的建筑材料、建筑构配件和设备。

建设工程发生质量事故，有关单位应当在 24 h 内向当地建设行政主管部门和其他有关部门报告。对重大质量事故，事故发生地的建设行政主管部门和其他有关部门应当按照事故类别、等级向当地人民政府和上级建设行政主管部门、其他有关部门报告。特别重大质量事故的调查程序按照国务院有关规定办理。

二、质量监督的实施

工程质量监督是确保建设工程符合设计要求和相关法律法规的规定的重要环节，其具体实施内容如下。

（一）监督内容

工程质量监督包括对工程实体质量的监督和对责任主体履行质量责任的行为的监督。监督内容涵盖工程主体结构、主要使用功能、建筑材料质量、施工过程中的质量行为等。监督机构需检查参建各方是否遵守法律法规及工程建设标准，并确认其质量管理体系是否健全且得到落实。

（二）监督方式

1. 抽查与巡查

工程质量监督主要采用抽查的方式，辅以巡查。抽查包括对工程实体质量、工程质量责任主体的行为以及质量检测等单位的工程质量行为的随机抽测。巡查则是在日常监督中进行的不定期检查。

2. 专项检查与综合检查结合

在开展监督工作时，可以采用综合检查与专项检查相结合的监督方式，针对特定环节或部位应进行深入检查，以确保符合质量要求。

3. 文件资料核查

监督过程中需要对与工程相关的文件和资料进行核查，确保其真实性和完整性。

4. 现场监督

可通过旁站和巡视的方式进行现场监督，旁站是对关键部位和工序的直接监督，而巡视则是对正在施工部位或工序的定期或不定期监督。

5. 委托检测

在必要时，可以委托具备资质的检测机构进行检测，以确保检测结果的客观性和准确性。

（三）实施步骤

工程质量监督通常从项目开始时介入，包括施工前、施工中和施工后的全过程监督。

监督程序一般包括受理建设单位办理质量监督手续、制订工作计划、实施抽查抽测、监督竣工验收等步骤。

1. 受理建设单位办理质量监督手续

在工程开工前，建设单位需向质量监督机构申请办理质量监督手续，并提交相关文件和资料。

2. 制订监督工作计划并组织实施

根据工程实际情况，制订详细的监督工作计划，并组织实施。计划内容包括监督依据的法律法规、监督内容、范围、重点以及具体方法和步骤。

3. 对工程实体质量和参建各方行为进行抽查、抽测

质量监督工作人员对工程实体质量、参建各方的质量行为进行随机抽查和抽测，重点关注涉及结构安全和主要使用功能的部位。

4. 监督工程竣工验收

在工程完工后，监督机构需对竣工验收过程进行监督，重点检查验收的组织形式、程序是否符合规定，并出具相关报告。

5. 形成工程质量监督报告并建立档案

在监督工作结束后，应编制工程质量监督报告，并建立完整的监督档案，以备后续查阅和分析。

6. 处理质量问题和事故隐患

在监督过程中发现质量问题或事故隐患时，应责成责任单位及时采取措施进行整改，并记录整改情况。

实战演练

[经典例题·单选] 工程质量监督是对（　　）的行为进行监督。

A. 施工单位安全生产　　B. 建设单位协调配合

C. 责任主体履行质量责任　　D. 政府职能部门履职尽责

[解析] 工程质量监督包括对工程实体质量的监督和对责任主体履行质量责任的行为的监督。

[答案] C

第二节 工程项目管理组织与项目经理

知识点 1 工程参建各方主体的管理目标和任务

在建设工程项目中，各参建方的管理目标和任务确保项目能够按时、按质、按量完成，同时实现各自和整体的利益。

一、建设方项目管理的目标和任务

（一）管理目标

建设方包括投资方和开发方。建设方的项目管理必须服务于建设单位的利益，其工程项目管理的目标主要包括投资目标、进度目标和质量目标。其中，投资目标是指工程项目总投资目标；进度目标是指项目投产或交付使用的目标，如工厂建成可以投入生产、道路建成可以通车、办公楼可以启用的时间目标等；质量目标既包括使用功能目标，也包括实体质量目标。在确定质量目标时，不仅要考虑满足建设单位本身对质量方面的要求，还必须符合相应的法律法规、技术规范和技术标准的规定。

工程项目的投资目标、进度目标和质量目标之间是相互影响的，存在着对立统一的关系。因此，必须合理确定投资目标、进度目标和质量目标，根据建设单位的需要，通过有效的项目管理，合理地节约投资、缩短工期、保证质量。

（二）管理任务

建设方的项目管理工作涉及工程项目的全过程。在工程项目决策阶段，建设方通过可行性研究等工作，进行项目的科学决策。在工程项目实施阶段，建设方项目管理的任务主要包括以下 7 个方面：

（1）投资控制。

（2）进度控制。

（3）质量控制。

（4）职业健康安全与环境管理。

（5）合同管理。

（6）信息管理。

（7）组织和协调。

建设方的项目管理既包括建设单位自己进行的项目管理工作，也包括建设方委托其他单位进行的项目管理工作。通常，建设方会将具体的项目管理工作委托给一些咨询单位来进行。例如，工程监理单位接受委托进行工程监理，代建单位接受委托代表政府部门进行建设单位的项目管理等。

二、设计方项目管理的目标和任务

（一）管理目标

设计方作为项目建设的重要参与方，其项目管理主要服务于项目的整体利益和设计方本身的利益。项目的整体利益主要体现在建设方的投资目标和质量目标的实现。建设单位要实现的质量目标中的功能和使用价值，也要依靠设计来实现。

设计方既包括设计总包单位，也包括设计分包单位。设计方项目管理的目标中，费用目标应当是与设计有关的投资目标和设计单位自己的成本目标；质量目标应当包括与项目功能和使用价值相关的质量目标，以及符合规范与标准的设计质量目标；进度目标也就是设计合同中所规定的时间目标。

（二）管理任务

设计方的项目管理工作主要在设计阶段进行，但也涉及设计前的准备阶段、施工阶段以及动用前准备阶段和保修期。其项目管理的任务主要包括以下 7 个方面：

（1）设计成本控制和与设计工作有关的投资（工程造价）控制。

（2）设计进度控制。

（3）设计质量控制。

（4）与设计工作有关的职业健康安全与环境管理。

（5）设计合同管理。

（6）设计信息管理。

（7）与设计工作有关的组织和协调。

三、施工方项目管理的目标和任务

（一）管理目标

施工方作为项目建设的重要参与方，其项目管理主要服务于项目的整体利益和施工方本身的利益。其项目管理的目标中，由于施工方的责任就是按图施工，因此，质量目标就是保证工程实体质量达到承包合同中对工程质量的要求，且不得低于国家强制性标准的要求；进度目标就是保证合同的工期目标的实现；费用目标就是施工成本目标，它是由施工方根据其生产和经营情况自行确定的。

如果项目采用工程施工总承包模式或工程施工总承包管理模式，则施工方可以是施工总承包单位、施工总承包管理单位或施工分包单位。

（二）管理任务

施工方的项目管理工作主要在施工阶段进行，但也涉及施工前的准备阶段、施工阶段以及动用前准备阶段和保修期。其项目管理的任务主要包括以下 7 个方面：

（1）施工成本控制。

（2）施工进度控制。

（3）施工质量控制。

（4）施工职业健康安全与环境管理。

（5）施工合同管理。

（6）施工信息管理。

（7）与施工有关的组织和协调。

四、供货方项目管理的目标和任务

（一）管理目标

建设工程项目需要用到大量的材料和设备，也就会有许多材料供应单位和设备供应单位。供货方就是指这些材料供应单位或设备供应单位。供货方作为项目建设的参与方，其项目管理主要服务于项目的整体利益和供货方本身的利益。供货方必须按照供货合同约定的质量和时间进行供货，即质量目标和时间目标；其费用目标也就是供货方的成本目标。

（二）管理任务

供货方的项目管理工作主要在施工阶段进行，但也可能涉及设计阶段和保修期。供货方项目管理的主要任务包括以下 7 个方面：

（1）供货的成本管理。

（2）供货的进度控制。

（3）供货的质量控制。

（4）供货的安全管理。

（5）供货合同管理。

（6）供货信息管理。

（7）与供货有关的组织和协调。

五、工程总承包方项目管理的目标和任务

（一）管理目标

当工程项目采用工程总承包模式时，工程总承包合同至少包括设计与施工两部分内容。如果是 EPC 合同，还应当包括所有的采购内容。工程总承包方作为项目建设的重要参与方，其项目管理主要服务于项目的整体利益和工程总承包方本身的利益。因为合同中包括设计，正如前面提到的设计方费用目标一样，工程总承包方的费用目标既包括与设计有关的投资目标，也包括其自身的成本目标。工程总承包方的质量目标既包括功能和使用价值方面的目标，也包括工程实体质量的目标。工程项目的进度目标也就是项目动用的时间目标。

（二）管理任务

工程总承包方的项目管理工作涉及工程项目的整个实施阶段。其项目管理的任务主要包括以下 7 个方面：

（1）工程的总投资控制和工程总承包方的成本控制。

（2）进度控制。

（3）质量控制。

（4）职业健康安全与环境管理。

（5）合同管理。

（6）信息管理。

（7）组织和协调。

知识点 2 工程项目管理组织

工程项目管理组织形式主要根据项目的管理主体、项目的承包形式、组织的自身情况等确定，常见的工程项目管理组织形式有以下几种。

一、直线式组织结构

直线式组织结构是一种最古老且最简单的组织结构形式，这种结构的特点是职权从高层直接向下传递，经过若干个管理层次到达组织的最底层。在直线式组织结构中，每一位主管对其直接下属拥有直接职权，每个人只对他的直接上级负责或报告工作。

直线式组织结构如图 1-2-1 所示。

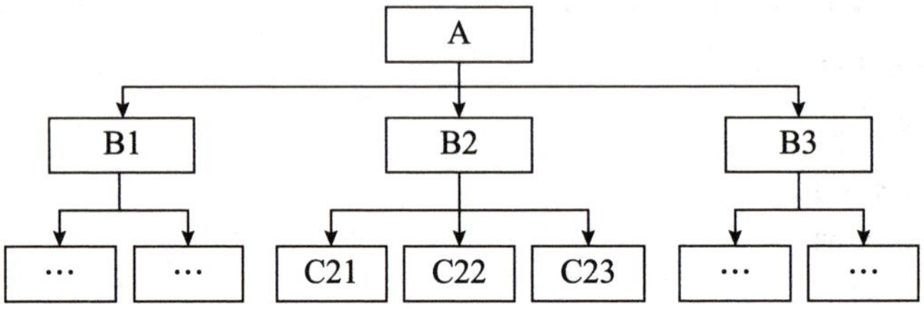

图 1-2-1 直线式组织结构

（一）直线式组织结构的优点

（1）决策迅速，且能迅速得到贯彻执行。直线式组织结构指挥系统简洁明了，决策过程简单迅速，命令统一，决策能够迅速得到贯彻执行。

（2）权责明确。组织中的职权和职责分工明确，每个人都知道自己向谁汇报，谁向自己汇报。

（3）管理费用低。直线式组织结构的结构简单，不需要设立复杂的职能部门，从而降低了管理成本。

（4）易于监督和控制。每个下属由单一上级直接管理，便于监督和控制。

（5）信息沟通迅速。信息传递方式简单，提高了沟通效率，且有助于维持组织的秩序和纪律。

（二）直线式组织结构的缺点

（1）缺乏专业化分工。管理者需执行多种职能，但这些职能可能并不紧密相关，导致专业化水平低。

（2）横向联系差。直线式组织结构缺乏横向的协调关系，部门之间协调困难，容易导致信息流通不畅。

（3）对高层管理者要求高。直线式组织结构要求管理者具备多种技能和知识，深入了解和全面考虑每一个细节。

（4）容易形成官僚作风。权力过于集中可能导致专制主义倾向，缺乏灵活性。

（5）适应性差。在大型组织或者在需要灵活性、创新和跨部门合作的环境中，直线式组织结构可能显得不够灵活。

（三）适用范围

直线式组织结构适用于规模较小、业务活动简单、稳定的企业或组织。它特别适合于新组建的、内部成员少、业务经营范围窄、规模不大的企业集团以及集团成员强烈依赖于核心企业的集团。此外，它也适用于一些现场作业的组织，因为其结构简单、指挥统一、责任明确。

直线式组织结构以其简单性和明确的权责关系在小型组织中表现出色，但在面对复杂管理和多部门协作需求时，其局限性则较为明显。因此，在选择组织结构时，企业应根据自身的规模、业务复杂度以及管理需求进行综合考量。

二、职能式组织结构

职能式组织结构是一种常见的组织结构形式，其特点是按照不同的职能或业务活动将组织划分为若干个职能部门，每个部门负责特定的职能或任务，如工程部、财务部、合同部等。这种结构强调专业化管理，通过集中相似的资源、技能来提高工作效率和质量。

职能式组织结构如图 1-2-2 所示。

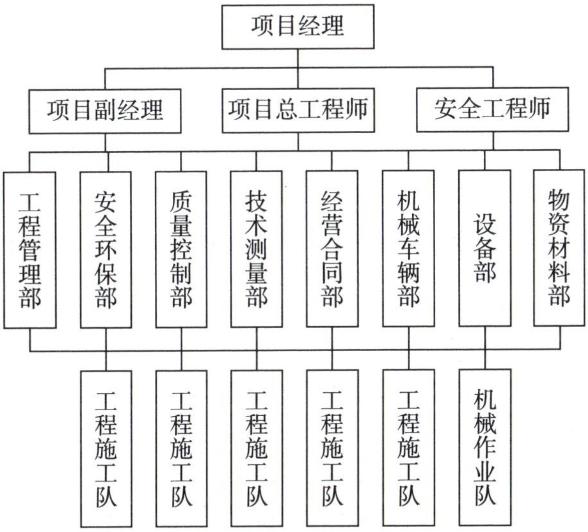

图 1-2-2　职能式组织结构

（一）职能式组织结构的优点

（1）专业化分工。职能式组织结构将相似的职能活动集中在一个部门内，能够实现规模经济，减少重复性工作，提高工作效率。这种结构有利于培养职能专家，提升技术专长。

（2）减轻上层负担。职能机构实行专业化管理，高层管理者可以将部分管理职责下放给职能部门，从而减轻其工作负担。

（3）促进知识交流。在职能式组织结构中，技术专家可以被多个项目共享，从而可以促进知识和经验的交流。

（4）适合稳定环境。职能式组织结构适用于外部环境相对稳定的情况。对于产品单一或生产技术变化较慢的企业，职能式组织结构能够保持组织的稳定性。

（二）职能式组织结构的缺点

（1）多头领导。职能式组织结构容易导致多头领导现象，各个职能部门可能对同一项工作发出不同的指令，造成管理混乱。

（2）缺乏横向协调。职能式组织结构的各部门专注于自身的职能目标，往往忽视整体的最佳利益，导致部门间缺乏必要的协作和沟通。

（3）反应迟缓。职能式组织结构对外界环境变化的反应较慢，特别是在需要跨部门合作时，决策过程可能变得复杂和缓慢。

（4）缺乏创新。由于职能经理们只关注自己负责的局部，所以其整体创新能力和视野受限。

（5）权力集中与信息传递问题。虽然职能式组织结构能够集中权力于高层，但这也可能导致信息传递路线长、反馈慢，影响组织对市场变化的快速响应。

（三）适用范围

职能式组织结构在专业化管理和稳定性方面具有明显优势，但在协调性、创新性和对环境变化的适应性方面存在不足。因此，它更适合于中小型企业或产品单一、外部环境稳定的行业。

三、矩阵式组织结构

矩阵式组织结构是现代大型工程项目广泛应用的一种新型组织形式。它把职能原则和对象原则结合起来，既发挥了职能部门的纵向优势，又发挥了项目组织的横向优势，形成了独特的组织形式。从组织职能上看，以实施企业目标为宗旨的企业组织要求专业化分工并且长期稳定，而一次性项目组织则具有较强的综合性和临时性。矩阵式组织结构将企业组织职能与项目组织职能有机结合，形成了一种纵向职能机构和横向项目机构相互交叉的“矩阵”形式。

（一）矩阵式组织结构的分类

矩阵式组织结构又分为弱矩阵式组织结构、平衡矩阵式组织结构和强矩阵式组织结构。

1. 弱矩阵式组织结构

弱矩阵式组织结构的特点：从企业相关职能部门安排专门人员组成项目团队，但无专职的项目经理。该组织形式偏向于职能式组织结构，所以其优缺点和适用条件与职能式组织结构相似。

弱矩阵式组织结构如图 1-2-3 所示。

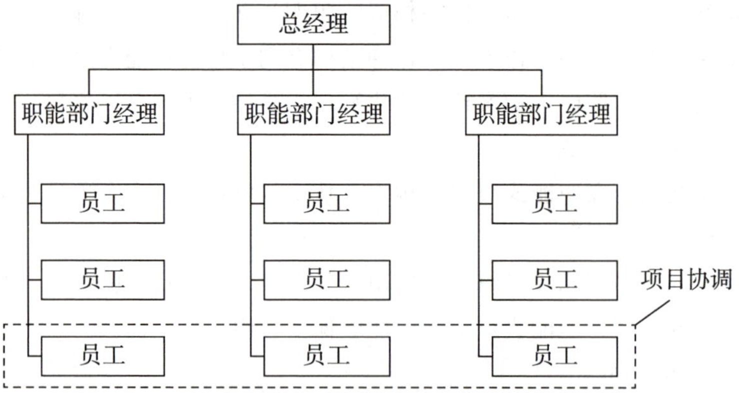

图 1-2-3　弱矩阵式组织结构

2. 平衡矩阵式组织结构

平衡矩阵式组织结构的特点：从企业相关职能部门安排专门人员组成项目团队，有专职的项目经理，且项目经理一般从企业某职能部门选聘。

平衡矩阵式组织结构如图 1-2-4 所示。

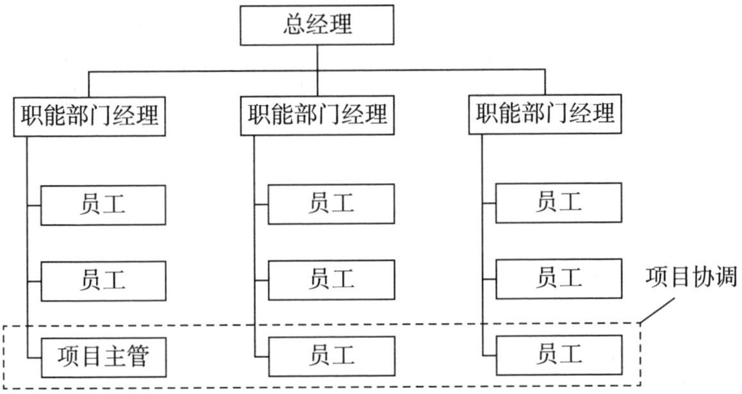

图 1-2-4 平衡矩阵式组织结构

3. 强矩阵式组织结构

强矩阵式组织结构的特点：项目经理独立于企业职能部门之外，项目团队成员来源于相关职能部门，项目完成后再回到原职能部门。

强矩阵式组织结构如图 1-2-5 所示。

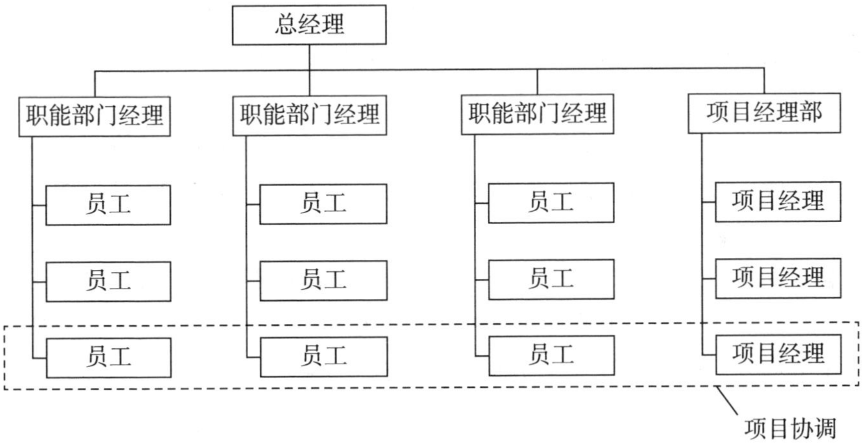

图 1-2-5 强矩阵式组织结构

一个大型建设工程项目如采用矩阵式组织结构，则纵向工作部门可以是投资控制、进度控制、质量控制、合同管理、人事管理、财务管理、物资管理、信息管理等职能部门，而横向工作部门可以是各子项目的项目管理部（图 1-2-6）。

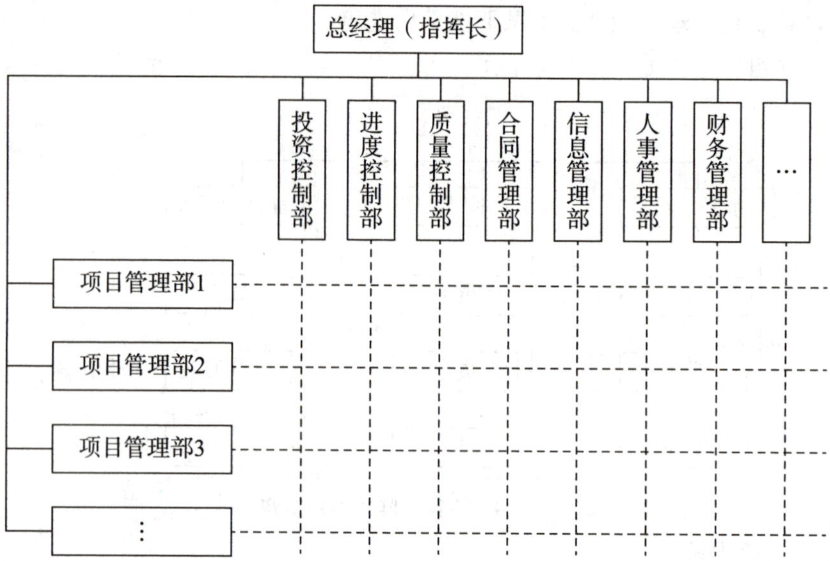

图 1-2-6　大型建设工程项目采用矩阵式组织结构的示例

（二）矩阵式组织结构的优点

（1）兼有职能式和直线式两种组织形式的优点。矩阵式组织结构将职能原则和对象原则有机地结合起来，既发挥了纵向职能部门的优势，又发挥了横向项目组织的优势，解决了传统组织模式中企业组织和项目组织相互矛盾的难题，增强了企业长期例行性管理和项目一次性管理的统一性。

（2）能有效地利用人力资源。矩阵式组织结构可以通过职能部门的协调，将一些项目上闲置的人才及时转到急需项目上去，实现以尽可能少的人力实施多个项目管理的高效率，使有限的人力资源得到最佳的利用。

（3）有利于人才的全面培养。矩阵式组织结构既可以使不同知识背景的人在项目组织的合作中相互取长补短，在实践中拓宽知识面，有利于人才的一专多能，又可以充分发挥纵向专业职能集中的优势，使人才的成长有深厚的专业训练基础。

（三）矩阵式组织结构的缺点

（1）双重领导。矩阵式组织结构中的成员要接受来自横向、纵向领导的双重指令。当双方目标不一致或有矛盾时，会使当事人无所适从。当出现问题时，往往会出现相互推诿、无人负责的现象。

（2）管理要求高，协调较困难。矩阵式组织结构对企业管理和项目管理的水平、领导者的素质、组织机构的办事效率、信息沟通渠道的畅通均有较高的要求。矩阵式组织结构的复杂性和项目结合部分的增加，往往导致信息沟通量的膨胀和沟通渠道的复杂化，致使信息梗阻和信息失真增加，这就使组织关系协调更困难。

（3）经常出现项目经理的责任与权力不统一的现象。在一般情况下，职能部门对项目组织成员的控制力大于项目经理的控制力，导致项目经理的责任大于权力，工作难以开展。项目组织成员受到职能部门的控制，所以凝聚在项目上的力量减弱，使项目组织的作用发挥受到影响。同时，管理人员身兼多职地管理多个项目，难以确定管理项目的前后顺序，有时会顾此失彼。

(四) 适用范围

矩阵式组织结构主要适用于大型复杂项目、公司对人工利用率要求高的项目，以及公司同时承担多个项目时。

实战演练

[2024 真题·单选] 按照项目经理的权限不同，矩阵式组织结构可分为不同形式。其中，平衡矩阵式组织结构适用于（　　）的工程项目。

A. 技术较复杂、建设周期较长　　B. 技术较简单、建设周期较短

C. 技术复杂程度中等、建设周期较长　　D. 技术复杂程度中等、建设周期较短

[解析] 平衡矩阵式组织结构适用于中等技术复杂程度且建设周期较长的工程项目。

[答案] C

[经典例题·单选] 下列项目管理组织形式中，未明确项目经理角色的是（　　）组织结构。

A. 职能式　　B. 弱矩阵式

C. 平衡矩阵式　　D. 强矩阵式

[解析] 弱矩阵式组织结构没有专职的项目经理。

[答案] B

[经典例题·单选] 关于工程项目管理组织结构特点的说法，正确的是（　　）。

A. 矩阵式组织结构中，项目成员受双重领导

B. 职能式组织结构中，指令唯一且职责清晰

C. 直线式组织结构中，可实现专业化管理

D. 矩阵式组织结构中，项目成员仅对职能经理负责

[解析] 选项 B 错误，职能式组织结构中，指令有多个且职责不清。选项 C 错误，直线式组织结构中，无法实现专业化。选项 D 错误，矩阵式组织结构中，项目成员受到职能部门经理和项目经理的双重领导。

[答案] A

[经典例题·多选] 某施工单位采用下图所示的组织结构模式，则关于该组织结构模式的说法，正确的有（　　）。

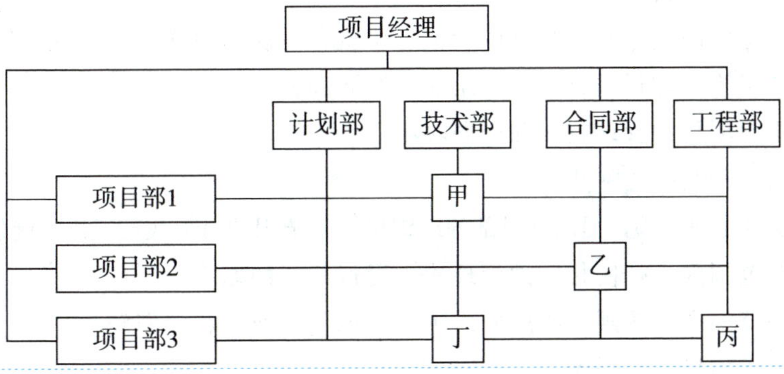

A. 技术部可以对甲、乙、丙、丁直接下达指令

B. 工程部可以对甲、乙、丙、丁直接下达指令

C. 甲工作涉及的指令源有 2 个，即项目部 1 和技术部

D. 该组织结构属于矩阵式

E. 当属于强矩阵式时，乙的绩效完全由项目部 2 中的项目经理进行考核

[解析] 选项 A 错误，技术部可以对甲、丁直接下达指令。选项 B 错误，工程部仅可以对丙直接下达指令。

[答案] CDE

知识点 3 项目经理

项目经理是工程项目承包单位的法定代表人在该工程项目上的全权委托代理人，是负责项目组织、计划及实施过程，处理有关内外关系，保证项目目标实现的项目负责人，是项目的直接领导与组织者。

一、项目经理的能力要求

根据《建设项目工程总承包管理规范》(GB/T 50358—2017)，工程总承包企业应明确项目经理的能力要求，确认项目经理任职资格，并进行管理。

工程总承包项目经理应具备下列条件：

(1) 取得工程建设类注册执业资格或高级专业技术职称。

(2) 具备决策、组织、领导和沟通能力，能正确处理和协调与项目发包人、项目相关方之间以及企业内部各专业、各部门之间的关系。

(3) 具有工程总承包项目管理及相关的经济、法律法规和标准化知识。

(4) 具有类似项目的管理经验。

(5) 具有良好的信誉。

二、项目经理的职责和权限

(一) 项目经理应履行的职责

(1) 执行工程总承包企业的管理制度，维护企业的合法权益。

(2) 代表企业组织实施工程总承包项目管理，对实现合同约定的项目目标负责。

(3) 完成项目管理目标责任书规定的任务。

(4) 在授权范围内负责与项目利益相关者协调，解决项目实施中出现的问题。

(5) 对项目实施全过程进行策划、组织、协调和控制。

(6) 负责组织项目的管理收尾和合同收尾工作。

(二) 项目经理应具有的权限

(1) 经授权组建项目部，提出项目部的组织机构，选用项目部成员，确定岗位人员职责。

(2) 在授权范围内，行使相应的管理权，履行相应的职责。

(3) 在合同范围内，按规定程序使用工程总承包企业的相关资源。

(4) 批准发布项目管理程序。

（5）协调和处理与项目有关的内外部事项。

实战演练

［2024 真题·单选］根据《建设项目工程总承包管理规范》的规定，下列属于工程总承包项目经理应履行的职责是（　　）。

A. 代表企业签订工程总承包合同

B. 组织评估工程总承包项目投资估算的合理性

C. 对项目实施全过程进行策划、组织、协调和控制

D. 组织选择分包单位并签订工程分包合同

［解析］工程总承包项目经理应履行下列职责：①执行工程总承包企业的管理制度，维护企业的合法权益；②代表企业组织实施工程总承包项目管理，对实现合同约定的项目目标负责；③完成项目管理目标责任书规定的任务；④在授权范围内负责与项目利益相关者协调，解决项目实施中出现的问题；⑤对项目实施全过程进行策划、组织、协调和控制；⑥负责组织项目的管理收尾和合同收尾工作。

［答案］C

［经典例题·多选］根据《建设项目工程总承包管理规范》的规定，下列属于工程总承包项目经理的权限有（　　）。

A. 经授权组建项目部

B. 在授权范围内，行使相应管理权

C. 执行工程总承包企业管理制度，维护企业合法权益

D. 在合同范围内，按规定程序使用相关资源

E. 完成项目管理目标责任书规定的任务

［解析］选项 C、E 属于工程总承包项目经理的职责。

［答案］ABD

第三节　工程项目管理规划与动态控制

知识点 1　工程项目管理规划

根据《建设工程项目管理规范》（GB/T 50326—2017），项目管理策划应由项目管理规划策划和项目管理配套策划组成。项目管理规划策划应包括项目管理规划大纲和项目管理实施规划，项目管理配套策划应包括项目管理规划策划以外的所有项目管理策划内容。

一、项目管理规划大纲

项目管理规划大纲应是项目管理工作中具有战略性、全局性和宏观性的指导文件。

项目管理规划大纲是指导项目管理的纲领性文件。制定前，组织可进行大纲框架结构策划和内容要点策划。大纲框架结构策划需依据《建设工程项目管理规范》目录体系，并结合工程项目特点和管理需要，经策划人员共同选择、分析、调整、补充和完善，形成工程项目

管理规划大纲框架。大纲内容要点策划需集成项目管理团队的共同智慧，对项目管理重要事项提出方向性、策略性的工作思路和办法，以形成项目管理规划大纲编制要点。

编制项目管理规划大纲应遵循下列步骤：

（1）明确项目需求和项目管理范围。

（2）确定项目管理目标。

（3）分析项目实施条件，进行项目工作结构分解。

（4）确定项目管理组织模式、组织结构和职责分工。

（5）规定项目管理措施。

（6）编制项目资源计划。

（7）报送审批。

项目管理规划大纲编制依据应包括下列内容：

（1）项目文件、相关法律法规和标准。

（2）类似项目经验资料。

（3）实施条件调查资料。

针对工程总承包及代建制模式项目管理规划的编制，需坚持工程全寿命项目管理理念，增加相关的策划内容。这是因为该类项目管理带有诸多建设单位的管理职能，尤其是工程设计管理和招标采购管理，直接受投资规划与决策理念的影响，需统筹进行策划。工程总承包及代建制模式的项目管理规划大纲制定，除参照《建设工程项目管理规范》管理要求外，还需将项目投融资、项目结构分解与范围管理、勘察设计管理、工程招标投标管理及项目试运行管理等内容纳入项目管理规划大纲。

项目管理规划大纲宜包括下列内容，组织也可根据需要在其中选定：

（1）项目概况。

（2）项目范围管理。

（3）项目管理目标。

（4）项目管理组织。

（5）项目采购与投标管理。

（6）项目进度管理。

（7）项目质量管理。

（8）项目成本管理。

（9）项目安全生产管理。

（10）绿色建造与环境管理。

（11）项目资源管理。

（12）项目信息管理。

（13）项目沟通与相关方管理。

（14）项目风险管理。

（15）项目收尾管理。

以下情形可省略项目管理规划大纲的编制，直接编制项目管理实施规划：

（1）规模小、技术简单的一般工业与民用建筑工程项目。

（2）可接受项目管理实施规划投标的工程项目。

（3）分部分项工程或专业分包工程项目。

项目管理规划大纲文件应具备下列内容：

（1）项目管理目标和职责规定。

（2）项目管理程序和方法要求。

（3）项目管理资源的提供和安排。

二、项目管理实施规划

项目管理实施规划应对项目管理规划大纲的内容进行细化。

项目管理实施规划是项目管理规划大纲的进一步深化与细化，因此需依据项目管理规划大纲来编制项目管理实施规划，而且需把项目管理规划大纲策划过程的决策意图体现在项目管理实施规划中。一般情况下，施工单位的项目施工组织设计等同于项目管理实施规划。

项目管理实施规划的制订需结合任务目标分解和项目管理机构职能分工，分别组织专业管理、子项管理以及协同管理机制与措施的策划，为落实项目任务目标、处理交叉衔接关系、实现项目目标提供依据和指导。

编制项目管理实施规划应遵循下列步骤：

（1）了解相关方的要求。

（2）分析项目具体特点和环境条件。

（3）熟悉相关的法规和文件。

（4）实施编制活动。

（5）履行报批手续。

项目管理实施规划的制订、策划活动的开展方式需结合项目管理任务目标分解和项目管理机构的职能分工，分别实施专业化管理策划、子项目管理策划以及交叉与协同管理策划。

项目管理实施规划编制依据可包括下列内容：

（1）适用的法律、法规和标准。

（2）项目合同及相关要求。

（3）项目管理规划大纲。

（4）项目设计文件。

（5）工程情况与特点。

（6）项目资源和条件。

（7）有价值的历史数据。

（8）项目团队的能力和水平。

项目管理实施规划应包括下列内容：

（1）项目概况。

（2）项目总体工作安排。

（3）组织方案。

(4) 设计与技术措施。

(5) 进度计划。

(6) 质量计划。

(7) 成本计划。

(8) 安全生产计划。

(9) 绿色建造与环境管理计划。

(10) 资源需求与采购计划。

(11) 信息管理计划。

(12) 沟通管理计划。

(13) 风险管理计划。

(14) 项目收尾计划。

(15) 项目现场平面布置图。

(16) 项目目标控制计划。

(17) 技术经济指标。

项目管理实施规划文件应满足下列要求：

(1) 规划大纲内容应得到全面深化和具体化。

(2) 实施规划范围应满足实现项目目标的实际需要。

(3) 实施项目管理规划的风险应处于可以接受的水平。

项目管理实施规划的文件内容需达到的3方面要求，应成为评价项目管理实施规划编制质量的基本定性指标。

实战演练

[2024真题·单选] 根据《建设工程项目管理规范》，编制项目管理规划大纲需进行的工作有：①确定项目管理目标；②规定项目管理措施；③编制项目资源计划；④进行项目工作结构分解等。仅就上述工作而言，正确的工作顺序是（　　）。

A. ③—②—①—④　　B. ②—①—③—④

C. ①—④—②—③　　D. ④—②—③—①

[解析] 项目管理规划大纲应按下列程序编制：①明确项目需求和项目管理范围；②确定项目管理目标；③分析项目实施条件，进行项目工作结构分解；④确定项目管理组织模式、组织结构和职责分工；⑤规定项目管理措施；⑥编制项目资源计划；⑦报送审批。

[答案] C

[2023真题·单选] 根据《建设工程项目管理规范》，项目管理规划应包括的内容是（　　）。

A. 项目管理规划大纲和项目管理策划

B. 项目管理策划和项目质量实施规划

C. 项目管理配套策划和项目管理实施策划

D. 项目管理规划大纲和项目管理实施规划

[解析] 项目管理规划应包括项目管理规划大纲和项目管理实施规划。

[答案] D

[2021 真题·单选] 根据《建设工程项目管理规范》，项目管理实施规划的编制过程包括：①熟悉相关法规和文件；②分析项目具体特点和环境条件；③履行报批手续；④实施编制活动；⑤了解相关方的要求。正确的程序是（　　）。

A. ①—⑤—②—③—④

B. ①—②—⑤—④—③

C. ⑤—②—①—④—③

D. ②—⑤—①—③—④

[解析] 编制项目管理实施规划应遵循下列步骤：①了解相关方的要求；②分析项目具体特点和环境条件；③熟悉相关的法规和文件；④实施编制活动；⑤履行报批手续。

[答案] C

[经典例题·单选] 下列选项中，（　　）是指导项目管理的纲领性文件。

A. 项目管理规划大纲

B. 项目管理实施规划

C. 监理大纲

D. 监理实施细则

[解析] 项目管理规划大纲应是项目管理工作中具有战略性、全局性和宏观性的指导文件。项目管理规划大纲是指导项目管理的纲领性文件。

[答案] A

[经典例题·多选] 下列选项中，属于项目管理规划大纲文件内容的有（　　）。

A. 项目管理目标和职责规定

B. 项目管理程序和方法要求

C. 设计与技术措施

D. 项目管理资源的提供和安排

E. 项目现场平面布置图

[解析] 项目管理规划大纲文件应包含下列内容：①项目管理目标和职责规定；②项目管理程序和方法要求；③项目管理资源的提供和安排。

[答案] ABD

知识点 2　施工组织设计

根据《建筑施工组织设计规范》（GB/T 50502—2024），施工组织设计是以施工项目为对象编制的，用以指导施工的技术、经济和管理的综合性文件。

施工组织设计的编制必须遵循工程建设程序，并应坚持下列原则：

（1）符合施工合同或招标文件中有关工程进度、质量、安全、环境保护、造价等方面的要求。

（2）积极开发、使用新技术和新工艺，推广应用新材料和新设备。

（3）坚持科学的施工程序和合理的施工顺序，采用流水施工和网络计划等方法，科学配置资源，合理布置现场，采取季节性施工措施，实现均衡施工，达到合理的经济技术指标。

（4）采取技术和管理措施，推广建筑节能和绿色施工。

（5）与质量、环境和职业健康安全3个管理体系有效结合。

施工组织设计应以下列内容作为编制依据：

（1）与工程建设有关的法律、法规和文件。

（2）国家现行有关标准和技术经济指标。

（3）工程所在地区行政主管部门的批准文件，建设单位对施工的要求。

（4）工程施工合同或招标投标文件。

（5）工程设计文件。

（6）工程施工范围内的现场条件，工程地质及水文地质、气象等自然条件。

（7）与工程有关的资源供应情况。

（8）施工企业的生产能力、机具设备状况、技术水平等。

施工组织设计应包括编制依据、工程概况、施工部署、施工进度计划、施工准备与资源配置计划、主要施工方法、施工现场平面布置及主要施工管理计划等基本内容。

施工组织设计的编制和审批应符合下列规定：

（1）施工组织设计应由项目负责人主持编制，可根据需要分阶段编制和审批。

（2）施工组织总设计应由总承包单位技术负责人审批；单位工程施工组织设计应由施工单位技术负责人或技术负责人授权的技术人员审批；施工方案应由项目技术负责人审批；重点、难点分部（分项）工程和专项工程施工方案应由施工单位技术部门组织相关专家评审，施工单位技术负责人批准。

（3）由专业承包单位施工的分部（分项）工程或专项工程的施工方案，应由专业承包单位技术负责人或技术负责人授权的技术人员审批；有总承包单位时，应由总承包单位项目技术负责人核准备案。

（4）规模较大的分部（分项）工程和专项工程的施工方案应按单位工程施工组织设计进行编制和审批。

施工组织设计应实行动态管理，并符合下列规定：

（1）项目施工过程中，发生以下情况之一时，施工组织设计应及时进行修改或补充：

①工程设计有重大修改。

②有关法律、法规、规范和标准实施、修订和废止。

③主要施工方法有重大调整。

④主要施工资源配置有重大调整。

⑤施工环境有重大改变。

（2）经修改或补充的施工组织设计应重新审批后实施。

（3）项目施工前，应进行施工组织设计逐级交底；项目施工过程中，应对施工组织设计的执行情况进行检查、分析并适时调整。

施工组织设计应在工程竣工验收后归档。

施工组织设计按编制对象，可分为施工组织总设计、单位工程施工组织设计和施工方案。

施工组织总设计是以若干单位工程组成的群体工程或特大型项目为主要对象编制的施工组织设计，对整个项目的施工过程起统筹规划、重点控制的作用。

单位工程施工组织设计是以单位（子单位）工程为主要对象编制的施工组织设计，对单位（子单位）工程的施工过程起指导和制约作用。

施工方案是以分部（分项）工程或专项工程为主要对象编制的施工技术与组织方案，用以具体指导其施工过程。

一、施工组织总设计

（一）工程概况

工程概况应包括项目主要情况和项目主要施工条件等。

项目主要情况应包括下列内容：

（1）项目名称、性质、地理位置和建设规模。

（2）项目的建设、勘察、设计和监理等相关单位的情况。

（3）项目设计概况。

（4）项目承包范围及主要分包工程范围。

（5）施工合同或招标文件对项目施工的重点要求。

（6）其他应说明的情况。

项目主要施工条件应包括下列内容：

（1）项目建设地点气象状况。

（2）项目施工区域地形和工程水文地质状况。

（3）项目施工区域地上、地下管线及相邻的地上、地下建（构）筑物情况。

（4）与项目施工有关的道路、河流等状况。

（5）当地建筑材料、设备供应和交通运输等服务能力状况。

（6）当地供电、供水、供热和通信能力状况。

（7）其他与施工有关的主要因素。

（二）总体施工部署

施工组织总设计应对项目总体施工做出下列宏观部署：

（1）确定项目施工总目标，包括进度、质量、安全、环境和成本等目标。

（2）根据项目施工总目标的要求，确定项目分阶段（期）交付的计划。

（3）确定项目分阶段（期）施工的合理顺序及空间组织。

对于项目施工的重点和难点应进行简要分析。

总承包单位应明确项目管理组织机构形式，并宜采用框图的形式表示。

对于项目施工中开发和使用的新技术、新工艺应做出部署。

对主要分包项目施工单位的资质和能力应提出明确要求。

（三）施工总进度计划

施工总进度计划应按照项目总体施工部署的安排进行编制。

施工总进度计划可采用网络图或横道图表示，并附必要说明。施工总进度计划的内容应包括：编制说明，施工总进度计划表（图），分期（分批）实施工程的开、竣工日期及工期一览表等。施工总进度计划宜优先采用网络计划。

（四）总体施工准备与主要资源配置计划

总体施工准备应包括技术准备、现场准备和资金准备等。技术准备、现场准备和资金准备应满足项目分阶段（期）施工的需要。

主要资源配置计划应包括劳动力配置计划和物资配置计划等。

劳动力配置计划应包括下列内容：

（1）确定各施工阶段（期）的总用工量。

（2）根据施工总进度计划确定各施工阶段（期）的劳动力配置计划。

物资配置计划应包括下列内容：

（1）根据施工总进度计划确定主要工程材料和设备的配置计划。

（2）根据总体施工部署和施工总进度计划确定主要施工周转材料和施工机具的配置计划。

（五）主要施工方法

施工组织总设计应对项目涉及的单位（子单位）工程和主要分部（分项）工程所采用的施工方法进行简要说明。

对脚手架工程、起重吊装工程、临时用水用电工程及季节性施工等专项工程所采用的施工方法应进行简要说明。

（六）施工总平面布置

施工总平面布置应符合下列原则：

（1）平面布置科学合理，施工场地占用面积少。

（2）合理组织运输，减少二次搬运。

（3）施工区域的划分和场地的临时占用应符合总体施工部署和施工流程的要求，减少相互干扰。

（4）充分利用既有建（构）筑物和既有设施为项目施工服务，降低临时设施的建造费用。

（5）临时设施应方便生产和生活，办公区、生活区和生产区宜分离设置。

（6）符合节能、环保、安全和消防等要求。

（7）遵守当地主管部门和建设单位关于施工现场安全文明施工的相关规定。

施工总平面布置图应符合下列要求：

（1）根据项目总体施工部署，绘制现场不同施工阶段（期）的总平面布置图。

（2）施工总平面布置图的绘制应符合国家相关标准要求并附必要说明。

施工总平面布置图应包括下列内容：

（1）项目施工用地范围内的地形状况。

（2）全部拟建的建（构）筑物和其他基础设施的位置。

（3）项目施工用地范围内的加工设施、运输设施、存贮设施、供电设施、供水供热设施、排水排污设施、临时施工道路和办公、生活用房等。

（4）施工现场必备的安全、消防、保卫和环境保护等设施。

（5）相邻的地上、地下既有建（构）筑物及相关环境。

二、单位工程施工组织设计

（一）工程概况

工程概况应包括工程主要情况、各专业设计简介和工程施工条件等。

工程主要情况应包括下列内容：

（1）工程名称、性质和地理位置。

（2）工程的建设、勘察、设计、监理和总承包等相关单位的情况。

（3）工程承包范围和分包工程范围。

（4）施工合同、招标文件或总承包单位对工程施工的重点要求。

（5）其他应说明的情况。

各专业设计简介应包括下列内容：

（1）建筑设计简介应依据建设单位提供的建筑设计文件进行描述，包括建筑规模、建筑功能、建筑特点、建筑耐火、防水及节能要求等，并应简单描述工程的主要装修做法。

（2）结构设计简介应依据建设单位提供的结构设计文件进行描述，包括结构形式、地基基础形式、结构安全等级、抗震设防类别、主要结构构件类型及要求等。

（3）机电及设备安装专业设计简介应依据建设单位提供的各相关专业设计文件进行描述，包括给水、排水及采暖系统、通风与空调系统、电气系统、智能化系统、电梯等各个专业系统的做法要求。

（二）施工部署

工程施工目标应根据施工合同、招标文件以及本单位对工程管理目标的要求确定，包括进度、质量、安全、环境和成本等目标。各项目标应满足施工组织总设计中确定的总体目标。

施工部署中的进度安排和空间组织应符合下列规定：

（1）工程主要施工内容及其进度安排应明确说明，施工顺序应符合工序逻辑关系。

（2）施工流水段应结合工程具体情况分阶段进行划分；单位工程施工阶段的划分一般包括地基基础、主体结构、装修装饰和机电设备安装 3 个阶段。

对于工程施工的重点和难点应进行分析，包括组织管理和施工技术两个方面。

工程管理的组织结构形式应按照相关规定执行，并确定项目经理部的工作岗位设置及其职责划分。

对于工程施工中开发和使用的新技术、新工艺应做出部署，对新材料和新设备的使用应提出技术及管理要求。

对于主要分包工程施工单位的选择要求及管理方式应进行简要说明。

（三）施工进度计划

单位工程施工进度计划应按照施工部署的安排进行编制。

施工进度计划可采用网络图或横道图表示，并附必要说明；对于工程规模较大或较复杂的工程，宜采用网络图表示。

➢ **注意：** 一般工程画横道图即可，对工程规模较大、工序比较复杂的工程宜采用网络图表示，通过对各类参数的计算，找出关键线路，选择最优方案。

(四) 施工准备与资源配置计划

施工准备应包括技术准备、现场准备和资金准备等。

(1) 技术准备应包括施工所需技术资料的准备、施工方案编制计划、试验检验及设备调试工作计划、样板制作计划等。

①主要分部（分项）工程和专项工程在施工前应单独编制施工方案，施工方案可根据工程进展情况，分阶段编制完成；对需要编制的主要施工方案应制订编制计划。

②试验检验及设备调试工作计划应根据现行规范、标准中的有关要求及工程规模、进度等实际情况制订。

③样板制作计划应根据施工合同或招标文件的要求并结合工程特点制订。

(2) 现场准备应根据现场施工条件和工程实际需要，准备现场生产、生活等临时设施。

(3) 资金准备应根据施工进度计划编制资金使用计划。

资源配置计划应包括劳动力配置计划和物资配置计划等。

(1) 劳动力配置计划应包括下列内容：

①确定各施工阶段用工量。

②根据施工进度计划确定各施工阶段劳动力配置计划。

(2) 物资配置计划应包括下列内容：

①主要工程材料和设备的配置计划应根据施工进度计划确定，包括各施工阶段所需主要工程材料、设备的种类和数量。

②工程施工主要周转材料和施工机具的配置计划应根据施工部署和施工进度计划确定，包括各施工阶段所需主要周转材料、施工机具的种类和数量。

(五) 主要施工方案

单位工程应按照《建筑工程施工质量验收统一标准》(GB 50300—2013) 中分部、分项工程的划分原则，对主要分部、分项工程制订施工方案。

对脚手架工程、起重吊装工程、临时用水用电工程、季节性施工等专项工程所采用的施工方案应进行必要的验算和说明。

(六) 施工现场平面布置

施工现场平面布置图应按照相关规定并结合施工组织总设计，按不同施工阶段分别绘制。

施工现场平面布置图应包括下列内容：

(1) 工程施工场地状况。

(2) 拟建建（构）筑物的位置、轮廓尺寸、层数等。

(3) 工程施工现场的加工设施、存贮设施、办公和生活用房等的位置和面积。

(4) 布置在工程施工现场的垂直运输设施、供电设施、供水供热设施、排水排污设施和临时施工道路等。

(5) 施工现场必备的安全、消防、保卫和环境保护等设施。

(6) 相邻的地上、地下既有建（构）筑物及相关环境。

三、施工方案

（一）工程概况

工程概况应包括工程主要情况、设计简介和工程施工条件等。

工程主要情况应包括分部（分项）工程或专项工程名称，工程参建单位的相关情况，工程的施工范围，施工合同、招标文件或总承包单位对工程施工的重点要求等。

设计简介应主要介绍施工范围内的工程设计内容和相关要求。

工程施工条件应重点说明与分部（分项）工程或专项工程相关的内容。

（二）施工安排

工程施工目标包括进度、质量、安全、环境和成本等目标，各项目标应满足施工合同、招标文件和总承包单位对工程施工的要求。

工程施工顺序及施工流水段应在施工安排中确定。

针对工程的重点和难点，进行施工安排并简述主要管理和技术措施。

工程管理的组织机构及岗位职责应在施工安排中确定，并应符合总承包单位的要求。

（三）施工进度计划

分部（分项）工程或专项工程施工进度计划应按照施工安排，并结合总承包单位的施工进度计划进行编制。

施工进度计划可采用网络图或横道图表示，并附必要说明。

（四）施工准备与资源配置计划

施工准备应包括下列内容：

(1) 技术准备。技术准备包括施工所需技术资料的准备、图纸深化和技术交底的要求、试验检验和测试工作计划、样板制作计划以及与相关单位的技术交接计划等。

(2) 现场准备。现场准备包括生产、生活等临时设施的准备以及与相关单位进行现场交接的计划等。

(3) 资金准备。编制资金使用计划等。

资源配置计划应包括下列内容：

(1) 劳动力配置计划。确定工程用工量并编制专业工种劳动力计划表。

(2) 物资配置计划。物资配置计划包括工程材料和设备配置计划、周转材料和施工机具配置计划以及计量、测量和检验仪器配置计划等。

（五）施工方法及工艺要求

明确分部（分项）工程或专项工程施工方法并进行必要的技术核算，对主要分项工程（工序）明确施工工艺要求。

对易发生质量通病、易出现安全问题、施工难度大、技术含量高的分项工程（工序）等应做出重点说明。

对开发和使用的新技术、新工艺以及采用的新材料、新设备应通过必要的试验或论证并制订计划。

对季节性施工应提出具体要求。

实战演练

［2023 真题 · 单选］根据《建筑施工组织设计规范》，按照编制对象不同，施工组织设计分为（　　）。

A. 施工组织总设计、单位工程施工组织设计和施工方案

B. 单位工程施工组织设计、分部工程施工组织设计和施工方案

C. 单位工程施工组织设计、施工方案和专项施工指导书

D. 施工组织总设计、分部工程施工组织设计和施工部署

［解析］施工组织设计按编制对象，可分为施工组织总设计、单位工程施工组织设计和施工方案。

［答案］A

［2023 真题 · 单选］根据《建筑施工组织设计规范》，专业承包工程的施工方案由（　　）审批。

A. 施工总承包单位技术负责人或其授权的技术人员

B. 施工总承包项目技术负责人或其授权的技术人员

C. 专业承包单位技术负责人或其授权的技术人员

D. 专业承包项目技术负责人或其授权的技术人员

［解析］由专业承包单位施工的分部（分项）工程或专项工程的施工方案，应由专业承包单位技术负责人或技术负责人授权的技术人员审批。

［答案］C

［2022 真题 · 单选］根据《建筑施工组织设计规范》，单位工程施工组织设计应由（　　）审批。

A. 施工项目负责人

B. 总承包单位负责人

C. 施工单位技术负责人

D. 施工项目技术负责人

［解析］单位工程施工组织设计应由施工单位技术负责人或技术负责人授权的技术人员审批。

［答案］C

［2020 真题 · 单选］根据《建筑施工组织设计规范》，关于施工组织设计审批的说法，正确的是（　　）。

A. 专项施工方案应由项目技术负责人审批

B. 施工方案应由项目总监理工程师审批

C. 施工组织总设计应由建设单位技术负责人审批

D. 单位工程施工组织设计应由承包单位技术负责人审批

［解析］选项 A 错误，专项施工方案应由施工单位技术负责人批准。选项 B 错误，施工方案应由项目技术负责人审批。选项 C 错误，施工组织总设计应由总承包单位技术负责人审批。

[答案] D

[2024 真题·多选] 工程施工过程中，需要对施工组织设计进行修改或补充的情形有（　　）。

A. 工程设计有重大修改　　B. 施工环境有重大改变

C. 主要施工方法有重大调整　　D. 人工费、材料价格大幅上涨

E. 主要施工资源配置有重大调整

[解析] 项目施工过程中，发生以下情况之一时，施工组织设计应及时进行修改或补充：①工程设计有重大修改；②有关法律、法规、规范和标准实施、修订和废止；③主要施工方法有重大调整；④主要施工资源配置有重大调整；⑤施工环境有重大改变。

[答案] ABCE

[2023 真题·多选] 根据《建筑施工组织设计规范》，施工方案的主要内容包括（　　）。

A. 施工平面布置　　B. 施工进度计划

C. 施工成本计划　　D. 资源配置计划

E. 施工方法与工艺要求

[解析] 施工方案的主要内容包括：①工程概况；②施工安排；③施工进度计划；④施工准备与资源配置计划；⑤施工方法及工艺要求。

[答案] BDE

[经典例题·多选] 在单位工程施工组织设计中，资源配置计划包括（　　）。

A. 劳动力配置计划

B. 主要周转材料配置计划

C. 监理人员配置计划

D. 主要工程材料和设备配置计划

E. 计量、测量和检验仪器配置计划

[解析] 在单位工程施工组织设计中，资源配置计划应包括劳动力配置计划和物资配置计划等。劳动力配置计划应包括下列内容：①确定各施工阶段用工量；②根据施工进度计划确定各施工阶段劳动力配置计划。物资配置计划应包括下列内容：①主要工程材料和设备的配置计划应根据施工进度计划确定，包括各施工阶段所需主要工程材料、设备的种类和数量；②工程施工主要周转材料和施工机具的配置计划应根据施工部署和施工进度计划确定，包括各施工阶段所需主要周转材料、施工机具的种类和数量。

[答案] ABD

[经典例题·多选] 单位工程应对主要分部、分项工程制订施工方案，并对（　　）等专项工程所采用的施工方案进行必要的验算和说明。

A. 模板工程　　B. 起重吊装工程

C. 临时用水用电工程　　D. 基坑支护

E. 季节性施工

［解析］单位工程应按照《建筑工程施工质量验收统一标准》中分部、分项工程的划分原则，对主要分部、分项工程制订施工方案。对脚手架工程、起重吊装工程、临时用水用电工程、季节性施工等专项工程所采用的施工方案应进行必要的验算和说明。

［答案］BCE

知识点 3 工程项目目标动态控制

工程项目目标动态控制是指为了保证工程项目按预期目标运行，对项目的运行状况进行连续的跟踪观测，并将观测结果与预期目标加以比较，如有偏差，及时分析偏差原因并加以纠正的过程。

一、工程项目目标控制流程

工程项目目标控制流程如图 1-3-1 所示。

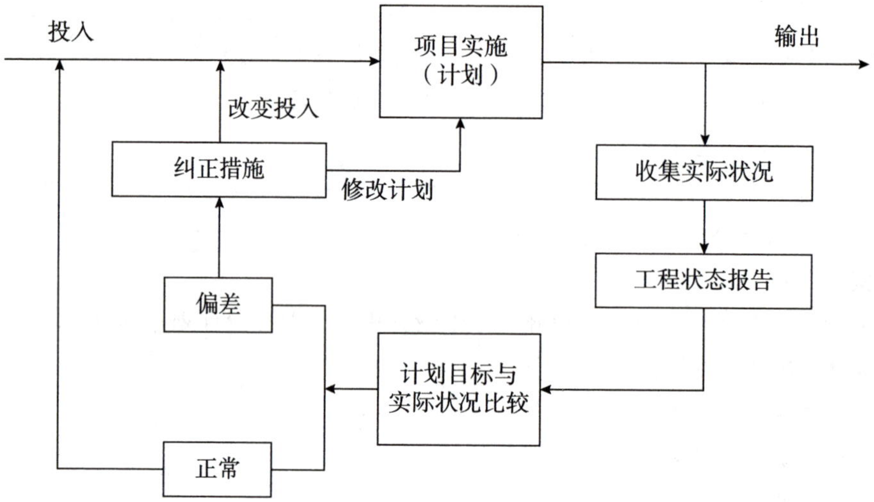

图 1-3-1 工程项目目标控制流程

二、工程项目目标控制措施

为了取得目标控制的理想效果，应当从多方面采取措施实施控制，通常可以将这些措施归纳为组织措施、技术措施、经济措施和合同措施 4 个方面。这 4 个方面的措施在工程项目实施的各个阶段的具体运用不完全相同。

（一）组织措施

组织措施是从目标控制的组织管理方面采取的措施。做任何事情都离不开人，人是实现目标控制的关键因素。项目中的人，不是单个的人，而是应当组织起来的人的集合体。组织措施就是如何进行人的集合体管理的措施。不论是建设单位还是施工单位，只要是项目的当事人，需要进行项目管理，首先就要落实目标控制的组织机构和人员，明确各级目标控制人员的任务和职能分工、权力和责任，建立有利于目标控制的工作流程，从而使项目的人员都能够在分工的基础上紧密配合。可以说，组织措施是其他各类措施的前提和保障。

（二）技术措施

技术措施不仅对解决工程项目实施过程中的技术问题是不可缺少的，而且对纠正目标偏差也有相当重要的作用。不同的技术方案在实施时所需要的时间、成本和能够达到的质量标准都是不同的，任何一个技术方案都有其基本确定的经济效果，不同的技术方案具有不同的经济效果。运用技术措施纠偏的关键，一是要能提出多个不同的技术方案，二是要对不同的技术方案进行技术经济分析。在实施过程中，设计变更方案的合理选择也是一种技术措施。

（三）经济措施

经济措施是最易为人所接受和采用的措施之一，但经济措施绝不仅仅是审核工程量及相应的付款和结算报告，还需要对一些全局性、总体性的问题加以考虑，而不是仅局限于已发生的费用。通过偏差原因分析和未完工程投资预测，可发现一些现有和潜在的问题将引起未完工程的投资增加，对这些问题应以主动控制为出发点，及时采取预防措施。另外，在设计阶段，经济措施在目标控制中发挥着尤其重要的作用。例如，限额设计的有效运用、设计方案的经济分析与评价等，都是设计阶段投资目标控制可以采用的经济措施。

（四）合同措施

无论是对建设单位、施工单位，还是对其他合同当事人，合同措施都是目标控制的一种重要措施。合同措施除了合同条款的拟订、合同谈判、处理合同执行过程中的问题、索赔管理等之外，还包括设计和确定对目标控制有利的工程项目组织管理模式和合同结构、分析不同合同之间的相互联系和影响、对每一个合同进行总体和具体分析等。由于费用控制、进度控制和质量控制均以合同为依据，因此合同措施就显得尤为重要。这些合同措施对目标控制更具有全局性的影响。另外，在采取合同措施时，要特别注意各方所应履行的合同中所规定的己方和对方的义务和责任。

实战演练

[2022 真题・单选] 某项目电梯设备采购延误导致总体工程进度延误，项目经理部研究决定调整项目采购负责人，该纠偏措施属于项目目标控制的（　　）。

A. 组织措施　　　　B. 合同措施

C. 经济措施　　　　D. 技术措施

[解析] 组织措施是从目标控制的组织管理方面采取的措施。做任何事情都离不开人，人是实现目标控制的关键因素。

[答案] A

[经典例题・多选] 下列施工项目目标控制措施中，属于技术措施的有（　　）。

A. 处理合同执行过程中的问题　　　　B. 明确各级人员的任务和职能分工

C. 组织专家论证新材料的适用性　　　　D. 项目实施过程中采用挣值分析方法

E. 设计方案的经济分析与评价

[解析] 选项 A 属于合同措施。选项 B 属于组织措施。选项 E 属于经济措施。

[答案] CD

第二章

建设工程项目管理相关体系标准

本章导学

本章分3节，分别讲述质量、环境、职业健康安全管理体系，风险管理与社会责任管理体系，项目管理标准体系。这些管理体系标准是建设工程项目管理的基础。

第一节　质量、环境、职业健康安全管理体系

知识点 1　质量管理体系

《质量管理体系 基础和术语》（GB/T 19000—2016/ISO 9000:2015）的相关规定如下。

一、质量管理体系概念

质量管理体系包括组织识别其目标以及确定实现预期结果所需过程和资源的活动。质量管理体系能够使最高管理者通过考虑其决策的长期和短期效果而充分利用资源。质量管理体系给出了识别在提供产品和服务方面处理预期和非预期后果所采取措施的方法。

二、质量管理原则

（一）以顾客为关注焦点

质量管理的主要关注点是满足顾客要求并且努力超越顾客期望。

组织只有赢得并保持顾客和其他相关方的信任才能获得持续成功。与顾客互动的每个方面，都提供了为顾客创造更多价值的机会。理解顾客和其他相关方当前和未来的需求，有助于组织的持续成功。

主要益处包括：提升顾客价值；增强顾客满意度；增进顾客忠诚度；增加重复性业务；提高组织声誉；扩展顾客群；增加收入和市场份额。

可开展的活动包括：识别从组织获得价值的直接顾客和间接顾客；理解顾客当前和未来的需求和期望；将组织的目标与顾客的需求和期望联系起来；在整个组织内沟通顾客的需求和期望；为满足顾客的需求和期望，对产品和服务进行策划、设计、开发、生产、交付、支持；测量和监视顾客满意情况，并采取适当的措施；在有可能影响到顾客满意度的相关方的需求和适宜的期望方面，确定并采取措施；主动管理与顾客的关系，以实现持续成功。

（二）领导作用

各级领导建立统一的宗旨和方向，并创造全员积极参与实现组织的质量目标的条件。

统一的宗旨和方向的建立，以及全员的积极参与，能够使组织将战略、方针、过程和资源协调一致，以实现其目标。

主要益处包括：提高实现组织质量目标的有效性和效率；组织的过程更加协调；改善组织各层级、各职能间的沟通；开发和提高组织及其人员的能力，以获得期望的结果。

可开展的活动包括：在整个组织内，就其使命、愿景、战略、方针和过程进行沟通；在组织的所有层级创建并保持共同的价值观，以及公平和道德的行为模式；创建诚信和正直的文化；鼓励在整个组织范围内履行对质量的承诺；确保各级领导者成为组织中的榜样；为员工提供履行职责所需的资源、培训和权限；激发、鼓励和表彰员工的贡献。

（三）全员积极参与

整个组织内各级胜任、经授权并积极参与的人员，是提高组织创造和提供价值能力的必

要条件。

为了有效和高效地管理组织，各级人员得到尊重并参与其中是极其重要的。通过表彰、授权和提高能力，促进在实现组织的质量目标过程中的全员积极参与。

主要益处包括：组织内人员对质量目标有更深入的理解，以及更强的加以实现的动力；在改进活动中，提高人员的参与程度；促进个人发展、主动性和创造力；提高人员的满意程度；增强整个组织内的相互信任和协作；促进整个组织对共同价值观和文化的关注。

可开展的活动包括：与员工沟通，以增强他们对个人贡献的重要性的认识；促进整个组织内部的协作；提倡公开讨论，分享知识和经验；让员工确定影响执行力的制约因素，并且毫无顾虑地主动参与；赞赏和表彰员工的贡献、学识和进步；针对个人目标进行绩效的自我评价；进行调查以评估人员的满意程度，沟通结果并采取适当的措施。

（四）过程方法

将活动作为相互关联、功能连贯的过程组成的体系来理解和管理时，可更加有效和高效地得到一致的、可预知的结果。

质量管理体系是由相互关联的过程所组成的，理解该体系是如何产生结果的，能够使组织尽可能地完善其体系并优化其绩效。

主要益处包括：提高关注关键过程的结果和改进的机会的能力；通过由协调一致的过程所构成的体系，得到一致的、可预知的结果；通过过程的有效管理、资源的高效利用及跨职能壁垒的减少，尽可能提升其绩效；使组织能够向相关方提供关于其一致性、有效性和效率方面的信任。

可开展的活动包括：确定体系的目标和实现这些目标所需的过程；为管理过程确定职责、权限和义务；了解组织的能力，预先确定资源约束条件及过程相互依赖的关系，分析个别过程的变更对整个体系的影响；将过程及其相互关系作为一个体系进行管理，以有效和高效地实现组织的质量目标；确保获得必要的信息，以运行和改进过程并监视、分析和评价整个体系的绩效；管理可能影响过程输出和质量管理体系整体结果的风险。

（五）改进

成功的组织持续关注改进。改进对于组织保持当前的绩效水平，对其内、外部条件的变化做出反应，并创造新的机会，都是非常必要的。

主要益处包括：提高过程绩效、组织能力和顾客满意度；增强对调查和确定根本原因以及后续的预防和纠正措施的关注；提高对内外部风险和机遇的预测和反应能力；增加对渐进性和突破性改进的考虑；更好地利用学习来改进；增强创新的动力。

可开展的活动包括：促进在组织的所有层级建立改进目标；对各层级人员进行教育和培训，使其懂得如何应用基本工具和方法实现改进目标；确保员工有能力成功地促进和完成改进项目；开发和开展过程，以在整个组织内实施改进项目；跟踪、评审和审核改进项目的策划、实施、完成和结果；将改进与新的或变更的产品、服务和过程的开发结合在一起予以考虑；赞赏和表彰改进。

（六）循证决策

基于数据和信息的分析和评价的决策，更有可能产生期望的结果。

决策是一个复杂的过程，并且总是包含某些不确定性。它经常涉及多种类型和来源的输入及其理解，而这些理解可能是主观的。重要的是理解因果关系和潜在的非预期后果。对事实、证据和数据的分析可导致决策更加客观、可信。

主要益处包括：改进决策过程；改进对过程绩效和实现目标的能力的评估；改进运行的有效性和效率；提高评审、应对挑战和改变观点和决策的能力；提高证实以往决策有效性的能力。

可开展的活动包括：确定、测量和监视关键指标，以证实组织的绩效；使相关人员能够获得所需的全部数据；确保数据和信息足够准确、可靠和安全；用适宜的方法对数据和信息进行分析和评价；确保人员有能力分析和评价所需的数据；权衡经验和直觉，基于证据进行决策并采取措施。

（七）关系管理

为了持续成功，组织需要管理与相关方（如供方）的关系。

相关方影响组织的绩效。当组织管理与所有相关方的关系，尽可能有效地发挥其在组织绩效方面的作用时，持续成功更有可能实现。对供方及合作伙伴网络的关系管理是尤为重要的。

主要益处包括：通过对每一个与相关方有关的机会和限制的响应，提高组织及其相关方的绩效；对目标和价值观，与相关方有共同的理解；通过共享资源和人员能力，以及管理与质量有关的风险，增强为相关方创造价值的能力；具有管理良好、可稳定提供产品和服务的供应链。

可开展的活动包括：确定相关方（如供方、合作伙伴、顾客、投资者、雇员或整个社会）及其与组织的关系；确定和排序需要管理的相关方的关系；建立平衡短期利益与长期考虑的关系；与相关方共同收集和共享信息、专业知识、资源；适当时，测量绩效并向相关方报告，以增加改进的主动性；与供方、合作伙伴及其他相关方合作开展开发和改进活动；鼓励和表彰供方及合作伙伴的改进和成绩。

实战演练

［经典例题·单选］将活动作为相互关联、功能连贯的过程组成的体系来理解和管理时，可更加有效和高效地得到一致的、可预知的结果，属于质量管理原则中的（　　）。

A. 改进　　B. 循证决策

C. 领导作用　　D. 过程方法

［解析］过程方法：将活动作为相互关联、功能连贯的过程组成的体系来理解和管理时，可更加有效和高效地得到一致的、可预知的结果。

［答案］D

［经典例题·多选］根据《质量管理体系 基础和术语》，质量管理原则包括（　　）。

A. 以顾客为关注焦点　　B. 循证决策

C. 全员积极参与　　D. 关系管理

E. 全要素控制

[解析] 质量管理原则包括：①以顾客为关注焦点；②领导作用；③全员积极参与；④过程方法；⑤改进；⑥循证决策；⑦关系管理。

[答案] ABCD

[经典例题·多选] 质量管理原则是质量管理体系标准的编制基础，其中质量管理的核心通常包括（　　）。

A. 领导作用　　B. 全员积极参与

C. 过程控制　　D. 持续改进

E. 循证决策

[解析] 质量管理的核心是指过程控制、全员积极参与和持续改进。

[答案] BCD

知识点 2 环境管理体系

《环境管理体系 要求及使用指南》（GB/T 24001—2016/ISO 14001:2015）规定，本标准规定了组织能够用于提升其环境绩效的环境管理体系要求。本标准可供寻求以系统的方式管理其环境责任的组织使用，从而为“环境支柱”的可持续性做出贡献。

《环境管理体系 要求及使用指南》可帮助组织实现其环境管理体系的预期结果，这些结果将为环境、组织自身和相关方带来价值。与组织的环境方针保持一致的环境管理体系预期结果包括提升环境绩效、履行合规义务、实现环境目标。

《环境管理体系 要求及使用指南》适用于任何规模、类型和性质的组织，并适用于组织基于生命周期观点所确定的其活动、产品和服务中能够控制或能够施加影响的环境因素。《环境管理体系 要求及使用指南》并未提出具体的环境绩效准则。

环境管理体系是管理体系的一部分，用于管理环境因素、履行合规义务，并应对风险和机遇，其核心内容如下。

一、组织所处的环境

（一）理解组织及其所处的环境

组织应确定与其宗旨相关并影响其实现环境管理体系预期结果的能力的外部和内部问题。这些问题应包括受组织影响的或能够影响组织的环境状况。

（二）理解相关方的需求和期望

组织应确定：

（1）与环境管理体系有关的相关方。

（2）这些相关方的有关需求和期望，即要求。

（3）这些需求和期望中哪些将成为其合规义务。

（三）确定环境管理体系的范围

组织应确定环境管理体系的边界和适用性，以界定其范围。

范围一经界定，该范围内组织的所有活动、产品和服务均需纳入环境管理体系。

范围应作为文件化信息予以保持，并可为相关方所获取。

（四）环境管理体系

为实现组织的预期结果，包括提升其环境绩效，组织应根据《环境管理体系 要求及使用指南》的规定建立、实施、保持并持续改进环境管理体系，包括所需的过程及其相互作用。

二、领导作用

（一）领导作用与承诺

最高管理者应通过下述方面证实其在环境管理体系方面的领导作用和承诺：

（1）对环境管理体系的有效性负责。

（2）确保建立环境方针和环境目标，并确保其与组织的战略方向及所处的环境相一致。

（3）确保将环境管理体系要求融入组织的业务过程。

（4）确保可获得环境管理体系所需的资源。

（5）就有效环境管理的重要性和符合环境管理体系要求的重要性进行沟通。

（6）确保环境管理体系实现其预期结果。

（7）指导并支持员工对环境管理体系的有效性做出贡献。

（8）促进持续改进。

（9）支持其他相关管理人员在其职责范围内证实其领导作用。

（二）环境方针

最高管理者应在界定的环境管理体系范围内建立、实施并保持环境方针。

环境方针应以文件化信息的形式予以保持。

（三）组织的角色、职责和权限

最高管理者应确保在组织内部分配并沟通相关角色的职责和权限。

三、策划

（一）应对风险和机遇的措施

策划环境管理体系时，组织应考虑所提及的问题、要求以及环境管理体系的范围。

环境因素：组织应在所界定的环境管理体系范围内，确定其活动、产品和服务中能够控制和能够施加影响的环境因素及其相关的环境影响。此时应考虑生命周期观点。

合规义务：组织应确定并获取与其环境因素有关的合规义务；确定如何将这些合规义务应用于组织；在建立、实施、保持和持续改进其环境管理体系时必须考虑这些合规义务。

措施的策划：组织应策划采取措施管理其重要环境因素、合规义务、所识别的风险和机遇。

（二）环境目标及其实现的策划

环境目标：组织应针对其相关职能和层次建立环境目标，此时必须考虑组织的重要环境因素及相关的合规义务，并考虑其风险和机遇。

实现环境目标的措施的策划：策划实现环境目标时，组织应确定要做什么；需要什么资源；由谁负责；何时完成；如何评价结果。

四、支持

（一）资源

组织应确定并提供建立、实施、保持和持续改进环境管理体系所需的资源。

（二）能力

组织应确定在其控制下工作，对其环境绩效和履行合规义务的能力具有影响的人员所需的能力；基于适当的教育、培训或经历，确保这些人员是能胜任的；确定与其环境因素和环境管理体系相关的培训需求；适用时，采取措施以获得所必需的能力，并评价所采取措施的有效性。

（三）意识

组织应确保在其控制下工作的人员意识到：环境方针；与他们的工作相关的重要环境因素和相关的实际或潜在的环境影响；他们对环境管理体系有效性的贡献，包括对提升环境绩效的贡献；不符合环境管理体系要求，包括未履行组织合规义务的后果。

（四）信息交流

组织应建立、实施并保持与环境管理体系有关的内部与外部信息交流所需的过程，包括信息交流的内容、时机、对象和方式。

信息交流分为内部信息交流和外部信息交流。

（五）文件化信息

组织的环境管理体系应包括《环境管理体系 要求及使用指南》规定的文件化信息；组织确定的实现环境管理体系有效性所必需的文件化信息。

五、运行

（一）运行策划和控制

组织应建立、实施、控制并保持满足环境管理体系要求以及实施识别的措施所需的过程，通过建立过程的运行准则，按照运行准则实施过程控制。

（二）应急准备和响应

组织应建立、实施并保持对识别的潜在紧急情况进行应急准备并做出响应所需的过程。

六、绩效评价

（一）监视、测量、分析和评价

组织应监视、测量、分析和评价其环境绩效。

组织应评价其环境绩效和环境管理体系的有效性。

组织应按其合规义务的要求及其建立的信息交流过程，就有关环境绩效的信息进行内部和外部信息交流。

（二）内部审核

组织应按计划的时间间隔实施内部审核。

组织应建立、实施并保持一个或多个内部审核方案，包括实施审核的频次、方法、职责、策划要求和内部审核报告。

建立内部审核方案时，组织必须考虑相关过程的环境重要性、影响组织的变化以及以往审核的结果。

(三) 管理评审

最高管理者应按计划的时间间隔对组织的环境管理体系进行评审，以确保其持续的适宜性、充分性和有效性。

七、改进

(一) 总则

组织应确定改进的机会，并实施必要的措施，以实现其环境管理体系的预期结果。

(二) 不符合和纠正措施

发生不符合时，组织应对不符合做出响应；通过活动评价消除不符合原因的措施需求，以防止不符合再次发生或在其他方面发生。

(三) 持续改进

组织应持续改进环境管理体系的适宜性、充分性与有效性，以提升环境绩效。

实战演练

[经典例题·单选] 根据《环境管理体系 要求及使用指南》，下列不属于“支持”部分的内容是（　　）。

A. 资源　　B. 能力

C. 信息交流　　D. 管理评审

[解析]“支持”包括5方面内容：①资源；②能力；③意识；④信息交流；⑤文件化信息。

[答案] D

[经典例题·多选] 下列属于环境管理体系核心内容的有（　　）。

A. 领导作用　　B. 风险管理

C. 策划　　D. 运行

E. 沟通与参与

[解析] 环境管理体系的核心内容有：组织所处的环境、领导作用、策划、支持、运行、绩效评价和改进。

[答案] ACD

知识点3 职业健康安全管理体系

一、职业健康安全管理体系的目的

根据《职业健康安全管理体系 要求及使用指南》（GB/T 45001—2020/ISO 45001:2018），职业健康安全管理体系的作用是为管理职业健康安全风险和机遇提供一个框架。职业健康安全管理体系的目的和预期结果是防止对工作人员造成与工作相关的伤害和健康损害，并提供健康安全的工作场所。因此，对组织而言，采取有效的预防和保护措施以消除危险源和最大限度地降低职业健康安全风险至关重要。

组织通过其职业健康安全管理体系应用这些措施时，能够提高其职业健康安全绩效。如果及早采取措施以把握改进职业健康安全绩效的机会，职业健康安全管理体系将会更加有效和高效。

实施符合《职业健康安全管理体系 要求及使用指南》的职业健康安全管理体系，能使组织管理其职业健康安全风险并提升其职业健康安全绩效。职业健康安全管理体系可有助于组织满足法律法规要求和其他要求。

二、“策划—实施—检查—改进”循环

《职业健康安全管理体系 要求及使用指南》中所采用的职业健康安全管理体系的方法是基于“策划—实施—检查—改进”（PDCA）的概念。

PDCA 概念是一个迭代过程，可被组织用于实现持续改进。它可应用于管理体系及其每个单独的要素，具体如下：

策划（plan）：确定和评价职业健康安全风险、职业健康安全机遇以及其他风险和其他机遇，制定职业健康安全目标并建立所需的过程，以实现与组织职业健康安全方针相一致的结果。

实施（do）：实施所策划的过程。

检查（check）：依据职业健康安全方针和目标，对活动和过程进行监视和测量，并报告结果。

改进（act）：采取措施持续改进职业健康安全绩效，以实现预期结果。

《职业健康安全管理体系 要求及使用指南》将 PDCA 概念融入一个新框架中，如图 2-1-1 所示。

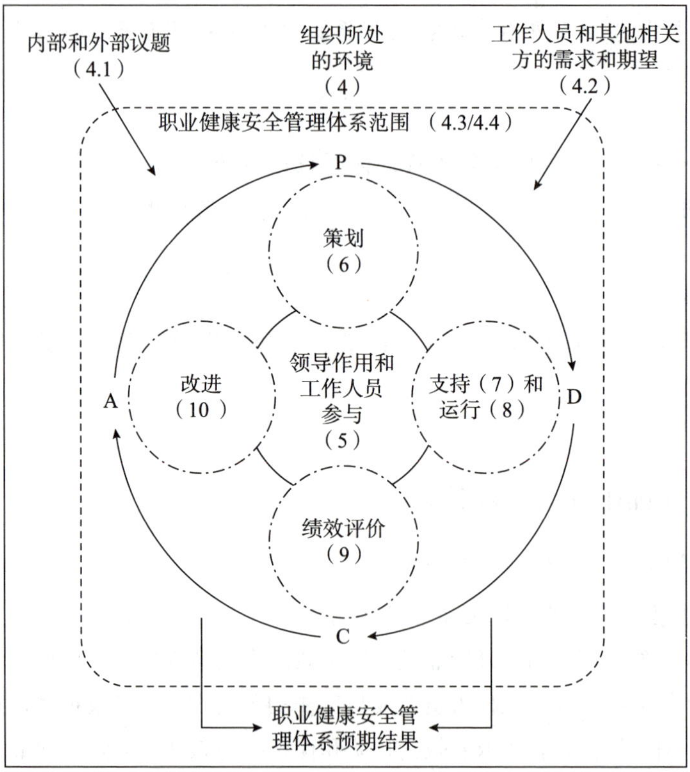

注：括号内的数字是指《职业健康安全管理体系 要求及使用指南》的相应章条号。

图 2-1-1 PDCA 与《职业健康安全管理体系 要求及使用指南》框架之间的关系

三、职业健康安全管理体系的内容

（一）组织所处的环境

1. 理解组织及其所处的环境

组织应确定与其宗旨相关并影响其实现职业健康安全管理体系预期结果的能力的内部和外部议题。

2. 理解工作人员和其他相关方的需求和期望

组织应确定除工作人员之外的、与职业健康安全管理体系有关的其他相关方；工作人员及其他相关方的有关需求和期望，即要求；这些需求和期望中哪些是或将可能成为法律法规要求和其他要求。

3. 确定职业健康安全管理体系的范围

组织应确定职业健康安全管理体系的边界和适用性，以界定其范围。

4. 职业健康安全管理体系

组织应按照《职业健康安全管理体系 要求及使用指南》的规定建立、实施、保持和持续改进职业健康安全管理体系，包括所需的过程及其相互作用。

（二）领导作用和工作人员参与

1. 领导作用和承诺

最高管理者应通过以下方式证实其在职业健康安全管理体系方面的领导作用和承诺：

（1）对防止与工作相关的伤害和健康损害以及提供健康安全的工作场所和活动全面负责并承担责任。

（2）确保职业健康安全方针和相关职业健康安全目标得以建立，并与组织战略方向相一致。

（3）确保将职业健康安全管理体系要求融入组织业务过程之中。

（4）确保可获得建立、实施、保持和改进职业健康安全管理体系所需的资源。

（5）就有效的职业健康安全管理和符合职业健康安全管理体系要求的重要性进行沟通。

（6）确保职业健康安全管理体系实现其预期结果。

（7）指导并支持人员为职业健康安全管理体系的有效性做出贡献。

（8）确保并促进持续改进。

（9）支持其他相关管理人员证实在其职责范围内的领导作用。

（10）在组织内建立、引导和促进支持职业健康安全管理体系预期结果的文化。

（11）保护工作人员不因报告事件、危险源、风险和机遇而遭受报复。

（12）确保组织建立和实施工作人员的协商和参与的过程。

（13）支持健康安全委员会的建立和运行。

2. 职业健康安全方针

最高管理者应建立、实施并保持职业健康安全方针。

3. 组织的角色、职责和权限

最高管理者应确保将职业健康安全管理体系内相关角色的职责和权限分配到组织内各层

次并予以沟通，且作为文件化信息予以保持。组织内每一层次的工作人员均应为其所控制部分承担职业健康安全管理体系方面的职责。

4. 工作人员的协商和参与

组织应建立、实施和保持过程，用于在职业健康安全管理体系的开发、策划、实施、绩效评价和改进措施中与所有适用层次和职能的工作人员及其代表（若有）的协商和参与。

（三）策划

1. 应对风险和机遇的措施

（1）总则。在策划职业健康安全管理体系时，组织应考虑（所处的环境）所提及的议题、相关方所提及的要求和职业健康安全管理体系范围，并确定所需应对的风险和机遇，以确保职业健康安全管理体系实现预期结果，防止或减少不期望的影响，实现持续改进。

（2）危险源辨识及风险和机遇的评价。

①危险源辨识。组织应建立、实施和保持用于持续和主动的危险源辨识的过程。

②职业健康安全风险和职业健康安全管理体系的其他风险的评价。组织应建立、实施和保持过程，以评价来自已辨识的危险源中的职业健康安全风险，同时必须考虑现有控制的有效性；确定和评价与建立、实施、运行和保持职业健康安全管理体系相关的其他风险。

组织的职业健康安全风险评价方法和准则应在范围、性质和时机方面予以界定，以确保其是主动的而非被动的，并被系统地使用。有关方法和准则的文件化信息应予以保持和保留。

③职业健康安全机遇和职业健康安全管理体系的其他机遇的评价。组织应建立、实施和保持过程，以评价提升职业健康安全绩效的职业健康安全机遇，同时必须考虑所策划的对组织及其方针、过程或活动的变更；改进职业健康安全管理体系的其他机遇。

（3）法律法规要求和其他要求的确定。组织应建立、实施和保持过程，保持和保留有关法律法规要求和其他要求的文件化信息，并确保及时更新以反映任何变化。

（4）措施的策划。组织在策划措施时，必须考虑控制的层级和职业健康安全管理体系的输出，还应考虑最佳实践、可选技术方案以及财务、运行和经营等要求。

2. 职业健康安全目标及其实现的策划

（1）职业健康安全目标。组织应在相关职能和层次上制定职业健康安全目标，以保持和持续改进职业健康安全管理体系和职业健康安全绩效。职业健康安全目标应与职业健康安全方针一致。

（2）实现职业健康安全目标的策划。在策划如何实现职业健康安全目标时，组织应确定要做什么；需要什么资源；由谁负责；何时完成；如何评价结果，包括用于监视的参数；如何将实现职业健康安全目标的措施融入其业务过程。

（四）支持

1. 资源

组织应确定并提供建立、实施、保持和持续改进职业健康安全管理体系所需的资源。

2. 能力

组织应确定影响或可能影响其职业健康安全绩效的工作人员所必须具备的能力；基于适

当的教育、培训或经历，确保工作人员具备胜任工作的能力（包括具备辨识危险源的能力）；在适用时，采取措施以获得和保持所必需的能力，并评价所采取措施的有效性；保留适当的文件化信息作为能力证据。

3. 意识

工作人员应意识到职业健康安全方针和职业健康安全目标；其对职业健康安全管理体系有效性的贡献作用，包括提升职业健康安全绩效的益处；不符合职业健康安全管理体系要求的影响和潜在后果；与其相关的事件和调查结果；与其相关的危险源、职业健康安全风险和所确定的措施；从其所认为的存在急迫且严重危及其生命或健康的工作状况中逃离的能力，以及为保护其免遭由此而产生的不当后果所做出的安排。

4. 沟通

（1）总则。组织应建立、实施并保持与职业健康安全管理体系有关的内外部沟通所需的过程，包括确定沟通什么；何时沟通；与谁沟通；如何沟通。

（2）内部沟通。组织应就职业健康安全管理体系的相关信息在其不同层次和职能之间进行内部沟通，适当时还包括职业健康安全管理体系的变更；确保其沟通过程能够使工作人员为持续改进做出贡献。

（3）外部沟通。组织应按其所建立的沟通过程就职业健康安全管理体系的相关信息进行外部沟通，并必须考虑法律法规要求和其他要求。

5. 文件化信息

（1）总则。组织的职业健康安全管理体系应包括《职业健康安全管理体系 要求及使用指南》规定的文件化信息；组织确定的实现职业健康安全管理体系有效性所必需的文件化信息。

（2）创建和更新。创建和更新文件化信息时，组织应确保适当的标识和说明（如标题、日期、作者或文件编号）；形式（如语言文字、软件版本、图表）与载体（如纸质载体、电子载体）；评审和批准，以确保适宜性和充分性。

（3）文件化信息的控制。职业健康安全管理体系和《职业健康安全管理体系 要求及使用指南》所规定的文件化信息应予以控制，以确保在需要的场所和时间均可获得并适用；得到充分的保护（如防止失密、不当使用或完整性受损）。

（五）运行

1. 运行策划和控制

（1）总则。为了满足职业健康安全管理体系要求和实施策划所确定的措施，组织应策划、实施、控制和保持所需的过程。

（2）消除危险源和降低职业健康安全风险。组织应通过采用下列控制层级，建立、实施和保持用于消除危险源和降低职业健康安全风险的过程：

①消除危险源。

②用危险性低的过程、操作、材料或设备替代。

③采用工程控制和重新组织工作。

④采用管理控制，包括培训。

⑤使用适当的个体防护装备。

(3) 变更管理。组织应建立过程，用于实施和控制所策划的、影响职业健康安全绩效的临时性和永久性变更。

(4) 采购。组织应建立、实施和保持用于控制产品和服务采购的过程，以确保采购符合其职业健康安全管理体系要求。

2. 应急准备和响应

为了对危险源辨识中所识别的潜在紧急情况进行应急准备并做出响应，组织应建立、实施和保持所需的过程，包括：

(1) 针对紧急情况建立所策划的响应，包括提供急救。

(2) 为所策划的响应提供培训。

(3) 定期测试和演练所策划的响应能力。

(4) 评价绩效，必要时（包括在测试之后，尤其是在紧急情况发生之后）修订所策划的响应。

(5) 与所有工作人员沟通并提供与其义务和职责有关的信息。

(6) 与承包方、访问者、应急响应服务机构、政府部门、当地社区（适当时）沟通相关信息。

(7) 必须考虑所有相关方的需求和能力，适当时确保其参与制定所策划的响应。

（六）绩效评价

1. 监视、测量、分析和评价绩效

(1) 总则。组织应建立、实施和保持用于监视、测量、分析和评价绩效的过程。

(2) 合规性评价。组织应建立、实施和保持用于对法律法规要求和其他要求的合规性进行评价的过程。

2. 内部审核

组织应按策划的时间间隔实施内部审核，以提供下列信息：是否符合职业健康安全管理体系要求；职业健康安全管理体系是否得到有效实施和保持。

3. 管理评审

最高管理者应按策划的时间间隔对组织的职业健康安全管理体系进行评审，以确保其持续的适宜性、充分性和有效性。

（七）改进

1. 总则

组织应确定改进的机会，并实施必要的措施，以实现其职业健康安全管理体系的预期结果。

2. 事件、不符合和纠正措施

组织应建立、实施和保持包括报告、调查和采取措施在内的过程，以确定和管理事件和不符合。

3. 持续改进

组织应通过下列方式持续改进职业健康安全管理体系的适宜性、充分性与有效性：提升职业健康安全绩效；促进支持职业健康安全管理体系的文化；促进工作人员参与职业健康安全管理体系持续改进措施的实施；就有关持续改进的结果与工作人员及其代表（若有）进行沟通；保持和保留文件化信息作为持续改进的证据。

实战演练

［2024 真题·单选］根据《职业健康安全管理体系 要求及使用指南》，建筑企业应确定职业健康安全管理体系的边界和适用性，以满足职业健康安全管理体系标准对（　　）的基本要求。

A. 支持和运行　　B. 绩效评价

C. 领导作用　　D. 组织所处的环境

［解析］组织所处的环境的基本要求：①理解组织及其所处的环境。②理解工作人员和其他相关方的需求和期望。③确定职业健康安全管理体系的范围。组织应确定职业健康安全管理体系的边界和适用性，以界定其范围。④职业健康安全管理体系。

［答案］D

［2021 真题·单选］根据《职业健康安全管理体系 要求及使用指南》，属于“运行”部分的内容是（　　）。

A. 管理评审　　B. 危险源辨识

C. 理解组织及其所处的环境　　D. 应急准备和响应

［解析］“运行”部分的内容包括运行策划和控制、应急准备和响应。

［答案］D

［2020 真题·单选］企业最高管理者按计划的时间间隔对职业健康安全管理体系进行评审，称为（　　）。

A. 初始状态评审　　B. 管理评审

C. 内部审核　　D. 合规性评价

［解析］管理评审：最高管理者应按策划的时间间隔对组织的职业健康安全管理体系进行评审，以确保其持续的适宜性、充分性和有效性。

［答案］B

知识点 4　卓越绩效管理

《卓越绩效评价准则》（GB/T 19580—2012）规定了卓越绩效评价要求，是卓越绩效评价的主要依据。

一、《卓越绩效评价准则》的基本理念

《卓越绩效评价准则》建立在以下基本理念基础上，高层领导可运用这些基本理念引导组织追求卓越：

（1）远见卓识的领导。以前瞻性的视野、敏锐的洞察力，确立组织的使命、愿景和价值观，带领全体员工实现组织的发展战略和目标。

（2）战略导向。以战略统领组织的管理活动，获得持续发展和成功。

(3) 顾客驱动。将顾客当前和未来的需求、期望和偏好作为改进产品和服务质量，提高管理水平及不断创新的动力，以提高顾客的满意度和忠诚度。

(4) 社会责任。为组织的决策和经营活动对社会的影响承担责任，促进社会的全面协调可持续发展。

(5) 以人为本。员工是组织之本，一切管理活动应以激发和调动员工的主动性、积极性为中心，促进员工的发展，保障员工的权益，提高员工的满意度。

(6) 合作共赢。与顾客、关键的供方及其他相关方建立长期伙伴关系，互相为对方创造价值，实现共同发展。

(7) 重视过程与关注结果。组织的绩效源于过程，体现于结果。因此，既要重视过程，更要关注结果；要通过有效的过程管理，实现卓越的结果。

(8) 学习、改进与创新。培育学习型组织和个人是组织追求卓越的基础，传承、改进和创新是组织持续发展的关键。

(9) 系统管理。将组织视为一个整体，以科学、有效的方法，实现组织经营管理的统筹规划、协调一致，提高组织管理的有效性和效率。

上述第 (1)(2)(3) 项为在组织驱动力层面应遵循的基本理念。

二、评价要求

(一) 领导

1. 总则

用于评价组织高层领导的作用、组织治理及组织履行社会责任的情况。

2. 高层领导的作用

组织应从以下方面说明高层领导的作用：

(1) 如何确定组织的使命、愿景和价值观，如何将其贯彻到全体员工，并影响到组织的供方、合作伙伴、顾客及其他相关方，如何在落实组织的价值观方面起表率作用。

(2) 如何与全体员工及其他相关方进行沟通，如何鼓励整个组织实现坦诚、双向的沟通，如何通过对全体员工实现卓越绩效的活动进行激励以强化组织的方向和重点。

(3) 如何营造诚信守法的环境，如何营造有利于改进、创新和快速反应的环境，如何营造促进组织学习和员工学习的环境。

(4) 如何履行确保组织所提供产品和服务质量安全的职责。

(5) 如何推进品牌建设，不断提高产品质量和服务水平。

(6) 如何强化风险意识，推动组织的持续经营，如何积极培养组织未来的领导者。

(7) 如何促进组织采取行动以改进组织绩效、实现战略目标，并达成愿景；如何定期评价组织的关键绩效指标，以及如何根据绩效评价结果采取相应行动。

3. 组织治理

如何考虑组织治理的关键因素以及如何对高层领导和治理机构成员的绩效进行评价。

4. 社会责任

组织如何履行社会责任，包括在公共责任、道德行为和公益支持等方面的做法。

（二）战略

1. 总则

用于评价组织的战略及其目标的制定、部署及进展情况。

2. 战略制定

组织如何制定战略和战略目标。

3. 战略部署

组织如何将战略和战略目标转化为实施计划及相关的关键绩效指标，以及如何根据这些关键绩效指标预测组织未来的绩效。

（三）顾客与市场

1. 总则

用于评价组织确定顾客和市场的需求、期望和偏好以及建立顾客关系、确定影响顾客满意程度关键因素的方法。

2. 顾客和市场的了解

组织如何确定顾客和市场的需求、期望和偏好以及如何拓展新的市场。

3. 顾客关系与顾客满意

组织如何建立、维护和加强顾客关系，如何确定赢得和保持顾客并使顾客满意、忠诚的关键因素的方法。

（四）资源

1. 总则

用于评价组织的人力、财务、信息和知识、技术、基础设施和相关方关系等资源管理的情况。

2. 人力资源

组织如何建立以人为本的人力资源管理体系，促进员工的学习和发展，提高员工的满意程度。

3. 财务资源

如何确定资金需求，保证资金供给。如何实施资金预算管理、成本管理和财务风险管理，将资金的实际使用情况与计划相比较，及时采取必要的措施，适时调整。如何加快资金周转，提高资产利用率，以实现财务资源的最优配置，并提高资金的使用效率和安全。

4. 信息和知识资源

如何识别和开发信息源，如何确保获得和提供所需的数据和信息，并使员工、供方、合作伙伴及顾客易于获取相关数据和信息。

5. 技术资源

组织如何对其拥有的技术进行评估，并与同行先进水平进行比较分析，为制定战略和增强核心竞争力提供充分依据。

6. 基础设施

在考虑组织自身和相关方需求和期望的同时，如何确定和提供所必需的基础设施。

7. 相关方关系

如何建立与其战略实施相适应的相关方关系，尤其是与关键供方和合作伙伴的良好合作关系，促进双向交流，共同提高过程的有效性和效率。

（五）过程管理

1. 总则

用于评价组织的过程识别、设计、实施与改进的情况。

2. 过程的识别与设计

组织如何识别、确定和设计关键过程。

3. 过程的实施与改进

（1）过程的实施。如何实施关键过程，以持续满足过程设计要求，并确保过程的有效性和效率。如何使用关键绩效指标监控过程的实施，如何在过程的实施中利用来自顾客和其他相关方的信息，如何优化关键过程的整体成本。

（2）过程的改进。如何评价关键过程实施的有效性和效率，改进关键过程，减少过程波动与非增值性活动，使关键过程与发展方向和业务需要保持一致，并在各部门和各过程分享改进成果和经验教训，以促进组织的学习和创新。

（六）测量、分析与改进

1. 总则

用于评价组织测量、分析和评价绩效的方法以及改进和创新的情况。

2. 测量、分析和评价

如何测量、分析和评价组织各层次及所有部门的绩效。

3. 改进与创新

组织如何进行改进和创新的管理，如何应用改进和创新的方法。

（七）结果

1. 总则

用于评价组织在主要经营方面的绩效和改进，包括产品和服务、顾客与市场、财务、资源、过程有效性和领导等方面的绩效。绩效水平应与竞争对手和（或）标杆对比并进行评价。

2. 产品和服务结果

主要产品和服务的关键绩效指标（如实物质量指标和服务水平等）的当前水平和趋势。主要产品和服务的关键绩效指标与竞争对手对比的结果，与国内、国际同类产品和服务的对比结果。主要产品和服务所具有的特色及创新成果。

3. 顾客与市场结果

组织在顾客与市场方面的绩效结果，包括顾客满意度和忠诚度以及市场方面的绩效结果。必要时，将结果按顾客群与市场区域加以细分。其中应包括适当的对比性数据。

三、卓越绩效评价准则框架

卓越绩效评价准则框架如图 2-1-2 所示。

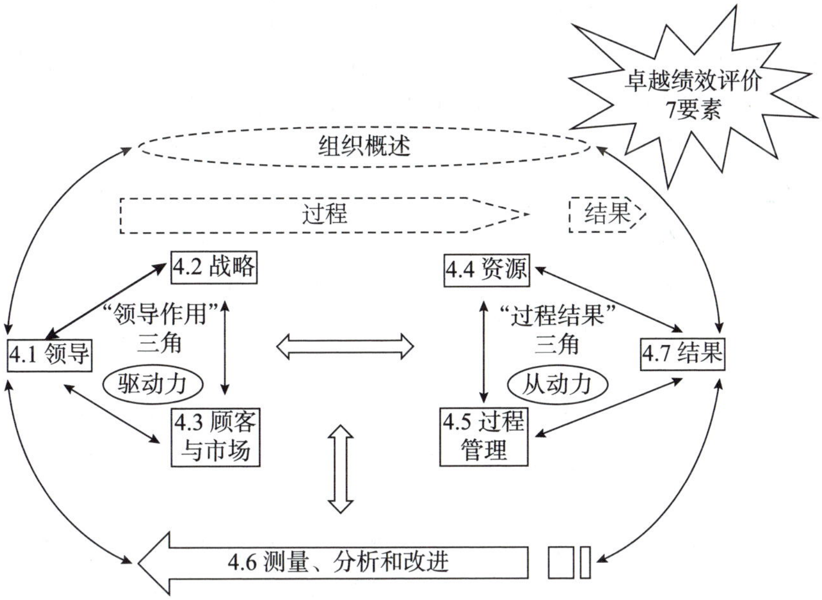

注：4.1～4.7 是《卓越绩效评价准则》评价要求中的内容顺序。

图 2-1-2　卓越绩效评价准则框架

实战演练

［2024 真题 · 单选］根据《卓越绩效评价准则》，建筑企业实施卓越绩效管理，在组织驱动力层面应遵循的基本理念是（　　）。

A. 以战略统领组织的管理活动　　B. 学习、改进与创新

C. 重视过程与关注结果　　D. 确保组织中员工的发展和权益

［解析］在组织驱动力层面应遵循的基本理念包括：①远见卓识的领导。②战略导向。以战略统领组织的管理活动，获得持续发展和成功。③顾客驱动。

［答案］A

［经典例题 · 多选］卓越绩效评价要素中，构成"领导作用"三角的有（　　）。

A. 领导　　B. 资源

C. 战略　　D. 顾客与市场

E. 过程管理

［解析］根据卓越绩效评价准则框架，领导、战略、顾客与市场构成"领导作用"三角。

［答案］ACD

知识点 5　全面一体化管理

全面一体化管理是指在企业管理中，将多个不同的管理体系有机整合为一个统一的管理体系，以提高工作效率和管理水平。这种管理方式不仅涉及质量、环境、职业健康安全等多个方面，还包括人力资源、财务、生产等其他管理领域。

全面一体化管理的核心在于通过整合不同的管理体系，形成一个统一的管理框架，从而

实现资源的优化配置和管理效率的提升。例如，质量管理体系、环境管理体系和职业健康安全管理体系可以被整合为一个统一的管理体系，以满足国际标准要求并提高企业的竞争力。

这种管理方式具有包容性、系统性和协同性，能够帮助企业应对全球化竞争和市场变化，通过整合不同的管理要素和职能，实现组织绩效的多方面管理。一体化管理体系的实施需要克服不同体系之间的兼容性问题，避免重复工作和资源浪费，从而实现更高效的管理。

在实际应用中，一体化管理系统通常包括财务管理、人力资源管理、销售管理等多个模块，通过信息化平台实现业务流程的集成、自动化和优化。这种系统能够帮助企业集中处理信息，利用数据分析工具识别问题，降低风险，减少人员成本，并提高工作效率和业务效率。

此外，一体化管理系统还强调数据共享与协同办公，支持个性化定制和实时数据同步，确保数据准确性和一致性。这种系统不仅提高了数据质量，还提供了多维度的数据支持，有助于用户做出高可行性的战略决策。

总之，全面一体化管理是企业管理的最佳选择之一，它通过整合不同的管理体系和技术手段，提高了企业的管理效率和市场竞争力，同时满足了全球化经济一体化下的各种认证需求。

第二节　风险管理与社会责任管理体系

知识点 1 风险管理体系

根据《风险管理 指南》（GB/T 24353—2022/ISO 31000:2018），风险管理通过考虑不确定性及其对目标的影响，采取相应的措施，为组织的决策和运营以及有效应对各类突发事件提供支持。风险管理旨在保证组织恰当地应对风险，提高风险应对的效率和效果，增强决策和行动的合理性，有效地配置资源。

风险管理是一个循环提升的过程，有助于组织制定战略，实现目标和做出合理的决策。风险管理是组织治理和领导作用的一部分，为组织所有层级的管理提供基础，有助于管理体系的改善。风险管理是组织所有相关活动的有机组成部分，包括与利益相关者的沟通。

风险管理要考虑组织的内外部环境，包括人的行为和文化因素。

一、原则

风险管理的目的是创造和保护价值。风险管理能够改善绩效、鼓励创新、支持组织目标的实现。

图 2-2-1 列出的这些原则，为有效和高效的风险管理提供了指导，阐述了风险管理的意图、目的和价值。这些原则是风险管理的基础，可在确立组织风险管理框架和过程时认真考虑。这些原则有助于组织管理不确定性对目标的影响。

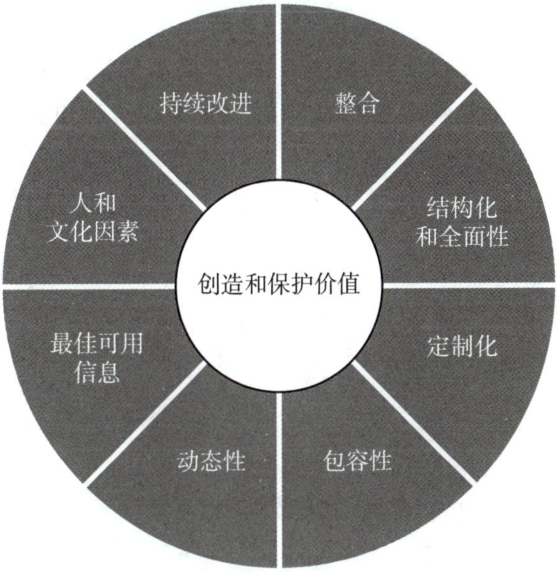

图 2-2-1 原则

有效的风险管理需要满足图 2-2-1 中列举的原则，其进一步解释如下。

（一）整合

风险管理是组织所有活动的有机组成部分。将风险管理的原则、框架和过程融入组织其他管理活动及其制度办法，有助于推动风险管理的落实。

（二）结构化和全面性

采用结构化和全面性的方法开展风险管理，有助于获得一致的和可比较的结果。

（三）定制化

组织根据自身目标所对应的内外部环境，定制设计风险管理框架和过程。

（四）包容性

利益相关者适当、及时地参与，可以使他们的知识、观点和认知得到充分考虑。这样有助于提高组织的风险意识，并促进风险管理信息的充分沟通。

（五）动态性

随着组织内外部环境的变化，组织面临的风险可能会出现、变化或消失。风险管理以适当、及时的方式预测、发现、确认和应对这些变化和事件。

（六）最佳可用信息

风险管理的信息输入是基于历史信息、当前信息和未来预期的。在风险管理过程中宜明确考虑与这些信息和预期相关的限制条件和不确定性。信息宜及时、清晰，并且是利益相关者可获得的。

（七）人和文化因素

人的行为和文化在各个层级和阶段显著影响着风险管理的各个方面。

（八）持续改进

通过不断学习和实践，持续改进风险管理。

二、框架

风险管理框架的目的是协助组织将风险管理纳入重要的活动和职能中。风险管理的有效性取决于其与组织治理及决策制定的整合情况。这需要利益相关者尤其是最高管理层的支持。

框架制定包含在整个组织中整合、设计、实施、评价和改进风险管理。风险管理框架的要素如图 2-2-2 所示。

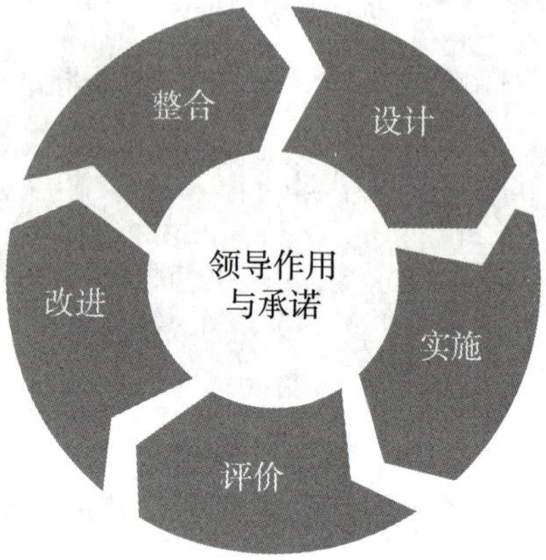

图 2-2-2　风险管理框架的要素

（一）领导作用与承诺

最高管理层和监督机构需确保将风险管理融入所有组织活动中。通过以下方式展现领导作用和承诺：

（1）有针对性地设计和实施框架的所有要素。

（2）发布风险管理声明或方针，内容包括制订风险管理方法、计划或行动方案。

（3）确保为管理风险配置必要的资源。

（4）在组织内的相应层级分配权限、职责和责任。

（二）整合

风险管理的整合有赖于对组织结构及内外部环境的理解。组织结构因组织目的、目标和复杂程度而异；在组织结构的每一部分都需要进行风险管理。组织内部的所有人都有管理风险的责任。

组织的治理结构决定组织的运营过程、内外部关系以及实现目标所需的规章制度、程序和实务。组织的管理架构将治理要求转化为战略和相应的目标，以达到可持续发展所需要的绩效水平。确定组织内部的风险管理职责和监督角色是组织治理不可或缺的内容。

风险管理与组织的整合是一个动态、循环提升的过程，宜结合组织需求和文化量身定制。风险管理不是孤立的，而是组织目的、治理、领导作用和承诺、战略、目标和运营的一部分。

（三）设计

1. 理解组织及其环境

在设计风险管理框架时，组织需审视并了解其内外部环境。

2. 明确表达风险管理承诺

最高管理层和监督机构可通过政策、声明或其他形式，表达并展现自身对风险管理的持续承诺，以明确传达组织有关风险管理的目标和承诺。

3. 明确组织角色、权限、职责和责任

最高管理层和监督机构应明确组织相关角色的风险管理责任、职责和权限，并与组织所有层级沟通。

4. 资源配置

最高管理层和监督机构宜确保为风险管理分配适当的资源，组织需考虑现有资源的能力和局限性。

5. 沟通和咨询

为支持风险管理框架和促进风险管理的有效运用，组织需建立经批准的沟通和咨询方法。沟通主要是与目标受众分享信息。咨询主要是通过获取参与者的反馈，为制定决策或其他活动提供建议。沟通和咨询的方法、内容宜反映利益相关者的期望。

（四）实施

组织宜通过以下工作实施风险管理框架：

（1）制订适当的实施计划，包括时间和资源等要素。

（2）识别组织内各类决策制定的人员、时间、位置和方法。

（3）必要时，对当前的决策程序进行调整。

（4）确保组织开展风险管理的工作安排得到清晰的理解和执行。

（五）评价

为评价风险管理框架的有效性，组织宜根据组织设计和实施风险管理框架的目的、实施计划、绩效指标和预期表现效果，定期分析风险管理框架的实施效果；确定风险管理框架是否仍适用于支持组织目标的实现。

（六）改进

1. 调整

组织宜持续监控和更新风险管理框架，以适应内外部环境的变化，这样有助于提升组织价值。

2. 持续改进

组织宜持续改进风险管理框架的适用性、充分性、有效性以及风险管理过程与其他管理活动的整合方式。当识别出相关差距或改进空间后，组织宜制订改进计划和任务，并分配给相关负责人实施。这些改进计划和任务的实施，有助于加强组织的风险管理能力。

三、过程

风险管理过程是将政策、程序和实践系统地应用于沟通和咨询、建立环境、风险评估、风险应对、监督和检查、记录和报告等活动。风险管理过程如图 2-2-3 所示。

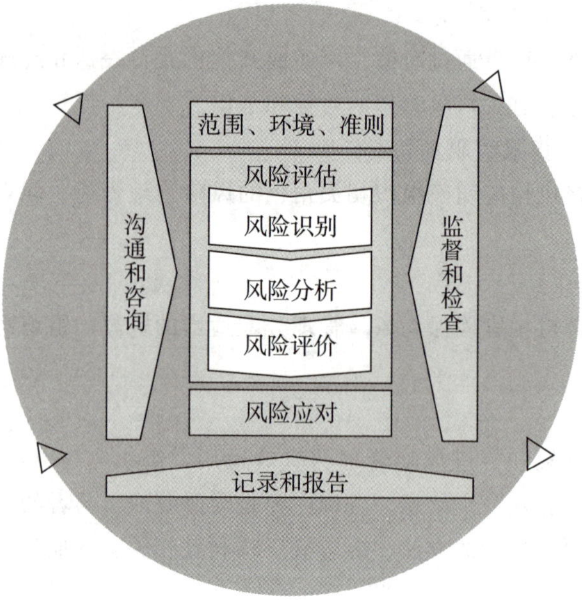

图 2-2-3　风险管理过程

（一）沟通和咨询

沟通和咨询的目的是帮助利益相关者理解风险，明确制定决策的依据以及采取特定管理措施的原因。沟通是为了促进对风险的认识和理解，咨询则是为了获取反馈和信息，以支持决策制定。两者的密切协调将促进信息交换的真实性、及时性、相关性、准确性和可理解性，并能兼顾信息的保密性、完整性和个人隐私保护。

在风险管理过程的所有阶段，均需与相关的内外部利益相关者沟通并咨询其意见。

（二）范围、环境、准则

确定范围、环境、准则的目的，在于有针对性地设计风险管理过程，以实现有效的风险评估和恰当的风险应对。范围、环境、准则包括界定过程范围、理解内外部环境和界定风险准则。

1. 界定过程范围

组织宜界定其风险管理活动的范围。由于风险管理过程可应用于不同层面（如战略、运营、项目群、单个项目或其他活动），所以明确风险管理过程的范围、目标及其与组织目标的一致性十分重要。

2. 理解内外部环境

内外部环境是指组织设定并实现自身目标所依赖的环境。风险管理环境的确定，宜建立在对组织运营所处的内外部环境的理解上，并反映出实施风险管理活动的具体场景。

3. 界定风险准则

组织宜基于其目标，确定其所能承受的风险数量和类型；组织还需界定评价风险重要性的准则并支持决策过程。风险准则宜与风险管理框架相一致，并根据相关活动的具体目的和范围进行针对性的设计。风险准则宜反映组织的价值观、目标和资源，并与组织的风险管理方针和声明相一致。在界定风险准则时宜考虑组织的义务和利益相关者的意见。

（三）风险评估

风险评估是风险识别、风险分析和风险评价的整个过程。风险评估宜系统地、循环地、协作性地开展，并充分考虑利益相关者的观点。风险评估宜使用最佳可用信息，在必要时可通过进一步调查加以补充。

1. 风险识别

风险识别的目的是发现、确认和描述可能有助于或妨碍组织实现目标的风险。采用相关、适当、最新的信息对于识别风险非常重要。

2. 风险分析

风险分析的目的是了解风险性质及其特征，必要时包括风险等级。风险分析包括对不确定性、风险源、后果、可能性、事件、情境、控制措施及其有效性进行详尽考虑。一个事件可能有多种原因和后果，可能影响多个目标。

开展风险分析的细致和复杂程度可有所不同，具体取决于分析目的、信息的可获得性和可靠性以及可用的资源。分析技术可以是定性的、定量的或者定量和定性相结合的，具体视情况和预期用途而定。

3. 风险评价

风险评价的目的是支持决策。风险评价是将风险分析结果和既定风险准则相比较，以确定是否需要采取进一步行动。

决策宜考虑到更广泛的环境，以及对内外部利益相关者的实际和预期影响。风险评价的结果宜予以记录、沟通，然后在组织适当层级予以确认。

（四）风险应对

风险应对的目的是选择和实施风险处理方案。

1. 选择风险应对方案

选择最合适的风险应对方案，可在实现目标获得的潜在收益和付出的成本、耗费的精力或由此引发的不利后果之间进行权衡。风险应对方案之间不一定是相互排斥的，也不一定适用于所有情形。

2. 编制和实施风险应对计划

风险应对计划的目的是明确如何实施所选定的风险应对方案，以便相关人员了解风险应对计划，并监测风险应对计划实施进度。风险应对计划宜明确指出实施风险应对方案的顺序。

（五）监督和检查

监督和检查的目的是确保和提升风险管理过程设计、实施和结果的质量和成效。宜将对风险管理过程的持续监督和定期检查及其结果作为风险管理过程内计划性工作的组成部分，并明确界定责任。

监督和检查宜贯穿于风险管理过程的所有阶段。监督和检查包括计划、收集和分析信息、记录结果和提供反馈。监督和检查的结果宜纳入组织绩效管理、考核和报告活动中。

（六）记录和报告

宜通过适当的工作机制，记录和报告风险管理过程及其结果。

在决定创建、留存和处理所记录信息时，宜考虑（但不限于）信息的用途、敏感性及内外部环境。报告是组织治理不可或缺的一部分，可提升与利益相关者的沟通质量，并为最高管理层和监督机构履行职责提供支持。

实战演练

[经典例题·单选] 根据《风险管理 指南》，风险管理框架中，核心是（　　）。

A. 领导作用与承诺

B. 创造和保护价值

C. 风险识别

D. 风险分析

[解析] 风险管理框架中，核心是“领导作用与承诺”。

[答案] A

[经典例题·多选] 根据《风险管理 指南》，风险管理过程中的风险评估包括（　　）。

A. 风险分析

B. 风险应对

C. 风险识别

D. 风险监督

E. 风险评价

[解析] 风险评估是风险识别、风险分析和风险评价的整个过程。风险评估宜系统地、循环地、协作性地开展，并充分考虑利益相关者的观点。

[答案] ACE

知识点 2 社会责任管理体系

根据《社会责任指南》(GB/T 36000—2015/ISO 26000：2010)，我国越来越多的组织开展社会责任活动，积极履行社会责任。为加强与利益相关方的沟通，越来越多包括企业在内的各类组织通过定期发布社会责任报告，来满足利益相关方在了解组织社会责任绩效信息方面的需求。在我国的社会责任实践中，各级政府、民间组织等发挥了越来越重要的引导和推动作用。

一、社会责任的基本特征

社会责任的基本特征是指组织将社会和环境因素纳入其决策之中并为其决策和活动对社会和环境的影响承担责任的意愿。这意味着组织行为既透明又合乎道德，这些行为能致力于可持续发展并符合适用的法律法规且与国际行为规范相一致。它还意味着已将社会责任融入整个组织，并在组织关系中实施，且考虑了利益相关方的利益。

（一）社会期望

社会责任涉及对更广泛的社会期望的理解和尊重。社会期望不仅包括尊重法治和履行具有法律约束力的义务，还包括承担超越法律义务的行动，以及认可其他虽不具有法律约束力但源自社会广泛认同、崇尚的道德追求和价值观的义务。

➢ **注意：** 超越法律义务意指以法律义务为底线但比法律要求更高。

（二）利益相关方在社会责任中的作用

利益相关方的识别和参与是组织社会责任的基础。组织宜确定谁在其决策和活动中拥有权益，以便了解组织的影响及如何对待这些影响。

（三）社会责任融入组织

由于社会责任事关组织决策和活动的潜在影响和实际影响，因此持续的日常活动构成了组织需处理的最重要行为。社会责任宜成为组织整体核心战略的基本组成部分，以便在组织内各适当层级均确立相应的责任。组织每做一项决策和开展一项活动，均需时刻考虑到社会责任。

（四）社会责任与可持续发展

“社会责任”和“可持续发展”是两个关系密切但有明显差异的概念。

可持续发展是指在未超出地球生态承载限度，且不危及后代人满足其需求能力的情况下对社会需求的满足。它包含3个维度，即经济、社会和环境。这三者之间相互联系、互相依存。例如，消除贫困既需要经济发展，又需要社会正义和环境保护。

社会责任聚焦于组织，专门关注组织对社会和环境的责任。它以致力于可持续发展作为其总体目标，要求组织在社会责任活动中将可持续发展作为更广泛的社会期望加以考虑。

（五）中小型组织的社会责任

中小型组织是指与所处行业的大型组织相比，在人员、资产和运行等规模方面均较小的组织。在《社会责任指南》中，中小型组织也包含微型组织。

二、社会责任原则

为了最大限度地致力于可持续发展，组织宜遵守以下社会责任原则以及针对每项社会责任核心主题的原则。

（一）担责

本原则是指组织为其对社会、经济和环境的影响担责。组织宜接受适当的监督，并履行对监督做出回应的义务。

（二）透明

本原则是指对于影响社会和环境的决策和活动，组织宜保持透明。

组织宜以清晰、准确和完整的方式，公开明示其政策、决策和活动，以及其对社会和环境所产生的实际和潜在影响。

透明原则并不要求公开专有信息，也不要求提供机密信息，或者违反法律、侵犯商业利益、危及组织安全或侵犯个人隐私的信息。

（三）合乎道德的行为

本原则是指组织行为宜合乎道德。

组织的行为宜基于“诚实、公平和正直”的价值观。这意味着，不仅对人、动物和环境给予关怀，而且还承诺对其决策和活动给利益相关方利益所造成的影响予以处理。

（四）尊重利益相关方的利益

本原则是指组织宜尊重和考虑利益相关方的利益并对其关切做出回应。

（五）尊重法治

本原则是指组织宜认可尊重法治具有强制性。

（六）尊重国际行为规范

本原则是指在坚持尊重法治原则的同时，组织宜尊重国际行为规范。

（七）尊重人权

本原则是指组织宜尊重人权，并认可其重要性和普遍性。

三、社会责任基本实践

（一）社会责任辨识

组织及其利益相关方和社会三者之间的关系如图 2-2-4 所示。

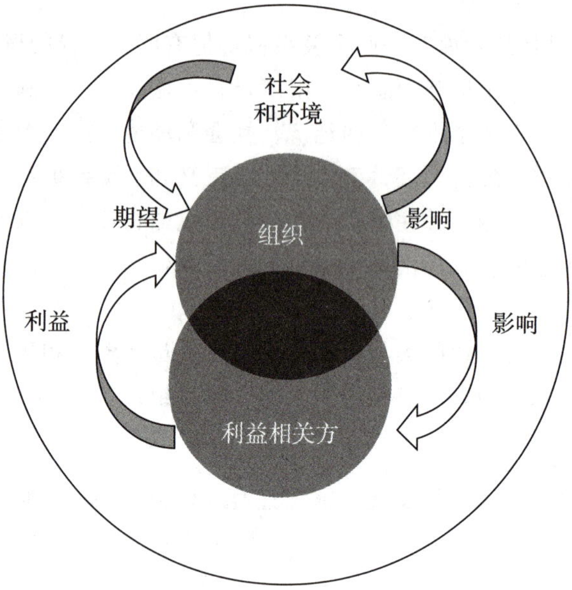

注：利益相关方可能会有与社会期望不一致的利益。

图 2-2-4　组织及其利益相关方和社会三者之间的关系

（二）辨识社会责任核心主题和相关议题

社会责任的 7 项核心主题包括组织治理、人权、劳工实践、环境、公平运行实践、消费者问题、社区参与和发展。组织通过熟悉上述核心主题中有关社会责任的议题来识别其社会责任，这是一种非常有效的方法。

社会责任核心主题包含了组织所需处理的且极可能产生的经济、社会和环境影响。

1. 组织治理

议题：决策程序和结构。

2. 人权

议题：公民和政治权利；经济、社会和文化权利；工作中的基本原则和权利。

3. 劳工实践

议题：就业和劳动关系；工作条件和社会保护；民主管理和集体协商；职业健康安全；工作场所中人的发展与培训。

4. 环境

议题：污染预防；资源可持续利用；减缓并适应气候变化；环境保护、生物多样性与自然栖息地恢复。

5. 公平运行实践

议题：反腐败；公平竞争；在价值链中促进社会责任；尊重产权。

6. 消费者问题

议题：公平营销、真实公正的信息和公平的合同实践；保护消费者健康安全；可持续消费；消费者服务、支持及投诉和争议处理；消费者信息的保护与隐私；基本服务获取；教育和意识。

7. 社区参与和发展

议题：社区参与；教育和文化；就业创造和技能开发；技术开发和获取；财富和收入创造；健康；社会投资。

实战演练

［2024 真题·单选］根据《社会责任指南》，为践行“公平运行实践”的核心主题，建筑企业应确定的社会责任议题是（　　）。

A. 民主管理　　B. 尊重产权

C. 职业健康安全　　D. 收入创造

［解析］为践行“公平运行实践”的核心主题，建筑企业应确定的社会责任议题包括：①反腐败；②公平竞争；③在价值链中促进社会责任；④尊重产权。

［答案］B

［经典例题·多选］根据《社会责任指南》，以下属于核心主题的有（　　）。

A. 人权　　B. 资源可持续利用

C. 环境　　D. 消费者问题

E. 劳工实践

［解析］《社会责任指南》的 7 项核心主题包括组织治理、人权、劳工实践、环境、公平运行实践、消费者问题、社区参与和发展。

［答案］ACDE

第三节　项目管理标准体系

知识点 1　项目管理标准及价值交付

一、《项目管理知识体系指南（PMBOK 指南）》第七版相关内容

（一）核心原则

《项目管理知识体系指南（PMBOK 指南）》第七版提出了 12 项普遍适用的原则，这些原则旨在为项目经理提供一个灵活的框架，以应对不同类型的项目管理需求。这些原则强调了项目管理的核心价值观，包括责任、尊重、公平和诚实，帮助项目经理在规划、执行和交付项目时做出明智的决策。

这 12 项原则包括：①守卫者；②团队合作；③利益相关者参与；④价值创造；⑤系统思维；⑥领导力；⑦定制化；⑧质量关注；⑨复杂性管理；⑩风险管理；⑪适应性和韧性；⑫变革管理。

这些原则不仅为项目经理提供了全面的指导，还帮助他们理解项目管理的核心原则，确保项目能够成功执行和交付。通过遵循这些原则，项目经理可以提高项目成功率，创造长期价值，并实现组织目标。

（二）绩效领域

项目绩效领域被定义为一组相互关联、对项目成果有效实现至关重要的活动。《项目管理知识体系指南（PMBOK 指南）》第七版提出了 8 个关键领域。这些领域共同构成了一个统一的整体，旨在确保项目的成功交付和预期结果的实现。

绩效领域包括：①干系人绩效领域；②团队绩效领域；③开发方法和生命周期绩效领域；④规划绩效领域；⑤项目工作绩效领域；⑥交付绩效领域；⑦测量绩效领域；⑧不确定性绩效领域。

这些绩效领域在整个项目生命周期中相互作用、相互关联，并共同支持项目目标和价值的实现。每个领域都与其他领域相互依赖，以确保项目的成功交付及其预期成果。通过这些绩效领域的综合管理，项目经理可以更好地应对不确定性，提高项目成功率。

二、《建设工程项目管理规范》（GB/T 50326—2017）相关内容

（一）基本规定

1. 一般规定

（1）组织应识别项目需求和项目范围，根据自身项目管理能力、相关方约定及项目目标之间的内在联系，确定项目管理目标。

（2）组织应遵循策划、实施、检查、处置的动态管理原理，确定项目管理流程，建立项目管理制度，实施项目系统管理，持续改进管理绩效，提高相关方满意水平，确保实现项目管理目标。

➢ **注意：**动态管理原理（PDCA：策划、实施、检查、改进）是管理活动的一般规律，项目管理应用 PDCA 动态原理是保证项目管理规范实施的基本途径。

2. 项目范围管理

（1）组织应确定项目范围管理的工作职责和程序。

（2）项目范围管理的过程应包括范围计划、范围界定、范围确认、范围变更控制。

（3）组织应把项目范围管理贯穿于项目的全过程。

3. 项目管理流程

（1）项目管理机构应按项目管理流程实施项目管理。项目管理流程应包括启动、策划、实施、监控和收尾过程，各个过程之间既相对独立，又相互联系。

（2）启动过程应明确项目概念，初步确定项目范围，识别影响项目最终结果的内外部相关方。

（3）策划过程应明确项目范围，协调项目相关方期望，优化项目目标，为实现项目目标进行项目管理规划与项目管理配套策划。

（4）实施过程应按项目管理策划要求组织人员和资源，实施具体措施，完成项目管理策划中确定的工作。

（5）监控过程应对照项目管理策划，监督项目活动，分析项目进展情况，识别必要的变更需求并实施变更。

（6）收尾过程应完成全部过程或阶段的所有活动，正式结束项目或阶段。

4. 项目管理制度

（1）组织应建立项目管理制度。

（2）组织应根据项目管理流程的特点，在满足合同和组织发展需求条件下，对项目管理制度进行总体策划。

（3）组织应根据项目管理范围确定项目管理制度，在项目管理各个过程规定相关管理要求并形成文件。

（4）组织应实施项目管理制度，建立相应的评估与改进机制。必要时，应变更项目管理制度并修改相关文件。

5. 项目系统管理

（1）组织应识别影响项目管理目标实现的所有过程，确定其相互关系和相互作用，集成项目寿命期阶段的各项因素。

（2）组织应确定项目系统管理方法。

（3）组织在项目管理过程中应用系统管理方法，应符合下列规定：

①在综合分析项目质量、安全、环保、工期和成本之间内在联系的基础上，结合各个目标的优先级，分析和论证项目目标，在项目目标策划过程中兼顾各个目标的内在需求。

②对项目投资决策、招标投标、勘察、设计、采购、施工及试运行进行系统整合，在综合平衡项目各过程和专业之间关系的基础上，实施项目系统管理。

③对项目实施的变更风险进行管理，兼顾相关过程需求，平衡各种管理关系，确保项目偏差的系统性控制。

④对项目系统管理过程和结果进行监督和控制，评价项目系统管理绩效。

6. 项目相关方管理

（1）组织应识别项目的所有相关方，了解其需求和期望，确保项目管理要求与相关方的期望相一致。

（2）组织的项目管理应使顾客满意，兼顾其他相关方的期望和要求。

（3）组织应通过实施下列项目管理活动使相关方满意：

①遵守国家有关法律和法规。

②确保履行工程合同要求。

③保障健康和安全，减少或消除项目对环境造成的影响。

④与相关方建立互利共赢的合作关系。

⑤构建良好的组织内部环境。

⑥通过相关方满意度的测评，提升相关方管理水平。

7. 项目管理持续改进

（1）组织应确保项目管理的持续改进，将外部需求与内部管理相融合，以满足项目风险预防和组织的发展需求。

(2) 组织应在内部采用下列项目管理持续改进的方法：

①对已经发现的不合格采取措施予以纠正。

②针对不合格的原因采取纠正措施予以消除。

③对潜在的不合格原因采取措施防止不合格的发生。

④针对项目管理的增值需求采取措施予以持续满足。

(3) 组织应在过程实施前评审各项改进措施的风险，以保证改进措施的有效性和适宜性。

(4) 组织应对员工在持续改进意识和方法方面进行培训，使持续改进成为员工的岗位目标。

(5) 组织应对项目管理绩效的持续改进进行跟踪指导和监控。

(二) 项目管理责任制度

(1) 项目管理责任制度应作为项目管理的基本制度。

(2) 项目管理机构负责人责任制应是项目管理责任制度的核心内容。

(3) 建设工程项目各实施主体和参与方应建立项目管理责任制度，明确项目管理组织和人员分工，建立各方相互协调的管理机制。

(4) 建设工程项目各实施主体和参与方法定代表人应书面授权委托项目管理机构负责人，并实行项目负责人责任制。

(5) 项目管理机构负责人应根据法定代表人的授权范围、期限和内容，履行管理职责。

(6) 项目管理机构负责人应取得相应资格，并按规定取得安全生产考核合格证书。

(7) 项目管理机构负责人应按相关约定在岗履职，对项目实施全过程及全面管理。

(三) 项目管理策划

(1) 组织应建立项目管理策划的管理制度，确定项目管理策划的管理职责、实施程序和控制要求。

(2) 项目管理策划应包括下列管理过程：

①分析、确定项目管理的内容与范围。

②协调、研究、形成项目管理策划结果。

③检查、监督、评价项目管理策划过程。

④履行其他确保项目管理策划的规定责任。

(3) 项目管理策划应遵循下列程序：

①识别项目管理范围。

②进行项目工作分解。

③确定项目的实施方法。

④规定项目需要的各种资源。

⑤测算项目成本。

⑥对各个项目管理过程进行策划。

(4) 项目管理策划过程应符合下列规定：

①项目管理范围应包括完成项目的全部内容，并与各相关方的工作协调一致。

②项目工作分解结构应根据项目管理范围，以可交付成果为对象实施；应根据项目实际情况与管理需要确定详细程度，确定工作分解结构。

③提供项目所需资源应按保证工程质量和降低项目成本的要求进行方案比较。

④项目进度安排应形成项目总进度计划，宜采用可视化图表表达。

⑤宜采用量价分离的方法，按照工程实体性消耗和非实体性消耗测算项目成本。

⑥应进行跟踪检查和必要的策划调整；项目结束后，宜编写项目管理策划的总结文件。

（四）采购与投标管理

（1）组织应建立采购管理制度，确定采购管理流程和实施方式，规定管理与控制的程序和方法。

（2）采购工作应符合有关合同、设计文件所规定的技术、质量和服务标准，符合进度、安全、环境和成本管理要求。招标采购应确保实施过程符合法律、法规和经营的要求。

（3）组织应建立投标管理制度，确定项目投标实施方式，规定管理与控制的流程和方法。

（4）投标工作应满足招标文件规定的要求。

（5）项目采购和投标资料应真实、有效、完整，具有可追溯性。

（五）合同管理

（1）组织应建立项目合同管理制度，明确合同管理责任，设立专门机构或人员负责合同管理工作。

（2）组织应配备符合要求的项目合同管理人员，实施合同的策划和编制活动，规范项目合同管理的实施程序和控制要求，确保合同订立和履行过程的合规性。

（3）项目合同管理应遵循下列程序：

①合同评审。

②合同订立。

③合同实施计划。

④合同实施控制。

⑤合同管理总结。

严禁通过违法发包、转包、违法分包及挂靠的方式订立和实施建设工程合同。

（六）设计与技术管理

（1）组织应明确项目设计与技术管理部门，界定管理职责与分工，制定项目设计与技术管理制度，确定项目设计与技术控制流程，配备相应资源。

（2）项目管理机构应实施项目技术管理策划，确定项目技术管理措施，进行项目技术应用活动。项目技术管理措施应包括下列主要内容：

①技术规格书。

②技术管理规划。

③施工组织设计、施工措施、施工技术方案。

④采购计划。

（七）目标管理

组织应建立项目进度、质量、成本、安全生产、绿色建造与环境管理目标，确定管理责任部门，明确管理内容和考核要求。

（八）资源管理

（1）组织应建立项目资源管理制度，确定资源管理职责和管理程序，根据资源管理要求，建立并监督项目生产要素配置过程。

（2）项目管理机构应根据项目目标管理的要求进行项目资源的计划、配置、控制，并根据授权进行考核和处置。

（3）项目资源管理应遵循下列程序：

①明确项目的资源需求。

②分析项目整体的资源状态。

③确定资源的各种提供方式。

④编制资源的相关配置计划。

⑤提供并配置各种资源。

⑥控制项目资源的使用过程。

⑦跟踪分析并总结改进。

（九）信息与知识管理

（1）组织应建立项目信息与知识管理制度，及时、准确、全面地收集信息与知识，安全、可靠、方便、快捷地存储、传输信息和知识，有效、适宜地使用信息和知识。

（2）信息管理应符合下列规定：

①应满足项目管理要求。

②信息格式应统一、规范。

③应实现信息效益最大化。

（3）信息管理应包括下列内容：

①信息计划管理。

②信息过程管理。

③信息安全管理。

④文件与档案管理。

⑤信息技术应用管理。

（4）项目管理机构应根据实际需要设立信息与知识管理岗位，配备熟悉项目管理业务流程并经过培训的人员担任信息与知识管理人员，开展项目的信息与知识管理工作。

（5）项目管理机构可应用项目信息化管理技术，采用专业信息系统，实施知识管理。

（十）沟通管理

（1）组织应建立项目相关方沟通管理机制，健全项目协调制度，确保组织内部与外部各个层面的交流与合作。

（2）项目沟通管理应遵循下列程序：

①项目实施目标分解。

②分析各分解目标自身需求和相关方需求。

③评估各目标的需求差异。

④制订目标沟通计划。

⑤明确沟通责任人、沟通内容和沟通方案。

⑥按既定方案进行沟通。

⑦总结评价沟通效果。

（3）项目管理机构应当针对项目不同实施阶段的实际情况，及时调整沟通计划和沟通方案。

（4）项目管理机构应进行下列项目信息的交流：

①项目各相关方共享的核心信息。

②项目内部信息。

③项目相关方产生的有关信息。

（5）项目管理机构可采用信函、邮件、文件、会议、口头交流、工作交底以及其他媒介沟通方式与项目相关方进行沟通，重要事项的沟通结果应书面确认。

（十一）收尾管理

（1）组织应建立项目收尾管理制度，明确项目收尾管理的职责和工作程序。

（2）项目管理机构应实施下列项目收尾工作：

①编制项目收尾计划。

②提出有关收尾管理要求。

③理顺、终结所涉及的对外关系。

④执行相关标准与规定。

⑤清算合同双方的债权债务。

（十二）管理绩效评价

（1）组织应制定和实施项目管理绩效评价制度，规定相关职责和工作程序，听取项目相关方的合理评价意见。

（2）项目管理绩效评价可在项目管理相关过程或项目完成后实施，评价过程应公开、公平、公正，评价结果应符合规定要求。

（3）项目管理绩效评价应采用适合工程项目特点的评价方法，过程评价与结果评价相配套，定性评价与定量评价相结合。

（4）项目管理绩效评价结果应与工程项目管理目标责任书的相关内容进行对照，根据目标实现情况予以验证。

（5）项目管理绩效评价结果应作为持续改进的依据。

（6）项目管理绩效评价应包括下列过程：

①成立绩效评价机构。

②确定绩效评价专家。

③制定绩效评价标准。

④形成绩效评价结果。

三、《建设工程施工项目经理岗位职业标准》(T/CCIAT 0010—2019)相关内容

(一)项目经理及其责权利

(1)企业应明确项目经理岗位责任,并由企业法定代表人或其授权人与所聘用的项目经理签署项目管理授权书和项目管理目标责任书。

(2)项目经理应签署工程质量、安全、环保责任承诺书并按照有关规定备案,不应同时担任两个及以上建设工程的项目经理。

(二)施工准备管理

(1)项目经理应根据施工合同约定,遵循动态管理原理,组织项目团队成员建立健全工程项目管理体系,制定和实施科学合理的保障措施,确保各类资源有序投入、高效利用。

(2)项目经理应组织项目团队成员分析工程项目的特点、合同内容及经济、社会和自然环境条件,充分考虑工程项目相关方的利益需求,确定和分解项目管理目标和内容,进行项目实施策划,并分析风险因素,提出有效的控制措施和应急预案。

(3)项目经理应组织完成工程开工前施工单位所需相关备案手续的准备工作,并与工程所在地建设行政主管部门和相关单位建立良好的沟通机制。

(4)项目经理应参加由建设单位主持召开的工地会议,并按规定会签会议纪要。项目经理应按规定向项目监理机构或建设单位报送工程开工申请,待项目监理机构或建设单位签发工程开工令后方可进行施工。

(三)施工过程管理

(1)项目经理应加强项目团队管理,根据工程项目进展情况,跟踪检查项目团队成员绩效,及时解决项目团队成员工作中存在的问题。

(2)项目经理应定期组织召开施工例会,并应参加建设单位或项目监理机构组织召开的专题会议,研究解决与工程施工相关的问题,并指定专人负责记录和形成会议纪要。

(3)项目经理应组织项目团队成员跟踪检查工程项目实施情况,分析工程项目目标偏差及其原因,并采取有效措施调整工程项目实施计划。

(4)项目经理应定期组织召开工程项目现场施工人员安全教育会议,提高施工现场全员安全意识。

(5)项目经理应组织落实安全生产责任制度、安全生产规章制度和操作规程,确保安全生产费用的足额、有效使用。

(6)项目经理应及时沟通,协调工程项目相关方关系,满足工程项目利益相关方管理需求。项目经理宜组织项目团队成员运用信息化技术建立项目管理平台,不断提高工程项目管理水平。

(四)竣工验收与结算管理

(1)项目经理应按规定组织工程质量内部检验,参加工程竣工验收,在合同规定期限内组织工程交付。

(2)项目经理应依据施工合同、工程竣工结算有关规定,组织或参加工程竣工结算。

(五)工程项目管理总结评价

项目经理应组织项目团队成员做好项目收尾工作,及时进行工程项目管理总结与项目团

队成员绩效考核评价。

实战演练

[2024 真题·单选] 根据《建设工程项目管理规范》规定的项目沟通管理程序，项目沟通管理首先应进行的工作是（　　）。

A. 分解项目实施目标　　B. 制订目标沟通计划

C. 明确项目沟通内容　　D. 分析项目相关方需求

[解析] 项目沟通管理应按下列程序进行：①项目实施目标分解；②分析各分解目标自身需求和相关方需求；③评估各目标的需求差异；④制订目标沟通计划；⑤明确沟通责任人、沟通内容和沟通方案；⑥按既定方案进行沟通；⑦总结评价沟通效果。

[答案] A

知识点 2　项目群与项目组合管理

一、项目群管理

（一）项目群的概念和特征

根据《项目、项目群和项目组合管理 项目群管理指南》（GB/T 41246—2022/ISO 21503:2017），项目群是指为实现组织的战略目标、经营目标和收益提供优势，而被协调管理的一组相关项目群组件所形成的临时结构。

项目群可以是战略性的、变革性的或经营性的，具备以下一项或多项特征：

（1）项目群由具有相互依存和相互关联的项目群组件组成。

（2）项目群为利益相关方提供收益并且帮助实现战略目标或经营目标。

（3）项目群具有复杂性和不确定性，需要加以管理来尽可能减少复杂性和不确定性。

（二）项目群的结构

一个项目群应由至少两个项目群组件组成。项目群结构设计宜反映所需结果和产出、产品性质和复杂性、项目群组件类型、实施项目群组织的特性等。

项目群结构示例如图 2-3-1 所示，该项目群结构包括项目、子项目群以及其他相关工作。

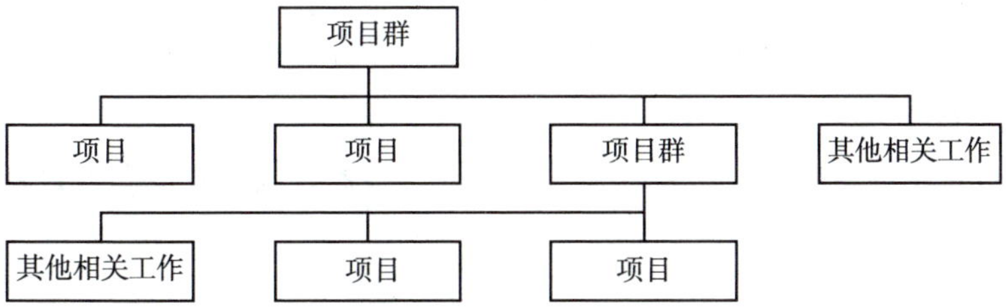

图 2-3-1　项目群结构示例

（三）项目群管理的概念和先决条件

项目群管理是指导相互关联的项目群组件实现项目群目标和收益的一组协调性活动。

在项目群生命周期中或项目群关闭后，都有可能实现有形或无形的收益，宜尽早对项目群进行组织和计划。

项目群管理的先决条件：

(1) 项目群管理必要性评估。当决定是否在组织内实行项目群管理时，宜考虑整合其他相关工作的能力和适应变化的能力。

组织层面的合理性分析宜满足需求、风险、收益和所需资源的要求，以及拟议实施的项目群管理应与一个或多个战略和运营目标保持一致。

(2) 在组织中实施项目群管理。在计划贯彻实施项目群管理时，高层管理人员宜完成以下几个方面：

①管理项目群与组织战略一致的必要性。

②财务和额外资源的投入。

③在整个组织协商、投资和平衡资源的需求。

④监督和控制项目群及其预期收益所需的管理代价。

⑤要求内部与外部协调和沟通以支撑项目群。

⑥变革与复杂性管理的需要。

⑦项目和项目群管理集成中的冲突。

⑧组织职能和经营职能的冲突优先级。

⑨与文化、技能和地理位置相关的组织挑战。

(3) 项目群管理一致性。项目群管理的一致性宜考虑组织的治理。这种一致性宜具有战略依据和关系。项目群管理的战略一致性宜在组织内或合作组织之间获得协同效应。

在组织层级上，系统、程序和过程宜达到一致。为提高效率以及达到一致性，组织宜确定何种资源以何种形式分配到项目群以及其组件的管理和控制中去。

项目群管理宜与管理组织和项目组合保持一致性。这种一致性宜提高项目群及其组件的管理和交付以获得额外收益。

组织内项目群及其组件的持续能力可通过平衡和优化社会、经济和环境特性达到一致。这种关系允许高层管理人员对项目群管理进行监督，把控战略一致性，选择项目群组件。

(4) 项目群角色和责任划分。

高层管理人员宜分配和确定项目群管理角色、职责和权限。

关键角色和责任者宜包括但不限于项目群发起人、项目群经理以及项目群管理团队。

(四) 管理项目群

管理项目群包括项目群建立、整合、管理实践、控制、收益管理和项目群关闭的惯例或通常做法。

1. 项目群建立

建立项目群宜包括建立与管理背景相符的项目群管理框架、确定项目群设计和计划。

2. 项目群整合

项目群整合既可包括战略、需求、组件以及职能等方面的整合，也可包括项目群组件合并管理所产生的协同作用。

3. 项目群管理实践

任何一项跨越项目群组件的实践活动通用申请宜有助于项目群的整合、控制及管理。项目群需要组建管理者来选择和实施特定的项目群实践活动和产品。同时，为了整合控制和监督，在项目群中也存在着一些独特的实践活动。

4. 项目群控制

项目群控制包括但不限于：

（1）管理跨项目群组件的项目群决策造成的影响。

（2）维护和调整项目群组件边界和接口，并利用项目群组件协同作用。

（3）按需更改项目群组件优先级。

（4）了解项目群基线和项目群组件基线之间的相互关系和潜在影响。

（5）确定项目群生命周期内收益的实现。

（6）通过项目群组件监控整个项目群预算和变化。

5. 收益管理

收益管理包括项目群收益识别、分析和控制。

6. 项目群关闭

项目群关闭宜包括但不限于：

（1）核实项目群组件交付物的验收情况。

（2）核实项目群收益是否已经实现或转移。

（3）关闭或转移项目群组件。

（4）完成项目群总结报告。

（5）整理、记录、沟通、归档经验教训。

（6）释放项目群资源。

（7）关闭合同和财务账户。

（8）归档项目群记录。

二、项目组合管理

根据《项目、项目群和项目组合管理 项目组合管理指南》（GB/T 37490—2019/ISO 21504:2015），项目组合是指为实现组织的整体或部分战略目标，便于进行有效管理而组合在一起的项目、项目群以及其他相关工作。

（一）项目组合管理概述

项目组合管理应包括组织为实现战略目标所采取的一系列与资源分配相关的方法过程。

1. 项目组合结构

项目组合可能是一种层级结构，一些较低级别的项目组合组件又进一步构成了较高级别的项目组合组件。项目组合结构示例如图 2-3-2 所示，还有其他一些如资源、技术、交流沟通等方面的关系并没有在图 2-3-2 中展示出来。项目组合结构是对项目组合内组件的一个“快照”，可以反映出其所遵循的组织战略目标。

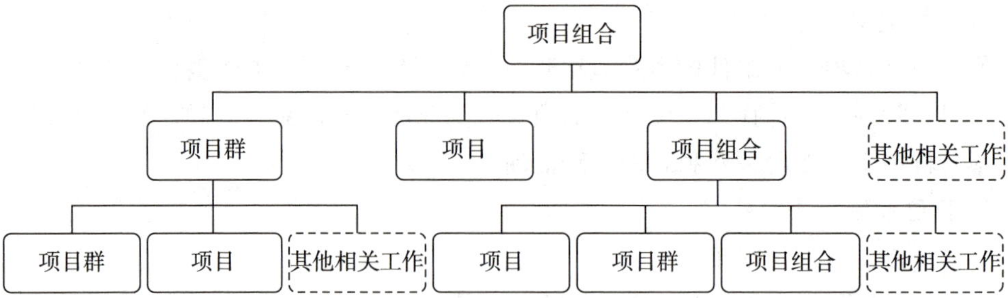

图 2-3-2　项目组合结构示例

项目组合结构最少可以由两个项目组合组件构成。

2. 能力与限制

项目组合的能力指的是组织通过资源利用实现其战略目标的能力。决策者应该对项目组合内的某项工作能否完成做出判断，而一个组织应具备在维持其运营现状的基础上进一步采取措施实现其战略目标的能力。

项目组合的限制或许会使项目组合无法实现预期的战略目标，或者要对战略目标做出调整或重新优化排序。这些限制可能来自组织的内部或外部，组织应直接对内部限制进行控制，而对外部限制，组织或许只能选择影响、遵守或采取相应的应对措施。限制可能是政府、资源、社会责任、文化、风险承受能力、可持续发展以及法律法规方面的要求等。

3. 机遇和风险

机遇和风险可能源于政策、客户需求、供应链升级或内部发展。对机遇和风险的识别有时属于项目组合管理工作的一部分，有时需要增加一个或多个新的项目组合组件，或者对已有的项目组合组件做出调整，以此应对机遇或风险。

（二）管理项目组合

1. 概述

项目组合管理在持续运行过程中所做的工作，包括持续确保项目组合与战略目标的一致性、追求利益最大化、履行承诺以及基于精准数据做出决策等。

2. 明确项目组合的定位

组织应结合以往表现及未来设想确定项目管理的目标任务，一旦确定，就应确保目标可控。从短期到长期，任何不同的时间段下都可以设立相应的目标，并应同时考虑可能存在的制约因素（如组织的风险承受能力等）。

3. 识别潜在的项目组合组件

组织应通过以下方式不断地对潜在的项目组合组件进行识别和规划：

（1）通览所选的潜在项目组合组件。

（2）将所选的潜在的项目组合组件反映到组织的战略目标当中。

4. 制订项目组合计划

在制订、推进项目组合的进展、计划时应考虑以下因素：

（1）现有的和潜在的项目组合组件及其在战略目标中的反映。

（2）项目组合组件的目标利益。

（3）所投入的时间和成本能带来哪些新的收益或技能。

（4）项目组合内各个组件之间的相互依赖关系。

组织应基于现状考虑选出项目组合的组件，有时可能需要分别确定多个项目组合的组件，建立这些项目组合可能是出于组织部门或地域差异方面的考虑，也可能是其他的组织认为出于合理的考虑。

5. 评估筛选项目组合的组件

在对潜在的项目组合组件进行分类、评估、筛选、调整、认定及优先级排序时，需要明确可及的标准及方法步骤。

应对项目组件进行筛选及调整以维持整个项目组合的平衡并实现组织的战略目标，这将进一步优化组织的投资回报，并将风险控制在组织的可承受范围之内，筛选结果应与资源需求相匹配。

6. 确认项目组合与战略目标的一致性

组织会制定相应的目标实现策略以实现其愿景、使命及价值观，以上三者中的任何一个发生变化，都会使战略规划做出调整，进而带来项目组合架构及计划的更新。项目组合的组件应实现与战略目标相关的利益，从组织战略到目标利益之间的调整是一项连续的活动。项目战略和利益的持续调整示意图如图 2-3-3 所示。

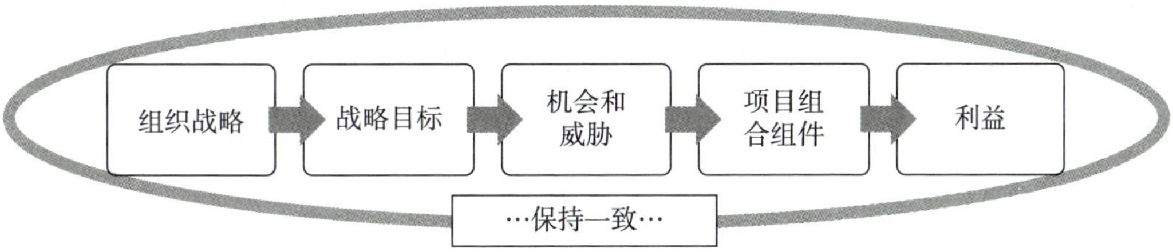

图 2-3-3　项目战略和利益的持续调整示意图

7. 项目组合绩效评估及汇报

项目的绩效评估指标应当与项目组合及其匹配的战略目标挂钩，这样有利于项目组合管理过程中的工作汇报。利益相关方需要及时有效的工作汇报，他们重点关注的是项目组合绩效评估工作的汇报质量。

8. 平衡和优化项目组合

在界定的岗位职责与权力范围内，项目组合经理应从以下几个方面平衡并控制整个项目组合，包括但不限于维护投资组合通道、资源优化配置、项目组合风险及变更控制，以及项目组合内的协同优化等。

实战演练

［2024 真题·多选］关于项目群及其管理的说法，正确的有（　　）。

A. 项目群经理负责项目群的整体绩效

B. 一个项目群应至少包含三个项目群组件

C. 项目群为利益相关方提供收益

D. 项目群可以是战略性或经营性的

E. 项目群收尾后方可实现无形收益

［解析］ 选项 B 错误，一个项目群应由至少两个项目群组件组成。选项 E 错误，在项目群生命周期中或项目群关闭后，都有可能实现有形或无形的收益。

［答案］ ACD

第三章

建设工程招标投标与合同管理

本章导学

本章包括3节内容，历年考查分值较高。工程招标与投标的内容，不仅是各科考试中的重点，而且在实际工作中也经常用到，因此，建议考生采用理论与实际相结合的方法学习。工程合同管理是项目经理必备的一项基本能力，应重点掌握。工程承包风险管理及担保保险的内容可作为次重点进行备考。

第一节　工程招标与投标

知识点 1　招标方式与程序

一、招标方式

根据《中华人民共和国招标投标法》（以下简称《招标投标法》），招标分为公开招标和邀请招标。

（一）公开招标

公开招标，是指招标人以招标公告的方式邀请不特定的法人或者其他组织投标。这种招标方式具有很强的竞争性，能够吸引广泛的潜在投标人，从而提高选择优质承包商的机会。

公开招标的优点在于其公平性和透明度高，有助于打破垄断，促进市场优胜劣汰。然而，这种招标方式的缺点是审查工作量大，成本较高。

（二）邀请招标

邀请招标，是指招标人以投标邀请书的方式邀请特定的法人或者其他组织投标。这种招标方式通常适用于技术复杂、有特殊要求或受自然环境限制的项目，因为潜在投标人数量有限。邀请招标的优点在于其成本较低，但可能限制竞争，不利于市场培育和优胜劣汰。

根据《招标投标法》，在中华人民共和国境内进行下列工程建设项目，包括项目的勘察、设计、施工、监理以及与工程建设有关的重要设备、材料等的采购，必须进行招标：

（1）大型基础设施、公用事业等关系社会公共利益、公众安全的项目。

（2）全部或者部分使用国有资金投资或者国家融资的项目。

（3）使用国际组织或者外国政府贷款、援助资金的项目。

上述所列项目的具体范围和规模标准，由国务院发展计划部门会同国务院有关部门制订，报国务院批准。法律或者国务院对必须进行招标的其他项目的范围有规定的，依照其规定。

根据《中华人民共和国招标投标法实施条例》（以下简称《招标投标法实施条例》），国有资金占控股或者主导地位的依法必须进行招标的项目，应当公开招标；但有下列情形之一的，可以邀请招标：

（1）技术复杂、有特殊要求或者受自然环境限制，只有少量潜在投标人可供选择。

（2）采用公开招标方式的费用占项目合同金额的比例过大。

有下列情形之一的，可以不进行招标：

（1）需要采用不可替代的专利或者专有技术。

（2）采购人依法能够自行建设、生产或者提供。

（3）已通过招标方式选定的特许经营项目投资人依法能够自行建设、生产或者提供。

（4）需要向原中标人采购工程、货物或者服务，否则将影响施工或者功能配套要求。

（5）国家规定的其他特殊情形。

二、招标程序

（一）招标准备

1. 项目立项和报建

建设单位需进行项目立项，并向建设行政主管部门登记报建，以取得招标资格或委托招标代理机构。

招标人有权自行选择招标代理机构，委托其办理招标事宜。任何单位和个人不得以任何方式为招标人指定招标代理机构。

招标人具有编制招标文件和组织评标能力的，可以自行办理招标事宜。任何单位和个人不得强制其委托招标代理机构办理招标事宜。

2. 编制招标文件

招标人或招标代理机构根据工程项目的实际情况，编制招标文件，包括招标公告、投标邀请书、招标文件、合同草案等。

3. 发布招标公告或发出投标邀请书

招标人通过指定媒体或网络平台发布招标公告。招标人采用邀请招标方式的，应当向 3 个以上具备承担招标项目的能力、资信良好的特定的法人或者其他组织发出投标邀请书。

（二）资格预审

1. 资格预审公告发布

招标人应当按照资格预审公告、招标公告或者投标邀请书规定的时间、地点发售资格预审文件或者招标文件。资格预审文件或者招标文件的发售期不得少于 5 日。

2. 资格审查

招标人可以对已发出的资格预审文件或者招标文件进行必要的澄清或者修改。澄清或者修改的内容可能影响资格预审申请文件或者投标文件编制的，招标人应当在提交资格预审申请文件截止时间至少 3 日前，或者投标截止时间至少 15 日前，以书面形式通知所有获取资格预审文件或者招标文件的潜在投标人；不足 3 日或者 15 日的，招标人应当顺延提交资格预审申请文件或者投标文件的截止时间。

通过资格预审的申请人少于 3 个的，应当重新招标。

（三）发售招标文件

1. 组织现场踏勘

招标人组织投标单位踏勘现场，并对招标文件进行答疑。招标人不得组织单个或者部分潜在投标人踏勘项目现场。

2. 发售招标文件

招标人向通过资格预审的投标人发售招标文件、图纸和技术资料。

招标人对已发出的招标文件进行必要的澄清或者修改的，应当在招标文件要求提交投标文件截止时间至少 15 日前发出。

（四）投标阶段

1. 投标文件准备

投标单位编制并提交投标文件，包括报价、技术方案、工期安排等。

2. 投标保证金

招标人在招标文件中要求投标人提交投标保证金的，投标保证金不得超过招标项目估算价的 2%。投标保证金有效期应当与投标有效期一致。

（五）开标与评标

1. 开标

开标应当在招标文件确定的提交投标文件截止时间的同一时间公开进行。开标由招标人主持，邀请所有投标人参加。

开标时，由投标人或者其推选的代表检查投标文件的密封情况，也可以由招标人委托的公证机构检查并公证；经确认无误后，由工作人员当众拆封，宣读投标人名称、投标价格和投标文件的其他主要内容；设有标底的，在开标的同时公布标底。

招标人在招标文件要求提交投标文件的截止时间前收到的所有投标文件，开标时都应当当众予以拆封、宣读。开标过程应当记录，并存档备查。

2. 评标委员会组建

评标由招标人依法组建的评标委员会负责。依法必须进行招标的项目，其评标委员会由招标人的代表和有关技术、经济等方面的专家组成，成员人数为 5 人以上单数，其中技术、经济等方面的专家不得少于成员总数的 2/3。

3. 评标过程

评标委员会对投标文件进行评审，从成本、时间、质量和服务等方面评估投标文件。评标完成后，评标委员会应当向招标人提交书面评标报告和中标候选人名单。中标候选人应当不超过 3 个，并标明排序。

4. 标底

招标人可以自行决定是否编制标底。一个招标项目只能有一个标底。标底必须保密。标底只能作为评标的参考，不得以投标报价是否接近标底作为中标条件，也不得以投标报价超过标底上下浮动范围作为否决投标的条件。

接受委托编制标底的中介机构不得参加受托编制标底项目的投标，也不得为该项目的投标人编制投标文件或者提供咨询。

招标人设有最高投标限价的，应当在招标文件中明确最高投标限价或者最高投标限价的计算方法。招标人不得规定最低投标限价。

（六）定标与中标通知

1. 择优定标

评标委员会推荐得分最高的投标单位为中标候选人。

2. 发出中标通知书

依法必须进行招标的项目，招标人应当自收到评标报告之日起 3 日内公示中标候选人，公示期不得少于 3 日。经审批备案后，向中标单位发出中标通知书。

（七）合同签订

1. 签订施工合同

招标人和中标人应当依照《招标投标法》和《招标投标法实施条例》的规定签订书面合同，合同的标的、价款、质量、履行期限等主要条款应当与招标文件和中标人的投标文件的内容一致。招标人和中标人不得再行订立背离合同实质性内容的其他协议。

招标人最迟应当在书面合同签订后 5 日内向中标人和未中标的投标人退还投标保证金及银行同期存款利息。

招标人和中标人应当自中标通知书发出之日起 30 日内，按照招标文件和中标人的投标文件订立书面合同。

2. 履约保证金

招标文件要求中标人提交履约保证金的，中标人应当按照招标文件的要求提交。履约保证金不得超过中标合同金额的 10%。

招标程序如图 3-1-1 所示。

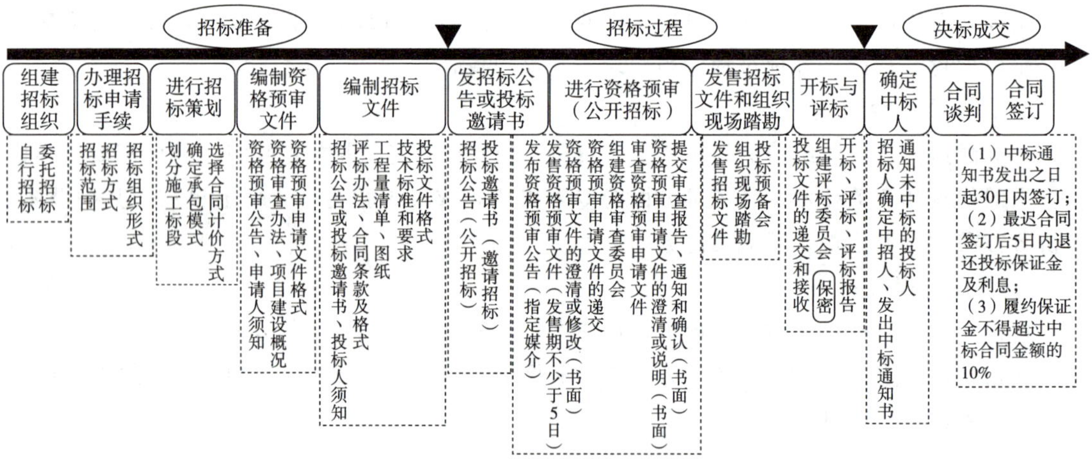

图 3-1-1　招标程序

整个施工招标程序需遵循法律法规，确保招标过程的公正、公开和有效性。此外，施工招标应具备一定的条件，如项目审批手续已履行、工程资金或资金来源已落实等。这些步骤共同保障了施工招标的合法性和透明度，确保了项目的顺利实施和质量控制。

实战演练

［2024 真题·单选］与公开招标方式相比，采用邀请招标方式具有的特点是（　　）。

A. 招标人不需要发出投标邀请函

B. 投标人不需要提交表明其资质的证明材料

C. 评标时不需要对投标文件进行合格性审查

D. 招标中不需要设置资格预审程序

［解析］ 邀请招标，是指招标人以投标邀请书的方式邀请特定的法人或者其他组织投标，不需要发布招标公告和设置资格预审程序，可降低成本、缩短时间。

［答案］ D

[2023 真题 · 单选] 根据《招标投标法实施条例》，投标保证金不得超过招标项目估算价的（ ）。

A. 2%　　B. 3%

C. 5%　　D. 10%

[解析] 招标人在招标文件中要求投标人提交投标保证金的，投标保证金不得超过招标项目估算价的 2%。

[答案] A

[2022 真题 · 单选] 施工项目投标保证金有效期应当与（ ）一致。

A. 投标截止日期

B. 中标通知书发出日期

C. 投标有效期

D. 评标报告提交日期

[解析] 投标保证金有效期应当与投标有效期一致。

[答案] C

[2022 真题 · 单选] 根据《招标投标法》，招标人对已发出的招标文件进行必要的澄清或者修改的，应当在招标文件要求提交投标文件截止时间至少（ ）日前发出。

A. 7　　B. 15

C. 14　　D. 21

[解析] 招标人对已发出的招标文件进行必要的澄清或者修改的，应当在招标文件要求提交投标文件截止时间至少 15 日前发出。

[答案] B

[经典例题 · 单选] 某评标委员会由招标人代表及有关技术、经济等方面的专家组成，成员人数为 7 人，其中技术、经济等方面的专家应为（ ）人。

A. 2　　B. 3

C. 4　　D. 5

[解析] 依法必须进行招标的项目，其评标委员会由招标人的代表和有关技术、经济等方面的专家组成，成员人数为 5 人以上单数，其中技术、经济等方面的专家不得少于成员总数的 2/3。

[答案] D

[经典例题 · 单选] 关于资格预审的说法，正确的是（ ）。

A. 资格预审文件的发售期不得少于 3 日

B. 潜在投标人对资格预审文件有异议的，应在提交资格预审申请文件截止时间 3 日前向招标人提出

C. 招标人应自收到异议之日起 3 日内做出答复

D. 招标人应在提交资格预审申请文件截止时间至少 2 日前，将澄清内容以书面形式通知所有获取资格预审文件的潜在投标人

第三章

［解析］选项A错误，资格预审文件的发售期不得少于5日。选项B错误，潜在投标人对资格预审文件有异议的，应在提交资格预审申请文件截止时间2日前向招标人提出。选项D错误，招标人应在提交资格预审申请文件截止时间至少3日前，将澄清内容以书面形式通知所有获取资格预审文件的潜在投标人。

［答案］C

［2024真题·多选］工程招标过程中，在开标环节应进行的工作有（　　）。

A. 公布评标委员会成员名单　　B. 对投标文件进行形式审查

C. 检查投标文件密封情况　　D. 公布投标人名称及其投标报价

E. 设有标底的工程公布标底

［解析］开标时，由投标人或者其推选的代表检查投标文件的密封情况，也可以由招标人委托的公证机构检查并公证；经确认无误后，由工作人员当众拆封，宣读投标人名称、投标价格和投标文件的其他主要内容；设有标底的，在开标的同时公布标底。招标人在招标文件要求提交投标文件的截止时间前收到的所有投标文件，开标时都应当当众予以拆封、宣读。开标过程应当记录，并存档备查。

［答案］CDE

［2023真题·多选］与邀请招标方式相比，公开招标方式的特点有（　　）。

A. 招标人有较大的选择范围　　B. 资格审查和评标的工作量大

C. 有利于降低招标采购的费用　　D. 有利于合理限制不良投标人

E. 有利于保证竞争的公平性

［解析］公开招标，是指招标人以招标公告的方式邀请不特定的法人或者其他组织投标。这种招标方式具有很强的竞争性，能够吸引广泛的潜在投标人，从而提高选择优质承包商的机会。公开招标的优点在于其公平性和透明度高，有助于打破垄断，促进市场优胜劣汰。然而，这种招标方式的缺点是审查工作量大，成本较高。

［答案］ABDE

知识点 2　合同计价方式

根据《建设工程工程量清单计价标准》（GB/T 50500—2024），建设工程的施工合同可采用单价合同、总价合同、成本加酬金合同等。发包人可根据工程的招标图纸设计深度、技术难度、建设规模、项目实施计划及工程量清单编制时间、计价风险等因素，选择采用单价合同或总价合同。紧急抢险、救灾或特别复杂的工程宜采用成本加酬金合同。

一、单价合同

单价合同是指发包人和承包人约定以工程量清单及其综合单价进行合同价款计算、调整和确认的建设工程施工合同。在约定的范围内，合同单价不做调整。

（一）特点

1. 单价优先

单价合同的核心特点是根据合同中明确的每项工程内容的单价来计算应付的工程款。这意味着在实际支付时，承包商需要根据实际完成的工程量乘以合同单价来确定最终的工程款。

2. 工程量变化风险

由于单价合同允许随工程量的变化而调整工程总价，因此业主和承包商都不存在因工程量变化带来的风险。然而，这也意味着业主需要承担较大的协调工作量，对投资控制不利。

（二）合同类型

（1）固定单价合同：在合同签订时，根据工程项目的工程量、质量和进度等因素确定一个固定的工程单价，除非出现合同约定的变更事项，否则合同价格不会发生变动。这种合同适用于工程量明确、工程周期短、工程变更少的小型工程或维修工程。

（2）变动单价合同（可调单价合同）：当采用变动单价合同时，合同双方可以约定一个估计的工程量，当实际工程量发生较大变化时可对单价进行调整。此外，还可以约定在通货膨胀或政策变化时对哪些内容的单价进行调整以及如何调整。采用可调单价合同，承包商承担的风险较小。

（三）综合单价

综合单价是指在合同中列出的分部分项工程量及其对应的单价，这些单价通常包括了直接成本、间接成本、利润和税金等所有费用。在实际结算时，承包商需要根据实际完成的工程量乘以相应的综合单价来计算最终的工程款。

（四）风险分担

在单价合同中，工程量变化的风险由业主承担，而单价风险则由承包商承担。此外，合同当事人应在专用合同条款中约定综合单价包含的风险范围和风险费用的计算方法，并约定风险范围以外的合同价格的调整方法。

（五）适用范围

单价合同适用于工期长、技术复杂、实施过程中发生各种不可预见因素较多的大型工程，以及业主为了缩短工程建设周期，初步设计完成后即进行施工招标的项目。这种合同方式适用于工程量清单计价的工程，通常在工程量不确定或设计条件不明确的情况下使用。

二、总价合同

总价合同是指在合同中确定一个固定的总价，承包人根据这个总价完成项目全部内容的合同。

（一）特点

总价合同的特点在于其固定总价的性质，使得发包人能够更好地控制投资金额，但同时也要求承包人承担较高的风险。因此，在选择总价合同时，需要综合考虑项目的复杂程度、设计深度、技术要求和工期紧迫性等因素，以确保合同的合理性和双方权益的平衡。

（二）合同类型

总价合同可以分为固定总价合同和可调值总价合同两种形式。

（1）固定总价合同的价格计算以施工图纸、规定和规范为基础，承包方需承担全部工作量和价格风险，报价较高。这种合同适用于技术不太复杂、规模较小的工程。

（2）可调值总价合同则允许在合同期较长（如一年以上）时，因市场价格浮动对承包价格进行调整，但需明确约定调整原则、方法和依据。

（三）风险与责任

总价合同中，承包人需承担主要风险，包括市场价格波动、设计变更等风险。因此，承包人在投标报价时需要充分考虑所有费用变动因素。发包人通过签订固定总价合同将合同履行风险转移给承包人，以达到控制工程造价的目的。

（四）计量与支付

总价合同中，除工程变更外，原图纸范围内（漏项缺项或图纸标注有误除外）的工程计价方式和程序与单价合同一致。进度款按支付分解表支付，并规定了付款周期、申请单编制和提交、审核和支付等方面的要求。

（五）适用范围

总价合同通常适用于工程量事先能够准确计算且实施期间极少变更的项目，以及工程规模较小、技术不太复杂、工期较短（一般不超过一年）、具备完整详细设计文件的工程建设项目。

三、成本加酬金合同

成本加酬金合同中，业主向承包商支付实际工程项目的成本，并根据事先约定的方式支付一定的酬金。

（一）特点

1. 风险分担

成本加酬金合同中，发包人承担了项目实际发生的所有成本费用，而承包人则获得固定或一定比例的酬金。

2. 灵活性与激励机制

该合同形式具有较高的灵活性，能够根据项目的具体情况灵活调整。同时，通过设置目标奖金、浮动酬金等方式，可以激励承包人提高工作效率和质量。

（二）合同类型

成本加酬金合同类型见表 3-1-1。

表 3-1-1　成本加酬金合同类型

项目	类型			
	成本加固定百分比酬金合同	成本加固定酬金合同	成本加浮动酬金合同	目标成本加奖罚合同
公式	$C=C_d(1+P)$	$C=C_d+F$	$C=C_d+F\ (C_d=C_0)$； $C=C_d+F+\Delta F\ (C_d<C_0)$； $C=C_d+F-\Delta F\ (C_d>C_0)$	$C=C_d+P_1C_0+P_2(C_0-C_d)$
优点	合同签订时简单易行	施工方关心缩短工期	双方都没有太大风险，促使施工方关心成本降低和缩短工期	有利于鼓励施工单位降低成本和缩短工期，双方都不会承担太大风险
缺点	不能激励施工单位缩短工期和降低成本	无法鼓励施工单位关心降低直接成本	准确估算作为奖罚标准的预期成本较为困难	—

续表

项目	类型			
	成本加固定百分比酬金合同	成本加固定酬金合同	成本加浮动酬金合同	目标成本加奖罚合同
结论	花得越多挣得越多	当花的多，不罚不奖	当花的多，罚款有上限；最大罚款＝原定基本酬金	当花的多，罚款无上限

注：C 为合同价；C_d 为实际发生的直接费；F 为酬金；C_0 为目标成本；P_1 为基本酬金计算百分比；P_2 为奖罚酬金计算百分比。

（三）适用范围

成本加酬金合同在特定情况下能够有效应对紧急工程需求和技术复杂性高的项目，但其对发包方的造价控制能力提出了更高的要求。因此，在选择该合同类型时，需要综合考虑项目的具体情况和双方的风险偏好。

成本加酬金合同通常适用于紧急抢险、救灾工程，以及技术复杂或设计信息不完善的项目。这些项目往往需要快速响应，且技术方案难以事先确定。

合同计价方式的选择见表 3-1-2。

表 3-1-2　合同计价方式的选择

项目		合同类型		
		总价合同	单价合同	成本加酬金合同
考虑因素	工程复杂程度	有把握的部分（固定总价合同）	规模大且技术复杂，承包风险大，不易准确估算费用	
	工程设计深度	图纸完成，清单详细	只完成初步设计，工程清单不明确，实际量与计划量出入大（优选单价）	
	技术先进程度	—		新技术、新工艺、缺乏经验、无国家标准
	工期紧迫程度			紧急工程
结论		简单、风险小（固定总价）	工程量不定	困难、紧急

实战演练

［2024 真题·单选］工程施工合同采用目标成本加奖罚计价方式时，合同价款正确的计算方式是（　　）。

A. 实际发生的直接费＋目标成本×基本酬金计算百分比＋奖罚酬金

B. 目标成本×（1＋基本酬金计算百分比）＋奖罚酬金

C. 目标成本＋实际发生的直接费×基本酬金计算百分比＋奖罚酬金

D. 实际发生的直接费×（1＋基本酬金计算百分比）＋奖罚酬金

［解析］目标成本加奖罚合同价款的计算公式为：$C=C_d+P_1C_0+P_2(C_0-C_d)$＝实际发生的直接费＋基本酬金计算百分比×目标成本＋奖罚酬金计算百分比×（目标成本－实际发生的直接费）＝实际发生的直接费＋基本酬金计算百分比×目标成本＋奖罚酬金。

[答案] A

[2023 真题 · 单选] 下列施工承包合同计价方式中，承包商承担风险最小的是（　　）。

A. 变动单价合同　　B. 固定总价合同

C. 固定单价合同　　D. 变动总价合同

[解析] 当采用变动单价合同（可调单价合同）时，合同双方可以约定一个估计的工程量，当实际工程量发生较大变化时可对单价进行调整。此外，还可以约定在通货膨胀或政策变化时对哪些内容的单价进行调整以及如何调整。采用可调单价合同，承包商承担的风险较小。

[答案] A

[2022 真题 · 单选] 采用单价合同时，最终工程结算总价是按（　　）计算确定的。

A. 发包人提供的清单工程量及承包人所填报的单价

B. 发包人提供的清单工程量及承包人实际发生的单价

C. 实际完成并经（咨询）工程师计量的工程量及承包人实际发生的单价

D. 实际完成并经（咨询）工程师计量的工程量及承包人所填报的单价

[解析] 单价合同的核心特点是根据合同中明确的每项工程内容的单价来计算应付的工程款。这意味着在实际支付时，承包商需要根据实际完成的工程量乘以合同单价来确定最终的工程款。

[答案] D

[2021 真题 · 单选] 关于固定单价合同的说法，正确的是（　　）。

A. 当通货膨胀达到一定水平时，可对单价进行调整

B. 当国家政策发生变化时，可对单价进行调整

C. 当实际工程量发生较大变化时，可对单价进行调整

D. 无论发生哪些影响价格的因素都不对单价进行调整

[解析] 固定单价合同是根据工程项目的工程量、质量和进度等因素确定一个固定的工程单价，除非出现合同约定的变更事项，否则合同价格不会发生变动。

[答案] D

[经典例题 · 单选] 下列不同合同计价方式中，建设单位不易进行造价控制的是（　　）。

A. 总价合同　　B. 单价合同

C. 成本加浮动酬金合同　　D. 目标成本加奖罚合同

[解析] 选项 A 错误，总价合同容易进行造价控制。选项 B 错误，单价合同较容易进行造价控制。选项 D 错误，目标成本加奖罚合同，罚款无上限，建设单位有可能控制住造价。

[答案] C

[经典例题·多选] 下列关于合同计价方式选择的情形，说法正确的有（　　）。

A. 对于施工中有较大部分采用新技术、新工艺的工程，建设单位和施工单位缺乏经验，应选用成本加酬金合同

B. 对于一些紧急工程，要求尽快开工且工期较紧的，可以选择单价合同

C. 对于已完成施工图设计的工程，施工图纸和工程量清单详细而明确，可选择总价合同

D. 对于实际工程量与预计工程量可能有较大出入的工程，应优先选择成本加酬金合同

E. 对于只完成初步设计，工程量清单不够明确的工程，可选择成本加酬金合同

[解析] 选项 B 错误，对于一些紧急工程，要求尽快开工且工期较紧的，可以选择成本加酬金合同。选项 D 错误，对于实际工程量与预计工程量可能有较大出入的工程，应优先选择单价合同。

[答案] ACE

[经典例题·多选] 下列不同合同计价方式中，施工单位承担风险的合同有（　　）。

A. 成本加固定酬金合同

B. 单价合同

C. 成本加浮动酬金合同

D. 目标成本加奖罚合同

E. 成本加固定百分比酬金合同

[解析] 成本加固定酬金合同和成本加固定百分比酬金合同，对于施工单位来说，基本没有任何风险。

[答案] BCD

[经典例题·多选] 下列关于成本加酬金合同的说法，正确的有（　　）。

A. 成本加固定百分比酬金合同，合同签订时简单易行

B. 成本加固定酬金合同，建设单位不能激励施工单位缩短工期和降低成本

C. 成本加浮动酬金合同，准确地估算作为奖罚标准的预期成本较为困难

D. 目标成本加奖罚合同，不能促使施工方关心成本降低和缩短工期

E. 目标成本加奖罚合同以百分比形式约定基本酬金和奖罚酬金

[解析] 选项 B 错误，成本加固定酬金合同，建设单位不能激励施工单位降低成本，施工方关心缩短工期。选项 D 错误，目标成本加奖罚合同，有利于鼓励施工单位降低成本和缩短工期。

[答案] ACE

知识点 3　施工投标

一、投标人

投标人是响应招标、参加投标竞争的法人或者其他组织。

投标人应当具备承担招标项目的能力；国家有关规定对投标人资格条件或者招标文件对投标人资格条件有规定的，投标人应当具备规定的资格条件。

与招标人存在利害关系可能影响招标公正性的法人、其他组织或者个人，不得参加投

第三章

标。单位负责人为同一人或者存在控股、管理关系的不同单位，不得参加同一标段投标或者未划分标段的同一招标项目投标。违反上述规定的，相关投标均无效。

二、投标文件

投标人应当按照招标文件的要求编制投标文件。投标文件应当对招标文件提出的实质性要求和条件做出响应。招标项目属于建设施工的，投标文件的内容应当包括拟派出的项目负责人与主要技术人员的简历、业绩和拟用于完成招标项目的机械设备等。

投标人应当在招标文件要求提交投标文件的截止时间前，将投标文件送达投标地点。招标人收到投标文件后，应当签收保存，不得开启。投标人少于 3 个的，招标人应当依照《招标投标法》重新招标。

投标人在招标文件要求提交投标文件的截止时间前，可以补充、修改或者撤回已提交的投标文件，并书面通知招标人。补充、修改的内容为投标文件的组成部分。

投标人根据招标文件载明的项目实际情况，拟在中标后将中标项目的部分非主体、非关键性工作进行分包的，应当在投标文件中载明。

投标人撤回已提交的投标文件，应当在投标截止时间前书面通知招标人。招标人已收取投标保证金的，应当自收到投标人书面撤回通知之日起 5 日内退还。投标截止后投标人撤销投标文件的，招标人可以不退还投标保证金。

未通过资格预审的申请人提交的投标文件，以及逾期送达或者不按照招标文件要求密封的投标文件，招标人应当拒收。招标人应当如实记载投标文件的送达时间和密封情况，并存档备查。

三、联合体投标

两个以上法人或者其他组织可以组成一个联合体，以一个投标人的身份共同投标。

招标人应当在资格预审公告、招标公告或者投标邀请书中载明是否接受联合体投标。招标人接受联合体投标并进行资格预审的，联合体应当在提交资格预审申请文件前组成。资格预审后联合体增减、更换成员的，其投标无效。联合体各方在同一招标项目中以自己名义单独投标或者参加其他联合体投标的，相关投标均无效。

联合体各方均应当具备承担招标项目的相应能力；国家有关规定或者招标文件对投标人资格条件有规定的，联合体各方均应当具备规定的相应资格条件。由同一专业的单位组成的联合体，按照资质等级较低的单位确定资质等级。

联合体各方应当签订共同投标协议，明确约定各方拟承担的工作和责任，并将共同投标协议连同投标文件一并提交招标人。联合体中标的，联合体各方应当共同与招标人签订合同，就中标项目向招标人承担连带责任。

招标人不得强制投标人组成联合体共同投标，不得限制投标人之间的竞争。

四、违法投标

投标人不得相互串通投标报价，不得排挤其他投标人的公平竞争，损害招标人或者其他投标人的合法权益。

投标人不得与招标人串通投标，损害国家利益、社会公共利益或者他人的合法权益。

禁止投标人以向招标人或者评标委员会成员行贿的手段谋取中标。

投标人不得以低于成本的报价竞标，也不得以他人名义投标或者以其他方式弄虚作假，骗取中标。

有下列情形之一的，属于投标人相互串通投标：

（1）投标人之间协商投标报价等投标文件的实质性内容。

（2）投标人之间约定中标人。

（3）投标人之间约定部分投标人放弃投标或者中标。

（4）属于同一集团、协会、商会等组织成员的投标人按照该组织要求协同投标。

（5）投标人之间为谋取中标或者排斥特定投标人而采取的其他联合行动。

有下列情形之一的，视为投标人相互串通投标：

（1）不同投标人的投标文件由同一单位或者个人编制。

（2）不同投标人委托同一单位或者个人办理投标事宜。

（3）不同投标人的投标文件载明的项目管理成员为同一人。

（4）不同投标人的投标文件异常一致或者投标报价呈规律性差异。

（5）不同投标人的投标文件相互混装。

（6）不同投标人的投标保证金从同一单位或者个人的账户转出。

有下列情形之一的，属于招标人与投标人串通投标：

（1）招标人在开标前开启投标文件并将有关信息泄露给其他投标人。

（2）招标人直接或者间接向投标人泄露标底、评标委员会成员等信息。

（3）招标人明示或者暗示投标人压低或者抬高投标报价。

（4）招标人授意投标人撤换、修改投标文件。

（5）招标人明示或者暗示投标人为特定投标人中标提供方便。

（6）招标人与投标人为谋求特定投标人中标而采取的其他串通行为。

投标人有下列情形之一的，属于《招标投标法》规定的以其他方式弄虚作假的行为：

（1）使用伪造、变造的许可证件。

（2）提供虚假的财务状况或者业绩。

（3）提供虚假的项目负责人或者主要技术人员简历、劳动关系证明。

（4）提供虚假的信用状况。

（5）其他弄虚作假的行为。

五、投标报价方法

投标报价是建筑施工企业在参与工程项目投标时的重要环节，其目的是在确保工程质量的前提下，通过合理的报价策略提高中标率和经济效益。以下是几种常见的投标报价方法。

（一）不平衡报价法

不平衡报价法是在总价基本确定后，通过调整项目内部各个部分的报价，以期望在不提高总价的条件下，既不影响中标，又能在结算时获得更理想的经济效益。例如，在施工条件差、技术要求高或总价较低的项目中，可以适当提高某些部分的报价，而在施工条件好、工作简单的情况下，则可以降低报价。

（二）多方案报价法

多方案报价法适用于招标文件不明确或条款不公正的情况。企业可以提出两个报价方案，一个按原招标文件报价，另一个在某些条款变动后降低报价，以此吸引业主并降低总价。这种方法尤其适用于工程范围不明确或技术规范过于苛刻的情况。

（三）突然降价法

突然降价法是指在投标截止前突然降低报价，以迷惑对手并提高中标机会。这种方法需要谨慎使用，因为降价幅度和情报信息的准确性至关重要。

（四）先亏后盈法

先亏后盈法适用于大型分期建设工程。在第一期工程投标时少计算利润以争取中标，凭借第一期工程的经验和信誉，在后续工程中更容易中标。

（五）定额计价法

定额计价法通常采用预算定额进行编制，逐项计算定额规定的各个工程子项目的工程量，并参照市场价格或套用定额基价确定直接费用，再计算相关的各项费用，以汇总成标价。

（六）工程量清单计价法

工程量清单计价法是目前我国大多数工程项目中常用的报价编制方法。它要求投标人根据招标人提供的工程量清单填报价格，以确保公平竞争。

（七）成本分析法

成本分析法是建立在预测成本基础上的报价方法，可通过数学公式表达：投标总价＝总成本×（1＋利润率）×（1＋税率）。因此，必须保证预测成本的准确性。

这些方法的选择和应用需要根据项目的具体情况、市场环境以及企业的自身优势来综合考虑。在实际操作中，企业应充分了解招标文件的要求和条件，结合自身的技术实力和市场策略，制订出科学合理的投标报价策略，以提高中标率和经济效益。

实战演练

［2024 真题·单选］下列工程中，施工单位在投标时可选择报低价的是（　　）。

A. 工期要求紧的工程　　B. 支付条件好的工程

C. 技术复杂的工程　　D. 施工条件差的工程

［解析］支付条件好的工程可降低报价。

［答案］B

知识点 4　工程总承包投标

根据《中华人民共和国标准设计施工总承包招标文件（2012 年版）》（以下简称《标准设计施工总承包招标文件》），工程总承包投标的相关内容如下。

一、投标文件的组成

投标文件应包括下列内容：

（1）投标函及投标函附录。

（2）法定代表人身份证明或附有法定代表人身份证明的授权委托书。

（3）联合体协议书。

（4）投标保证金。

（5）价格清单。

（6）承包人建议书。

（7）承包人实施计划。

（8）资格审查资料。

（9）投标人须知前附表规定的其他资料。

二、投标报价

（1）投标人应按“投标文件格式”的要求填写价格清单。

（2）投标人应充分了解施工场地的位置、周边环境、道路、装卸、保管、安装限制以及影响投标报价的其他要素。投标人根据投标设计，结合市场情况进行投标报价。

（3）投标人在投标截止时间前修改投标函中的投标报价总额，应同时修改投标文件“价格清单”中的相应报价，投标报价总额为各分项金额之和。

（4）招标人设有最高投标限价的，投标人的投标报价不得超过最高投标限价，最高投标限价或其计算方法在投标人须知前附表中载明。

三、投标有效期

（1）除投标人须知前附表另有规定外，投标有效期为120天。

（2）在投标有效期内，投标人撤销或修改其投标文件的，应承担招标文件和法律规定的责任。

（3）出现特殊情况需要延长投标有效期的，招标人以书面形式通知所有投标人延长投标有效期。投标人同意延长的，应相应延长其投标保证金的有效期，但不得要求或被允许修改或撤销其投标文件；投标人拒绝延长的，其投标失效，但投标人有权收回其投标保证金。

四、投标保证金

（1）投标人在递交投标文件的同时，应按投标人须知前附表规定的金额、担保形式和“投标文件格式”规定的投标保证金格式递交投标保证金，并作为其投标文件的组成部分。联合体投标的，其投标保证金由牵头人递交，并应符合投标人须知前附表的规定。

（2）投标人不按要求提交投标保证金的，评标委员会将否决其投标。

（3）招标人与中标人签订合同后5日内，向未中标投标人和中标人退还投标保证金及同期银行存款利息。

（4）有下列情形之一的，投标保证金将不予退还：

①投标人在规定的投标有效期内撤销或修改其投标文件。

②中标人在收到中标通知书后，无正当理由拒签合同或未按招标文件规定提交履约担保。

实战演练

[经典例题·单选] 招标人与中标人签订合同后（　　）日内，向未中标投标人和中标人退还投标保证金及同期银行存款利息。

A. 3　　B. 5

C. 7　　D. 10

[解析] 招标人与中标人签订合同后5日内，向未中标投标人和中标人退还投标保证金及同期银行存款利息。

[答案] B

[经典例题·多选] 投标人按招标人的要求提交了投标保证金。下列情形中，属于投标保证金不予退还的情形有（　　）。

A. 投标人未中标

B. 投标人在投标有效期内修改其投标文件

C. 收到中标通知书后，无正当理由拒签合同

D. 投标人在投标有效期内撤销其投标文件

E. 收到中标通知书后，未按招标文件规定提交履约担保

[解析] 有下列情形之一的，投标保证金将不予退还：①投标人在规定的投标有效期内撤销或修改其投标文件；②中标人在收到中标通知书后，无正当理由拒签合同或未按招标文件规定提交履约担保。

[答案] BCDE

第二节　工程合同管理

知识点 1　施工合同管理

根据《中华人民共和国标准施工招标文件（2007年版）》（以下简称《标准施工招标文件》），施工合同管理的相关内容如下。

一、一般约定

（一）合同文件的优先顺序

组成合同的各项文件应互相解释，互为说明。除专用合同条款另有约定外，解释合同文件的优先顺序如下：

（1）合同协议书。

（2）中标通知书。

（3）投标函及投标函附录。

（4）专用合同条款。

（5）通用合同条款。

（6）技术标准和要求。

（7）图纸。

（8）已标价工程量清单。

（9）其他合同文件。

（二）合同协议书

承包人按中标通知书规定的时间与发包人签订合同协议书。除法律另有规定或合同另有约定外，发包人和承包人的法定代表人或其委托代理人在合同协议书上签字并盖单位章后，合同生效。

二、发包人义务

（一）遵守法律

发包人在履行合同过程中应遵守法律，并保证承包人免于承担因发包人违反法律而引起的任何责任。

（二）发出开工通知

发包人应委托监理人按照约定向承包人发出开工通知。

（三）提供施工场地

发包人应按专用合同条款约定向承包人提供施工场地，以及施工场地内地下管线和地下设施等有关资料，并保证资料的真实、准确、完整。

（四）协助承包人办理证件和批件

发包人应协助承包人办理法律规定的有关施工证件和批件。

（五）组织设计交底

发包人应根据合同进度计划，组织设计单位向承包人进行设计交底。

（六）支付合同价款

发包人应按合同约定向承包人及时支付合同价款。

（七）组织竣工验收

发包人应按合同约定及时组织竣工验收。

（八）其他义务

发包人应履行合同约定的其他义务。

三、监理人

（一）监理人的职责和权力

（1）监理人受发包人委托，享有合同约定的权力。监理人在行使某项权力前需要经发包人事先批准而通用合同条款没有指明的，应在专用合同条款中指明。

（2）监理人发出的任何指示应视为已得到发包人的批准，但监理人无权免除或变更合同约定的发包人和承包人的权利、义务和责任。

（3）合同约定应由承包人承担的义务和责任，不因监理人对承包人提交文件的审查或批准，对工程、材料和设备的检查和检验，以及为实施监理做出的指示等职务行为而减轻或解除。

（二）总监理工程师

发包人应在发出开工通知前将总监理工程师的任命通知承包人。总监理工程师更换时，应在调离 14 天前通知承包人。总监理工程师短期离开施工场地的，应委派代表代行其职责，并通知承包人。

（三）监理人员

（1）总监理工程师可以授权其他监理人员负责执行其指派的一项或多项监理工作。总监理工程师应将被授权监理人员的姓名及其授权范围通知承包人。被授权的监理人员在授权范围内发出的指示视为已得到总监理工程师的同意，与总监理工程师发出的指示具有同等效力。总监理工程师撤销某项授权时，应将撤销授权的决定及时通知承包人。

（2）监理人员对承包人的任何工作、工程或其采用的材料和工程设备未在约定的或合理的期限内提出否定意见的，视为已获批准，但不影响监理人在以后拒绝该项工作、工程、材料或工程设备的权利。

（3）承包人对总监理工程师授权的监理人员发出的指示有疑问的，可向总监理工程师提出书面异议，总监理工程师应在 48 h 内对该指示予以确认、更改或撤销。

（4）除专用合同条款另有约定外，总监理工程师不应将约定应由总监理工程师做出确定的权力授权或委托给其他监理人员。

（四）监理人的指示

（1）监理人应按约定向承包人发出指示，监理人的指示应盖有监理人授权的施工场地机构章，并由总监理工程师或总监理工程师按约定授权的监理人员签字。

（2）在紧急情况下，总监理工程师或被授权的监理人员可以当场签发临时书面指示，承包人应遵照执行。承包人应在收到上述临时书面指示后 24 h 内，向监理人发出书面确认函。监理人在收到书面确认函后 24 h 内未予答复的，该书面确认函应被视为监理人的正式指示。

（3）由于监理人未能按合同约定发出指示、指示延误或指示错误而导致承包人费用增加和（或）工期延误的，由发包人承担赔偿责任。

（五）商定或确定

（1）总监理工程师应依据合同约定对任何事项进行商定或确定时，总监理工程师应与合同当事人协商，尽量达成一致。不能达成一致的，总监理工程师应认真研究后审慎确定。

（2）总监理工程师应将商定或确定的事项通知合同当事人，并附详细依据。对总监理工程师的确定有异议的，构成争议，依据约定处理。在争议解决前，双方应暂按总监理工程师的确定执行，按照约定对总监理工程师的确定做出修改的，按修改后的结果执行。

四、承包人

（一）承包人的一般义务

1. 遵守法律

承包人在履行合同过程中应遵守法律，并保证发包人免于承担因承包人违反法律而引起的任何责任。

2. 依法纳税

承包人应按有关法律规定纳税，应缴纳的税金包括在合同价格内。

3. 完成各项承包工作

承包人应按合同约定以及监理人做出的指示，实施、完成全部工程，并修补工程中的任何缺陷。除专用合同条款另有约定外，承包人应提供为完成合同工作所需的劳务、材料、施工设备、工程设备和其他物品，并按合同约定负责临时设施的设计、建造、运行、维护、管理和拆除。

4. 对施工作业和施工方法的完备性负责

承包人应按合同约定的工作内容和施工进度要求，编制施工组织设计和施工措施计划，并对所有施工作业和施工方法的完备性和安全可靠性负责。

5. 保证工程施工和人员的安全

承包人应按约定采取施工安全措施，确保工程及其人员、材料、设备和设施的安全，防止因工程施工造成的人身损害和财产损失。

6. 负责施工场地及其周边环境与生态的保护工作

承包人应按照约定负责施工场地及其周边环境与生态的保护工作。

7. 避免施工对公众与他人的利益造成损害

承包人在进行合同约定的各项工作时，不得侵害发包人与他人使用公用道路、水源、市政管网等公共设施的权利，避免对邻近的公共设施产生干扰。承包人占用或使用他人的施工场地，影响他人作业或生活的，应承担相应责任。

8. 为他人提供方便

承包人应按监理人的指示为他人在施工场地或附近实施与工程有关的其他各项工作提供可能的条件。除合同另有约定外，提供有关条件的内容和可能发生的费用，由监理人商定或确定。

9. 工程的维护和照管

工程接收证书颁发前，承包人应负责照管和维护工程。工程接收证书颁发时尚有部分未竣工工程的，承包人还应负责该未竣工工程的照管和维护工作，直至竣工后移交给发包人为止。

10. 其他义务

承包人应履行合同约定的其他义务。

（二）履约担保

承包人应保证其履约担保在发包人颁发工程接收证书前一直有效。发包人应在工程接收证书颁发后 28 天内把履约担保退还给承包人。

（三）承包人项目经理

（1）承包人应按合同约定指派项目经理，并在约定的期限内到职。承包人更换项目经理应事先征得发包人同意，并应在更换 14 天前通知发包人和监理人。承包人项目经理短期离开施工场地，应事先征得监理人同意，并委派代表代行其职责。

（2）承包人项目经理应按合同约定以及监理人做出的指示，负责组织合同工程的实施。在情况紧急且无法与监理人取得联系时，可采取保证工程和人员生命财产安全的紧急措施，并在采取措施后 24 h 内向监理人提交书面报告。

（3）承包人为履行合同发出的一切函件均应盖有承包人授权的施工场地管理机构章，并由承包人项目经理或其授权代表签字。

（4）承包人项目经理可以授权其下属人员履行其某项职责，但事先应将这些人员的姓名和授权范围通知监理人。

（四）承包人人员的管理

承包人应在接到开工通知后28天内，向监理人提交承包人在施工场地的管理机构以及人员安排的报告，其内容应包括管理机构的设置、各主要岗位的技术和管理人员名单及其资格，以及各工种技术工人的安排状况。承包人应向监理人提交施工场地人员变动情况的报告。

（五）不利物质条件

（1）不利物质条件，除专用合同条款另有约定外，是指承包人在施工场地遇到的不可预见的自然物质条件、非自然的物质障碍和污染物，包括地下和水文条件，但不包括气候条件。

（2）承包人遇到不利物质条件时，应采取适应不利物质条件的合理措施继续施工，并及时通知监理人。监理人应当及时发出指示，指示构成变更的，按约定处理。监理人没有发出指示的，承包人因采取合理措施而增加的费用和（或）工期延误，由发包人承担。

五、材料和工程设备

（一）承包人提供的材料和工程设备

（1）除专用合同条款另有约定外，承包人提供的材料和工程设备均由承包人负责采购、运输和保管。承包人应对其采购的材料和工程设备负责。

（2）承包人应按专用合同条款的约定，将各项材料和工程设备的供货人及品种、规格、数量和供货时间等报送监理人审批。承包人应向监理人提交其负责提供的材料和工程设备的质量证明文件，并满足合同约定的质量标准。

（3）对承包人提供的材料和工程设备，承包人应会同监理人进行检验和交货验收，查验材料合格证明和产品合格证书，并按合同约定和监理人指示，进行材料的抽样检验和工程设备的检验测试，检验和测试结果应提交监理人，所需费用由承包人承担。

（二）发包人提供的材料和工程设备

（1）发包人提供的材料和工程设备，应在专用合同条款中写明材料和工程设备的名称、规格、数量、价格、交货方式、交货地点和计划交货日期等。

（2）承包人应根据合同进度计划的安排，向监理人报送要求发包人交货的日期计划。发包人应按照监理人与合同双方当事人商定的交货日期，向承包人提交材料和工程设备。

（3）发包人应在材料和工程设备到货7天前通知承包人，承包人应会同监理人在约定的时间内，赴交货地点共同进行验收。除专用合同条款另有约定外，发包人提供的材料和工程设备验收后，由承包人负责接收、运输和保管。

（4）发包人要求向承包人提前交货的，承包人不得拒绝，但发包人应承担承包人由此增加的费用。

(5) 承包人要求更改交货日期或地点的，应事先报请监理人批准。由于承包人要求更改交货时间或地点所增加的费用和（或）工期延误由承包人承担。

(6) 发包人提供的材料和工程设备的规格、数量或质量不符合合同要求，或由于发包人原因发生交货日期延误及交货地点变更等情况的，发包人应承担由此增加的费用和（或）工期延误，并向承包人支付合理利润。

(三) 材料和工程设备专用于合同工程

(1) 运入施工场地的材料、工程设备，包括备品备件、安装专用工器具与随机资料，必须专用于合同工程，未经监理人同意，承包人不得运出施工场地或挪作他用。

(2) 随同工程设备运入施工场地的备品备件、专用工器具与随机资料，应由承包人会同监理人按供货人的装箱单清点后共同封存，未经监理人同意不得启用。承包人因合同工作需要使用上述物品时，应向监理人提出申请。

(四) 禁止使用不合格的材料和工程设备

(1) 监理人有权拒绝承包人提供的不合格材料或工程设备，并要求承包人立即进行更换。监理人应在更换后再次进行检查和检验，由此增加的费用和（或）工期延误由承包人承担。

(2) 监理人发现承包人使用了不合格的材料和工程设备，应即时发出指示要求承包人立即改正，并禁止在工程中继续使用不合格的材料和工程设备。

(3) 发包人提供的材料或工程设备不符合合同要求的，承包人有权拒绝，并可要求发包人更换，由此增加的费用和（或）工期延误由发包人承担。

六、开工和竣工

(一) 开工

(1) 监理人应在开工日期 7 天前向承包人发出开工通知。监理人在发出开工通知前应获得发包人同意。工期自监理人发出的开工通知中载明的开工日期起计算。承包人应在开工日期后尽快施工。

(2) 承包人应按约定的合同进度计划，向监理人提交工程开工报审表，经监理人审批后执行。开工报审表应详细说明按合同进度计划正常施工所需的施工道路、临时设施、材料设备、施工人员等施工组织措施的落实情况以及工程的进度安排。

(二) 竣工

承包人应在约定的期限内完成合同工程。实际竣工日期在接收证书中写明。

(三) 发包人的工期延误

在履行合同过程中，由于发包人的下列原因造成工期延误的，承包人有权要求发包人延长工期和（或）增加费用，并支付合理利润。需要修订合同进度计划的，按照约定办理。

(1) 增加合同工作内容。

(2) 改变合同中任何一项工作的质量要求或其他特性。

(3) 发包人迟延提供材料、工程设备或变更交货地点的。

(4) 发包人原因导致的暂停施工。

(5) 提供图纸延误。

(6) 未按合同约定及时支付预付款、进度款。

(7) 发包人造成工期延误的其他原因。

(四) 异常恶劣的气候条件

出现专用合同条款规定的异常恶劣气候的条件导致工期延误的，承包人有权要求发包人延长工期。

(五) 承包人的工期延误

承包人原因未能按合同进度计划完成工作，或监理人认为承包人施工进度不能满足合同工期要求的，承包人应采取措施加快进度，并承担加快进度所增加的费用。承包人原因造成工期延误，承包人应支付逾期竣工违约金。逾期竣工违约金的计算方法在专用合同条款中约定。承包人支付逾期竣工违约金，不免除承包人完成工程及修补缺陷的义务。

(六) 工期提前

发包人要求承包人提前竣工，或承包人提出提前竣工的建议能够给发包人带来效益的，应由监理人与承包人共同协商采取加快工程进度的措施和修订合同进度计划。发包人应承担承包人由此增加的费用，并向承包人支付专用合同条款约定的相应奖金。

七、暂停施工

(一) 承包人暂停施工的责任

因下列暂停施工增加的费用和（或）工期延误由承包人承担：

(1) 承包人违约引起的暂停施工。

(2) 由于承包人原因为工程合理施工和安全保障所必需的暂停施工。

(3) 承包人擅自暂停施工。

(4) 承包人其他原因引起的暂停施工。

(5) 专用合同条款约定由承包人承担的其他暂停施工。

(二) 发包人暂停施工的责任

发包人原因引起的暂停施工造成工期延误的，承包人有权要求发包人延长工期和（或）增加费用，并支付合理利润。

(三) 监理人暂停施工指示

(1) 监理人认为有必要时，可向承包人做出暂停施工的指示，承包人应按监理人指示暂停施工。不论由于何种原因引起的暂停施工，暂停施工期间承包人应负责妥善保护工程并提供安全保障。

(2) 由于发包人的原因发生暂停施工的紧急情况，且监理人未及时下达暂停施工指示的，承包人可先暂停施工，并及时向监理人提出暂停施工的书面请求。监理人应在接到书面请求后的 24 h 内予以答复，逾期未答复的，视为同意承包人的暂停施工请求。

(四) 暂停施工后的复工

(1) 暂停施工后，监理人应与发包人和承包人协商，采取有效措施积极消除暂停施工的影响。当工程具备复工条件时，监理人应立即向承包人发出复工通知。承包人收到复工通知后，应在监理人指定的期限内复工。

(2) 承包人无故拖延和拒绝复工的，由此增加的费用和工期延误由承包人承担；因发包人无法按时复工的，承包人有权要求发包人延长工期和（或）增加费用，并支付合理利润。

(五) 暂停施工持续 56 天以上

(1) 监理人发出暂停施工指示后 56 天内未向承包人发出复工通知，除承包人责任引起暂停施工的情况外，承包人可向监理人提交书面通知，要求监理人在收到书面通知后 28 天内准许已暂停施工的工程或其中一部分工程继续施工。如监理人逾期不予批准，则承包人可以通知监理人，将工程受影响的部分视为可取消工作。如暂停施工影响到整个工程，可视为发包人违约，应按规定办理。

(2) 由于承包人责任引起的暂停施工，如承包人在收到监理人暂停施工指示后 56 天内不认真采取有效的复工措施，造成工期延误，可视为承包人违约，应按规定办理。

八、工程质量

(一) 工程质量要求

(1) 工程质量验收按合同约定验收标准执行。

(2) 承包人原因造成工程质量达不到合同约定验收标准的，监理人有权要求承包人返工直至符合合同要求为止，由此造成的费用增加和（或）工期延误由承包人承担。

(3) 发包人原因造成工程质量达不到合同约定验收标准的，发包人应承担由于承包人返工造成的费用增加和（或）工期延误，并支付承包人合理利润。

(二) 承包人的质量管理

(1) 承包人应在施工场地设置专门的质量检查机构，配备专职质量检查人员，建立完善的质量检查制度。承包人应在合同约定的期限内，提交工程质量保证措施文件，包括质量检查机构的组织和岗位责任、质检人员的组成、质量检查程序和实施细则等，报送监理人审批。

(2) 承包人应加强对施工人员的质量教育和技术培训，定期考核施工人员的劳动技能，严格执行规范和操作规程。

(三) 承包人的质量检查

承包人应按合同约定对材料、工程设备以及工程的所有部位及其施工工艺进行全过程的质量检查和检验，并做详细记录，编制工程质量报表，报送监理人审查。

(四) 监理人的质量检查

监理人有权对工程的所有部位及其施工工艺、材料和工程设备进行检查和检验。承包人应为监理人的检查和检验提供方便，包括监理人到施工场地，或制造、加工地点，或合同约定的其他地方进行察看和查阅施工原始记录。承包人还应按监理人指示，进行施工场地取样试验、工程复核测量和设备性能检测，提供试验样品、提交试验报告和测量成果，以及监理人要求进行的其他工作。监理人的检查和检验，不免除承包人按合同约定应负的责任。

(五) 工程隐蔽部位覆盖前的检查

1. 通知监理人检查

经承包人自检确认的工程隐蔽部位具备覆盖条件后，承包人应通知监理人在约定的期限内检查。承包人的通知应附有自检记录和必要的检查资料。监理人应按时到场检查。经监理人检查确认质量符合隐蔽要求，并在检查记录上签字后，承包人才能进行覆盖。监理人检查确认质量不合格的，承包人应在监理人指示的时间内修整返工后，由监理人重新检查。

2. 监理人未到场检查

监理人未在约定的时间进行检查的，除监理人另有指示外，承包人可自行完成覆盖工作，并做相应记录报送监理人，监理人应签字确认。监理人事后对检查记录有疑问的，可按约定重新检查。

3. 监理人重新检查

承包人覆盖工程隐蔽部位后，监理人对质量有疑问的，可要求承包人对已覆盖的部位进行钻孔探测或揭开重新检验，承包人应遵照执行，并在检验后重新覆盖恢复原状。经检验证明工程质量符合合同要求的，由发包人承担由此增加的费用和（或）工期延误，并支付承包人合理利润；经检验证明工程质量不符合合同要求的，由此增加的费用和（或）工期延误由承包人承担。

4. 承包人私自覆盖

承包人未通知监理人到场检查，私自将工程隐蔽部位覆盖的，监理人有权指示承包人钻孔探测或揭开检查，由此增加的费用和（或）工期延误由承包人承担。

（六）清除不合格工程

（1）承包人使用不合格材料、工程设备，或采用不适当的施工工艺，或施工不当，造成工程不合格的，监理人可以随时发出指示，要求承包人立即采取措施进行补救，直至达到合同要求的质量标准，由此增加的费用和（或）工期延误由承包人承担。

（2）发包人提供的材料或工程设备不合格造成的工程不合格，需要承包人采取措施补救的，发包人应承担由此增加的费用和（或）工期延误，并支付承包人合理利润。

九、试验和检验

（一）材料、工程设备和工程的试验和检验

（1）承包人应按合同约定进行材料、工程设备和工程的试验和检验，并为监理人对上述材料、工程设备和工程的质量检查提供必要的试验资料和原始记录。按合同约定应由监理人与承包人共同进行试验和检验的，由承包人负责提供必要的试验资料和原始记录。

（2）监理人未按合同约定派员参加试验和检验的，除监理人另有指示外，承包人可自行试验和检验，并应立即将试验和检验结果报送监理人，监理人应签字确认。

（3）监理人对承包人的试验和检验结果有疑问的，或为查清承包人试验和检验成果的牢靠性要求承包人重新试验和检验的，可按合同约定由监理人与承包人共同进行。重新试验和检验的结果证明该项材料、工程设备或工程的质量不符合合同要求的，由此增加的费用和（或）工期延误由承包人承担；重新试验和检验结果证明该项材料、工程设备和工程符合合同要求的，由发包人承担由此增加的费用和（或）工期延误，并支付承包人合理利润。

（二）现场材料试验

（1）承包人根据合同约定或监理人指示进行的现场材料试验，应由承包人提供试验场

所、试验人员、试验设备器材以及其他必要的试验条件。

(2) 监理人在必要时可以使用承包人的试验场所、试验设备器材以及其他试验条件，进行以工程质量检查为目的的复核性材料试验，承包人应予以帮助。

(三) 现场工艺试验

承包人应按合同约定或监理人指示进行现场工艺试验。对大型的现场工艺试验，监理人认为必要时，应由承包人根据监理人提出的工艺试验要求，编制工艺试验措施计划，报送监理人审批。

十、变更

(一) 变更的范围和内容

除专用合同条款另有约定外，在履行合同时发生以下情形之一，应进行变更。

(1) 取消合同中任何一项工作，但被取消的工作不能转由发包人或其他人实施。

(2) 改变合同中任何一项工作的质量或其他特性。

(3) 改变合同工程的基线、标高、位置或尺寸。

(4) 改变合同中任何一项工作的施工时间或改变已批准的施工工艺或顺序。

(5) 为完成工程需要追加的额外工作。

(二) 变更权

在履行合同过程中，经发包人同意，监理人可按约定的变更程序向承包人做出变更指示，承包人应遵照执行。没有监理人的变更指示，承包人不得擅自变更。

(三) 变更程序

1. 变更的提出

(1) 在合同履行过程中，可能发生上述“(一) 变更的范围和内容”中约定情形的，监理人可向承包人发出变更意向书。变更意向书应说明变更的具体内容和发包人对变更的时间要求，并附必要的图纸和相关资料。变更意向书应要求承包人提交包括拟实施变更工作的计划、措施和竣工时间等内容的实施方案。发包人同意承包人依据变更意向书要求提交的变更实施方案的，由监理人按约定发出变更指示。

(2) 在合同履行过程中，发生上述“(一) 变更的范围和内容”中约定情形的，监理人应按照约定向承包人发出变更指示。

(3) 承包人收到监理人按合同约定发出的图纸和文件，经检查认为其中存在上述“(一) 变更的范围和内容”中约定情形的，可向监理人提出书面变更建议。变更建议应阐明要求变更的依据，并附必要的图纸和说明。监理人收到承包人书面建议后，应与发包人共同探讨，确认存在变更的，应在收到承包人书面建议后的 14 天内做出变更指示。经研究后不同意作为变更的，应由监理人书面答复承包人。

(4) 若承包人收到监理人的变更意向书后认为难以实施此项变更，应立即通知监理人，说明原因并附详细依据。监理人与承包人和发包人协商后确定撤销、改变或不改变原变更意向书。

2. 变更估价

(1) 除专用合同条款对期限另有约定外，承包人应在收到变更指示或变更意向书后的

14 天内，向监理人提交变更报价书，报价内容应根据约定的估价原则，详细开列变更工作的价格组成及其依据，并附必要的施工方法说明和有关图纸。

（2）变更工作影响工期的，承包人应提出调整工期的具体细节。监理人认为有必要时，可要求承包人提交要求提前或延长工期的施工进度计划及相应施工措施等详细资料。

（3）除专用合同条款对期限另有约定外，监理人收到承包人变更报价书后的 14 天内，根据约定的估价原则，按照约定商定或确定变更价格。

3. 变更指示

（1）变更指示只能由监理人发出。

（2）变更指示应说明变更的目的、范围、变更内容以及变更的工程量及其进度和技术要求，并附有关图纸和文件。承包人收到变更指示后，应按变更指示进行变更工作。

（四）变更的估价原则

除专用合同条款另有约定外，因变更引起的价格调整按照以下约定处理。

（1）已标价工程量清单中有适用于变更工作的子目的，采用该子目的单价。

（2）已标价工程量清单中无适用于变更工作的子目，但有类似子目的，可在合理范围内参照类似子目的单价，由监理人商定或确定变更工作的单价。

（3）已标价工程量清单中无适用或类似子目的单价，可按照成本加利润的原则，由监理人商定或确定变更工作的单价。

（五）承包人的合理化建议

（1）在履行合同过程中，承包人对发包人提供的图纸、技术要求以及其他方面提出的合理化建议，均应以书面形式提交监理人。合理化建议书的内容应包括建议工作的详细说明、进度计划和效益以及与其他工作的协调等，并附必要的设计文件。监理人应与发包人协商是否采纳建议。建议被采纳并构成变更的，应按约定向承包人发出变更指示。

（2）承包人提出的合理化建议降低了合同价格、缩短了工期或者提高了工程经济效益的，发包人可按国家有关规定在专用合同条款中约定给予奖励。

（六）暂列金额

暂列金额只能按照监理人的指示使用，并对合同价格进行相应调整。

（七）计日工

（1）发包人认为有必要时，由监理人通知承包人以计日工方式实施变更的零星工作。其价款按列入已标价工程量清单中的计日工计价子目及其单价进行计算。

（2）采用计日工计价的任何一项变更工作，应从暂列金额中支付，承包人应在该项变更的实施过程中，每天提交以下报表和有关凭证报送监理人审批：

①工作名称、内容和数量。

②投入该工作所有人员的姓名、工种、级别和耗用工时。

③投入该工作的材料类别和数量。

④投入该工作的施工设备型号、台数和耗用台时。

⑤监理人要求提交的其他资料和凭证。

（3）计日工由承包人汇总后，按约定列入进度付款申请单，由监理人复核并经发包人同意后列入进度付款。

（八）暂估价

（1）发包人在工程量清单中给定暂估价的材料、工程设备和专业工程属于依法必须招标的范围并达到规定的规模标准的，由发包人和承包人以招标的方式选择供应商或分包人。发包人和承包人的权利义务关系在专用合同条款中约定。中标金额与工程量清单中所列的暂估价的金额差以及相应的税金等其他费用列入合同价格。

（2）发包人在工程量清单中给定暂估价的材料和工程设备不属于依法必须招标的范围或未达到规定的规模标准的，应由承包人按约定提供。经监理人确认的材料、工程设备的价格与工程量清单中所列的暂估价的金额差以及相应的税金等其他费用列入合同价格。

（3）发包人在工程量清单中给定暂估价的专业工程不属于依法必须招标的范围或未达到规定的规模标准的，由监理人按照变更的估价原则进行估价，但专用合同条款另有约定的除外。经估价的专业工程与工程量清单中所列的暂估价的金额差以及相应的税金等其他费用列入合同价格。

十一、价格调整

（一）物价波动引起的价格调整

施工期内，因人工、材料、设备和机械台班价格波动影响合同价格时，人工、机械使用费按照国家或省、自治区、直辖市建设行政管理部门、行业建设管理部门或其授权的工程造价管理机构发布的人工成本信息、机械台班单价或机械使用费系数进行调整；需要进行价格调整的材料，其单价和采购数应由监理人复核，监理人确认需调整的材料单价及数量，作为调整工程合同价格差额的依据。

（二）法律变化引起的价格调整

在基准日后，法律变化导致承包人在合同履行中所需要的工程费用发生除约定以外的增减时，监理人应根据法律，国家或省、自治区、直辖市有关部门的规定，商定或确定需调整的合同价款。

十二、计量与支付

（一）计量

1. 计量单位

计量采用国家法定的计量单位。

2. 计量方法

工程量清单中的工程量计算规则应按有关国家标准、行业标准的规定，并在合同中约定执行。

3. 计量周期

除专用合同条款另有约定外，单价子目已完成工程量按月计量，总价子目的计量周期按批准的支付分解报告确定。

4. 单价子目的计量

（1）已标价工程量清单中的单价子目工程量为估算工程量。结算工程量是承包人实际完成的，并按合同约定的计量方法进行计量的工程量。

(2) 承包人对已完成的工程进行计量，向监理人提交进度付款申请单、已完成工程量报表和有关计量资料。

(3) 监理人对承包人提交的工程量报表进行复核，以确定实际完成的工程量。对数量有异议的，可要求承包人按约定进行共同复核和抽样复测。承包人应协助监理人进行复核并按监理人要求提供补充计量资料。承包人未按监理人要求参加复核，监理人复核或修正的工程量视为承包人实际完成的工程量。

(4) 监理人认为有必要时，可通知承包人共同进行联合测量、计量，承包人应遵照执行。

(5) 承包人完成工程量清单中每个子目的工程量后，监理人应要求承包人派员共同对每个子目的历次计量报表进行汇总，以核实最终结算工程量。监理人可要求承包人提供补充计量资料，以确定最后一次进度付款的准确工程量。承包人未按监理人要求派员参加的，监理人最终核实的工程量视为承包人完成该子目的准确工程量。

(6) 监理人应在收到承包人提交的工程量报表后的 7 天内进行复核，监理人未在约定时间内复核的，承包人提交的工程量报表中的工程量视为承包人实际完成的工程量，据此计算工程价款。

5. 总价子目的计量

除专用合同条款另有约定外，总价子目的分解和计量按照下述约定进行。

(1) 总价子目的计量和支付应以总价为基础，不因物价波动因素而进行调整。承包人实际完成的工程量，是进行工程目标管理和控制进度支付的依据。

(2) 承包人在合同约定的每个计量周期内，对已完成的工程进行计量，并向监理人提交进度付款申请单、专用合同条款约定的合同总价支付分解表所表示的阶段性或分项计量的支持性资料，以及所达到工程形象目标或分阶段需完成的工程量和有关计量资料。

(3) 监理人对承包人提交的上述资料进行复核，以确定分阶段实际完成的工程量和工程形象目标。对其有异议的，可要求承包人按约定进行共同复核和抽样复测。

(4) 除按照约定的变更外，总价子目的工程量是承包人用于结算的最终工程量。

(二) 预付款

预付款用于承包人为合同工程施工购置材料、工程设备、施工设备、修建临时设施以及组织施工队伍进场等。预付款的额度和预付方法在专用合同条款中约定。预付款必须专用于合同工程。

除专用合同条款另有约定外，承包人应在收到预付款的同时向发包人提交预付款保函，预付款保函的担保金额应与预付款金额相同。保函的担保金额可根据预付款扣回的金额相应递减。

预付款在进度付款中扣回，扣回办法在专用合同条款中约定。在颁发工程接收证书前，由于不可抗力或其他原因解除合同时，预付款尚未扣清的，尚未扣清的预付款余额应作为承包人的到期应付款。

（三）工程进度付款

1. 付款周期

付款周期同计量周期。

2. 进度付款申请单

承包人应在每个付款周期末，按监理人批准的格式和专用合同条款约定的份数，向监理人提交进度付款申请单，并附相应的支持性证明文件。除专用合同条款另有约定外，进度付款申请单应包括下列内容：

（1）截至本次付款周期末已实施工程的价款。

（2）应增加和扣减的变更金额。

（3）应增加和扣减的索赔金额。

（4）应支付的预付款和扣减的返还预付款。

（5）应扣减的质量保证金。

（6）依据合同应增加和扣减的其他金额。

3. 进度付款证书和支付时间

（1）监理人在收到承包人进度付款申请单以及相应的支持性证明文件后的 14 天内完成核查，提出发包人到期应支付给承包人的金额以及相应的支持性材料，经发包人审查同意后，由监理人向承包人出具经发包人签认的进度付款证书。监理人有权扣发承包人未能按照合同要求履行任何工作或义务的相应金额。

（2）发包人应在监理人收到进度付款申请单后的 28 天内，将进度应付款支付给承包人。发包人不按期支付的，按专用合同条款的约定支付逾期付款违约金。

（3）监理人出具进度付款证书，不应视为监理人已同意、批准或接受了承包人完成的该部分工作。

（4）进度付款涉及政府投资资金的，依据国库集中支付等国家相关规定和专用合同条款的约定办理。

4. 工程进度付款的修正

在对以往历次已签发的进度付款证书进行汇总和复核中发现错、漏或重复的，监理人有权予以修正，承包人也有权提出修正申请。经双方复核同意的修正，应在本次进度付款中支付或扣除。

（四）质量保证金

（1）监理人应从第一个付款周期开始，在发包人的进度付款中，按专用合同条款的约定扣留质量保证金，直至扣留的质量保证金总额达到专用合同条款约定的金额或比例为止。质量保证金的计算额度不包括预付款的支付、扣回以及价格调整的金额。

（2）在约定的缺陷责任期满时，承包人向发包人申请到期应返还承包人剩余的质量保证金金额，发包人应在 14 天内会同承包人按照合同约定的内容核实承包人是否完成缺陷责任。如无异议，发包人应当在核实后将剩余保证金返还承包人。

（3）在约定的缺陷责任期满时，承包人没有完成缺陷责任的，发包人有权扣留与未履行责任剩余工作所需金额相应的质量保证金余额，并有权根据约定要求延长缺陷责任期，直至完成剩余工作为止。

（五）竣工结算

1．竣工付款申请单

（1）工程接收证书颁发后，承包人应按专用合同条款约定的份数和期限向监理人提交竣工付款申请单，并提供相关证明材料。除专用合同条款另有约定外，竣工付款申请单应包括下列内容：竣工结算合同总价、发包人已支付承包人的工程价款、应扣留的质量保证金、应支付的竣工付款金额。

（2）监理人对竣工付款申请单有异议的，有权要求承包人进行修正和提供补充资料。经监理人和承包人协商后，由承包人向监理人提交修正后的竣工付款申请单。

2．竣工付款证书及支付时间

（1）监理人在收到承包人提交的竣工付款申请单后的 14 天内完成核查，提出发包人到期应支付给承包人的价款送发包人审核并抄送承包人。发包人应在收到后 14 天内审核完毕，由监理人向承包人出具经发包人签认的竣工付款证书。监理人未在约定时间内核查，又未提出具体意见的，视为承包人提交的竣工付款申请单已经监理人核查同意；发包人未在约定时间内审核又未提出具体意见的，监理人提出发包人到期应支付给承包人的价款视为已经发包人同意。

（2）发包人应在监理人出具竣工付款证书后的 14 天内，将应支付款支付给承包人。发包人不按期支付的，按约定将逾期付款违约金支付给承包人。

（3）承包人对发包人签认的竣工付款证书有异议的，发包人可出具竣工付款申请单中承包人已同意部分的临时付款证书。存在争议的部分，按约定办理。

（4）竣工付款涉及政府投资资金的，按约定办理。

（六）最终结清

1．最终结清申请单

（1）缺陷责任期终止证书签发后，承包人可按专用合同条款约定的份数和期限向监理人提交最终结清申请单，并提供相关证明材料。

（2）发包人对最终结清申请单内容有异议的，有权要求承包人进行修正和提供补充资料，由承包人向监理人提交修正后的最终结清申请单。

2．最终结清证书和支付时间

（1）监理人收到承包人提交的最终结清申请单后的 14 天内，提出发包人应支付给承包人的价款送发包人审核并抄送承包人。发包人应在收到后 14 天内审核完毕，由监理人向承包人出具经发包人签认的最终结清证书。监理人未在约定时间内核查，又未提出具体意见的，视为承包人提交的最终结清申请已经监理人核查同意；发包人未在约定时间内审核又未提出具体意见的，监理人提出应支付给承包人的价款视为已经发包人同意。

（2）发包人应在监理人出具最终结清证书后的 14 天内，将应支付款支付给承包人。发包人不按期支付的，按约定将逾期付款违约金支付给承包人。

（3）承包人对发包人签认的最终结清证书有异议的，按约定办理。

（4）最终结清付款涉及政府投资资金的，按约定办理。

十三、竣工验收

（一）竣工验收的含义

（1）竣工验收指承包人完成了全部合同工作后，发包人按合同要求进行的验收。

（2）国家验收是政府有关部门根据法律、规范、规程和政策要求，针对发包人全面组织实施的整个工程正式交付投运前的验收。

（3）需要进行国家验收的，竣工验收是国家验收的一部分。竣工验收所采用的各项验收和评定标准应符合国家验收标准。发包人和承包人为竣工验收提供的各项竣工验收资料应符合国家验收的要求。

（二）竣工验收申请报告

当工程具备以下条件时，承包人即可向监理人报送竣工验收申请报告：

（1）除监理人同意列入缺陷责任期内完成的尾工（甩项）工程和缺陷修补工作外，合同范围内的全部单位工程以及有关工作，包括合同要求的试验、试运行以及检验和验收均已完成，并符合合同要求。

（2）已按合同约定的内容和份数备齐了符合要求的竣工资料。

（3）已按监理人的要求编制了在缺陷责任期内完成的尾工（甩项）工程和缺陷修补工作清单以及相应施工计划。

（4）监理人要求在竣工验收前应完成的其他工作。

（5）监理人要求提交的竣工验收资料清单。

（三）验收

监理人收到承包人按约定提交的竣工验收申请报告后，应审查申请报告的各项内容，并按以下不同情况进行处理：

（1）监理人审查后认为尚不具备竣工验收条件的，应在收到竣工验收申请报告后的28天内通知承包人，指出在颁发接收证书前承包人还需进行的工作内容。承包人完成监理人通知的全部工作内容后，应再次提交竣工验收申请报告，直至监理人同意为止。

（2）监理人审查后认为已具备竣工验收条件的，应在收到竣工验收申请报告后的28天内提请发包人进行工程验收。

（3）发包人经过验收后同意接收工程的，应在监理人收到竣工验收申请报告后的56天内，由监理人向承包人出具经发包人签认的工程接收证书。发包人验收后同意接收工程但提出整修和完善要求的，限期修好，并缓发工程接收证书。整修和完善工作完成后，监理人复查达到要求的，经发包人同意后，再向承包人出具工程接收证书。

（4）发包人验收后不同意接收工程的，监理人应按照发包人的验收意见发出指示，要求承包人对不合格工程认真返工重做或进行补救处理，并承担由此产生的费用。承包人在完成不合格工程的返工重做或补救工作后，应重新提交竣工验收申请报告，按约定进行。

（5）除专用合同条款另有约定外，经验收合格工程的实际竣工日期，以提交竣工验收申请报告的日期为准，并在工程接收证书中写明。

（6）发包人在收到承包人竣工验收申请报告56天后未进行验收的，视为验收合格，实际竣工日期以提交竣工验收申请报告的日期为准，但发包人由于不可抗力不能进行验收的除外。

（四）单位工程验收

（1）发包人根据合同进度计划安排，在全部工程竣工前需要使用已经竣工的单位工程时，或承包人提出经发包人同意时，可进行单位工程验收。验收的程序可参照约定进行。验收合格后，由监理人向承包人出具经发包人签认的单位工程验收证书。已签发单位工程接收证书的单位工程由发包人负责照管。单位工程的验收成果和结论作为全部工程竣工验收申请报告的附件。

（2）发包人在全部工程竣工前，运用已接收的单位工程导致承包人费用增加的，发包人应承担由此增加的费用和（或）工期延误，并支付承包人合理利润。

（五）施工期运行

（1）施工期运行是指合同工程尚未全部竣工，其中某项或某几项单位工程或工程设备安装已竣工，依据专用合同条款约定，需要投入施工期运行的，经发包人按约定验收合格，证明能确保安全后，才能在施工期投入运行。

（2）在施工期运行中发现工程或工程设备损坏或存在缺陷的，由承包人按约定进行修复。

（六）试运行

（1）除专用合同条款另有约定外，承包人应按专用合同条款约定进行工程及工程设备试运行，负责提供试运行所需的人员、器材和必要的条件，并承担全部试运行费用。

（2）承包人的原因导致试运行失败的，承包人应采取措施保证试运行合格，并承担相应费用。发包人的原因导致试运行失败的，承包人应当采取措施保证试运行合格，发包人应承担由此产生的费用，并支付承包人合理利润。

（七）竣工清场

（1）除合同另有约定外，工程接收证书颁发后，承包人应按以下要求对施工场地进行清理，直至监理人检验合格为止。竣工清场费用由承包人承担。

①施工场地内残留的垃圾已全部清除出场。

②临时工程已拆除，场地已按合同要求进行清理、平整或复原。

③按合同约定应撤离的承包人设备和剩余的材料，包括废弃的施工设备和材料，已按计划撤离施工场地。

④工程建筑物周边及其附近道路、河道的施工堆积物，已按监理人指示全部清理。

⑤监理人指示的其他场地清理工作已全部完成。

（2）承包人未按监理人的要求恢复临时占地，或者场地清理未达到合同约定的，发包人有权委托其他人恢复或清理，所发生的金额从拟支付给承包人的款项中扣除。

（八）施工队伍的撤离

工程接收证书颁发后的 56 天内，除了经监理人同意需在缺陷责任期内继续工作和使用的人员、施工设备和临时工程外，其余的人员、施工设备和临时工程均应撤离施工场地或拆除。除合同另有约定外，缺陷责任期满时，承包人的人员和施工设备应全部撤离施工场地。

十四、缺陷责任与保修责任

（一）缺陷责任期的起算时间

缺陷责任期自实际竣工日期起计算。在全部工程竣工验收前，已经发包人提前验收的单位工程，其缺陷责任期的起算日期相应提前。

（二）缺陷责任

（1）承包人应在缺陷责任期内对已交付使用的工程承担缺陷责任。

（2）缺陷责任期内，发包人对已接收使用的工程负责日常维护工作。发包人在使用过程中，发现已接收的工程存在新的缺陷或已修复的缺陷部位或部件又遭损坏的，承包人应负责修复，直至检验合格为止。

（3）监理人和承包人应共同查清缺陷和（或）损坏的原因。经查明属承包人原因造成的，应由承包人承担修复和查验的费用。经查验属发包人原因造成的，发包人应承担修复和查验的费用，并支付承包人合理利润。

（4）承包人不能在合理时间内修复缺陷的，发包人可自行修复或委托其他人修复，所需费用和利润的承担，按约定办理。

（三）缺陷责任期的延长

承包人原因造成某项缺陷或损坏使某项工程或工程设备不能按原定目标使用而需要再次检查、检验和修复的，发包人有权要求承包人相应延长缺陷责任期，但缺陷责任期最长不超过2年。

（四）缺陷责任期终止证书

在约定的缺陷责任期终止后14天内，由监理人向承包人出具经发包人签认的缺陷责任期终止证书，并退还剩余的质量保证金。

（五）保修责任

合同当事人根据有关法律规定，在专用合同条款中约定工程质量保修范围、期限和责任。保修期自实际竣工日期起计算。在全部工程竣工验收前，已经发包人提前验收的单位工程，其保修期的起算日期相应提前。

十五、保险

（一）工程保险

除专用合同条款另有约定外，承包人应以发包人和承包人的共同名义向双方同意的保险人投保建筑工程一切险、安装工程一切险。其具体的投保内容、保险金额、保险费率、保险期限等有关内容在专用合同条款中约定。

（二）人员工伤事故的保险

1. 承包人员工伤事故的保险

承包人应依照有关法律规定参加工伤保险，为其履行合同所雇用的全部人员缴纳工伤保险费，并要求其分包人也进行此项保险。

2. 发包人员工伤事故的保险

发包人应依照有关法律规定参加工伤保险，为其现场机构雇用的全部人员缴纳工伤保险费，并要求其监理人也进行此项保险。

（三）人身意外伤害险

（1）发包人应在整个施工期间为其现场机构雇用的全部人员投保人身意外伤害险，缴纳保险费，并要求其监理人也进行此项保险。

（2）承包人应在整个施工期间为其现场机构雇用的全部人员投保人身意外伤害险，缴纳保险费，并要求其分包人也进行此项保险。

（四）第三者责任险

（1）第三者责任是指在保险期内，对因工程意外事故造成的、依法应由被保险人负责的工地上及毗邻地区的第三者人身伤亡、疾病或财产损失（本工程除外），以及被保险人因此而支付的诉讼费用和事先经保险人书面同意支付的其他费用等赔偿责任。

（2）在缺陷责任期终止证书颁发前，承包人应以承包人和发包人的共同名义，投保约定的第三者责任险，其保险费率、保险金额等有关内容在专用合同条款中约定。

十六、不可抗力

（一）不可抗力的确认

（1）不可抗力是指承包人和发包人在订立合同时不可预见，在工程施工过程中不可避免发生并不能克服的自然灾害和社会性突发事务，如地震、海啸、瘟疫、水灾、骚乱、暴动、战争和专用合同条款约定的其他情形。

（2）不可抗力发生后，发包人和承包人应及时认真统计所造成的损失，收集不可抗力造成损失的证据。合同双方对是否属于不可抗力或其损失的意见不一样的，由监理人商定或确定。发生争议时，按约定处理。

（二）不可抗力的通知

（1）合同一方当事人遇到不可抗力事件，使其履行合同义务受到阻碍时，应立即通知合同另一方当事人和监理人，书面说明不可抗力和受阻碍的详细情况，并提供必要的证明。

（2）如不可抗力持续发生，合同一方当事人应及时向合同另一方当事人和监理人提交中间报告，说明不可抗力和履行合同受阻的情况，并于不可抗力事件结束后 28 天内提交最终报告及有关资料。

（三）不可抗力后果及其处理

1. 不可抗力造成损害的责任

除专用合同条款另有约定外，不可抗力导致的人员伤亡、财产损失、费用增加和（或）工期延误等后果，由合同双方按以下原则承担：

（1）永久工程，包括已运至施工场地的材料和工程设备的损害，以及因工程损害造成的第三者人员伤亡和财产损失由发包人承担。

（2）承包人设备的损坏由承包人承担。

（3）发包人和承包人各自承担其人员伤亡和其他财产损失及其相关费用。

（4）承包人的停工损失由承包人承担，但停工期间应监理人要求照管工程和清理、修复工程的金额由发包人承担。

(5) 不能按期竣工的，应合理延长工期，承包人不需支付逾期竣工违约金。发包人要求赶工的，承包人应采取赶工措施，赶工费用由发包人承担。

2. 延迟履行期间发生的不可抗力

合同一方当事人延迟履行，在延迟履行期间发生不可抗力的，不免除其责任。

3. 避免和减少不可抗力损失

不可抗力发生后，发包人和承包人均应采取措施尽量避免和减少损失的扩大，任何一方没有采取有效措施导致损失扩大的，应对扩大的损失承担责任。

4. 因不可抗力解除合同

合同一方当事人因不可抗力不能履行合同的，应当及时通知对方解除合同。合同解除后，承包人应按照约定撤离施工场地。已经订货的材料、设备由订货方负责退货或解除订货合同，不能退还的货款和因退货、解除订货合同发生的费用，由发包人承担，因未及时退货造成的损失由责任方承担。合同解除后的付款，参照约定，由监理人商定或确定。

十七、违约

（一）承包人违约

1. 承包人违约的情形

在履行合同过程中发生的下列情况，属承包人违约：

(1) 承包人违反约定，私自将合同的全部或部分权利转让给其他人，或私自将合同的全部或部分义务转移给其他人。

(2) 承包人违反约定，未经监理人批准，私自将已按合同约定进入施工场地的施工设备、临时设施或材料撤离施工场地。

(3) 承包人违反约定，使用了不合格材料或工程设备，工程质量达不到标准要求，又拒绝清除不合格工程。

(4) 承包人未能按合同进度计划及时完成合同约定的工作，已造成或预期造成工期延误。

(5) 承包人在缺陷责任期内，未能对工程接收证书所列的缺陷清单的内容或缺陷责任期内发生的缺陷进行修复，而又拒绝按监理人指示再进行修补。

(6) 承包人无法继续履行或明确表示不履行或实质上已停止履行合同。

(7) 承包人不按合同约定履行义务的其他情况。

2. 对承包人违约的处理

(1) 承包人发生约定的违约情况时，发包人可通知承包人立即解除合同，并按有关法律处理。

(2) 承包人发生约定以外的其他违约情况时，监理人可向承包人发出整改通知，要求其在指定的期限内改正。承包人应承担其违约所引起的费用增加和（或）工期延误。

(3) 经检查证明承包人已采取了有效措施纠正违约行为，具备复工条件的，可由监理人签发复工通知复工。

3. 承包人违约解除合同

监理人发出整改通知28天后，承包人仍不纠正违约行为的，发包人可向承包人发出解除合同通知。合同解除后，发包人可派员进驻施工场地，另行组织人员或委托其他承包人施工。发包人因继续完成该工程的需要，有权扣留使用承包人在现场的材料、设备和临时设施。但发包人的这一行动不免除承包人应承担的违约责任，也不影响发包人根据合同约定享有的索赔权利。

4. 合同解除后的估价、付款和结清

（1）合同解除后，监理人商定或确定承包人实际完成工作的价值，以及承包人已提供的材料、施工设备、工程设备和临时工程等的价值。

（2）合同解除后，发包人应暂停对承包人的一切付款，查清各项付款和已扣款金额，包括承包人应支付的违约金。

（3）合同解除后，发包人应按约定向承包人索赔由于解除合同给发包人造成的损失。

（4）合同双方确认上述往来款项后，出具最终结清付款证书，结清全部合同款项。

（5）发包人和承包人未能就解除合同后的结清达成一致而形成争议的，按约定处理。

（二）发包人违约

1. 发包人违约的情形

在履行合同过程中发生的下列情形，属发包人违约：

（1）发包人未能按合同约定支付预付款或合同价款，或拖延、拒绝批准付款申请和支付凭证，导致付款延误的。

（2）发包人原因造成停工的。

（3）监理人无正当理由没有在约定期限内发出复工指示，导致承包人无法复工的。

（4）发包人无法继续履行或明确表示不履行或实质上已停止履行合同的。

（5）发包人不履行合同约定的其他义务的。

2. 承包人有权暂停施工

发包人发生除上述第（4）条以外的违约情况时，承包人可向发包人发出通知，要求发包人采取有效措施纠正违约行为。发包人收到承包人通知后的28天内仍不履行合同义务，承包人有权暂停施工，并通知监理人，发包人应承担由此增加的费用和（或）工期延误，并支付承包人合理利润。

3. 发包人违约解除合同

（1）发生上述第（4）条的违约情况时，承包人可书面通知发包人解除合同。

（2）承包人按约定暂停施工28天后，发包人仍不纠正违约行为的，承包人可向发包人发出解除合同通知。但承包人的这一行动不免除发包人承担的违约责任，也不影响承包人根据合同约定享有的索赔权利。

4. 解除合同后的付款

因发包人违约解除合同的，发包人应在解除合同后28天内向承包人支付下列金额，承包人应在此期限内及时向发包人提交要求支付下列金额的有关资料和凭证：

（1）合同解除日以前所完成工作的价款。

(2) 承包人为该工程施工订购并已付款的材料、工程设备和其他物品的金额。发包人付款后，该材料、工程设备和其他物品归发包人所有。

(3) 承包人为完成工程所发生的，而发包人未支付的金额。

(4) 承包人撤离施工场地以及遣散承包人人员的金额。

(5) 由于解除合同应赔偿的承包人损失。

(6) 按合同约定在合同解除日前应支付给承包人的其他金额。

发包人应按约定支付上述金额并退还质量保证金和履约担保，但有权要求承包人支付应偿还给发包人的各项金额。

5. 解除合同后的承包人撤离

因发包人违约而解除合同后，承包人应妥善做好已竣工工程和已购材料、设备的保护和移交工作，按发包人要求将承包人设备和人员撤出施工场地。承包人撤出施工场地应遵守约定，发包人应为承包人撤出提供必要条件。

十八、索赔

(一) 承包人索赔的提出

依据合同约定，承包人认为有权得到追加付款和（或）延长工期的，应按以下程序向发包人提出索赔：

(1) 承包人应在知道或应当知道索赔事件发生后 28 天内，向监理人递交索赔意向通知书，并说明发生索赔事件的事由。承包人未在前述 28 天内发出索赔意向通知书的，丧失要求追加付款和（或）延长工期的权利。

(2) 承包人应在发出索赔意向通知书后 28 天内，向监理人正式递交索赔通知书。索赔通知书应详细说明索赔理由以及要求追加的付款金额和（或）延长的工期，并附必要的记录和证明材料。

(3) 索赔事件具有连续影响的，承包人应按合理时间间隔继续递交延续索赔通知，说明连续影响的实际情况和记录，列出累计的追加付款金额和（或）工期延长天数。

(4) 在索赔事件影响结束后的 28 天内，承包人应向监理人递交最终索赔通知书，说明最终要求索赔的追加付款金额和延长的工期，并附必要的记录和证明材料。

(二) 承包人索赔处理程序

(1) 监理人收到承包人提交的索赔通知书后，应及时审查索赔通知书的内容、查验承包人的记录和证明材料，必要时监理人可要求承包人提交全部原始记录副本。

(2) 监理人应商定或确定追加的付款和（或）延长的工期，并在收到上述索赔通知书或有关索赔的进一步证明材料后的 42 天内，将索赔处理结果答复承包人。

(3) 承包人接受索赔处理结果的，发包人应在做出索赔处理结果答复后 28 天内完成赔付。承包人不接受索赔处理结果的，按约定办理。

(三) 承包人提出索赔的期限

(1) 承包人按约定接受了竣工付款证书后，应被认为已无权再提出在合同工程接收证书颁发前所发生的任何索赔。

(2) 承包人按约定提交的最终结清申请单中，只限于提出工程接收证书颁发后发生的索赔。提出索赔的期限自接受最终结清证书时终止。

(四) 发包人的索赔

(1) 发生索赔事件后，监理人应及时书面通知承包人，详细说明发包人有权得到的索赔金额和（或）延长缺陷责任期的细节和依据。发包人提出索赔的期限和要求与约定相同，延长缺陷责任期的通知应在缺陷责任期届满前发出。

(2) 监理人商定或确定发包人从承包人处得到赔付的金额和（或）缺陷责任期的延长期。承包人应付给发包人的金额可从拟支付给承包人的合同价款中扣除，或由承包人以其他方式支付给发包人。

十九、争议的解决

(一) 争议的解决方式

发包人和承包人在履行合同中发生争议的，可以友好协商解决或者提请争议评审组评审。合同当事人友好协商解决不成、不愿提请争议评审或者不接受争议评审组意见的，可在专用合同条款中约定下列一种方式解决。

(1) 向约定的仲裁委员会申请仲裁。

(2) 向有管辖权的人民法院提起诉讼。

(二) 友好解决

在提请争议评审、仲裁或者诉讼前，以及在争议评审、仲裁或诉讼过程中，发包人和承包人均可共同努力友好协商解决争议。

(三) 争议评审

(1) 采用争议评审的，发包人和承包人应在开工日后的 28 天内或在争议发生后，协商成立争议评审组。争议评审组由有合同管理和工程实践经验的专家组成。

(2) 合同双方的争议，应首先由申请人向争议评审组提交一份详细的评审申请报告，并附必要的文件、图纸和证明材料，申请人还应将上述报告的副本同时提交给被申请人和监理人。

(3) 被申请人在收到申请人评审申请报告副本后的 28 天内，向争议评审组提交一份答辩报告，并附证明材料。被申请人应将答辩报告的副本同时提交给申请人和监理人。

(4) 除专用合同条款另有约定外，争议评审组在收到合同双方报告后的 14 天内，邀请双方代表和有关人员举行调查会，向双方调查争议细节；必要时争议评审组可要求双方进一步提供补充材料。

(5) 除专用合同条款另有约定外，在调查会结束后的 14 天内，争议评审组应在不受任何干扰的情况下进行独立、公正的评审，做出书面评审意见，并说明理由。在争议评审期间，争议双方暂按总监理工程师的确定执行。

(6) 发包人和承包人接受评审意见的，由监理人根据评审意见拟定执行协议，经争议双方签字后作为合同的补充文件，并遵照执行。

(7) 发包人或承包人不接受评审意见，并要求提交仲裁或提起诉讼的，应在收到评审意见后的 14 天内将仲裁或起诉意向书面通知另一方，并抄送监理人，但在仲裁或诉讼结束前应暂按总监理工程师的确定执行。

实战演练

[2024 真题·单选] 根据《标准施工招标文件》，发包人提供的工程设备，应在工程设备到货（　　）天前通知承包人。

A. 3　　B. 5

C. 7　　D. 14

[解析] 发包人提供的材料和工程设备，应在专用合同条款中写明材料和工程设备的名称、规格、数量、价格、交货方式、交货地点和计划交货日期等。发包人应在材料和工程设备到货 7 天前通知承包人，承包人应会同监理人在约定的时间内，赴交货地点共同进行验收。

[答案] C

[2024 真题·单选] 根据《标准施工招标文件》，除专用合同条款另有约定外，进行工程试运行的正确做法是（　　）。

A. 承包人负责提供人员、器材和必要的条件，并承担全部试运行费用

B. 承包人负责提供人员、器材和必要的条件，发包人承担全部试运行费用

C. 发包人负责提供人员、器材和必要的条件，并承担全部试运行费用

D. 发包人负责提供人员、器材和必要的条件，承包人承担全部试运行费用

[解析] 除专用合同条款另有约定外，承包人应按专用合同条款约定进行工程及工程设备试运行，负责提供试运行所需的人员、器材和必要的条件，并承担全部试运行费用。

[答案] A

[2024 真题·单选] 根据《标准施工招标文件》，除专用合同条款另有约定外，经验收合格的工程实际竣工日期是（　　）。

A. 施工合同约定的竣工日期

B. 工程接收证书的出具日期

C. 承包人提交竣工付款申请单的日期

D. 承包人提交竣工验收申请报告的日期

[解析] 除专用合同条款另有约定外，经验收合格工程的实际竣工日期，以提交竣工验收申请报告的日期为准，并在工程接收证书中写明。

[答案] D

[2022 真题·单选] 关于暂停施工的说法，正确的是（　　）。

A. 因发包人原因暂停施工的，监理人不必征询发包人同意，应及时下达暂停施工指示

B. 因监理人原因暂停施工的，发包人应承担由此增加的费用，承包人承担延误的工期

C. 因紧急情况需暂停施工，在监理人未下达暂停施工指示前，不得先暂停施工

D. 监理人认为有必要时，并经发包人同意后，可向承包人发出暂停施工的指示

[解析] 选项 A 错误，因发包人原因暂停施工的，监理人经发包人同意后，应及时下达暂停施工指示。选项 B 错误，因监理人原因暂停施工的，发包人应承担由此增加的费用和（或）延误的工期，并支付承包人合理的利润。选项 C 错误，因紧急情况需暂停施工，且监理人未及时下达暂停施工指示的，承包人可先暂停施工，并及时通知监理人。

[答案] D

[经典真题·单选] 根据《标准施工招标文件》中通用合同条款规定的优先解释顺序，排在投标函及其附录之前的文件是（　　）。

A. 招标文件　　B. 专用合同条款

C. 通用合同条款　　D. 中标通知书

[解析] 组成合同的各项文件应互相解释，互为说明。除专用合同条款另有约定外，解释合同文件的优先顺序如下：①合同协议书；②中标通知书；③投标函及投标函附录；④专用合同条款；⑤通用合同条款；⑥技术标准和要求；⑦图纸；⑧已标价工程量清单；⑨其他合同文件。

[答案] D

[2024 真题·多选] 根据《标准施工招标文件》，针对承包人提出的索赔，发包人仅限同时给予工期和费用补偿的情形有（　　）。

A. 承包人遇到不利的物质条件　　B. 因发包人违约造成承包人暂停施工

C. 施工现场发掘文物、古迹　　D. 发包人增加合同工作内容

E. 发包人要求向承包人提前交货

[解析] 选项 B、D，发包人应补偿承包人工期、费用和利润。选项 E，发包人只补偿承包人费用。

[答案] AC

知识点 2 工程总承包合同管理

根据《标准设计施工总承包招标文件》，工程总承包合同管理的相关内容如下。

一、一般约定

（一）合同文件的优先顺序

组成合同的各项文件应互相解释，互为说明。除专用合同条款另有约定外，解释合同文件的优先顺序如下：

（1）合同协议书。

（2）中标通知书。

（3）投标函及投标函附录。

（4）专用合同条款。

（5）通用合同条款。

（6）发包人要求。

（7）承包人建议书（包括图纸、工程详细说明、设备方案、分包方案、对发包人要求错

误的说明、其他)。

(8) 价格清单。

(9) 其他合同文件。

(二) 合同协议书

承包人按中标通知书规定的时间与发包人签订合同协议书。除法律另有规定或合同另有约定外，发包人和承包人的法定代表人或其委托代理人在合同协议书上签字并盖单位章后，合同生效。

(三) 文件的提供和照管

1. 承包人文件的提供

除专用合同条款另有约定外，承包人应在合理的期限内按照合同约定的数量向监理人提供承包人文件。合同约定承包人文件应批准的，监理人应当在合同约定的期限内批复。

2. 发包人提供的文件

按专用合同条款约定由发包人提供的文件，包括前期工作相关文件、环境保护、气象水文、地质条件等，发包人应按约定的数量和期限交给承包人。由于发包人未按时提供文件造成工期延误的，按相关约定执行。

3. 文件的照管

承包人应在现场保留一份合同、发包人要求中列出的所有文件、承包人文件、变更以及其他根据合同收发的往来信函。发包人有权在任何合理的时间查阅和使用上述所有文件。

(四) 发包人要求中的错误

1. A 条款

(1) 承包人应认真阅读、复核发包人要求，发现错误的，应及时书面通知发包人。

(2) 发包人要求中的错误导致承包人增加费用和(或)工期延误的，发包人应承担由此增加的费用和(或)工期延误，并向承包人支付合理利润。

2. B 条款

(1) 承包人应认真阅读、复核发包人要求，发现错误的，应及时书面通知发包人。发包人做相应修改的，按照约定处理。对确实存在的错误，发包人坚持不做修改的，应承担由此导致承包人增加的费用和(或)延误的工期。

(2) 承包人未发现发包人要求中存在错误的，承包人自行承担由此导致的费用增加和(或)工期延误，但专用合同条款另有约定的除外。

(3) 无论承包人发现与否，在任何情况下，发包人要求中的下列错误导致承包人增加的费用和(或)延误的工期，由发包人承担，并向承包人支付合理利润。

①发包人要求中引用的原始数据和资料。

②对工程或其任何部分的功能要求。

③对工程的工艺安排或要求。

④试验和检验标准。

⑤除合同另有约定外，承包人无法核实的数据和资料。

二、发包人义务

（一）遵守法律

发包人在履行合同过程中应遵守法律，并保证承包人免于承担因发包人违反法律而引起的任何责任。

（二）发出承包人开始工作通知

发包人应委托监理人按约定向承包人发出开始工作通知。

（三）提供施工场地

发包人应按专用合同条款约定向承包人提供施工场地及进场施工条件，并明确与承包人的交接界面。

（四）办理证件和批件

法律规定和（或）合同约定由发包人负责办理的工程建设项目必须履行的各类审批、核准或备案手续，发包人应按时办理。

法律规定和（或）合同约定由承包人负责的有关设计、施工证件和批件，发包人应给予必要的协助。

（五）支付合同价款

发包人应按合同约定向承包人及时支付合同价款。专用合同条款对发包人工程款支付担保有约定的，从其约定。

（六）组织竣工验收

发包人应按合同约定及时组织竣工验收。

（七）其他义务

发包人应履行合同约定的其他义务。

三、承包人

（一）承包人的一般义务

1. 遵守法律

承包人在履行合同过程中应遵守法律，并保证发包人免于承担因承包人违反法律而引起的任何责任。

2. 依法纳税

承包人应按有关法律规定纳税，应缴纳的税金包括在合同价格内。

3. 完成各项承包工作

承包人应按合同约定以及监理人做出的指示，完成合同约定的全部工作，并对工作中的任何缺陷进行整改、完善和修补，使其满足合同约定的目的。

除专用合同条款另有约定外，承包人应提供合同约定的工程设备和承包人文件，以及为完成合同工作所需的劳务、材料、施工设备和其他物品，并按合同约定负责临时设施的设计、施工、运行、维护、管理和拆除。

4. 对设计、施工作业和施工方法，以及工程的完备性负责

承包人应按合同约定的工作内容和进度要求，编制设计、施工的组织和实施计划，并对

所有设计、施工作业和施工方法，以及全部工程的完备性和安全可靠性负责。

5. 保证工程施工和人员的安全

承包人应按约定采取施工安全措施，确保工程及其人员、材料、设备和设施的安全，防止因工程施工造成的人身伤害和财产损失。

6. 负责施工场地及其周边环境与生态的保护工作

承包人应按照约定负责施工场地及其周边环境与生态的保护工作。

7. 避免施工对公众与他人的利益造成损害

承包人在进行合同约定的各项工作时，不得侵害发包人与他人使用公用道路、水源、市政管网等公共设施的权利，避免对邻近的公共设施产生干扰。承包人占用或使用他人的施工场地，影响他人作业或生活的，应承担相应责任。

8. 为他人提供方便

承包人应按监理人的指示为他人在施工场地或附近实施与工程有关的其他各项工作提供可能的条件。除合同另有约定外，提供有关条件的内容和可能发生的费用，由监理人商定或确定。

9. 工程的维护和照管

工程接收证书颁发前，承包人应负责照管和维护工程。工程接收证书颁发时尚有部分未竣工工程的，承包人还应负责该未竣工工程的照管和维护工作，直至竣工后移交给发包人。

10. 其他义务

承包人应履行合同约定的其他义务。

（二）履约担保

（1）承包人应保证其履约担保在发包人颁发工程接收证书前一直有效。发包人应在工程接收证书颁发后 28 天内将履约担保退还给承包人。需进行竣工后试验的，承包人应保证其履约担保在竣工后试验通过前一直有效，发包人应在通过竣工验收后 7 天内将履约担保退还给承包人。

（2）如工程延期，承包人有义务继续提供履约担保。发包人原因导致延期的，继续提供履约担保所需的费用由发包人承担；承包人原因导致延期的，继续提供履约担保所需费用由承包人承担。

（三）分包和不得转包

（1）承包人不得将其承包的全部工程转包给第三人，也不得将其承包的全部工程肢解后以分包的名义分别转包给第三人。

（2）承包人不得将设计和施工的主体、关键性工作分包给第三人。除专用合同条款另有约定外，未经发包人同意，承包人也不得将非主体、非关键性工作分包给第三人。

（3）分包人的资格能力应与其分包工作的标准和规模相适应。

（4）发包人同意承包人分包工作的，承包人应向发包人和监理人提交分包合同副本。

四、设计

（一）承包人的设计义务

1. 设计义务的一般要求

承包人应按照法律规定，以及国家、行业和地方的规范和标准完成设计工作，并符合发包人要求。

2. 法律和标准的变化

除合同另有约定外，承包人完成设计工作所应遵守的法律规定，以及国家、行业和地方的规范和标准，均应视为在基准日适用的版本。基准日之后，前述版本发生重大变化，或者有新的法律，以及国家、行业和地方的规范和标准实施的，承包人应向发包人或发包人委托的监理人提出遵守新规定的建议。发包人或其委托的监理人应在收到建议后 7 天内发出是否遵守新规定的指示。发包人或其委托的监理人指示遵守新规定的，按照约定执行。

（二）承包人设计进度计划

承包人应按照发包人要求，在合同进度计划中专门列出设计进度计划，报发包人批准后执行。承包人需按照经批准后的计划开展设计工作。

因承包人原因影响设计进度的，按约定执行。因发包人原因影响设计进度的，按变更处理。

发包人或其委托的监理人有权要求承包人提交修正的进度计划、增加投入资源并加快设计进度。

（三）设计审查

（1）承包人的设计文件应报发包人审查同意。审查的范围和内容在发包人要求中约定。

除合同另有约定外，自监理人收到承包人的设计文件以及承包人的通知之日起，发包人对承包人的设计文件审查期不超过 21 天。承包人的设计文件对于合同约定有偏离的，应在通知中说明。承包人需要修改已提交的承包人文件的，应立即通知监理人，并向监理人提交修改后的承包人的设计文件，审查期重新起算。

发包人不同意设计文件的，应通过监理人以书面形式通知承包人，并说明不符合合同要求的具体内容。承包人应根据监理人的书面说明，对承包人文件进行修改后重新报送发包人审查，审查期重新起算。

合同约定的审查期满，发包人没有做出审查结论也没有提出异议的，视为承包人的设计文件已获得发包人同意。

（2）承包人的设计文件不需要政府有关部门审查或批准的，承包人应当严格按照经发包人审查同意的设计文件设计和实施工程。

（3）设计文件需政府有关部门审查或批准的，发包人应在审查同意承包人的设计文件后 7 天内，向政府有关部门报送设计文件，承包人应予以协助。

对于政府有关部门的审查意见，不需要修改发包人要求的，承包人需按该审查意见修改承包人的设计文件；需要修改发包人要求的，发包人应重新提出发包人要求，承包人应根据新提出的发包人要求修改承包人文件。

政府有关部门审查批准的，承包人应当严格按照批准后的承包人的设计文件设计和实施工程。

（四）竣工文件

（1）承包人应编制并及时更新反映工程实施结果的竣工记录，如实记载竣工工程的确切位置、尺寸和已实施工作的详细说明。竣工记录应保存在施工场地，并在竣工试验开始前，按照专用合同条款约定的份数提交给监理人。

（2）在颁发工程接收证书之前，承包人应按照发包人要求的份数和形式向监理人提交相应竣工图纸，并取得监理人对尺寸、参照系统及其他有关细节的认可。监理人应按照约定进行审查。

（五）承包人文件错误

承包人文件存在错误、遗漏、含混、矛盾、不充分之处或其他缺陷，无论承包人是否获得了批准，承包人均应自费对前述问题带来的缺陷和工程问题进行改正。发包人要求的错误导致承包人文件错误、遗漏、含混、矛盾、不充分或其他缺陷的除外。

五、开始工作和竣工

（一）开始工作

符合专用合同条款约定的开始工作的条件的，监理人应提前 7 天向承包人发出开始工作通知。监理人在发出开始工作通知前应获得发包人同意。工期自开始工作通知中载明的开始工作日期起计算。除专用合同条款另有约定外，发包人原因造成监理人未能在合同签订之日起 90 天内发出开始工作通知的，承包人有权提出价格调整要求，或者解除合同。发包人应当承担由此增加的费用和（或）工期延误，并向承包人支付合理利润。

（二）竣工

承包人应在约定的期限内完成合同工作。实际竣工日期按约定确定，并在工程接收证书中载明。

（三）发包人引起的工期延误

在履行合同过程中，由于发包人的下列原因造成工期延误的，承包人有权要求发包人延长工期和（或）增加费用，并支付合理利润。需要修订合同进度计划的，按照约定执行。

（1）变更。

（2）未能按照合同要求的期限对承包人文件进行审查。

（3）发包人原因导致的暂停施工。

（4）未按合同约定及时支付预付款、进度款。

（5）发包人提供的基准资料错误。

（6）发包人迟延提供材料、工程设备或变更交货地点的。

（7）发包人未及时按照“发包人要求”履行相关义务。

（8）发包人造成工期延误的其他原因。

（四）异常恶劣的气候条件

出现专用合同条款规定的异常恶劣气候的条件导致工期延误的，承包人有权要求发包人延长工期和（或）增加费用。

（五）承包人引起的工期延误

由于承包人原因，未能按合同进度计划完成工作，或监理人认为承包人工作进度不能满足合同工期要求的，承包人应采取措施加快进度，并承担加快进度所增加的费用。承包人原因造成工期延误，承包人应支付逾期竣工违约金。逾期竣工违约金的计算方法和最高限额在专用合同条款中约定。承包人支付逾期竣工违约金，不免除承包人完成工作及修补缺陷的义务。

（六）工期提前

发包人要求承包人提前竣工，或承包人提出提前竣工的建议能够给发包人带来效益的，应由监理人与承包人共同协商采取加快工程进度的措施和修订合同进度计划。发包人应承担承包人由此增加的费用，并向承包人支付专用合同条款约定的相应奖金。

六、合同价格与支付

（一）合同价格

除专用合同条款另有约定外，合同价格包括签约合同价格以及按照合同约定进行的调整；合同价格包括承包人依据法律规定或合同约定应支付的规费和税金；价格清单列出的任何数量仅为估算的工作量，不得将其视为要求承包人实施的工程的实际或准确的工作量。在价格清单中列出的任何工作量和价格数据应仅限用于变更和支付的参考资料，而不能用于其他目的。

合同约定工程的某部分按照实际完成的工程量进行支付的，应按照专用合同条款的约定进行计量和估价，并据此调整合同价格。

（二）预付款

预付款用于承包人为合同工程的设计和工程实施购置材料、工程设备、施工设备、修建临时设施以及组织施工队伍进场等。预付款的额度和支付在专用合同条款中约定。预付款必须专用于合同工作。

除专用合同条款另有约定外，承包人应在收到预付款的同时向发包人提交预付款保函，预付款保函的担保金额应与预付款金额相同。保函的担保金额可根据预付款扣回的金额相应递减。

预付款在进度付款中扣回，扣回办法在专用合同条款中约定。在颁发工程接收证书前，由于不可抗力或其他原因解除合同时，预付款尚未扣清的，尚未扣清的预付款余额应作为承包人的到期应付款。

（三）工程进度付款

1. 付款时间

除专用合同条款另有约定外，工程进度付款按月支付。

2. 支付分解表

除专用合同条款另有约定外，承包人应根据价格清单的价格构成、费用性质、计划发生时间和相应工作量等因素，按照分类和分解原则，结合约定的合同进度计划，汇总形成月度支付分解报告。

承包人应当在收到经监理人批复的合同进度计划后 7 天内，将支付分解报告以及形成支付分解报告的支持性资料报监理人审批，监理人应当在收到承包人报送的支付分解报告后 7 天内给予批复或提出修改意见，经监理人批准的支付分解报告为有合同约束力的支付分解表。合同进度计划进行了修订的，应相应修改支付分解表，并按本项目规定报监理人批复。

3. 进度付款申请单

承包人应在每笔进度款支付前，按监理人批准的格式和专用合同条款约定的份数，向监理人提交进度付款申请单，并附相应的支持性证明文件。

4. 进度付款证书和支付时间

（1）监理人在收到承包人进度付款申请单以及相应的支持性证明文件后的 14 天内完成审核，提出发包人到期应支付给承包人的金额以及相应的支持性材料，经发包人审批同意后，由监理人向承包人出具经发包人签认的进度付款证书。监理人未能在前述时间完成审核的，视为监理人同意承包人进度付款申请。监理人有权核减承包人未能按照合同要求履行任何工作或义务的相应金额。

（2）发包人最迟应在监理人收到进度付款申请单后的 28 天内，将进度应付款支付给承包人。发包人未能在前述时间内完成审批或不予答复的，视为发包人同意进度付款申请。发包人不按期支付的，按专用合同条款的约定支付逾期付款违约金。

（3）监理人出具进度付款证书，不应视为监理人已同意、批准或接受了承包人完成的该部分工作。

（4）进度付款涉及政府投资资金的，按照国库集中支付等国家相关规定和专用合同条款的约定执行。

5. 工程进度付款的修正

在对以往历次已签发的进度付款证书进行汇总和复核中发现错、漏或重复的，监理人有权予以修正，承包人也有权提出修正申请。经监理人、承包人复核同意的修正，应在本次进度付款中支付或扣除。

（四）质量保证金

（1）监理人应从发包人的每笔进度付款中，按专用合同条款的约定扣留质量保证金，直至扣留的质量保证金总额达到专用合同条款约定的金额或比例为止。质量保证金的计算额度不包括预付款的支付、扣回以及价格调整的金额。

（2）在约定的缺陷责任期满时，承包人向发包人申请到期应返还承包人剩余的质量保证金，发包人应在 14 天内会同承包人按照合同约定的内容核实承包人是否完成缺陷责任。如无异议，发包人应当在核实后将剩余质量保证金返还承包人。

（3）在约定的缺陷责任期满时，承包人没有完成缺陷责任的，发包人有权扣留与未履行责任剩余工作所需金额相应的质量保证金余额，并有权根据约定要求延长缺陷责任期，直至完成剩余工作为止。

（五）竣工结算

1. 竣工付款申请单

（1）工程接收证书颁发后，承包人应按专用合同条款约定的份数和期限向监理人提交竣工付款申请单，并提供相关证明材料。除专用合同条款另有约定外，竣工付款申请单应包括下列内容：竣工结算合同总价、发包人已支付承包人的工程价款、应扣留的质量保证金、应支付的竣工付款金额。

（2）监理人对竣工付款申请单有异议的，有权要求承包人进行修正和提供补充资料。经监理人和承包人协商后，由承包人向监理人提交修正后的竣工付款申请单。

2. 竣工付款证书及支付时间

（1）监理人在收到承包人提交的竣工付款申请单后的 14 天内完成核查，提出发包人到期应支付给承包人的价款送发包人审核并抄送承包人。发包人应在收到后 14 天内审核完毕，由监理人向承包人出具经发包人签认的竣工付款证书。监理人未在约定时间内核查，又未提出具体意见的，视为承包人提交的竣工付款申请单已经监理人核查同意；发包人未在约定时间内审核，又未提出具体意见的，监理人提出发包人到期应支付给承包人的价款视为已经发包人同意。

（2）发包人应在监理人出具竣工付款证书后的 14 天内，将应支付款支付给承包人。发包人不按期支付的，按约定将逾期付款违约金支付给承包人。

（3）承包人对发包人签认的竣工付款证书有异议的，发包人可出具竣工付款申请单中承包人已同意部分的临时付款证书。存在争议的部分，按约定执行。

（六）最终结清

1. 最终结清申请单

（1）缺陷责任期终止证书签发后，承包人可按专用合同条款约定的份数和期限向监理人提交最终结清申请单，并提供相关证明材料。

（2）发包人对最终结清申请单内容有异议的，有权要求承包人进行修正和提供补充资料，由承包人向监理人提交修正后的最终结清申请单。

2. 最终结清证书和支付时间

（1）监理人收到承包人提交的最终结清申请单后的 14 天内，提出发包人应支付给承包人的价款送发包人审核并抄送承包人。发包人应在收到后 14 天内审核完毕，由监理人向承包人出具经发包人签认的最终结清证书。监理人未在约定时间内核查，又未提出具体意见的，视为承包人提交的最终结清申请已经监理人核查同意；发包人未在约定时间内审核，又未提出具体意见的，监理人提出应支付给承包人的价款视为已经发包人同意。

（2）发包人应在监理人出具最终结清证书后的 14 天内，将应支付款支付给承包人。发包人不按期支付的，按约定将逾期付款违约金支付给承包人。

（3）承包人对发包人签认的最终结清证书有异议的，按约定执行。

七、竣工试验和竣工验收

（一）竣工试验

（1）承包人提交文件后，进行竣工试验。

（2）承包人应提前 21 天将可以开始进行竣工试验的日期通知监理人，监理人应在该日期后 14 天内，确定竣工试验具体时间。除专用合同条款中另有约定外，竣工试验应按下述顺序进行：

①第一阶段，承包人进行适当的检查和功能性试验，保证每一台工程设备都满足合同要求，并能安全地进入下一阶段试验。

②第二阶段，承包人进行试验，保证工程或区段工程满足合同要求，在所有可利用的操

作条件下安全运行。

③第三阶段，当工程能安全运行时，承包人应通知监理人，可以进行其他竣工试验，包括各种性能测试，以证明工程符合发包人要求中列明的性能保证指标。

（3）承包人应按合同约定进行工程及工程设备试运行。试运行所需人员、设备、材料、燃料、电力、消耗品、工具等必要的条件以及试运行费用等由专用合同条款规定。

（二）竣工验收

监理人收到承包人按约定提交的竣工验收申请报告后，应审查申请报告的各项内容，并按以下不同情况进行处理。

（1）监理人审查后认为尚不具备竣工验收条件的，应在收到竣工验收申请报告后的28天内通知承包人，指出在颁发接收证书前承包人还需进行的工作内容。承包人完成监理人通知的全部工作内容后，应再次提交竣工验收申请报告，直至监理人同意为止。监理人收到竣工验收申请报告后28天内不予答复的，视为同意承包人的竣工验收申请，并应在收到该竣工验收申请报告后28天内提请发包人进行竣工验收。

（2）监理人同意承包人提交的竣工验收申请报告的，应在收到该竣工验收申请报告后的28天内提请发包人进行工程验收。

（3）发包人经过验收后同意接收工程的，应在监理人收到竣工验收申请报告后的56天内，由监理人向承包人出具经发包人签认的工程接收证书。发包人验收后同意接收工程但提出整修和完善要求的，限期修好，并缓发工程接收证书。整修和完善工作完成后，监理人复查达到要求的，经发包人同意后，再向承包人出具工程接收证书。

（4）发包人验收后不同意接收工程的，监理人应按照发包人的验收意见发出指示，要求承包人对不合格工程认真返工重做或进行补救处理，并承担由此产生的费用。承包人在完成不合格工程的返工重做或补救工作后，应重新提交竣工验收申请报告，按约定进行。

（5）除专用合同条款另有约定外，经验收合格工程的实际竣工日期，以提交竣工验收申请报告的日期为准，并在工程接收证书中写明。

（6）发包人在收到承包人竣工验收申请报告56天后未进行验收的，视为验收合格，实际竣工日期以提交竣工验收申请报告的日期为准，但发包人由于不可抗力不能进行验收的除外。

（三）区段工程验收

（1）发包人根据合同进度计划安排，在全部工程竣工前需要使用已经竣工的区段工程时，或承包人提出经发包人同意时，可进行区段工程验收。验收的程序可参照约定进行。验收合格后，由监理人向承包人出具经发包人签认的区段工程验收证书。已签发区段工程接收证书的区段工程由发包人负责照管。区段工程的验收成果和结论作为全部工程竣工验收申请报告的附件。

（2）发包人在全部工程竣工前，使用已接收的区段工程导致承包人费用增加的，发包人应承担由此增加的费用和（或）工期延误，并支付承包人合理利润。

（四）施工期运行

（1）施工期运行是指合同工程尚未全部竣工，其中某项或某几项区段工程或工程设备安装已竣工，根据专用合同条款约定，需要投入施工期运行的，经发包人按约定验收合格，证明能确保安全后，才能在施工期投入运行。

(2) 在施工期运行中发现工程或工程设备损坏或存在缺陷的，由承包人按约定进行修复。

八、缺陷责任与保修责任

(一) 缺陷责任期的起算时间

缺陷责任期自实际竣工日期起计算。在全部工程竣工验收前，已经发包人提前验收的区段工程或进入施工期运行的工程，其缺陷责任期的起算日期应提前到相应工程竣工日。

(二) 缺陷责任

(1) 承包人应在缺陷责任期内对已交付使用的工程承担缺陷责任。

(2) 缺陷责任期内，发包人对已接收使用的工程负责日常维护工作。发包人在使用过程中，发现已接收的工程存在新的缺陷或已修复的缺陷部位或部件又遭损坏的，承包人应负责修复，直至检验合格为止。

(3) 监理人和承包人应共同查清缺陷和（或）损坏的原因。经查明属承包人原因造成的，应由承包人承担修复和查验的费用。经查验属发包人原因造成的，发包人应承担修复和查验的费用，并支付承包人合理利润。

(4) 承包人不能在合理时间内修复缺陷的，发包人可自行修复或委托其他人修复，所需费用和利润的承担，按约定执行。

(三) 缺陷责任期的延长

承包人原因造成某项缺陷或损坏使某项工程或工程设备不能按原定目标使用而需要再次检查、检验和修复的，发包人有权要求承包人相应延长缺陷责任期，但缺陷责任期最长不超过2年。

(四) 保修责任

合同当事人根据有关法律规定，在专用合同条款中约定工程质量保修范围、期限和责任。保修期自实际竣工日期起计算。在全部工程竣工验收前，已经发包人提前验收的区段工程，其保修期的起算日期相应提前。

实战演练

[经典例题·单选] 根据《标准设计施工总承包招标文件》，除专用合同条款另有约定外，下列合同文件中，优先解释顺序排在通用合同条款后面的是（　　）。

A. 专用合同条款　　B. 投标函及投标函附录

C. 发包人要求　　D. 承包人建议书

[解析] 除专用合同条款另有约定外，解释合同文件的优先顺序如下：①合同协议书；②中标通知书；③投标函及投标函附录；④专用合同条款；⑤通用合同条款；⑥发包人要求；⑦承包人建议书；⑧价格清单；⑨其他合同文件。

[答案] C

[经典例题·单选] 根据《标准设计施工总承包招标文件》，需政府有关部门审查或批准的设计文件，发包人应在对其审查同意后的（　　）日内向政府有关部门报送审查。

A. 7　　B. 15　　C. 21　　D. 30

[解析] 设计文件需政府有关部门审查或批准的，发包人应在审查同意承包人的设计文件后 7 天内，向政府有关部门报送设计文件，承包人应予以协助。

[答案] A

[经典例题·单选] 在设计施工总承包合同中，关于竣工试验，通用条款规定的竣工试验程序按三阶段进行，其中第二阶段是（　　）。

A. 发包人进行试验，保证每一项工程设备满足合同要求

B. 发包人进行试验，保证工程或区段工程满足合同要求

C. 承包人进行试验，保证每一项工程设备满足合同要求

D. 承包人进行试验，保证工程或区段工程满足合同要求

[解析] 第二阶段，承包人进行试验，保证工程或区段工程满足合同要求，在所有可利用的操作条件下安全运行。

[答案] D

[2024 真题·多选] 根据《标准设计施工总承包招标文件》，"承包人建议书"应包括的内容有（　　）。

A. 工程设备方案说明　　B. 功能要求

C. 工程量清单　　D. 分包方案

E. 对发包人要求中错误的说明

[解析] 承包人建议书是指构成合同文件组成部分的名为承包人建议书的文件。承包人建议书由承包人随投标函一起提交。承包人建议书应包括图纸、工程详细说明、设备方案、分包方案、对发包人要求错误的说明、其他。

[答案] ADE

[经典例题·多选] 根据《标准设计施工总承包招标文件》，关于工程款支付管理说法正确的有（　　）。

A. 合同价格包括签约合同价格以及按照合同约定进行的调整

B. 承包人应在收到经监理人批复的合同进度计划后 14 天内，将支付分解报告以及支持性资料报监理人审批

C. 除专用合同条款另有约定外，工程进度付款按季支付

D. 合同价格包括承包人依据法律规定或合同约定应支付的规费和税金

E. 价格清单列出的任何数量仅为估算的工程量

[解析] 选项 B 错误，承包人应在收到经监理人批复的合同进度计划后 7 天内，将支付分解报告以及形成支付分解报告的支持性资料报监理人审批。选项 C 错误，除专用合同条款另有约定外，工程进度付款按月支付。

[答案] ADE

知识点 3 专业分包与劳务分包合同管理

一、《建设工程施工专业分包合同（示范文本）》的相关内容

（一）合同文件及解释顺序

合同文件应能互相解释，互为说明。除本合同专用条款另有约定外，组成本合同的文件及优先解释顺序如下：

（1）本合同协议书。

（2）中标通知书（如有）。

（3）分包人的投标函及报价书。

（4）除总包合同工程价款之外的总包合同文件。

（5）本合同专用条款。

（6）本合同通用条款。

（7）本合同工程建设标准、图纸。

（8）合同履行过程中，承包人和分包人协商一致的其他书面文件。

当合同文件内容出现含糊不清或不相一致时，应在不影响工程正常进行的情况下，由分包人和承包人协商解决。双方协商不成时，按本合同通用条款关于争议的约定处理。

（二）双方一般权利和义务

1. 总包合同

分包人对总包合同的了解：承包人应提供总包合同（有关承包工程的价格内容除外）供分包人查阅。当分包人要求时，承包人应向分包人提供一份总包合同（有关承包工程的价格内容除外）的副本或复印件。分包人应全面了解总包合同的各项规定（有关承包工程的价格内容除外）。

分包人对有关分包工程的责任：除本合同条款另有约定的，分包人应履行并承担总包合同中与分包工程有关的承包人的所有义务与责任，同时应避免因分包人自身行为或疏漏造成承包人违反总包合同中约定的承包人义务的情况发生。

分包人与发包人的关系：分包人须服从承包人转发的发包人或工程师与分包工程有关的指令。未经承包人允许，分包人不得以任何理由与发包人或工程师发生直接工作联系，分包人不得直接致函发包人或工程师，也不得直接接受发包人或工程师的指令。如分包人与发包人或工程师发生直接工作联系，将被视为违约，并承担违约责任。

2. 承包人的工作

承包人应按本合同专用条款约定的内容和时间，一次或分阶段完成下列工作：

（1）向分包人提供根据总包合同由发包人办理的与分包工程相关的各种证件、批件、各种相关资料，向分包人提供具备施工条件的施工场地。

（2）按本合同专用条款约定的时间，组织分包人参加发包人组织的图纸会审，向分包人进行设计图纸交底。

（3）提供本合同专用条款中约定的设备和设施，并承担因此发生的费用。

（4）随时为分包人提供确保分包工程的施工所要求的施工场地和通道等，满足施工运输

的需要，保证施工期间的畅通。

(5) 负责整个施工场地的管理工作，协调分包人与同一施工场地的其他分包人之间的交叉配合，确保分包人按照经批准的施工组织设计进行施工。

(6) 承包人应做的其他工作，双方在本合同专用条款内约定。

承包人未履行上述各项义务，导致工期延误或给分包人造成损失的，承包人赔偿分包人的相应损失，顺延延误的工期。

3. 分包人的工作

分包人应按本合同专用条款约定的内容和时间，完成下列工作：

(1) 分包人应按照分包合同的约定，对分包工程进行设计（分包合同有约定时）、施工、竣工和保修。分包人在审阅分包合同和（或）总包合同时，或在分包合同的施工中，如发现分包工程的设计或工程建设标准、技术要求存在错误、遗漏、失误或其他缺陷，应立即通知承包人。

(2) 按照本合同专用条款约定的时间，完成规定的设计内容，报承包人确认后在分包工程中使用。承包人承担由此发生的费用。

(3) 在本合同专用条款约定的时间内，向承包人提供年、季、月度工程进度计划及相应进度统计报表。分包人不能按承包人批准的进度计划施工时，应根据承包人的要求提交一份修订的进度计划，以保证分包工程如期竣工。

(4) 分包人应在专用条款约定的时间内，向承包人提交一份详细施工组织设计，承包人应在专用条款约定的时间内批准，分包人方可执行。

(5) 遵守政府有关主管部门对施工场地交通、施工噪声以及环境保护和安全文明生产等的管理规定，按规定办理有关手续，并以书面形式通知承包人，承包人承担由此发生的费用，因分包人责任造成的罚款除外。

(6) 分包人应允许承包人、发包人、工程师及其三方中任何一方授权的人员在工作时间内，合理进入分包工程施工场地或材料存放的地点，以及施工场地以外与分包合同有关的分包人的任何工作或准备的地点。

(7) 已竣工工程未交付承包人之前，分包人应负责已完成分包工程的成品保护工作，保护期间发生损坏，分包人自费予以修复；承包人要求分包人采取特殊措施保护的工程部位和相应的追加合同价款，双方在本合同专用条款内约定。

(8) 分包人应做的其他工作，双方在本合同专用条款内约定。

分包人未履行上述各项义务，造成承包人损失的，分包人赔偿承包人有关损失。

（三）工期

1. 开工与延期开工

分包人应当按照本合同协议书约定的开工日期开工。分包人不能按时开工，应当不迟于本合同协议书约定的开工日期前 5 天，以书面形式向承包人提出延期开工的理由。承包人应当在接到延期开工申请后的 48 h 内以书面形式答复分包人。承包人在接到延期开工申请后 48 h 内不答复，视为同意分包人要求，工期相应顺延。承包人不同意延期要求或分包人未在规定时间内提出延期开工要求，工期不予顺延。

因承包人原因不能按照本合同协议书约定的开工日期开工，项目经理应以书面形式通知分包人，推迟开工日期。承包人赔偿分包人因延期开工造成的损失，并相应顺延工期。

2. 工期延误

下列原因之一造成分包工程工期延误，经项目经理确认，工期相应顺延：

(1) 承包人根据总包合同从工程师处获得与分包合同相关的竣工时间延长。

(2) 承包人未按本合同专用条款的约定提供图纸、开工条件、设备设施、施工场地。

(3) 承包人未按约定日期支付工程预付款、进度款，致使分包工程施工不能正常进行。

(4) 项目经理未按分包合同约定提供所需的指令、批准或所发出的指令错误，致使分包工程施工不能正常进行。

(5) 非分包人原因的分包工程范围内的工程变更及工程量增加。

(6) 不可抗力的原因。

(7) 本合同专用条款中约定的或项目经理同意工期顺延的其他情况。

分包人应在约定情况发生后 14 天内，就延误的工期以书面形式向承包人提出报告。承包人在收到报告后 14 天内予以确认，逾期不予确认也不提出修改意见的，视为同意顺延工期。

3. 暂停施工

发包人或工程师认为确有必要暂停施工时，应以书面形式通过承包人向分包人发出暂停施工指令，并在提出要求后 48 h 内提出书面处理意见。分包人停工和复工程序以及暂停施工所发生的费用，按总包合同相应条款履行。

4. 工程竣工

分包人应按照本合同协议书约定的竣工日期或承包人同意顺延的工期竣工。

因分包人原因不能按照本合同协议书约定的竣工日期或承包人同意顺延的工期竣工的，分包人承担违约责任。

提前竣工程序按总包合同相应条款履行。

(四) 质量与安全

1. 质量检查与验收

分包工程质量应达到本合同协议书和本合同专用条款约定的工程质量标准，质量评定标准按照总包合同相应条款履行。因分包人原因工程质量达不到约定的质量标准，分包人应承担违约责任，违约金计算方法或额度在本合同专用条款内约定。

双方对工程质量的争议，按照总包合同相应的条款履行。

分包工程的检查、验收及工程试车等，按照总包合同相应的条款履行。分包人应就分包工程向承包人承担总包合同约定的承包人应承担的义务，但并不免除承包人根据总包合同应承担的总包质量管理的责任。

分包人应允许并配合承包人或工程师进入分包人施工场地检查工程质量。

2. 安全施工

分包人应遵守工程建设安全生产有关管理规定，严格按照安全标准组织施工，承担由于自身安全措施不力造成事故的责任和因此发生的费用。

在施工场地涉及危险地区或需要安全防护措施施工时，分包人应提出安全防护措施，经承包人批准后实施，发生的相应费用由承包人承担。

发生安全事故，按照总包合同相应条款处理。

（五）合同价款与支付

1. 合同价款及调整

招标工程的合同价款由承包人与分包人依据中标通知书中的中标价格在本合同协议书内约定；非招标工程的合同价款由承包人与分包人依据工程报价书在本合同协议书内约定。

分包工程合同价款在本合同协议书内约定后，任何一方不得擅自改变。下列 3 种确定合同价款的方式，双方可在本合同专用条款内约定采用其中一种（应与总包合同约定的方式一致）：

（1）固定价格。双方在本合同专用条款内约定合同价款包含的风险范围和风险费用的计算方法，在约定的风险范围内合同价款不再调整。风险范围以外的合同价款调整方法，应当在专用条款内约定。

（2）可调价格。合同价款可根据双方的约定而调整，双方在本合同专用条款内约定合同价款调整方法。

（3）成本加酬金。合同价款包括成本和酬金两部分，双方在本合同专用条款内约定成本构成和酬金的计算方法。

可调价格计价方式中合同价款的调整因素包括：

（1）法律、行政法规和国家有关政策变化影响合同价款。

（2）工程造价管理部门公布的价格调整。

（3）一周内非分包人原因停水、停电、停气造成停工累计超过 8 h。

（4）双方约定的其他因素。

分包人应当在合同价款的调整因素发生后 10 天内，将调整原因、金额以书面形式通知承包人，承包人确认调整金额后作为追加合同价款，与工程价款同期支付。承包人收到通知后 10 天内不予确认也不提出修改意见的，视为已经同意该项调整。

分包合同价款与总包合同相应部分价款无任何连带关系。

2. 工程量的确认

分包人应按本合同专用条款约定的时间向承包人提交已完成工程量报告，承包人接到报告后 7 天内自行按设计图纸计量或报经工程师计量。承包人在自行计量或由工程师计量前 24 h 应通知分包人，分包人为计量提供便利条件并派人参加。分包人收到通知后不参加计量，计量结果有效，作为工程价款支付的依据；承包人不按约定时间通知分包人，致使分包人未能参加计量，计量结果无效。

承包人在收到分包人报告后 7 天内未进行计量或因工程师的原因未计量的，从第 8 天起，分包人报告中开列的工程量即视为被确认，作为工程价款支付的依据。

分包人未按本合同专用条款约定的时间向承包人提交已完工程量报告，或其所提交的报告不符合承包人要求且未做整改的，承包人不予计量。

对分包人自行超出设计图纸范围和因分包人原因造成返工的工程量，承包人不予计量。

3. 合同价款的支付

实行工程预付款的，双方应在本合同专用条款内约定承包人向分包人预付工程款的时间和数额，开工后按约定的时间和比例逐次扣回。

在确认计量结果后 10 天内，承包人应按专用条款约定的时间和方式，向分包人支付工程款（进度款）。按约定时间承包人应扣回的预付款，与工程款（进度款）同期结算。

分包合同约定的工程变更调整的合同价款、合同价款的调整、索赔的价款或费用以及其他约定的追加合同价款，应与工程进度款同期调整支付。

承包人超过约定的支付时间不支付工程款（预付款、进度款），分包人可向承包人发出要求付款的通知。

承包人不按分包合同约定支付工程款（预付款、进度款），导致施工无法进行，分包人可停止施工，由承包人承担违约责任。

（六）工程变更

分包人应根据以下指令，以更改、增补或省略的方式对分包工程进行变更：

（1）工程师根据总包合同做出的变更指令。该变更指令由工程师做出并经承包人确认后通知分包人。

（2）除上述（1）项以外的承包人做出的变更指令。

分包人不执行从发包人或工程师处直接收到的未经承包人确认的有关分包工程变更的指令。如分包人直接收到此类变更指令，应立即通知项目经理并向项目经理提供一份该直接指令的复印件。项目经理应在 24 h 内提出关于对该指令的处理意见。

分包工程变更价款的确定应按照总包合同的相应条款履行。分包人应在工程变更确定后 11 天内向承包人提出变更分包工程价款的报告，经承包人确认后调整合同价款。

分包人在双方确定变更后 11 天内不向承包人提出变更分包工程价款的报告，视为该项变更不涉及合同价款的变更。

承包人在收到变更分包工程价款报告之日起 17 天内予以确认，无正当理由逾期未予确认的，视为该报告已被确认。

（七）竣工验收及结算

1. 竣工验收

分包工程具备竣工验收条件的，分包人应向承包人提供完整的竣工资料及竣工验收报告。双方约定由分包人提供竣工图的，应在专用条款内约定提交日期和份数。

承包人应在收到分包人提供的竣工验收报告之日起 3 日内通知发包人进行验收，分包人应配合承包人进行验收。根据总包合同无须由发包人验收的部分，承包人应按照总包合同约定的验收程序自行验收。发包人未能按照总包合同及时组织验收的，承包人应按照总包合同规定的发包人验收的期限及程序自行组织验收，并视为分包工程竣工验收通过。

分包工程竣工验收未能通过且属于分包人原因的，分包人负责修复相应缺陷并承担相应的质量责任。

分包工程竣工日期为分包人提供竣工验收报告之日。需要修复的，为提供修复后竣工报告之日。

2. 竣工结算及移交

分包工程竣工验收报告经承包人认可后 14 天内，分包人向承包人递交分包工程竣工结算报告及完整的结算资料，双方按照本合同协议书约定的合同价款及本合同专用条款约定的合同价款调整内容，进行工程竣工结算。

承包人收到分包人递交的分包工程竣工结算报告及结算资料后 28 天内进行核实，给予确认或者提出明确的修改意见。承包人确认竣工结算报告后 7 天内向分包人支付分包工程竣工结算价款。分包人收到竣工结算价款之日起 7 天内，将竣工工程交付承包人。

承包人收到分包工程竣工结算报告及结算资料后 28 天内无正当理由不支付工程竣工结算价款的，从第 29 天起按分包人同期向银行贷款利率支付拖欠工程价款的利息，并承担违约责任。

3. 质量保修

在包括分包工程的总包工程竣工交付使用后，分包人应按国家有关规定对分包工程出现的缺陷进行保修，具体保修责任按照分包人与承包人在工程竣工验收之前签订的质量保修书执行。

（八）违约、索赔及争议

1. 违约

当发生下列情况之一时，视为承包人违约：

（1）本合同通用条款提到的承包人不按分包合同的约定支付工程预付款、工程进度款，导致施工无法进行。

（2）本合同通用条款提到的承包人不按分包合同的约定支付工程竣工结算价款。

（3）承包人不履行分包合同义务或不按分包合同约定履行义务的其他情况。

承包人承担违约责任，赔偿因其违约给分包人造成的经济损失，顺延延误的工期。双方在本合同专用条款内约定承包人赔偿分包人损失的计算方法或承包人应当支付违约金的数额。

当发生下列情况之一时，视为分包人违约：

（1）本合同通用条款提到的如分包人与发包人或工程师发生直接工作联系。

（2）本合同通用条款提到的分包人将其承包的分包工程转包或再分包。

（3）本合同通用条款提到的因分包人原因不能按照本合同协议书约定的竣工日期或承包人同意顺延的工期竣工的。

（4）本合同通用条款提到的因分包人原因工程质量达不到约定的质量标准。

（5）分包人不履行分包合同义务或不按分包合同约定履行义务的其他情况。

分包人承担违约责任，赔偿因其违约给承包人造成的经济损失。双方在本合同专用条款内约定分包人赔偿承包人损失的计算方法或分包人应当支付违约金的数额。

分包人违反本合同可能产生的后果：如分包人有违反分包合同的行为，分包人应保障承包人免于承担因此违约造成的工期延误、经济损失及根据总包合同承包人将负责的任何赔偿费，在此情况下，承包人可从本应支付分包人的任何价款中扣除此笔经济损失及赔偿费，并且不排除采用其他补救方法的可能。

2. 索赔

承包人未能按分包合同的约定履行自己的各项义务或发生错误以及应由承包人承担责任的其他情况，造成工期延误和（或）分包人不能及时得到合同价款或分包人的其他经济损失，分包人可按总包合同约定的程序以书面形式向承包人索赔。

在分包工程施工过程中，如分包人遇到不利外部条件等根据总包合同可以索赔的情况，分包人可按照总包合同约定的索赔程序通过承包人提出索赔要求。在承包人收到分包人索赔报告后 21 天内给予分包人明确的答复，或要求进一步补充索赔理由和证据。索赔成功后，承包人应将相应部分转交分包人。

分包人应按照总包合同的规定及时向承包人提交分包工程的索赔报告，以保证承包人可以及时向发包人进行索赔。承包人在 35 天内未能对分包人的索赔报告给予答复的，视为分包人的索赔报告已经得到批准。

承包人根据总包合同的约定向工程师递交任何索赔意向通知或其他资料，要求分包人协助时，分包人应就分包工程方面的情况，以书面形式向承包人发出相关通知或其他资料以及保持并出示同期施工记录，以便承包人能遵守总包合同有关索赔的约定。

3. 争议

承包人和分包人在履行合同时发生争议，可以和解或者要求有关部门调解。当事人不愿和解、调解或者和解、调解不成的，双方可以在本合同专用条款内约定以下一种方式解决争议：

（1）双方达成仲裁协议，向约定的仲裁委员会申请仲裁。

（2）向有管辖权的人民法院起诉。

实战演练

[2024 真题 · 单选] 根据《建设工程施工专业分包合同（示范文本）》，关于专业分包合同价款及支付的说法，正确的是（　　）。

A. 分包合同计价方式应与总包合同约定的方式一致

B. 分包合同价款应参照总包合同相应部分价款确定

C. 承包人无须向分包人支付工程预付款

D. 承包人确认计量结果后 7 天内支付分包工程进度款

[解析] 选项 A 正确，分包工程合同价款应与总包合同约定的方式一致，通常有 3 种方式：固定价格、可调价格和成本加酬金。双方可在分包合同专用条款内约定采用其中一种，应与总包合同约定的方式一致。选项 B 错误，分包合同价款与总包合同相应部分价款无任何连带关系。选项 C、D 错误，实行工程预付款的，双方应在分包工程专用合同条款中约定：承包人向分包人预付工程款的时间和数额，开工后按约定的时间和比例逐次扣回；在确认计量结果后 10 天内，承包人向分包人支付工程款（进度款）；按约定时间承包人应扣回的预付款，与工程款（进度款）同期结算。

[答案] A

[2021 真题·单选] 关于施工专业分包合同的说法，正确的是（　　）。

A. 分包合同约定的工程变更调整的合同价款应与工程进度款同期调整支付

B. 分包人须服从由发包人直接发出的与分包工程有关的指令

C. 承包人要求分包人采取特殊措施保护所增加的费用，由分包人负责

D. 分包人不得将劳务作业再分包给具有相应劳务分包资质的劳务分包企业

[解析] 选项 A 正确，分包合同约定的工程变更调整的合同价款、合同价款的调整、索赔的价款或费用以及其他约定的追加合同价款，应与工程进度款同期调整支付。选项 B 错误，未经承包人允许，分包人不得以任何理由与发包人或工程师发生直接工作联系，分包人不得直接致函发包人或工程师，也不得直接接受发包人或工程师的指令。选项 C 错误，承包人要求分包人采取特殊措施保护的工程部位和相应的追加合同价款，双方在本合同专用条款内约定。选项 D 错误，分包人经承包人同意可以将劳务作业再分包给具有相应劳务分包资质的劳务分包企业。

[答案] A

[2020 真题·单选] 根据《建设工程施工专业分包合同（示范文本）》，关于专业工程分包人责任和义务的说法，正确的是（　　）。

A. 分包人应允许发包人授权的人员在工作时间内合理进入分包工程施工场地

B. 分包人必须服从发包人直接发出的指令

C. 遵守政府有关主管部门的管理规定但不用办理有关手续

D. 分包人可以直接与发包人或工程师发生直接工作联系

[解析] 选项 B、D 错误，分包人须服从承包人转发的发包人或工程师与分包工程有关的指令。未经承包人允许，分包人不得以任何理由与发包人或工程师发生直接工作联系，分包人不得直接致函发包人或工程师，也不得直接接受发包人或工程师的指令。如分包人与发包人或工程师发生直接工作联系，将被视为违约，并承担违约责任。选项 C 错误，分包人应遵守政府有关主管部门对施工场地交通、施工噪声以及环境保护和安全文明生产等的管理规定，按规定办理有关手续，并以书面形式通知承包人，承包人承担由此发生的费用，因分包人责任造成的罚款除外。

[答案] A

[2023 真题·多选] 根据《建设工程施工专业分包合同（示范文本）》，分包人的责任和义务包括（　　）。

A. 提供具备施工条件的施工场地

B. 协调与同一施工场地的其他分包人之间的配合

C. 编制、提交分包工程详细的施工组织设计

D. 直接向工程师提交分包工程进度统计表

E. 负责已完工程交付前的成品保护

[解析] 选项 A、B 属于承包人的责任和义务。选项 D 错误，应向承包人提交分包工程进度统计表。

[答案] CE

[经典例题·多选] 根据《建设工程施工专业分包合同（示范文本）》，下列属于承包人工作的有（　　）。

A. 提供分包工程施工所需的施工场地

B. 向分包人进行设计图纸交底

C. 编制分包工程详细的施工组织设计

D. 按约定时间完成设计任务并承担相应费用

E. 与项目监理人进行直接工作联系

[解析] 编制分包工程详细的施工组织设计由专业分包人来完成。按约定时间完成设计（承包人确认后使用）由专业分包人来完成，承包人承担费用。

[答案] ABE

二、《建设工程施工劳务分包合同（示范文本）》的相关内容

（一）合同文件及解释顺序

组成本合同的文件及优先解释顺序如下：

（1）本合同。

（2）本合同附件。

（3）本工程施工总承包合同。

（4）本工程施工专业承（分）包合同。

（二）总（分）包合同

工程承包人应提供总（分）包合同（有关承包工程的价格细节除外），供劳务分包人查阅。当劳务分包人要求时，工程承包人应向劳务分包人提供一份总包合同或专业分包合同（有关承包工程的价格细节除外）的副本或复印件。

劳务分包人应全面了解总（分）包合同的各项规定（有关承包工程的价格细节除外）。

（三）工程承包人义务

（1）组建与工程相适应的项目管理班子，全面履行总（分）包合同，组织实施施工管理的各项工作，对工程的工期和质量向发包人负责。

（2）除非本合同另有约定，工程承包人完成劳务分包人施工前期的下列工作并承担相应费用：

①向劳务分包人交付具备本合同项下劳务作业开工条件的施工场地。

②完成水、电、热、电信等施工管线和施工道路，并满足完成本合同劳务作业所需的能源供应、通信及施工道路畅通的时间和质量要求。

③向劳务分包人提供相应的工程地质和地下管网线路资料。

④完成办理相关工作手续，包括各种证件、批件、规费，但涉及劳务分包人自身的手续除外。

⑤向劳务分包人提供相应的水准点与坐标控制点位置。

⑥向劳务分包人提供相关生产、生活临时设施。

(3) 负责编制施工组织设计，统一制定各项管理目标，组织编制年、季、月施工计划及物资需用量计划表，实施对工程质量、工期、安全生产、文明施工、计量检测、实验化验的控制、监督、检查和验收。

(4) 负责工程测量定位、沉降观测、技术交底，组织图纸会审，统一安排技术档案资料的收集整理及交工验收。

(5) 统筹安排、协调解决非劳务分包人独立使用的生产、生活临时设施、工作用水、用电及施工场地。

(6) 按时提供图纸，及时交付应供材料、设备，所提供的施工机械设备、周转材料、安全设施保证施工需要。

(7) 按本合同约定，向劳务分包人支付劳动报酬。

(8) 负责与发包人、监理、设计及有关部门联系，协调现场工作关系。

(四) 劳务分包人义务

(1) 对本合同劳务分包范围内的工程质量向工程承包人负责，组织具有相应资格证书的熟练工人投入工作；未经工程承包人授权或允许，不得擅自与发包人及有关部门建立工作联系；自觉遵守法律法规及有关规章制度。

(2) 劳务分包人根据施工组织设计总进度计划的要求，每月月底前提交下月施工计划，有阶段工期要求的提交阶段施工计划，必要时按工程承包人要求提交旬、周施工计划，以及与完成上述阶段、时段施工计划相应的劳动力安排计划，经工程承包人批准后严格实施。

(3) 严格按照设计图纸、施工验收规范、有关技术要求及施工组织设计精心组织施工，确保工程质量达到约定的标准；科学安排作业计划，投入足够的人力、物力，保证工期；加强安全教育，认真执行安全技术规范，严格遵守安全制度，落实安全措施，确保施工安全；加强现场管理，严格执行建设主管部门及环保、消防、环卫等有关部门对施工现场的管理规定，做到文明施工；承担由于自身责任造成的质量修改、返工、工期拖延、安全事故、现场脏乱造成的损失及各种罚款。

(4) 自觉接受工程承包人及有关部门的管理、监督和检查；接受工程承包人随时检查其设备、材料保管、使用情况及其操作人员的有效证件、持证上岗情况；与现场其他单位协调配合，照顾全局。

(5) 按工程承包人统一规划堆放材料、机具，按工程承包人标准化工地要求设置标牌，搞好生活区的管理，做好自身责任区的治安保卫工作。

(6) 按时提交报表、完整的原始技术经济资料，配合工程承包人办理交工验收。

(7) 做好施工场地周围建筑物、构筑物和地下管线和已完工程部分的成品保护工作，因劳务分包人责任发生损坏的，劳务分包人自行承担由此产生的一切经济损失及各种罚款。

(8) 妥善保管、合理使用工程承包人提供或租赁给劳务分包人使用的机具、周转材料及其他设施。

(9) 劳务分包人须服从工程承包人转发的发包人及工程师的指令。

(10) 除非本合同另有约定，劳务分包人应对其作业内容的实施、完工负责，劳务分包人应承担并履行总（分）包合同约定的、与劳务作业有关的所有义务及工作程序。

（五）安全施工与检查

（1）劳务分包人应遵守工程建设安全生产有关管理规定，严格按照安全标准进行施工，并随时接受行业安全检查人员依法实施的监督检查，采取必要的安全防护措施，消除事故隐患。劳务分包人安全措施不力造成事故的责任和因此而发生的费用，由劳务分包人承担。

（2）工程承包人应对其在施工场地的工作人员进行安全教育，并对他们的安全负责。工程承包人不得要求劳务分包人违反安全管理的规定进行施工。工程承包人原因导致的安全事故，由工程承包人承担相应责任及发生的费用。

（六）保险

（1）劳务分包人施工开始前，工程承包人应获得发包人为施工场地内的自有人员及第三方人员生命财产办理的保险，且不需劳务分包人支付保险费用。

（2）运至施工场地用于劳务施工的材料和待安装设备，由工程承包人办理或获得保险，且不需劳务分包人支付保险费用。

（3）工程承包人必须为租赁或提供给劳务分包人使用的施工机械设备办理保险，并支付保险费用。

（4）劳务分包人必须为从事危险作业的职工办理意外伤害保险，并为施工场地内自有人员生命财产和施工机械设备办理保险，支付保险费用。

（5）保险事故发生时，劳务分包人和工程承包人有责任采取必要的措施，防止或减少损失。

（七）劳务报酬

（1）劳务报酬采用下列任何一种方式计算：

①固定劳务报酬（含管理费）。

②约定不同工种劳务的计时单价（含管理费），按确认的工时计算。

③约定不同工作成果的计件单价（含管理费），按确认的工程量计算。

（2）劳务报酬除规定的情况外，均为一次包死，不再调整。

（3）在下列情况下，固定劳务报酬或单价可以调整：

①以合同约定价格为基准，市场人工价格的变化幅度超过一定比例，按变化前后价格的差额予以调整。

②后续法律及政策变化，导致劳务价格变化的，按变化前后价格的差额予以调整。

③双方约定的其他情形。

（八）工时及工程量的确认

（1）采用固定劳务报酬方式的，施工过程中不计算工时和工程量。

（2）采用按确定的工时计算劳务报酬的，由劳务分包人每日将提供劳务人数报工程承包人，由工程承包人确认。

（3）采用按确认的工程量计算劳务报酬的，由劳务分包人按月（或旬、日）将完成的工程量报工程承包人，由工程承包人确认。对劳务分包人未经工程承包人认可，超出设计图纸范围和因劳务分包人原因造成返工的工程量，工程承包人不予计量。

（九）劳务报酬的中间支付

（1）采用固定劳务报酬方式支付劳务报酬的，劳务分包人与工程承包人约定按下列方法支付：

①合同生效即支付预付款。

②中间支付。

（2）采用计时单价或计件单价方式支付劳务报酬。

（3）合同确定调整的劳务报酬、工程变更调整的劳务报酬及其他条款中约定的追加劳务报酬，应与上述劳务报酬同期调整支付。

（十）施工变更

施工中如发生对原工作内容进行变更，工程承包人项目经理应提前 7 天以书面形式向劳务分包人发出变更通知，并提供变更的相应图纸和说明。劳务分包人按照工程承包人（项目经理）发出的变更通知及有关要求，进行下列需要的变更：

（1）更改工程有关部分的标高、基线、位置和尺寸。

（2）增减合同中约定的工程量。

（3）改变有关的施工时间和顺序。

（4）其他有关工程变更需要的附加工作。

因变更导致劳务报酬的增加及造成的劳务分包人损失，由工程承包人承担，延误的工期相应顺延；因变更减少工程量，劳务报酬应相应减少，工期相应调整。

施工中劳务分包人不得对原工程设计进行变更。因劳务分包人擅自变更设计发生的费用和由此导致工程承包人的直接损失，由劳务分包人承担，延误的工期不予顺延。

劳务分包人自身原因导致的工程变更，劳务分包人无权要求追加劳务报酬。

（十一）施工验收

劳务分包人应确保所完成施工的质量，应符合本合同约定的质量标准。劳务分包人施工完毕，应向工程承包人提交完工报告，通知工程承包人验收；工程承包人应当在收到劳务分包人的上述报告后 7 天内对劳务分包人的施工成果进行验收，验收合格或者工程承包人在上述期限内未组织验收的，视为劳务分包人已经完成了本合同约定的工作。但工程承包人与发包人之间的隐藏工程验收结果或工程竣工验收结果表明劳务分包人施工质量不合格时，劳务分包人应负责无偿修复，不延长工期，并承担由此导致的工程承包人的相关损失。

全部工程竣工（包括劳务分包人完成工作在内）一经发包人验收合格，劳务分包人对其分包的劳务作业的施工质量不再承担责任，在质量保修期内的质量保修责任由工程承包人承担。

（十二）施工配合

劳务分包人应配合工程承包人对其工作进行的初步验收，以及工程承包人按发包人或建设行政主管部门要求进行的涉及劳务分包人工作内容、施工场地的检查、隐蔽工程验收及工程竣工验收；工程承包人或施工场地内第三方的工作必须劳务分包人配合时，劳务分包人应按工程承包人的指令予以配合。除上述初步验收、隐蔽工程验收及工程竣工验收之外，劳务分包人因提供上述配合而发生的工期损失和费用由工程承包人承担。

劳务分包人按约定完成劳务作业，必须由工程承包人或施工场地内的第三方进行配合时，工程承包人应配合劳务分包人工作或确保劳务分包人获得该第三方的配合，且工程承包人应承担因此而发生的费用。

（十三）劳务报酬最终支付

全部工作完成，经工程承包人认可后 14 天内，劳务分包人向工程承包人递交完整的结算资料，双方按照本合同约定的计价方式，进行劳务报酬的最终支付。

工程承包人收到劳务分包人递交的结算资料后 14 天内进行核实，给予确认或者提出修改意见。工程承包人确认结算资料后 14 天内向劳务分包人支付劳务报酬尾款。

劳务分包人和工程承包人对劳务报酬结算价款发生争议时，按本合同关于争议的约定处理。

（十四）不可抗力

本合同中不可抗力的定义与施工总承包合同中的定义相同。

不可抗力事件发生后，劳务分包人应立即通知工程承包人项目经理，并在力所能及的条件下迅速采取措施，尽力减少损失，工程承包人应协助劳务分包人采取措施。工程承包人项目经理认为劳务分包人应当暂停工作的，劳务分包人应暂停工作。不可抗力事件结束后 48 h 内劳务分包人向工程承包人项目经理通报受害情况和损失情况，以及预计清理和修复的费用。如不可抗力事件持续发生，劳务分包人应每隔 7 天向工程承包人项目经理通报一次受害情况。不可抗力结束后 14 天内，劳务分包人应向工程承包人项目经理提交清理和修复费用的正式报告和有关资料。

不可抗力事件导致的费用和延误的工作时间由双方按以下办法分别承担：

（1）工程本身的损害、因工程损害导致第三方人员伤亡和财产损失以及运至施工场地用于劳务作业的材料和待安装的设备的损害由工程承包人承担。

（2）工程承包人和劳务分包人的人员伤亡由其所在单位负责，并承担相应费用。

（3）劳务分包人自有机械设备损坏及停工损失，由劳务分包人自行承担。

（4）工程承包人提供给劳务分包人使用的机械设备损坏，由工程承包人承担，但停工损失由劳务分包人自行承担。

（5）停工期间，劳务分包人应工程承包人项目经理要求留在施工场地的必要的管理人员及保卫人员的费用由工程承包人承担。

（6）工程所需清理、修复费用，由工程承包人承担。

（7）延误的工作时间相应顺延。

因合同一方迟延履行合同后发生不可抗力的，不能免除迟延履行方的相应责任。

（十五）合同解除

如果工程承包人不按照本合同的约定支付劳务报酬，劳务分包人可以停止工作。停止工作超过 28 天，工程承包人仍不支付劳务报酬，劳务分包人可以发出通知解除合同。

如在劳务分包人没有完全履行本合同义务之前，总包合同或专业分包合同终止，工程承包人应通知劳务分包人终止本合同。劳务分包人接到通知后尽快撤离现场，工程承包人应支付劳务分包人已完成工程的劳务报酬，并赔偿因此而遭受的损失。

合同解除后，劳务分包人应妥善做好已完工程和剩余材料、设备的保护和移交工作，按工程承包人要求撤出施工场地。工程承包人应为劳务分包人撤出提供必要条件，支付以上所发生的费用，并按合同约定支付已完工作劳务报酬。有过错的一方应当赔偿因合同解除给对方造成的损失。合同解除后，不影响双方在合同中约定的结算和清理条款的效力。

实战演练

[2023 真题 · 单选] 根据《建设工程施工劳务分包合同（示范文本）》，下列属于劳务分包人责任和义务的是（　　）。

A. 满足劳务作业所需的能源供应

B. 负责编制施工组织设计

C. 为从事危险作业的职工办理意外伤害保险

D. 对工程的工期和质量向发包人负责

[解析] 选项 A、B 属于承包人的主要义务。选项 D 错误，应对工程的工期和质量向承包人负责。

[答案] C

[经典例题 · 单选] 根据《建设工程施工劳务分包合同（示范文本）》，下列关于不可抗力造成损失的说法，不正确的是（　　）。

A. 不可抗力结束后 14 天内，劳务分包人应向工程承包人项目经理提交清理和修复费用的正式报告和有关资料

B. 劳务分包人自有机械设备损坏及停工损失，由劳务分包人自行承担

C. 工程承包人提供给劳务分包人使用的机械设备损坏，由劳务分包人承担

D. 工程所需清理、修复费用，由工程承包人承担

[解析] 选项 C 错误，工程承包人提供给劳务分包人使用的机械设备损坏，由工程承包人承担。

[答案] C

[2022 真题 · 多选] 某建设工程发包人与乙公司签订了工程承包合同，乙公司又与劳务分包人丙公司签订了劳务分包合同。关于丙公司应承担义务的说法，正确的有（　　）。

A. 应就工期和质量向发包人负责

B. 应与发包人及有关部门建立工作联系

C. 应安排技术档案资料的收集整理及交工验收

D. 应服从乙公司转发的发包人指令

E. 应自觉接受乙公司及有关部门的管理、监督和检查

[解析] 选项 A 错误，劳务分包人应就工期和质量向承包人负责。选项 B 错误，未经承包人授权或允许，劳务分包人不得擅自与发包人及有关部门建立工作联系。选项 C 错误，安排技术档案资料的收集整理及交工验收属于承包人的义务。

[答案] DE

知识点 4 材料设备采购合同管理

一、《中华人民共和国标准材料采购招标文件（2017年版）》的相关内容

（一）一般约定

1. 合同文件的优先顺序

组成合同的各项文件应互相解释，互为说明。除专用合同条款另有约定外，解释合同文件的优先顺序如下：

（1）合同协议书。

（2）中标通知书。

（3）投标函。

（4）商务和技术偏差表。

（5）专用合同条款。

（6）通用合同条款。

（7）供货要求。

（8）分项报价表。

（9）中标材料质量标准的详细描述。

（10）相关服务计划。

（11）其他合同文件。

2. 合同的生效及变更

除专用合同条款另有约定外，买方和卖方的法定代表人（单位负责人）或其授权代表在合同协议书上签字并加盖单位章后，合同生效。

除专用合同条款另有约定外，在合同履行过程中，如需对合同进行变更，双方应签订书面协议，并经双方法定代表人（单位负责人）或其授权代表签字并加盖单位章后生效。

（二）合同价格与支付

1. 合同价格

合同协议书中载明的签约合同价包括卖方为完成合同全部义务应承担的一切成本、费用和支出以及卖方的合理利润。

除专用合同条款另有约定外，供货周期不超过12个月的签约合同价为固定价格。供货周期超过12个月且合同材料交付时材料价格变化超过专用合同条款约定的幅度的，双方应按照专用合同条款中约定的调整方法对合同价格进行调整。

2. 合同价款的支付

除专用合同条款另有约定外，买方应通过以下方式和比例向卖方支付合同价款：

（1）预付款。

合同生效后，买方在收到卖方开具的注明应付预付款金额的财务收据正本一份并经审核无误后28日内，向卖方支付签约合同价的10%作为预付款。

买方支付预付款后，如卖方未履行合同义务，则买方有权收回预付款；如卖方依约履行了合同义务，则预付款抵作进度款。

（2）进度款。

卖方按照合同约定的进度交付合同材料并提供相关服务后，买方在收到卖方提交的下列单据并经审核无误后 28 日内，应向卖方支付进度款，进度款支付至该批次合同材料的合同价格的 95%：

①卖方出具的交货清单正本一份。

②买方签署的收货清单正本一份。

③制造商出具的出厂质量合格证正本一份。

④合同材料验收证书或进度款支付函正本一份。

⑤合同价格 100%金额的增值税发票正本一份。

（3）结清款。

全部合同材料质量保证期届满后，买方在收到卖方提交的由买方签署的质量保证期届满证书并经审核无误后 28 日内，向卖方支付合同价格 5%的结清款。

3. 买方扣款的权利

当卖方应向买方支付合同项下的违约金或赔偿金时，买方有权从上述任何一笔应付款中予以直接扣除和（或）兑付履约保证金。

（三）包装、标记、运输和交付

1. 包装

卖方应对合同材料进行妥善包装，以满足合同材料运至施工场地及在施工场地保管的需要。包装应采取防潮、防晒、防锈、防腐蚀、防震动及防止其他损坏的必要保护措施，从而保护合同材料能够经受多次搬运、装卸、长途运输并适宜保管。

除专用合同条款另有约定外，买方无须将包装物退还给卖方。

2. 标记

除专用合同条款另有约定外，卖方应按合同约定在材料包装上以不可擦除的、明显的方式做出必要的标记。

根据合同材料的特点和运输、保管的不同要求，卖方应对合同材料清楚地标注“小心轻放”“此端朝上，请勿倒置”“保持干燥”等字样和其他适当标记。如果合同材料中含有易燃易爆物品、腐蚀物品、放射性物质等危险品，卖方应标明危险品标志。

3. 运输

卖方应自行选择适宜的运输工具及线路安排合同材料运输。

除专用合同条款另有约定外，卖方应在合同材料预计启运 7 日前，将合同材料名称、装运材料数量、重量、体积（用 m^3 表示）、合同材料单价、总金额、运输方式、预计交付日期和合同材料在装卸、保管中的注意事项等预通知买方，并在合同材料启运后 24 h 之内正式通知买方。

卖方在通知时，如果合同材料中包括单个包装超大和（或）超重的，卖方应将超大和（或）超重的每个包装的重量和尺寸通知买方；如果合同材料中包括易燃易爆物品、腐蚀物品、放射性物质等危险品，则危险品的品名、性质以及在装卸、保管方面的特殊要求、注意事项和处理意外情况的方法等，也应一并通知买方。

4. 交付

除专用合同条款另有约定外，卖方应根据合同约定的交付时间和批次在施工场地卸货后将合同材料交付给买方，买方对卖方交付的合同材料的外观及件数进行清点核验后应签发收货清单。买方签发收货清单不代表对合同材料的接受，双方还应按合同约定进行后续的检验和验收。

合同材料的所有权和风险自交付时起由卖方转移至买方，合同材料交付给买方之前包括运输在内的所有风险均由卖方承担。

除专用合同条款另有约定外，买方如果发现技术资料存在短缺和（或）损坏，卖方应在收到买方的通知后 7 日内免费补齐短缺和（或）损坏的部分。如果买方发现卖方提供的技术资料有误，卖方应在收到买方通知后 7 日内免费替换。如买方原因导致技术资料丢失和（或）损坏，卖方应在收到买方的通知后 7 日内补齐丢失（和）或损坏的部分，但买方应向卖方支付合理的复制、邮寄费用。

（四）检验和验收

合同材料交付前，卖方应对其进行全面检验，并在交付合同材料时向买方提交合同材料的质量合格证书。

合同材料交付后，买方应在专用合同条款约定的期限内安排对合同材料的规格、质量等进行检验，检验按照专用合同条款约定的下列一种方式进行：

（1）由买方对合同材料进行检验。

（2）由专用合同条款约定的拥有资质的第三方检验机构对合同材料进行检验。

（3）专用合同条款约定的其他方式。

买方应在检验日期 3 日前将检验的时间和地点通知卖方，卖方应自负费用派遣代表参加检验。若卖方未按买方通知到场参加检验，则检验可正常进行，卖方应接受对合同材料的检验结果。

合同材料经检验合格，买卖双方应签署合同材料验收证书一式两份，双方各持一份。

若合同约定了合同材料的最低质量标准，且合同材料经检验达到了合同约定的最低质量标准的，视为合同材料符合质量标准，买方应验收合同材料，但卖方应按专用合同条款的约定进行减价或向买方支付补偿金。

合同材料由第三方检验机构进行检验的，第三方检验机构的检验结果对双方均具有约束力。

除专用合同条款另有约定外，买方在全部合同材料交付后 3 个月内未安排检验和验收的，卖方可签署进度款支付函提交买方，如买方在收到后 7 日内未提出书面异议，则进度款支付函自签署之日起生效。进度款支付函的生效不免除卖方继续配合买方进行检验和验收的义务，合同材料验收后双方应签署合同材料验收证书。

合同材料验收证书的签署不能免除卖方在质量保证期内对合同材料应承担的保证责任。

（五）相关服务

卖方应配备充足的技术人员，并根据买方要求，通过进行电话联系或派遣技术熟练、称职的技术人员到施工场地为买方提供服务。如果卖方技术人员不合格，买方有权要求卖方撤换，因撤换而产生的费用应由卖方承担。

买方应免费为卖方技术人员提供工作条件及便利，包括但不限于必要的办公场所、技术资料及出入许可等。除专用合同条款另有约定外，卖方技术人员的交通、食宿费用由卖方承担。

（六）质量保证期

除专用合同条款和（或）供货要求等合同文件另有约定外，合同材料的质量保证期自合同材料验收之日起算，至合同材料验收证书或进度款支付函签署之日起 12 个月止（以先到的为准）。

除非因买方使用不当，合同材料在质量保证期内如破损、变质或被发现存在任何质量问题，卖方应负责对合同材料进行修补和退换。更换的合同材料的质量保证期应重新计算。

质量保证期届满且卖方按照合同约定履行完毕质量保证期内义务后，买方应在 7 日内向卖方出具合同材料的质量保证期届满证书。

（七）履约保证金

除专用合同条款另有约定外，履约保证金自合同生效之日起生效，在合同材料验收证书或进度款支付函签署之日起 28 日后失效。如果卖方不履行合同约定的义务或其履行不符合合同的约定，买方有权扣划相应金额的履约保证金。

（八）违约责任

合同一方不履行合同义务、履行合同义务不符合约定或者违反合同项下所做保证的，应向对方承担继续履行、采取补救措施或者赔偿损失等违约责任。

卖方未能按时交付合同材料的，应向买方支付迟延交货违约金。卖方支付迟延交货违约金，不能免除其继续交付合同材料的义务。除专用合同条款另有约定外，迟延交付违约金计算方法如下：

延迟交付违约金＝延迟交付材料金额×0.08％×延迟交货天数

迟延交付违约金的最高限额为合同价格的 10％。

买方未能按合同约定支付合同价款的，应向卖方支付延迟付款违约金。除专用合同条款另有约定外，迟延付款违约金的计算方法如下：

延迟付款违约金＝延迟付款金额×0.08％×延迟付款天数

迟延付款违约金的总额不得超过合同价格的 10％。

实战演练

［2024 真题·单选］ 根据《标准材料采购招标文件》，合同材料质量保证期的起算时间是（　　）。

A. 合同材料发运之日　　B. 合同材料交付之日

C. 收货清单签发之日　　D. 合同材料验收之日

［解析］ 除专用合同条款和（或）供货要求等合同文件另有约定外，合同材料的质量保证期自合同材料验收之日起算，至合同材料验收证书或进度款支付函签署之日起 12 个月止（以先到的为准）。

［答案］ D

[经典例题·单选] 下列关于材料采购合同管理的说法，不正确的是（　　）。

A. 买方审核质量保证期届满证书无误后28日内，向卖方支付合同价格5%的结清款

B. 履约保证金自合同生效之日起生效，在合同材料验收证书或进度款支付函签署之日起28日后失效

C. 迟延交付违约金的最高限额为合同价格的10%

D. 卖方对材料进行包装，买方需要将包装物退还给卖方

[解析] 选项D错误，卖方对材料进行包装，买方不需要将包装物退还给卖方。

[答案] D

二、《中华人民共和国标准设备采购招标文件（2017年版）》的相关内容

（一）一般约定

1. 合同文件的优先顺序

组成合同的各项文件应互相解释，互为说明。除专用合同条款另有约定外，解释合同文件的优先顺序如下：

（1）合同协议书。

（2）中标通知书。

（3）投标函。

（4）商务和技术偏差表。

（5）专用合同条款。

（6）通用合同条款。

（7）供货要求。

（8）分项报价表。

（9）中标设备技术性能指标的详细描述。

（10）技术服务和质保期服务计划。

（11）其他合同文件。

2. 合同的生效及变更

除专用合同条款另有约定外，买方和卖方的法定代表人（单位负责人）或其授权代表在合同协议书上签字并加盖单位章后，合同生效。

除专用合同条款另有约定外，在合同履行过程中，如需对合同进行变更，双方应签订书面协议，并经双方法定代表人（单位负责人）或其授权代表签字并加盖单位章后生效。

（二）合同价格与支付

1. 合同价格

合同协议书中载明的签约合同价包括卖方为完成合同全部义务应承担的一切成本、费用和支出以及卖方的合理利润。

除专用合同条款另有约定外，签约合同价为固定价格。

2. 合同价款的支付

除专用合同条款另有约定外，买方应通过以下方式和比例向卖方支付合同价款：

（1）预付款。

合同生效后，买方在收到卖方开具的注明应付预付款金额的财务收据正本一份并经审核无误后 28 日内，向卖方支付签约合同价的 10%作为预付款。

买方支付预付款后，如卖方未履行合同义务，则买方有权收回预付款；如卖方依约履行了合同义务，则预付款抵作合同价款。

（2）交货款。

卖方按合同约定交付全部合同设备后，买方在收到卖方提交的下列全部单据并经审核无误后 28 日内，向卖方支付合同价格的 60%：

①卖方出具的交货清单正本一份。

②买方签署的收货清单正本一份。

③制造商出具的出厂质量合格证正本一份。

④合同价格 100%金额的增值税发票正本一份。

（3）验收款。

买方在收到卖方提交的买卖双方签署的合同设备验收证书或已生效的验收款支付函正本一份并经审核无误后 28 日内，向卖方支付合同价格的 25%。

（4）结清款。

买方在收到卖方提交的买方签署的质量保证期届满证书或已生效的结清款支付函正本一份并经审核无误后 28 日内，向卖方支付合同价格的 5%。

如果依照合同规定，卖方应向买方支付费用的，买方有权从结清款中直接扣除该笔费用。

除专用合同条款另有约定外，在买方向卖方支付验收款的同时或其后的任何时间内，卖方可在向买方提交买方可接受的金额为合同价格 5%的合同结清款保函的前提下，要求买方支付合同结清款，买方不得拒绝。

3. 买方扣款的权利

当卖方应向买方支付合同项下的违约金或赔偿金时，买方有权从上述任何一笔应付款中予以直接扣除和（或）兑付履约保证金。

（三）监造及交货前检验

1. 监造

专用合同条款约定买方对合同设备进行监造的，双方应按约定履行。

在合同设备的制造过程中，买方可派出监造人员，对合同设备的生产制造进行监造，监督合同设备制造、检验等情况。监造的范围、方式等应符合专用合同条款和（或）供货要求等合同文件的约定。

除专用合同条款和（或）供货要求等合同文件另有约定外，买方监造人员可到合同设备及其关键部件的生产制造现场进行监造，卖方应予配合。卖方应免费为买方监造人员提供工作条件及便利，包括但不限于必要的办公场所、技术资料、检测工具及出入许可等。除专用合同条款另有约定外，买方监造人员的交通、食宿费用由买方承担。

卖方制订生产制造合同设备的进度计划时，应将买方监造纳入计划安排，并提前通知买方；买方进行监造不应影响合同设备的正常生产。除专用合同条款和（或）供货要求等合同文件另有约定外，卖方应提前 7 日将需要买方监造人员现场监造事项通知买方；如买方监造人员未按通知出席，不影响合同设备及其关键部件的制造或检验，但买方监造人员有权事后了解、查阅、复制相关制造或检验记录。

买方监造人员在监造中如发现合同设备及其关键部件不符合合同约定的标准，则有权提出意见和建议。卖方应采取必要措施消除合同设备的不符，由此增加的费用和（或）造成的延误由卖方负责。

买方监造人员对合同设备的监造，不视为对合同设备质量的确认，不影响卖方交货后买方依照合同约定对合同设备提出质量异议和（或）退货的权利，也不免除卖方依照合同约定对合同设备所应承担的任何义务或责任。

2. 交货前检验

专用合同条款约定买方参与交货前检验的，双方应按约定履行。

合同设备交货前，卖方应会同买方代表根据合同约定对合同设备进行交货前检验并出具交货前检验记录，有关费用由卖方承担。卖方应免费为买方代表提供工作条件及便利，包括但不限于必要的办公场所、技术资料、检测工具及出入许可等。除专用合同条款另有约定外，买方代表的交通、食宿费用由买方承担。

除专用合同条款和（或）供货要求等合同文件另有约定外，卖方应提前 7 日将需要买方代表检验事项通知买方；如买方代表未按通知出席，不影响合同设备的检验。若卖方未依照合同约定提前通知买方而自行检验，则买方有权要求卖方暂停发货并重新进行检验，由此增加的费用和（或）造成的延误由卖方负责。

买方代表在检验中如发现合同设备不符合合同约定的标准，则有权提出异议。卖方应采取必要措施消除合同设备的不符，由此增加的费用和（或）造成的延误由卖方负责。

买方代表参与交货前检验及签署交货前检验记录的行为，不视为对合同设备质量的确认，不影响卖方交货后买方依照合同约定对合同设备提出质量异议和（或）退货的权利，也不免除卖方依照合同约定对合同设备所应承担的任何义务或责任。

（四）包装、标记、运输和交付

1. 包装

卖方应对合同设备进行妥善包装，以满足合同设备运至施工场地及在施工场地保管的需要。包装应采取防潮、防晒、防锈、防腐蚀、防震动及防止其他损坏的必要保护措施，从而保护合同设备能够经受多次搬运、装卸、长途运输并适宜保管。

每个独立包装箱内应附装箱清单、质量合格证、装配图、说明书、操作指南等资料。

除专用合同条款另有约定外，买方无须将包装物退还给卖方。

2. 标记

除专用合同条款另有约定外，卖方应在每一包装箱相邻的 4 个侧面以不可擦除的、明显的方式标记必要的装运信息和标记，以满足合同设备运输和保管的需要。

根据合同设备的特点和运输、保管的不同要求，卖方应在包装箱上清楚地标注“小心轻放”“此端朝上，请勿倒置”“保持干燥”等字样和其他适当标记。对于专用合同条款约定的超大、超重件，卖方应在包装箱两侧标注“重心”和“起吊点”以便装卸和搬运。如果发运合同设备中含有易燃易爆物品、腐蚀物品、放射性物质等危险品，则应在包装箱上标明危险品标志。

3. 运输

卖方应自行选择适宜的运输工具及线路安排合同设备运输。

除专用合同条款另有约定外，每件能够独立运行的设备应整套装运。该设备安装、调试、考核和运行所使用的备品、备件、易损易耗件等应随相关的主机一齐装运。

除专用合同条款另有约定外，卖方应在合同设备预计启运 7 日前，将合同设备名称、数量、箱数、总毛重、总体积（用 m^3 表示）、每箱尺寸（长×宽×高）、装运合同设备总金额、运输方式、预计交付日期和合同设备在运输、装卸、保管中的注意事项等预通知买方，并在合同设备启运后 24 h 之内正式通知买方。

卖方在通知时，如果发运合同设备中包括专用合同条款约定的超大、超重包装，则卖方应将超大和（或）超重的每个包装箱的重量和尺寸通知买方；如果发运合同设备中包括易燃易爆物品、腐蚀物品、放射性物质等危险品，则危险品的品名、性质以及在运输、装卸、保管方面的特殊要求、注意事项和处理意外情况的方法等，也应一并通知买方。

4. 交付

除专用合同条款另有约定外，卖方应根据合同约定的交付时间和批次在施工场地车面上将合同设备交付给买方。买方对卖方交付的包装的合同设备的外观及件数进行清点核验后应签发收货清单，并自负风险和费用进行卸货。买方签发收货清单不代表对合同设备的接受，双方还应按合同约定进行后续的检验和验收。

合同设备的所有权和风险自交付时起由卖方转移至买方，合同设备交付给买方之前包括运输在内的所有风险均由卖方承担。

除专用合同条款另有约定外，买方如果发现技术资料存在短缺和（或）损坏，卖方应在收到买方的通知后 7 日内免费补齐短缺和（或）损坏的部分。如果买方发现卖方提供的技术资料有误，卖方应在收到买方通知后 7 日内免费替换。如买方原因导致技术资料丢失和（或）损坏，卖方应在收到买方的通知后 7 日内补齐丢失和（或）损坏的部分，但买方应向卖方支付合理的复制、邮寄费用。

（五）开箱检验、安装、调试、考核、验收

1. 开箱检验

合同设备交付后应进行开箱检验，即合同设备数量及外观检验。开箱检验在专用合同条款约定的下列任一种时间进行：

（1）合同设备交付时。

（2）合同设备交付后的一定期限内。

如开箱检验不在合同设备交付时进行，买方应在开箱检验 3 日前将开箱检验的时间和地点通知卖方。

除专用合同条款另有约定外，合同设备的开箱检验应在施工场地进行。

开箱检验由买卖双方共同进行，卖方应自负费用派遣代表到场参加开箱检验。

在开箱检验中，买方和卖方应共同签署数量、外观检验报告，报告应列明检验结果，包

括检验合格或发现的任何短缺、损坏或其他与合同约定不符的情形。

如果卖方代表未能依约或按买方通知到场参加开箱检验，买方有权在卖方代表未在场的情况下进行开箱检验，并签署数量、外观检验报告，对于该检验报告和检验结果，视为卖方已接受，但卖方确有合理理由且事先与买方协商推迟开箱检验时间的除外。

如开箱检验不在合同设备交付时进行，则合同设备交付以后到开箱检验之前，应由买方负责按交货时外包装原样对合同设备进行妥善保管。除专用合同条款另有约定外，在开箱检验时如果合同设备外包装与交货时一致，则开箱检验中发现的合同设备的短缺、损坏或其他与合同约定不符的情形，由卖方负责，卖方应补齐、更换及采取其他补救措施。如果在开箱检验时合同设备外包装不是交货时的包装或虽是交货时的包装但与交货时不一致且出现很可能导致合同设备短缺或损坏的包装破损，则开箱检验中发现合同设备短缺、损坏或其他与合同约定不符的情形的风险，由买方承担，但买方能够证明是卖方原因或合同设备交付前非买方原因导致的除外。

如双方在专用合同条款和（或）供货要求等合同文件中约定由第三方检测机构对合同设备进行开箱检验或在开箱检验过程中另行约定由第三方检验的，则第三方检测机构的检验结果对双方均具有约束力。

开箱检验的检验结果不能对抗在合同设备的安装、调试、考核、验收中及质量保证期内发现的合同设备质量问题，也不能免除或影响卖方依照合同约定对买方负有的包括合同设备质量在内的任何义务或责任。

2. 安装、调试

开箱检验完成后，双方应对合同设备进行安装、调试，以使其具备考核的状态。安装、调试应按照专用合同条款约定的下列任一种方式进行：

（1）卖方按照合同约定完成合同设备的安装、调试工作。

（2）买方或买方安排第三方负责合同设备的安装、调试工作，卖方提供技术服务。

除专用合同条款另有约定外，在安装、调试过程中，如由于买方或买方安排的第三方未按照卖方现场服务人员的指导导致安装、调试不成功和（或）出现合同设备损坏，买方应自行承担责任。如在买方或买方安排的第三方按照卖方现场服务人员的指导进行安装、调试的情况下出现安装、调试不成功和（或）造成合同设备损坏的情况，卖方应承担责任。

除专用合同条款另有约定外，安装、调试中合同设备运行需要的用水、用电、其他动力和原材料（如需要）等均由买方承担。

双方应对合同设备的安装、调试情况共同及时进行记录。

3. 考核

安装、调试完成后，双方应对合同设备进行考核，以确定合同设备是否达到合同约定的技术性能考核指标。除专用合同条款另有约定外，考核中合同设备运行需要的用水、用电、其他动力和原材料（如需要）等均由买方承担。

如由于卖方原因合同设备在考核中未能达到合同约定的技术性能考核指标，则卖方应在双方同意的期限内采取措施消除合同设备中存在的缺陷，并在缺陷消除以后，尽快进行再次考核。

由于卖方原因未能达到技术性能考核指标时，为卖方进行考核的机会不超过 3 次。如果由于卖方原因，3 次考核均未能达到合同约定的技术性能考核指标，则买卖双方应就合同的后续履行进行协商，协商不成的，买方有权解除合同。但如合同中约定了或双方在考核中另行达成了合同设备的最低技术性能考核指标，且合同设备达到了最低技术性能考核指标的，视为合同设备已达到技术性能考核指标，买方无权解除合同，且应接受合同设备，但卖方应按专用合同条款的约定进行减价或向买方支付补偿金。

如由于买方原因合同设备在考核中未能达到合同约定的技术性能考核指标，则卖方应协助买方安排再次考核。由于买方原因未能达到技术性能考核指标时，为买方进行考核的机会不超过 3 次。

考核期间，双方应及时共同记录合同设备的用水、用电、其他动力和原材料（如有）的使用及设备考核情况。对于未达到技术性能考核指标的，应如实记录设备表现、可能原因及处理情况等。

4. 验收

如合同设备在考核中达到或视为达到技术性能考核指标，则买卖双方应在考核完成后 7 日内或专用合同条款另行约定的时间内签署合同设备验收证书一式两份，双方各持一份。验收日期应为合同设备达到或视为达到技术性能考核指标的日期。

如由于买方原因合同设备在 3 次考核中均未能达到技术性能考核指标，买卖双方应在考核结束后 7 日内或专用合同条款另行约定的时间内签署验收款支付函。

除专用合同条款另有约定外，卖方有义务在验收款支付函签署后 12 个月内应买方要求提供相关技术服务，协助买方采取一切必要措施使合同设备达到技术性能考核指标。买方应承担卖方因此产生的全部费用。

在上述 12 个月的期限内，如合同设备经过考核达到或视为达到技术性能考核指标，则买卖双方应按照约定签署合同设备验收证书。

除专用合同条款另有约定外，如由于买方原因在最后一批合同设备交货后 6 个月内未能开始考核，则买卖双方应在上述期限届满后 7 日内或专用合同条款另行约定的时间内签署验收款支付函。

除专用合同条款另有约定外，卖方有义务在验收款支付函签署后 6 个月内应买方要求提供不超出合同范围的技术服务，协助买方采取一切必要措施使合同设备达到技术性能考核指标，且买方无须因此向卖方支付费用。

在上述 6 个月的期限内，如合同设备经过考核达到或视为达到技术性能考核指标，则买卖双方应按照约定签署合同设备验收证书。

在上述情形下，卖方也可单方签署验收款支付函提交买方，如果买方在收到卖方签署的验收款支付函后 14 日内未向卖方提出书面异议，则验收款支付函自签署之日起生效。

合同设备验收证书的签署不能免除卖方在质量保证期内对合同设备应承担的保证责任。

（六）技术服务

卖方应派遣技术熟练、称职的技术人员到施工场地为买方提供技术服务。卖方的技术服务应符合合同的约定。

买方应免费为卖方技术人员提供工作条件及便利，包括但不限于必要的办公场所、技术资料及出入许可等。除专用合同条款另有约定外，卖方技术人员的交通、食宿费用由卖方承担。

卖方技术人员应遵守买方施工现场的各项规章制度和安全操作规程，并服从买方的现场管理。

如果技术人员不合格，买方有权要求卖方撤换，因撤换而产生的费用应由卖方承担。在不影响技术服务并且征得买方同意的条件下，卖方也可自负费用更换其技术人员。

（七）质量保证期

除专用合同条款和（或）供货要求等合同文件另有约定外，合同设备整体质量保证期为验收之日起 12 个月。如对合同设备中关键部件的质量保证期有特殊要求的，买卖双方可在专用合同条款中约定。由于买方原因合同设备在 3 次考核中均未能达到技术性能考核指标，无论合同设备何时验收，其质量保证期最长为签署验收款支付函后 12 个月。由于买方原因在最后一批合同设备交货后 6 个月内未能开始考核，无论合同设备何时验收，其质量保证期最长为签署验收款支付函后 6 个月。

在质量保证期内如果合同设备出现故障，卖方应自付费用提供质保期服务，对相关合同设备进行修理或更换以消除故障。更换的合同设备和（或）关键部件的质量保证期应重新计算。但如果合同设备的故障是买方原因造成的，则对合同设备进行修理和更换的费用应由买方承担。

质量保证期届满后，买方应在 7 日内或专用合同条款另行约定的时间内向卖方出具合同设备的质量保证期届满证书。

由于买方原因合同设备在 3 次考核中均未能达到技术性能考核指标，如在验收款支付函签署后 12 个月内由于买方原因合同设备仍未能达到技术性能考核指标，则买卖双方应在该 12 个月届满后 7 日内或专用合同条款另行约定的时间内签署结清款支付函。

由于买方原因在最后一批合同设备交货后 6 个月内未能开始考核，如在验收款支付函签署后 6 个月内由于买方原因合同设备仍未进行考核或仍未达到技术性能考核指标，则买卖双方应在该 6 个月届满后 7 日内或专用合同条款另行约定的时间内签署结清款支付函。

在上述情形下，卖方也可单方签署结清款支付函提交买方，如果买方在收到卖方签署的结清款支付函后 14 日内未向卖方提出书面异议，则结清款支付函自签署之日起生效。

（八）履约保证金

除专用合同条款另有约定外，履约保证金自合同生效之日起生效，在合同设备验收证书或验收款支付函签署之日起 28 日后失效。如果卖方不履行合同约定的义务或其履行不符合合同的约定，买方有权扣划相应金额的履约保证金。

（九）违约责任

合同一方不履行合同义务、履行合同义务不符合约定或者违反合同项下所做保证的，应向对方承担继续履行、采取修理、更换、退货等补救措施或者赔偿损失等违约责任。

卖方未能按时交付合同设备（包括仅迟延交付技术资料但足以导致合同设备安装、调试、考核、验收工作推迟的）的，应向买方支付迟延交付违约金。除专用合同条款另有约定外，迟延交付违约金的计算方法如下：

（1）从迟交的第一周到第四周，每周迟延交付违约金为迟交合同设备价格的 0.5%。

（2）从迟交的第五周到第八周，每周迟延交付违约金为迟交合同设备价格的 1%。

(3) 从迟交第九周起，每周迟延交付违约金为迟交合同设备价格的 1.5%。

在计算迟延交付违约金时，迟交不足一周的按一周计算。迟延交付违约金的总额不得超过合同价格的 10%。

迟延交付违约金的支付不能免除卖方继续交付相关合同设备的义务，但如迟延交付必然导致合同设备安装、调试、考核、验收工作推迟的，相关工作应相应顺延。

买方未能按合同约定支付合同价款的，应向卖方支付延迟付款违约金。除专用合同条款另有约定外，迟延付款违约金的计算方法如下：

(1) 从迟付的第一周到第四周，每周迟延付款违约金为迟延付款金额的 0.5%。

(2) 从迟付的第五周到第八周，每周迟延付款违约金为迟延付款金额的 1%。

(3) 从迟付第九周起，每周迟延付款违约金为迟延付款金额的 1.5%。

在计算迟延付款违约金时，迟付不足一周的按一周计算。迟延付款违约金的总额不得超过合同价格的 10%。

实战演练

[经典例题・单选] 根据《标准设备采购招标文件》，买卖双方约定合同设备的所有权和风险转移的界面为（　　）。

A. 装在设备制造厂的运输工具上　　B. 施工场地设备安装部位

C. 运至施工场地运输工具的车面　　D. 施工场地的安装作业面

[解析] 卖方根据合同约定的交付时间和批次在施工场地车面上将合同设备交付给买方。

[答案] C

[经典例题・单选] 下列关于设备采购合同管理的说法，正确的是（　　）。

A. 合同生效后，买方在收到卖方开具的注明应付预付款金额的财务收据正本一份并经审核无误后 28 日内，向卖方支付签约合同价的 10% 作为预付款

B. 卖方按合同约定交付全部合同设备后，买方在收到卖方提交的全部单据并经审核无误后 28 日内，向卖方支付合同价格的 70%

C. 买方在收到卖方提交的买卖双方签署的合同设备验收证书或已生效的验收款支付函正本一份并经审核无误后 28 日内，向卖方支付合同价格的 10%

D. 买方在收到卖方提交的买方签署的质量保证期届满证书或已生效的结清款支付函正本一份并经审核无误后 28 日内，向卖方支付合同价格的 10%

[解析] 选项 B 错误，卖方按合同约定交付全部合同设备后，买方在收到卖方提交的全部单据并经审核无误后 28 日内，向卖方支付合同价格的 60%。选项 C 错误，买方在收到卖方提交的买卖双方签署的合同设备验收证书或已生效的验收款支付函正本一份并经审核无误后 28 日内，向卖方支付合同价格的 25%。选项 D 错误，买方在收到卖方提交的买方签署的质量保证期届满证书或已生效的结清款支付函正本一份并经审核无误后 28 日内，向卖方支付合同价格的 5%。

[答案] A

第三节　工程承包风险管理及担保保险

知识点 1 工程承包风险管理

一、工程承包风险

工程承包风险是指在工程建设过程中，由于多种因素导致的不确定性和潜在损失。这些风险可以分为多个类别，并且涉及不同的主体，包括承包商、业主、设计和监理等。

工程承包风险主要有以下几种：

(1) 合同风险。合同条款的不清晰或不公平可能导致责任划分不明、价款支付方式不合理等问题。合同风险还包括合同条款的解释歧义、对合同义务的误解及分包合同管理等，这些都可能导致争议、索赔和法律诉讼，从而影响项目的进度和成本。

(2) 设计风险。设计阶段的风险包括设计变更、设计不完善或不符合实际需求、设计错误等。这些问题可能导致项目的额外成本、延期和质量问题。

(3) 施工风险。施工阶段的风险包括施工条件变化、施工资源不足、安全事故、施工质量问题及交叉施工的配合等。这些风险可能导致施工延误、额外成本和法律责任。

(4) 管理风险。管理风险涉及项目管理、经济和法律风险。例如，管理人员的经验和能力不足可能导致成本浪费和项目问题。

(5) 外部环境风险。外部环境风险包括市场风险、政策风险、社会风险和自然环境风险。这些外部因素可能影响工程进度和成本。

(6) 质量和安全风险。工程质量问题可能导致返修甚至赔偿责任，而安全事故则可能引发法律责任。

二、风险管理

根据《建设工程项目管理规范》(GB/T 50326—2017)，风险管理的内容如下。

(一) 一般规定

组织应建立风险管理制度，明确各层次管理人员的风险管理责任，管理各种不确定因素对项目的影响。

项目风险管理应包括下列程序：风险识别→风险评估→风险应对→风险监控。

➤ **注意**：项目风险管理程序涵盖项目实施全过程的风险管理内容，包括风险识别、风险评估、风险应对和风险监控。以上 4 项既是风险管理的内容，也是风险管理的基本步骤和过程。

(二) 风险管理计划

项目管理机构应在项目管理策划时确定项目风险管理计划。

项目风险管理计划编制依据应包括下列内容：

(1) 项目范围说明。

(2) 招标投标文件与工程合同。

(3) 项目工作分解结构。

(4) 项目管理策划的结果。

(5) 组织的风险管理制度。

(6) 其他相关信息和历史资料。

项目风险管理计划应包括下列内容：

(1) 风险管理目标。

(2) 风险管理范围。

(3) 可使用的风险管理方法、措施、工具和数据。

(4) 风险跟踪的要求。

(5) 风险管理的责任和权限。

(6) 必需的资源和费用预算。

项目风险管理计划应根据风险变化进行调整，并经过授权人批准后实施。

(三) 风险识别

项目管理机构应在项目实施前识别实施过程中的各种风险。

项目管理机构应进行下列风险识别：

(1) 工程本身条件及约定条件。

(2) 自然条件与社会条件。

(3) 市场情况。

(4) 项目相关方的影响。

(5) 项目管理团队的能力。

识别项目风险应遵循下列程序：

(1) 收集与风险有关的信息。

(2) 确定风险因素。

(3) 编制项目风险识别报告。

项目风险识别报告应由编制人签字确认，并经批准后发布。项目风险识别报告应包括下列内容：

(1) 风险源的类型、数量。

(2) 风险发生的可能性。

(3) 风险可能发生的部位及风险的相关特征。

(四) 风险评估

项目管理机构应按下列内容进行风险评估：

(1) 风险因素发生的概率。

(2) 风险损失量或效益水平的估计。

(3) 风险等级评估。

风险评估宜采取下列方法：

(1) 根据已有信息和类似项目信息采用主观推断法、专家估计法或会议评审法进行风险发生概率的认定。

（2）根据工期损失、费用损失和对工程质量、功能、使用效果的负面影响进行风险损失量的估计。

（3）根据工期缩短、利润提升和对工程质量、安全、环境的正面影响进行风险效益水平的估计。

项目管理机构应根据风险因素发生的概率、损失量或效益水平，确定风险量并进行分级。

风险评估后应出具风险评估报告。风险评估报告应由评估人签字确认，并经批准后发布。风险评估报告应包括下列内容：

（1）各类风险发生的概率。

（2）可能造成的损失量或效益水平、风险等级确定。

（3）风险相关的条件因素。

（五）风险应对

项目管理机构应依据风险评估报告确定针对项目风险的应对策略。项目管理机构应采取以下措施应对负面风险。

1. 风险规避

风险规避是指当工程项目风险潜在威胁发生可能性太大，不利后果也太严重，又无其他策略可用时，主动放弃项目或改变项目目标与行动方案，从而完全避免特定的损失风险的一种策略。风险规避主要是中断风险源，使其不致发生或遏制其发展。

2. 风险减轻

风险减轻是指主动制订风险管理计划和采取以预防为主、防控结合的对策，以降低损失的可能性或减少实际损失的一种策略。

3. 风险转移

转移风险的目的不是降低风险发生的概率和不利后果的大小，而是借用某些技术和经济手段，在风险一旦发生时将损失的一部分转移到第三方身上，从而降低经济主体的风险程度，避免造成较大的损失。实质上，风险转移并不是完全排除风险，只是将部分风险管理责任转嫁给第三方，是一种风险共担、利益与机遇共享的机制，也被称为合伙分担风险。风险转移的主要形式是合同和保险。

（1）保险转移。保险是使用最为广泛的风险转移方式。

（2）合同转移。通过签订合同，可以将部分或全部风险转移给一个或多个其他参与者。

当项目的资源有限，不能采取减轻和预防策略，或风险发生频率不高，但潜在的损失很大时，可以采取风险转移策略。

4. 风险自留

决策者认为自己可以承担风险损失，有意识地选择承担风险后果，包括非计划性风险自留和计划性风险自留。风险自留是最省事的风险规避方法，在许多情况下也最省钱。一般在以下情况下选择风险自留的方式来应对风险：

（1）企业具有承受这些自留风险的能力。

（2）同其他可行的风险控制方法相比，风险自留的预期损失小。

(3) 自留风险不可投保，或投保费用高于风险自留的费用。

项目管理机构应采取下列策略应对正面风险：

(1) 为确保机会的实现，消除该机会实现的不确定性。

(2) 将正面风险的责任分配给最能为组织获取利益机会的一方。

(3) 针对正面风险或机会的驱动因素，采取措施提高机遇发生的概率。

项目管理机构应形成相应的项目风险应对措施并将其纳入风险管理计划。

(六) 风险监控

组织应收集和分析与项目风险相关的各种信息，获取风险信号，预测未来的风险并提出预警，预警应纳入项目进展报告，并采用下列方法：

(1) 通过工期检查、成本跟踪分析、合同履行情况监督、质量监控措施、现场情况报告、定期例会，全面了解工程风险。

(2) 对新的环境条件、实施状况和变更，预测风险，修订风险应对措施，持续评价项目风险管理的有效性。

组织应对可能出现的潜在风险因素进行监控，跟踪风险因素的变动趋势。

组织应采取措施控制风险的影响，降低损失，提高效益，防止负面风险的蔓延，确保工程的顺利实施。

实战演练

[2022 真题 · 单选] 项目风险管理工作包括：①风险应对；②风险评估；③风险识别；④风险监控。正确的工作流程是（　　）。

A. ③—②—④—①　　B. ②—③—④—①

C. ③—②—①—④　　D. ①—③—②—④

[解析] 风险管理过程：风险识别→风险评估→风险应对→风险监控。

[答案] C

[经典例题 · 单选] 某投标人在内部投标评审会中发现招标人公布的招标控制价不合理，因此决定放弃此次投标，该风险应对策略为（　　）。

A. 风险减轻　　B. 风险规避

C. 风险自留　　D. 风险转移

[解析] 在内部投标评审会中发现招标人公布的招标控制价不合理，说明还没有开始投标，属于规避。

[答案] B

[2024 真题 · 多选] 承包人采取的风险应对措施中，属于风险转移的有（　　）。

A. 投保建筑工程一切险　　B. 以联合体方式承包工程

C. 工程进度计划中留有机动时间　　D. 要求发包人提供工程款支付担保

E. 与发包人按可调单价方式签订工程合同

[解析] 选项 B 属于风险减轻。选项 C 属于风险自留。

[答案] ADE

知识点 2 工程担保

担保是为了保证债务的履行、确保债权的实现，在人的信用或特定的财产之上设定的特殊的民事法律关系。工程担保的种类有以下几种。

一、投标担保

投标担保是指投标人向招标人出具的，以一定金额表示的投标责任担保。也就是说，投标人保证其投标被接受后对其投标书中规定的责任不得撤销或者反悔；否则，招标人将对投标保证金予以没收。

根据《招标投标法实施条例》，招标人在招标文件中要求投标人提交投标保证金的，投标保证金不得超过招标项目估算价的 2%。投标保证金有效期应当与投标有效期一致。依法必须进行招标的项目的境内投标单位，以现金或者支票形式提交的投标保证金应当从其基本账户转出。招标人不得挪用投标保证金。

投标保证金的形式有多种，常见的有以下几种：

（1）现金。

（2）支票。这是由银行签章保证付款的支票。

（3）银行汇票。银行汇票是一种汇款凭证，由银行开出，交汇款人寄给异地收款人，异地收款人再凭银行汇票在当地银行兑汇款。

（4）银行保函。银行保函是由投标人申请，银行开立的保函，保证投标人在中标之前不撤销投标，中标后应当履行招标文件和中标人的投标文件规定的义务。如果投标人违反规定，开立保证函银行将担保赔偿招标人的损失。

（5）由保险公司或者担保公司出具投标保证书。投标保证书是由投标人单独签署或者由投标人和担保人共同签署的承担支付一定金额的书面保证。

在这几种形式的投标保证金中，银行保函和投标保证书是最常用的。

二、履约担保

履约担保是指招标人在招标文件中规定的要求中标人提交的保证履行合同义务的担保。履约担保一般有 3 种形式：银行履约保函、履约担保书和履约保证金。

（一）银行履约保函

银行履约保函是由商业银行开具的担保证明。银行履约保函分为有条件的银行保函和无条件的银行保函。

1. 有条件的银行保函

在承包人没有实施合同或者履行合同义务时，由业主或工程师出具证明说明情况，并由担保人对已执行合同部分和未执行合同部分加以鉴定，确认后才能收兑银行保函，由业主得到保函中的款项。建筑行业通常偏向于这种形式的保函。

2. 无条件的银行保函

业主不需要出具任何证明和理由，只要确认承包人违约，就可以对银行保函进行收兑。

（二）履约担保书

当中标人在履行合同中违约时，开出担保书的担保公司或者保险公司用该项担保金去完成施工任务或者向发包人支付该项保证金。

（三）履约保证金

履约保证金是指业主（工程师）根据合同的约定，在每次支付工程进度款时扣除一定数目的款项，作为承包商完成其修补缺陷义务的保证。

《招标投标法实施条例》规定，招标文件要求中标人提交履约保证金的，中标人应当按照招标文件的要求提交。履约保证金不得超过中标合同金额的10%。

三、预付款担保

建设工程合同签订以后，业主给承包人一定比例的预付款，但需由承包商的开户银行向业主出具预付款担保。其目的在于保证承包商能够按合同规定进行施工，偿还业主已支付的全部预付款。如承包商中途毁约，中止工程，使业主不能在规定期限内从应付工程款中扣除全部预付款，则业主作为保函的受益人有权凭预付款担保向银行索赔该保函的担保金作为补偿。

预付款担保的金额通常与业主的预付款是等值的。预付款一般逐月从工程进度款中扣除，预付款担保的担保金额也相应逐月减少。

承包商在施工期间，应当定期从业主处取得同意此保函减值的文件，并送交银行确认。承包商还清全部预付款后，业主应退还预付款担保，承包商将其退回银行注销，解除担保责任。除银行保函以外，预付款担保也可以采用其他形式，但银行保函是最常见的形式。

四、支付担保

工程款支付担保是指为保证建设单位履行建设工程施工合同约定的工程款支付义务，由担保人为建设单位向施工单位提供的保证。其主要目的是确保业主按照合同约定支付工程款，降低承包商的经济风险，避免因资金不到位或支付延迟而引发的工程款拖欠问题。

工程款支付担保的范围通常包括工程预付款、进度款、工程结算尾款等除工程质量保证金之外的所有应付款项，还可能包含农民工工资等人工费。

《建设工程施工合同（示范文本）》规定，除专用合同条款另有约定外，发包人应在收到承包人要求提供资金来源证明的书面通知后28天内，向承包人提供能够按照合同约定支付合同价款的相应资金来源证明。

除专用合同条款另有约定外，发包人要求承包人提供履约担保的，发包人应当向承包人提供支付担保。支付担保可以采用银行履约保函或担保公司担保等形式，具体由合同当事人在专用合同条款中约定。

实战演练

［2020真题·多选］ 在招标文件中要求中标人提交履约担保的形式有（　　）。

A. 房屋抵押权证　　B. 保证金

C. 由保险公司开具的履约担保书　　D. 有价证券

E. 商业银行开具的担保函

［解析］ 履约担保形式有银行履约保函、履约担保书、履约保证金等。

［答案］ BCE

［经典例题·多选］投标担保的作用有（　　）。

A. 保护招标人不因中标人不签约而蒙受经济损失

B. 促进承包商履行合同约定

C. 确保投标人在投标有效期内不撤回投标书

D. 确保工程费用及时支付到位

E. 投标人在中标后保证与业主签订合同

［解析］投标担保是投标人保证其投标被接受后对其投标书中规定的责任不得撤销或者反悔。否则，招标人将对投标保证金予以没收。

［答案］ACE

知识点 3 工程保险

工程保险是一种专门针对建筑安装工程期间的意外物质损失和对第三人的经济赔偿责任提供保障的保险产品。它涵盖了建设项目施工过程中可能出现的各种风险，包括自然灾害、意外事故、盗窃、恶意行为等导致的损失，以及因工程事故对第三方造成的人身伤亡或财产损失的赔偿责任。

工程保险的主要类型包括建筑工程一切险、安装工程一切险、第三者责任险、设计师及工程师职业责任保险和施工机具保险等。其中，建筑工程一切险和安装工程一切险是两种最常见的险种，分别适用于建筑工程和安装工程中的各种风险。

一、建筑工程一切险

建筑工程一切险是一种全面的保险产品，旨在为建筑工程项目提供全方位的风险保障。这种保险覆盖了施工期间和竣工后的财产、责任和保证风险，包括建筑材料、设备、工具的损失，第三方因施工引发的民事索赔，施工事故或质量问题导致的赔偿，以及承包商的合同保证责任。

建筑工程一切险的保险责任范围非常广泛，通常涵盖自然灾害和意外事故造成的直接物质损失。例如，洪水、地震、暴风雨、山崩、冻灾等自然灾害，以及爆炸、空中飞行物体的坠落、火灾等意外事故。此外，该保险还对第三者责任进行承保，即在施工过程中因意外事故造成的工地内或邻近地区第三者的人身伤亡或财产损失。

建筑工程一切险的保险金额和免赔额通常根据工程的实际价值和保险条款设定。保险期限从工程动工或材料设备运抵工地开始，至工程验收合格或实际使用结束。

建筑工程一切险的除外责任：

（1）设计错误引起的损失和费用。

（2）自然磨损、内在或潜在缺陷、物质本身变化、自燃、自热、氧化、锈蚀、渗漏、鼠咬、虫蛀、大气（气候或气温）变化、正常水位变化或其他渐变原因造成的保险财产自身的损失和费用。

（3）因原材料缺陷或工艺不善引起的保险财产本身的损失以及为换置、修理或矫正这些缺点错误所支付的费用。

（4）非外力引起的机械或电气装置的本身损失，或施工用机具、设备、机械装置失灵造成的本身损失。

（5）维修保养或正常检修的费用。

（6）档案、文件、账簿、票据、现金、各种有价证券、图表资料及包装物料的损失。

（7）盘点时发现的短缺。

（8）领有公共运输行驶执照的，或已由其他保险予以保障的车辆、船舶和飞机的损失。

（9）除非另有约定，在本保险单保险期限终止以前，被保险财产中已由工程所有人签发完工验收证书或验收合格或实际占有或使用或接收的部分。

二、安装工程一切险

安装工程一切险是一种专门针对安装工程项目的财产保险，旨在为施工和安装过程中的工程项目提供保障，覆盖因意外事件导致的财产损失。这种保险通常适用于各种机器设备的安装、调试以及钢结构工程的实施，包括工厂用的机器、设备、储油罐、起重机、吊车等。

安装工程一切险的保险对象包括具有可保利益的工程相关利益方，如承包商、业主等，他们可以作为被保险人。保险标的涵盖工程材料、设备及已安装但未交付使用的机器等。此外，保险还可以扩展至施工机具设备、场地清理费以及其他工地上的财产。在保险期限内，因发生与本保险单所承保工程直接相关的意外事故引起工地内及邻近区域的第三者人身伤亡、疾病或财产损失，依法应由被保险人承担经济赔偿责任。

安装工程一切险的责任范围广泛，主要包括自然灾害和意外事故造成的物质损失和费用。具体来说，它承保因洪水、暴风雨、火灾、爆炸、飞行物体坠落等自然灾害或意外事故导致的损失。

安装工程一切险的除外责任：

（1）因设计错误、铸造或原材料缺陷或工艺不善引起的保险财产本身的损失以及为换置、修理或矫正这些缺点错误所支付的费用。

（2）由于超负荷、超电压、碰线、电弧、漏电、短路、大气放电及其他电气原因造成电气设备或电气用具本身的损失。

（3）施工用机具、设备、机械装置失灵造成的本身损失。

（4）自然磨损、内在或潜在缺陷、物质本身变化、自燃、自热、氧化、锈蚀、渗漏、鼠咬、虫蛀、大气（气候或气温）变化、正常水位变化或其他渐变原因造成的被保险财产自身的损失和费用。

（5）维修保养或正常检修的费用。

（6）档案、文件、账簿、票据、现金、各种有价证券、图表资料及包装物料的损失。

（7）盘点时发现的短缺。

（8）领有公共运输行驶执照的，或已由其他保险予以保障的车辆、船舶和飞机的损失。

（9）除非另有约定，在被保险工程开始以前已经存在或形成的位于工地范围内或其周围的属于被保险人的财产的损失。

（10）除非另有约定，在本保险单保险期限终止以前，保险财产中已由工程所有人签发完工验收证书或验收合格或实际占有或使用或接收的部分。

实战演练

[经典例题·单选] 投保建筑工程一切险时，保险人不承担赔偿责任的是（　　）。

A. 因暴雨造成的物质损失

B. 发生火灾引起的场地清理费用

C. 工程设计错误引起的损失

D. 因地面下沉引起的物质损失

[解析] 建筑工程一切险除外责任中，保险人对设计错误引起的损失和费用不承担赔偿责任。

[答案] C

第四章

建设工程进度管理

本章导学

本章包括“工程进度影响因素与进度计划系统”“流水施工进度计划”“工程网络计划技术”“施工进度控制”4节内容。其中，“流水施工进度计划”“工程网络计划技术”作为本章的核心内容，不仅是管理科目的重点，更是各实务科目案例题考查的重点，要求大家理解并熟练掌握每一个计算公式。本章内容难度大，考试所占分值高，应作为学习的重点。

第一节　工程进度影响因素与进度计划系统

知识点 1　工程进度影响因素

影响工程项目进度的不利因素有很多，如人为因素，技术因素，设备、材料及构配件因素，施工机具因素，资金因素，水文、地质与气象因素，以及其他自然与社会环境等方面的因素。在工程项目建设过程中，常见的影响因素包括：

（1）业主因素：如业主改变使用要求而进行设计变更；应提供的施工场地条件不能及时提供或所提供的场地不能满足工程正常需要；不能及时向施工承包单位或材料供应商付款等。

（2）勘察设计因素：如勘察资料不准确，特别是地质资料错误或遗漏；设计内容不完善，规范应用不恰当，设计有缺陷或错误；设计对施工的可能性未考虑或考虑不周；施工图纸提供不及时、不配套，或出现重大差错等。

（3）施工技术因素：如施工工艺错误；不合理的施工方案；施工安全措施不当；不可靠设备的应用等。

（4）自然环境因素：如复杂的工程地质条件；不明的水文气象条件；地下埋藏文物的保护、处理；洪水、地震、台风等不可抗力。

（5）社会环境因素：如外单位临近工程干扰施工；节假日交通、市容整顿的限制；临时停水、停电、断路；在国外常见的法律及制度变化、经济制裁、战争、骚乱、罢工、企业倒闭等。

（6）组织管理因素：如向有关部门提出各种申请审批手续的延误；合同签订时遗漏条款、表达失当；计划安排不周密，组织协调不力，导致停工待料、相关作业脱节；领导不力，指挥失当，使参与建设的各个单位、各个专业、各个施工进程之间在配合上发生矛盾等。

（7）资金因素：如有关方面拖欠资金，资金不到位，资金短缺等；汇率浮动和通货膨胀等。

实战演练

［2024 真题 · 单选］在下列影响施工过程的不利因素中，属于社会环境影响因素的是（　　）。

A. 不明水文气象条件　　B. 地下埋藏文物的处理

C. 建设资金不到位　　D. 临时停水、停电、断路

［解析］社会环境因素：如外单位临近工程干扰施工；节假日交通、市容整顿的限制；临时停水、停电、断路；在国外常见的法律及制度变化、经济制裁、战争、骚乱、罢工、企业倒闭等。

［答案］D

［经典例题·多选］下列影响施工进度的因素中，属于施工技术因素的有（　　）。

A. 施工方案不合理　　B. 停工待料、相关作业脱节

C. 施工安全措施不当　　D. 施工设备不配套

E. 设计变更

［解析］选项B属于组织管理因素。选项E属于业主因素。

［答案］ACD

知识点 2 工程进度计划系统及表达形式

一、工程进度计划系统

在建设工程项目的实施过程中，各参建方通常会构建各自的工程进度计划系统，以确保项目按计划推进。这些计划系统由业主方、设计方、施工方、监理方和供货方等多方共同参与、协调配合，确保项目按时完成，还能有效控制成本和质量，提高项目的整体管理水平。

（一）业主方的进度计划系统

业主方负责编制整个项目的总进度规划，包括前期工作计划、总进度计划和年度计划等。这些计划体现了业主对项目建设期限的总要求和分期建设的时间目标。

总进度规划涵盖项目的整体进度安排，确保各子系统或模块按时完成。

业主方还需制订里程碑计划和支撑计划，如招标计划、物资采购计划等，并定期检查各部门的进度执行情况。

（二）设计方的进度计划系统

设计单位需编制设计总进度计划、阶段性设计进度计划和设计作业进度计划。

设计准备工作计划、设计总进度计划和分专业进度计划是设计单位的主要任务。

设计进度计划需要与业主或总包方的进度计划相协调，以确保设计文件按时交付。

（三）施工方的进度计划系统

施工单位需编制施工总进度计划、单位工程施工进度计划和分部分项工程进度计划。

施工进度计划按时间进展编制，包括年度施工计划、季度施工计划和月作业计划。

施工方还需根据合同目标编制详细的月作业计划，并采用实际与计划对比的方法进行跟踪控制。

（四）监理方的进度计划系统

监理单位需制订工程监理总进度计划和分解计划，按工程进展阶段和时间进行分解。

监理单位负责监督和控制各单位的进度，确保各参建方按计划实施，并编制进度报告。

（五）供货方的进度计划系统

供货方根据需要和用途可编制不同深度的进度计划系统。

供货进度计划需与业主方和施工方的进度计划相协调，以确保设备和材料按时供应。

二、工程进度计划的表达形式

（一）横道图

横道图是美国的兵工厂顾问 H. L. Gantt 发明的，也称 Gantt（甘特）图。

在时间坐标内，以横道表示一系列工作从开始到结束的持续过程。横道图左边表格部分，除可以列出工作的编号、名称和持续时间外，还可视需要列出工作的工程量、所需资源等信息。可用不同图案的横道表示工作的实际进度，还可用各种颜色来标注不同类型的工作，使图变得更清晰易懂。某工程项目的横道图进度计划如图 4-1-1 所示。

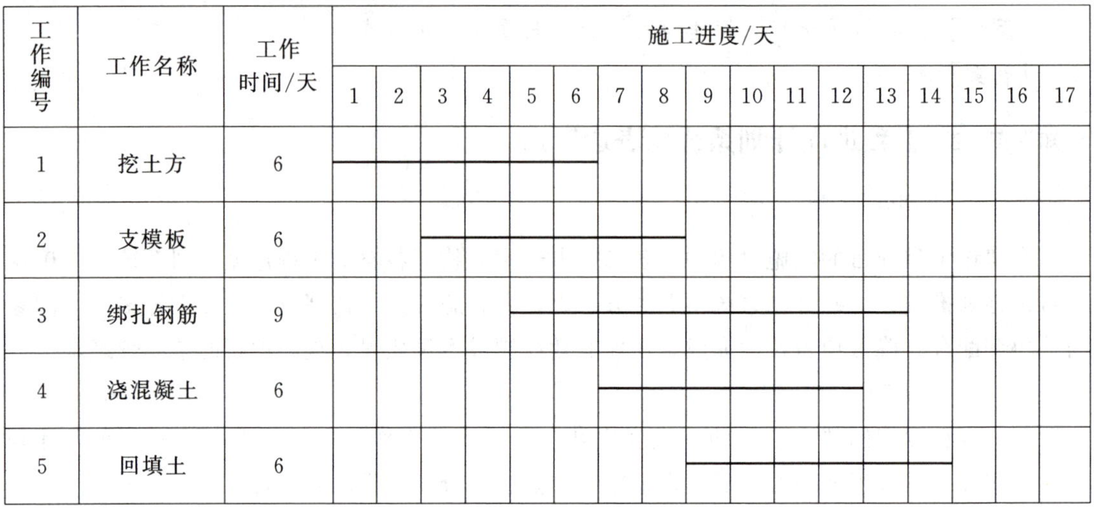

图 4-1-1　某工程项目的横道图进度计划

1. 优点

（1）形象直观。横道图通过图形化的方式展示项目进度，能够清晰地表达活动的开始时间、结束时间和持续时间，一目了然，易于理解和沟通。

（2）使用方便。制作简单，有专业软件支持，可以快速生成和更新。

（3）易于理解。即使是非专业人士也能通过横道图理解项目进度状态。

（4）适用于中小型项目。横道图特别适合于小型项目或大型项目的子项目，能够用于计算资源需求量和概要预示进度。

2. 缺点

（1）逻辑关系表达不清晰。横道图难以明确表达工程活动之间的逻辑关系，如前后顺序及搭接关系。

（2）信息量有限。横道图所能表达的信息量较少，不能全面反映出各项工作之间相互制约、相互依赖、相互影响的关系，不能反映工作的主次部分、关键工作与非关键工作。

（3）不适合复杂项目。对于大型、复杂的工程，横道图难以展示所有任务和依赖关系，无法系统地反映项目的复杂性。

（4）难以优化计划。横道图不能用计算机处理复杂的工期计算和优化，不利于计划方案的优化。

（5）修改困难。如果项目更新频率过高，频繁更新横道图可能会消耗大量时间。

（6）资源分配不明确。横道图通常不直接展示资源分配情况，需要额外的图表或数据支持。

（二）网络图

网络图是由箭线和节点组成，用来表示工作流程的有向、有序网状图形。网络图有双代号网络图和单代号网络图。

1. 双代号网络图

双代号网络图以箭线表示工作，以节点表示工作的开始或结束，并以工作两端节点的编号代表一项工作，也可以将工作的名称标在箭线的上方（图 4-1-2）。

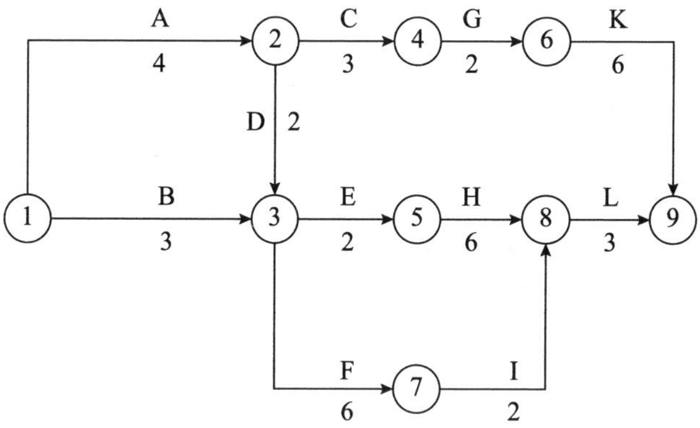

图 4-1-2　双代号网络图

2. 单代号网络图

单代号网络图通过节点和箭线来表示项目的活动及其逻辑关系，每个节点代表一个独立的工作或任务，而箭线则表示工作之间的依赖关系（图 4-1-3）。

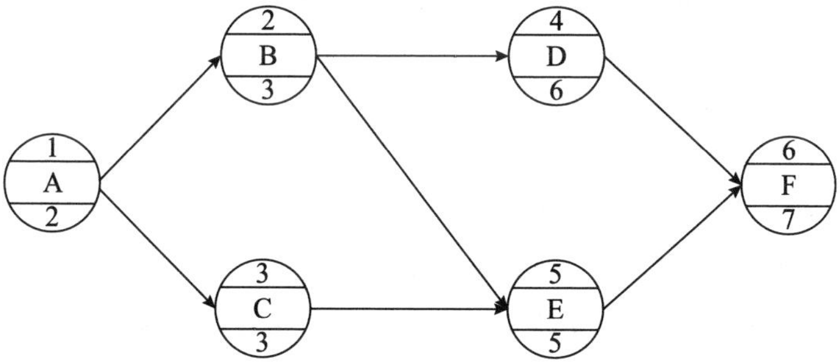

图 4-1-3　单代号网络图

3. 网络图的优点

（1）逻辑关系清晰。网络图能够明确表达各项工作之间的逻辑关系，使项目结构一目了然，便于理解项目的整体思路和各个活动的先后顺序。

（2）关键路径识别。通过时间参数的计算，网络图可以找出影响工程进度的关键工作和关键线路，帮助管理者集中精力确保工期。

（3）资源优化配置。网络图能够标明各项非关键工作的机动时间，从而制订出最经济的资源利用方案，均衡利用资源，达到节约成本的目的。

（4）动态分析和风险管理。网络图支持动态更新，能够实时反映数据变化，方便进行实时监控和分析，并有助于识别潜在风险。

（5）计算机应用。网络图有利于计算机技术的应用，可以利用电子计算机进行计算、优化和调整，提高工作效率。

4. 网络图的缺点

(1) 绘制复杂。网络图的绘制难度较大，尤其是对于大型复杂项目，节点和边的数量可能非常庞大，导致图形过于复杂，难以辨认和解读。

(2) 直观性不足。网络图不够直观，需要一定的技能才能理解和绘制，且不能直接显示任务的持续时间，需要通过计算得出。

(3) 对应用者要求高。由于网络图的复杂性和对细节的要求较高，对项目经理和团队成员的经验和技能有较高的要求。

实战演练

[2021 真题 · 单选] 关于横道图进度计划的说法，正确的是（　　）。

A. 横道图中的工作均无机动时间

B. 横道图中的工作时间参数无法计算

C. 计划的资源需要量无法计算

D. 计划的关键工作无法确定

[解析] 横道图所能表达的信息量较少，不能全面反映出各项工作之间相互制约、相互依赖、相互影响的关系，不能反映工作的主次部分、关键工作与非关键工作。

[答案] D

[经典例题 · 多选] 与横道图相比，网络图的优点有（　　）。

A. 能够直观表示各项工作的进度安排

B. 能够明确表达各项工作之间的先后顺序

C. 可以明确各项工作的机动时间

D. 可以找出关键线路和关键工作

E. 可以形象表达各项工作之间的搭接关系

[解析] 网络图不能形象直观反映工作安排，选项 A、E 错误。

[答案] BCD

第二节　流水施工进度计划

知识点 1　流水施工特点及表达方式

在建筑工程施工中，可以采用依次施工、平行施工和流水施工等组织方式。对于相同的施工对象，当采用不同的作业组织方式时，效果各不相同。

一、依次施工组织方式

依次施工又称顺序施工，是将拟建项目的整个建造过程分解为若干施工过程，按照工艺顺序逐项施工，一个施工对象完成后再按同样的顺序完成下一个施工对象，即各施工对象依次进行。按栋（或施工段）依次施工的进度计划如图 4-2-1 所示。

第四章

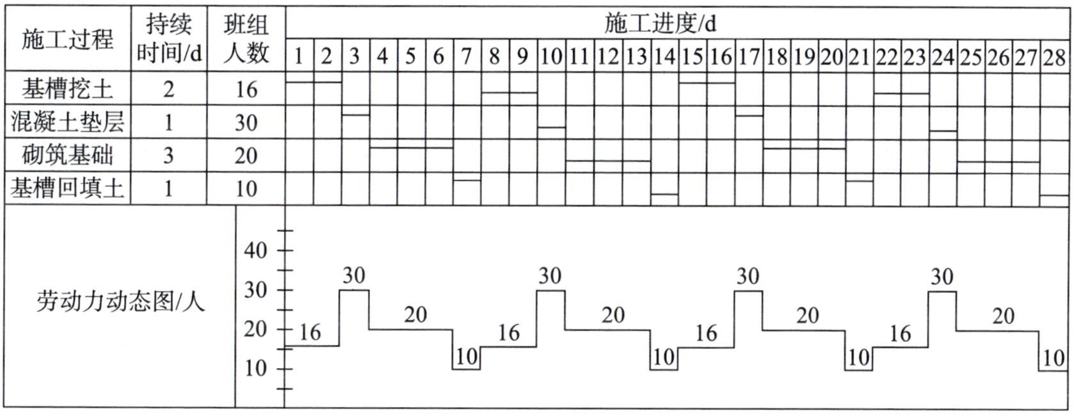

图 4-2-1　按栋（或施工段）依次施工的进度计划

依次施工是一种最基本、最原始的施工组织方式，具有如下特点：

（1）不能充分利用工作面争取时间，导致工期过长。

（2）采用专业工作队施工时，各专业工作队不能连续作业，造成窝工现象，使劳动力及施工机具等资源不能得到充分利用。

（3）若采用一个工作队完成全部施工任务，则不能实现专业化施工，不利于提高劳动生产率和施工质量。

（4）单位时间内投入的劳动力、材料及施工机具等资源量较少，有利于组织资源供应。

（5）施工现场的组织管理工作比较简单。

二、平行施工组织方式

平行施工是指在有若干个相同的施工任务的情况下，组织几个相同的工作队在同一时间、不同空间按施工工艺要求完成各自的施工任务。平行施工的进度计划如图 4-2-2 所示。

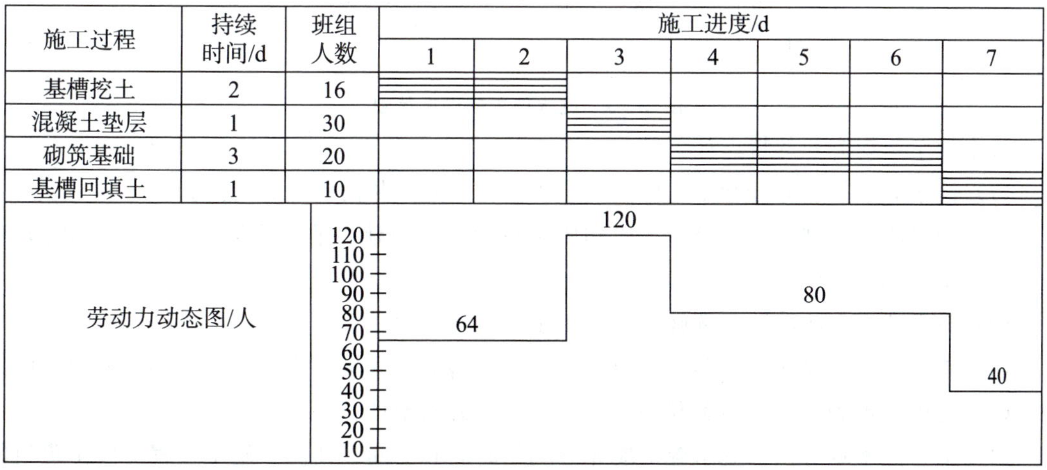

图 4-2-2　平行施工的进度计划

平行施工组织方式的特点如下：

（1）充分利用工作面组织施工，工期短。

（2）如果由一个工作队完成一个施工对象的全部施工任务，则不能实现专业化施工，不利于提高劳动生产率和工程质量。

（3）若按工艺专业化原则成立工作队，则各专业队不能连续作业，劳动力和施工机具等资源无法得到均衡使用。

（4）单位时间内投入的劳动力、材料和施工机具的数量成倍增加，不利于资源供应的组织工作。

（5）施工现场的组织管理比较复杂。

三、流水施工组织方式

流水施工是指将拟建工程项目在竖向或平面空间上划分为若干个施工对象，将每个施工对象按工艺要求分解为若干个施工过程（分部、分项工程或工序），并组建相应的专业工作队，各专业队按照施工顺序依次完成各个施工对象的施工过程，同时保证施工在时间和空间上连续、均衡和有节奏地进行，使相邻专业队能最大限度地实现搭接作业。流水施工的进度计划如图 4-2-3 所示。

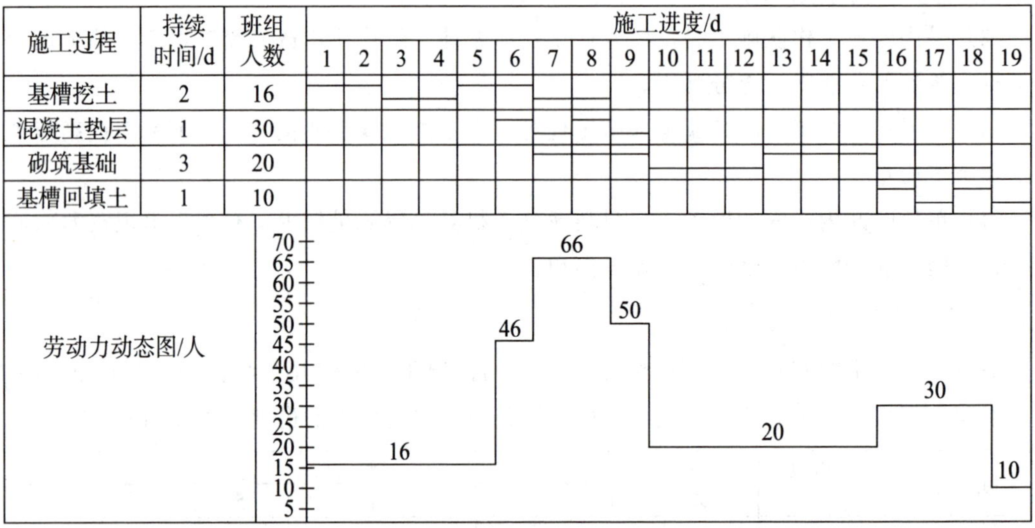

图 4-2-3 流水施工的进度计划

流水施工组织方式的特点如下：

（1）流水施工能够充分利用工作面，减少窝工现象，从而缩短总工期。

（2）通过将工程划分为多个施工段和施工过程，并组建专业工作队，实现专业化施工，提高技术水平和劳动生产率。

（3）各专业工作队能够连续施工，避免了窝工现象。

（4）单位时间内投入的劳动力、施工机具、材料等资源量较为均衡，有利于资源供应。

（5）为施工现场的文明施工和科学管理创造了有利条件。

由以上特点不难看出，流水施工能充分利用时间和空间，使同一施工过程的施工班组能够连续、均衡地工作，不同的施工过程尽可能平行搭接施工，实现连接、均衡的生产，因而得到广泛应用。

实战演练

[经典例题·单选] 下列属于依次施工组织方式特点的是（　　）。

A. 充分地利用工作面进行施工，工期短

B. 若采用一个工作队完成全部施工任务，则不能实现专业化施工，不利于提高劳动生产率和工程质量

C. 施工现场的组织管理比较复杂

D. 单位时间内投入的劳动力、施工机具、材料等资源较多，有利于资源供应的组织

[解析] 选项A、C属于平行施工的特点。选项D错误，单位时间内投入的劳动力、施工机具、材料等资源较少，有利于资源供应的组织。

[答案] B

[经典例题·单选] 以下属于平行施工特点的是（　　）。

A. 工期最长

B. 施工现场组织和管理比较简单

C. 单位时间内劳动力、施工机具、材料等资源需求成倍增长

D. 为文明施工和科学管理创造了有利条件

[解析] 选项A、B属于依次施工的特点。选项D属于流水施工的特点。

[答案] C

[2024真题·多选] 与依次施工和平行施工相比，建设工程组织流水施工的特点有（　　）。

A. 施工工期最短

B. 各工作队可实现专业化施工

C. 能够尽可能利用工作面进行施工

D. 施工现场组织管理比较简单

E. 单位时间内投入的资源较为均衡

[解析] 流水施工组织方式具有如下特点：①流水施工能够充分利用工作面，减少窝工现象，从而缩短总工期；②通过将工程划分为多个施工段和施工过程，并组建专业工作队，实现专业化施工，提高技术水平和劳动生产率；③各专业工作队能够连续施工，避免了窝工现象；④单位时间内投入的劳动力、施工机具、材料等资源量较为均衡，有利于资源供应；⑤为施工现场的文明施工和科学管理创造了有利条件。

[答案] BCE

知识点2 流水施工参数

流水施工参数包括工艺参数、空间参数和时间参数（图4-2-4）。

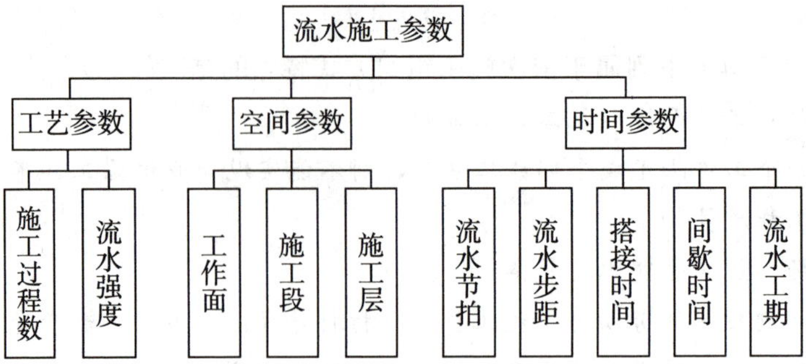

图 4-2-4 流水施工参数

一、工艺参数

(一) 施工过程数 (n)

施工过程数应根据工程性质与复杂程度、进度计划的类型、施工方案、施工队的组织形式等来确定。在划分施工过程时，数量不宜过多，应以主导施工过程为主，力求简洁。

(二) 流水强度 (V)

流水强度是指参与流水施工的某一施工过程在单位时间内所需完成的工程量，又称流水能力或生产能力。例如，挖土方施工过程的流水强度是指每个工作班需挖的土方量。

二、空间参数

(一) 工作面

工作面又称工作线，是指某专业工种的工人或某种施工机械进行施工的活动空间。对于某些施工过程，在施工开始时就已经在整个长度或广度上形成了工作面，这种工作面称为完整工作面（如铺地砖）。有些施工过程的工作面是随着施工过程的进展逐步形成的，这种工作面称为部分工作面。

(二) 施工段

为了有效地组织流水施工，通常把拟建工程项目在平面上划分成劳动量相等或大致相等的若干段，这些段称为施工段。施工段的数目（施工段数）通常用 m 表示。

1. 划分施工段的目的

划分施工段的目的是组织流水施工。划分施工段可以在保证工程质量的前提下帮助专业工作队确定合理的空间活动范围，使其按流水施工的原理集中人力和物力迅速地、依次地、连续地完成各段任务，为相邻专业工作队尽早提供工作面，达到缩短工期的目的。

2. 划分施工段的原则

为了使施工段划分得更科学、更合理，通常应遵循以下原则：

(1) 施工段数要满足组织流水施工的要求，施工段数过多会降低施工速度，延长工期；施工段数过少则不利于充分利用工作面，可能造成窝工。

(2) 专业工作队在各个施工段上的劳动量应大致相等，其相差幅度宜为 10%。

(3) 为了充分发挥工人和主导机械的效率，每个施工段都要有足够的工作面，使其所容纳的劳动力人数或机械台数能满足合理劳动组织的要求。

(4) 为了保证拟建工程项目的结构整体完整性，施工段的分界线应尽可能与结构的自然界线（如沉降缝、伸缩缝等）相一致。如果必须将分界线设在墙体中间，应将其设在对结构整体性影响较小的部位。

（5）对于多层的拟建工程项目，既要划分施工段，又要划分施工层，以保证相应的专业工作队在施工段与施工层之间有节奏、连续、均衡地进行流水施工。

（6）对多层或高层建筑物，施工段数要满足合理流水施工组织的要求，即施工段数≥施工过程数。

3. 施工段数（m）与施工过程数（n）的关系

（1）当 $m=n$ 时，工作队连续施工，施工段上始终有施工的班组，工作面能被充分利用，无停歇现象，也不会产生工人窝工现象，是理想的流水施工。

（2）当 $m>n$ 时，工作队仍能连续施工，虽然有停歇的工作面，但不一定是不利的，有时还是必要的，如利用这些停歇时间做养护、备料、弹线等工作。

（3）当 $m<n$ 时，工作队不能连续施工，会出现窝工现象，这对一个建筑物的装饰工程组织流水施工是不适宜的。

（三）施工层

在组织流水施工时，为满足专业工种对操作高度的要求，通常将施工项目在竖向上划分为若干作业层，这些作业层称为施工层。

三、时间参数

（一）流水节拍

在组织流水施工时，一个专业工作队在一个施工段上施工作业的持续时间称为流水节拍。流水节拍的大小关系着施工人数、机械、材料等资源的投入强度，也决定了工程流水施工的速度、节奏感的强弱和工期的长短。节拍大时，工期长，速度慢，资源供应强度小；节拍小时，则反之。同时，流水节拍的特征决定了流水组织方式。当节拍相等或有倍数关系时，可以组织有节奏的流水；当节拍不等且无倍数关系时，只能组织非节奏流水。

（二）流水步距

流水步距是指在组织流水施工时，相邻两个专业工作队在保证施工顺序、满足连续施工、最大限度搭接和保证工程质量要求的条件下，相继投入施工的最小时间间隔。流水步距一般用 K 表示。

流水步距的长度要根据需要及流水方式经计算确定，一般应满足下列基本要求：

（1）始终保持前、后两个施工过程的合理工艺顺序。

（2）尽可能保持各施工过程的连续作业。

（3）使相邻两个施工过程在满足连续施工的前提下，在时间上能最大限度地搭接。

（三）搭接时间

在组织流水施工时，有时为了缩短工期，在前一个施工过程的专业队还未撤出某一施工段时，就允许后一个施工过程的专业队提前进入该段施工，两者在同一施工段上同时施工的时间称为搭接时间，通常用 C 表示。

（四）间歇时间

组织流水施工时，除了要考虑相邻专业工作队之间的流水步距外，有时还需要根据技术要求或组织安排，在相邻两个施工过程中留出必要的等待时间，这个“等待时间”即间歇时间。间歇时间按性质不同可分为技术间歇时间和组织间歇时间。

1. 技术间歇时间

在流水施工过程中，由于施工工艺的要求，某施工过程在某施工段上必须停歇的时间间隔称为技术间歇时间，通常用 G 表示。例如，混凝土浇筑后，必须经过必要的养护时间，使其达到一定的强度，才能进行下一道工序；门窗底漆涂刷后，必须经过必要的干燥时间，才能涂刷面漆等，这些都是施工工艺要求的必要间隔时间，都属于技术间歇时间。

2. 组织间歇时间

组织间歇时间是指施工组织原因造成的间歇时间，通常用 Z 表示，如砌筑墙体前的墙身位置弹线、其他作业前的准备工作、质量验收、安全检查等。

（五）流水工期

流水工期是指从第一个专业工作队投入流水施工开始，到最后一个专业工作队完成流水施工为止的整个持续时间。流水工期是衡量整个施工过程的时间指标，通过控制流水施工工期，可以优化工期安排、协调各个施工团队的工作，确保施工工艺按计划进行。

实战演练

［2024 真题 · 单选］下列流水施工参数中，属于工艺参数的是（　　）。

A. 流水段和流水步距

B. 流水强度和施工过程

C. 流水步距和流水强度

D. 施工过程和流水段

［解析］ 工艺参数包括施工过程数和流水强度。

［答案］ B

［经典例题 · 多选］组织流水施工中，表达流水施工所处状态时间参数的有（　　）。

A. 流水强度　　　　B. 流水节拍

C. 流水步距　　　　D. 流水工期

E. 总时差和自由时差

［解析］ 流水节拍、流水步距、流水工期属于时间参数；流水强度属于工艺参数；总时差和自由时差属于网络图的时间参数，不是流水施工的时间参数。

［答案］ BCD

知识点 3　流水施工基本方式

流水施工主要是采用不同的专业工作队相继投入施工，并且同时在不同的施工段上进行工作，以达到加快工程进度、均衡消耗资源、尽量减少窝工的目的。根据各施工过程时间参数的不同，可将流水施工分为等节奏流水施工、异节奏流水施工和无节奏流水施工三大类（图 4-2-5）。

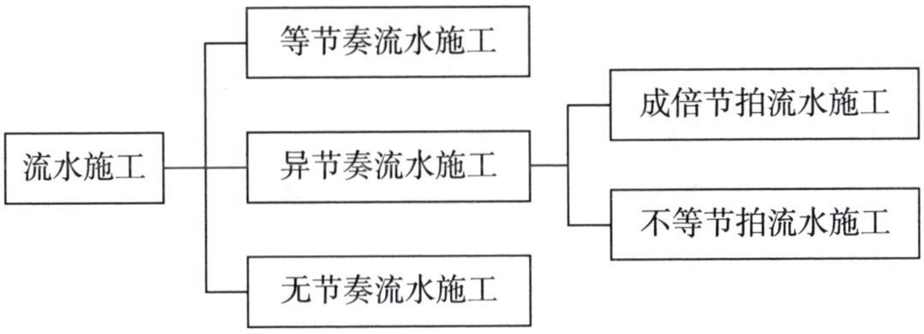

图 4-2-5　流水施工组织方式的分类

一、等节奏流水施工

在组织流水施工时，如果每个施工过程在各个施工段上的流水节拍彼此相等，其流水步距也等于流水节拍，则这种流水施工方式称为等节奏流水施工。

（一）等节奏流水施工的特点

（1）所有施工过程在各个施工段上的流水节拍均相等。

（2）相邻施工过程的流水步距相等，且等于流水节拍。

（3）专业工作队数等于施工过程数，即每一个施工过程成立一个专业工作队，由该队完成相应施工过程中所有施工段的任务。

（4）各个专业工作队在各施工段能够连续作业，施工段之间没有空闲时间。

（二）等节奏流水施工工期

有间歇时间的等节奏流水施工工期计算公式为：

$$T=(m+n-1)K+\sum G+\sum Z-\sum C$$

式中，m 为施工段数；n 为施工过程数；K 为流水步距；$\sum G$ 为所有的技术间歇时间之和；$\sum Z$ 为所有的组织间歇时间之和；$\sum C$ 为搭接时间之和。

二、异节奏流水施工

异节奏流水施工可以分为成倍节拍流水施工和不等节拍流水施工两种。

（一）成倍节拍流水施工

同一个施工过程的节拍全部相等，而各施工过程之间的节拍虽然不等，但同为某一常数的倍数，从而构成了组织成倍节拍流水的条件。

成倍节拍流水施工的特点：

（1）同一个施工过程的流水节拍均相等，而各施工过程之间的节拍不相等，但同为某一常数的倍数。

（2）流水步距彼此相等，且等于各施工过程流水节拍的最大公约数。

（3）专业工作队总数（$\sum b$）大于施工过程数（n）。

（4）每个专业工作队都能够连续施工。

（5）若没有间歇要求，则可保证各工作面均不停歇。

（二）不等节拍流水施工

在组织流水施工时，如果同一个施工过程在各个施工段上的流水节拍相等，而不同施工过程之间的流水节拍不一定相等，则这种流水施工方式称为不等节拍流水施工。

不等节拍流水施工的特点：

（1）同一施工过程流水节拍相等，不同施工过程流水节拍不一定相等。

（2）相邻施工过程的流水步距不一定相等。

（3）每个专业队都能够连续施工，施工段可能有空闲时间。

（4）专业工作队数等于施工过程数。

（三）流水施工工期计算

流水施工工期计算公式为：

$$T=(m+N-1)K+\sum G+\sum Z-\sum C$$

式中，m 为施工段数；N 为最后一个施工过程在各施工段上的流水节拍之和；K 为流水步距；$\sum G$ 为所有的技术间歇时间之和；$\sum Z$ 为所有的组织间歇时间之和；$\sum C$ 为搭接时间之和。

三、无节奏流水施工

在组织流水施工时，经常由于工程结构形式、施工条件不同，使得各施工过程在各施工段的工程量有较大差异，或因专业工作队的生产效率相差较大，导致各施工过程的流水节拍随施工段的不同而不同，且不同施工过程之间的流水节拍也有很大差异。这时，流水节拍虽无任何规律，但仍可利用流水施工原理组织流水施工，使各专业工作队在满足连续施工的条件下，实现最大搭接。这种无节奏流水施工方式是建设工程流水施工的普遍方式。

（一）无节奏流水施工的特点

（1）各施工过程在各施工段的流水节拍不全相等。

（2）流水步距不尽相等。

（3）专业工作队数等于施工过程数。

（4）在一个施工层内每个专业工作队都能够连续施工。

（5）施工段可能有空闲时间。

（二）无节奏流水施工的组织步骤

（1）确定施工流水线，分解施工过程，确定施工顺序。

（2）划分施工段。

（3）按相应的公式计算各施工过程在各个施工段的流水节拍。

（4）采用“累加数列、错位相减、差值取大”的方法（又称潘特考夫斯基法）确定相邻两个专业工作队之间的流水步距。其计算步骤如下：

①将每个施工过程的流水节拍逐段累加，求出累加数列。

②根据施工顺序，对求出的前后相邻的两个累加数列错位相减。

③取相减结果中的最大值为相邻施工队组之间的流水步距。

（5）按以下公式计算流水工期：

$$T=\sum K+\sum t_n+\sum G+\sum Z-\sum C$$

式中，$\sum K$ 为各相邻专业工作队之间的流水步距之和；$\sum t_n$ 为最后一个专业工作队总的工作延续时间；$\sum G$ 为各施工过程之间的技术间歇时间之和；$\sum Z$ 为各施工过程之间的组织间歇时间之和；$\sum C$ 为各相邻施工过程之间的搭接时间之和。

实战演练

［2024 真题·单选］某分部工程有 4 个施工过程，划分为 3 个施工段组织加快的成倍节拍流水施工，流水节拍分别为 4 天、6 天、4 天和 2 天，该分部工程需安排的专业工作队数是（　　）个。

A. 8　　B. 3

C. 4　　D. 6

［解析］组织加快的成倍节拍流水施工：①计算流水步距。流水步距等于流水节拍（4、6、4、2）的最大公约数，即 $K=2$。②确定专业工作队数目。每个施工过程组建的专业工作队数等于流水节拍除以流水步距，即 $b_1=4/2=2$（个）；$b_2=6/2=3$（个）；$b_3=4/2=2$（个）；$b_4=2/2=1$（个）。所以，参与该分部工程流水施工的专业工作队总数为：2＋3＋2＋1＝8（个）。

［答案］A

［经典例题·单选］某等节奏流水施工，施工段数为 4，施工过程数为 3，流水节拍为 2 天，其中施工过程之间的组织间歇 1 天，则该流水施工总工期为（　　）天。

A. 10　　B. 11

C. 12　　D. 13

［解析］$T=(m+n-1)K+\sum Z=(4+3-1)\times2+1=13$（天）。

［答案］D

［经典例题·单选］某分部工程有两个施工过程，各分为 4 个施工段组织流水施工，流水节拍分别为 3 天、4 天、3 天、3 天和 2 天、5 天、4 天、3 天，则该分部工程的流水步距和流水施工工期分别为（　　）天。

A. 3 和 16　　B. 3 和 17

C. 5 和 18　　D. 5 和 19

［解析］第一步，算相邻施工过程的步距：

$$
\begin{array}{rrrrrr}
 & 3 & 7 & 10 & 13 & \\
- & & 2 & 7 & 11 & 14 \\
\hline
 & 3 & 5 & 3 & 2 & -14
\end{array}
$$

$K=\max(3, 5, 3, 2, -14)=5$（天）。

流水施工工期＝流水步距之和＋最后一个专业队在各施工段上的持续时间之和＋间歇时间－搭接时间＝5＋（2＋5＋4＋3）＝19（天）。

［答案］D

［2024 真题·多选］建设工程组织等节奏流水施工的特点有（　　）。

A. 各施工段上的流水节拍均相等

B. 相邻施工过程之间的流水步距均相等

C. 施工段之间可能存在空闲时间

D. 专业工作队数等于施工过程数

E. 流水节拍与流水步距之间成倍数关系

［解析］等节奏流水施工的特点：①所有施工过程在各个施工段上的流水节拍均相等；②相邻施工过程的流水步距相等，且等于流水节拍；③专业工作队数等于施工过程数，即每一个施工过程成立一个专业工作队，由该队完成相应施工过程中所有施工段的任务；④各个专业工作队在各施工段能够连续作业，施工段之间没有空闲时间。

［答案］ABD

第三节　工程网络计划技术

知识点 1　工程网络计划编制程序和方法

一、计划准备阶段

进行调查研究，收集相关技术经济资料，掌握充分准确的资料，了解工程任务的构成和施工的客观条件。

确定网络计划的目标，包括时间目标、时间一资源目标和时间一成本目标。

二、网络图绘制阶段

将整个项目分解为一系列可管理和可操作的小任务或活动，这些任务应具有明确的开始和结束时间，并能够量化工作量。分析各工序间的逻辑关系，确定工作的先后顺序。

（一）双代号网络图绘制

1. 一般规定

（1）双代号网络图中，每条箭线应表示一项工作（图 4-3-1）。箭线的箭尾节点表示该项工作的开始，箭线的箭头节点表示该项工作的结束。在非时标网络图中，箭线的长度不直接反映该项工作所占用的时间长短。箭线宜画成水平直线，也可画成折线或斜线。水平直线投影的方向自左向右，表示工作的进行方向。

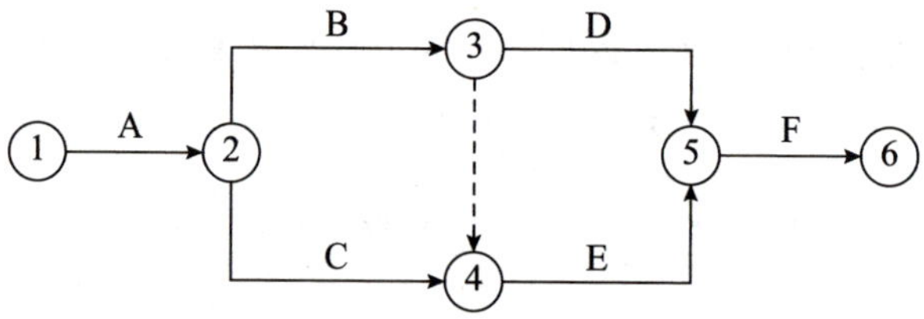

图 4-3-1　双代号网络图

（2）双代号网络图的节点应用圆圈表示，并在圆圈内编号。节点编号顺序应从小到大，可不连续，但严禁重复。

(3) 双代号网络图中，一项工作应只有唯一的一条箭线和相应的一对节点编号，箭尾的节点编号应小于箭头的节点编号。

(4) 双代号网络图中的虚箭线，表示一项虚工作，其表示形式可垂直方向向上或向下，也可水平方向向右。

(5) 双代号网络图中一项工作的基本表示方法应以箭线表示工作，以节点 i 表示开始节点，以节点 j 表示结束节点，工作名称应标注在箭线之上，持续时间应标注在箭线之下（图 4-3-2）。

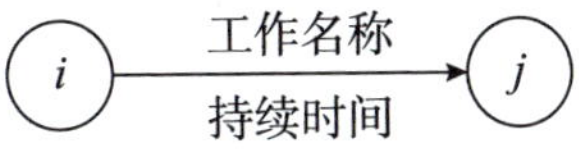

图 4-3-2　双代号网络图工作的表示方法

(6) 工作之间的逻辑关系可包括工艺关系和组织关系，在网络图中均应表现为工作之间的先后顺序。

2. 绘图规则

(1) 双代号网络图必须正确表达已定的逻辑关系。网络图中常见的各种工作逻辑关系的表示方法见表 4-3-1。

表 4-3-1　网络中常见的各种工作逻辑关系的表示方法

序号	工作之间的逻辑关系	网络图的表示方法
1	A 完成之后进行 B 和 C	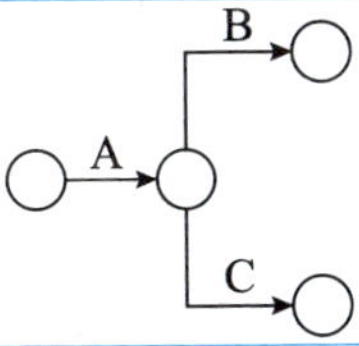
2	A、B 均完成后进行 C	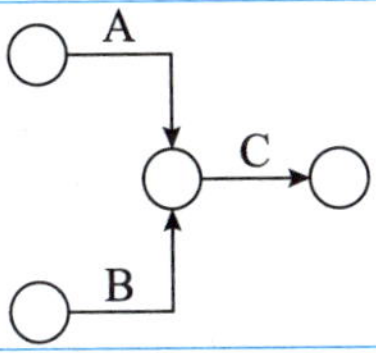
3	A、B 均完成后同时进行 C 和 D	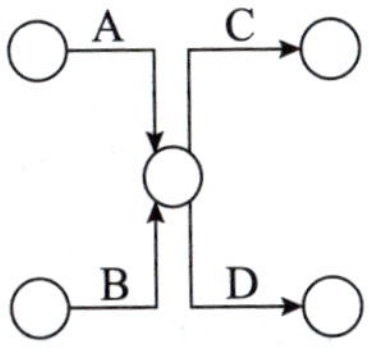
4	A 完成后进行 C，A、B 均完成后进行 D	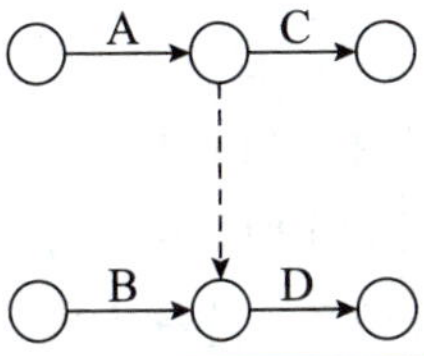

续表

序号	工作之间的逻辑关系	网络图的表示方法
5	A、B均完成后进行D，A、B、C均完成后进行E，D、E均完成后进行F	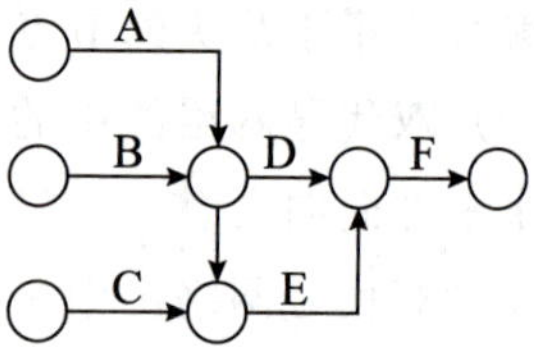
6	A、B均完成后进行C，B、D均完成后进行E	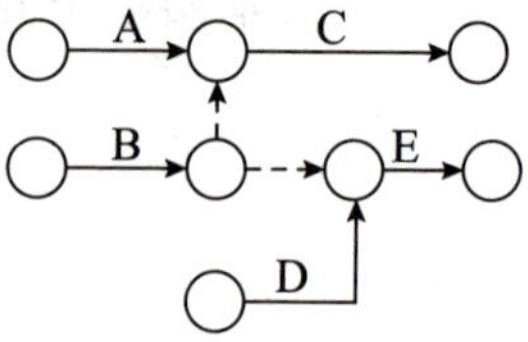
7	A、B、C均完成后进行D，B、C均完成后进行E	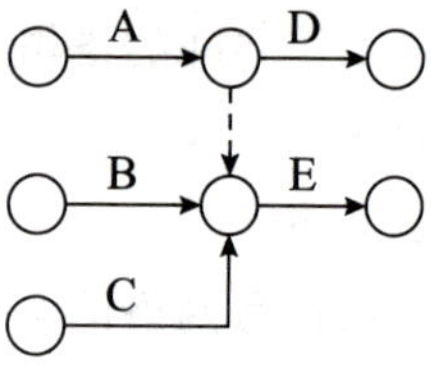
8	A完成后进行C，A、B均完成后进行D，B完成后进行E	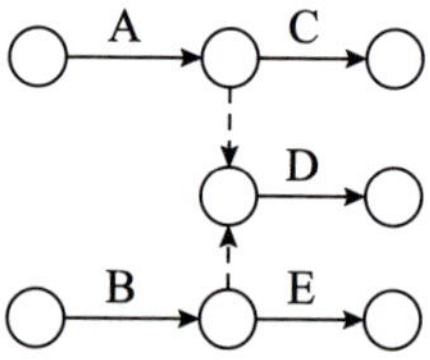
9	A、B两项工作分成3个施工段，分段流水施工：A1完成后进行A2、B1，A2完成后进行A3、B2，A3、B2完成后进行B3	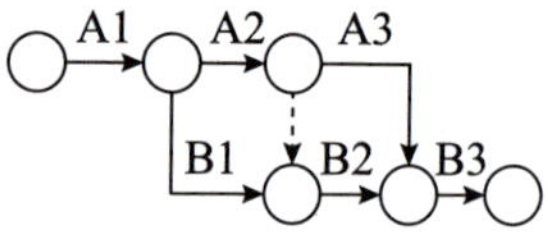

（2）严禁出现循环回路。

（3）在节点之间严禁出现带双向箭头或无箭头的连线。

（4）严禁出现没有箭头节点或没有箭尾节点的箭线。

（5）绘制网络图时，箭线不宜交叉；当交叉不可避免时，可用过桥法或指向法。

（6）双代号网络图中应只有一个起点节点；在不分期完成任务的网络图中，应只有一个终点节点；而其他所有节点均应是中间节点。

（二）双代号时标网络计划绘制

双代号时标网络计划的绘制方法有以下两种。

1. 间接法绘制

先绘制出时标网络计划，计算各工作的最早时间参数，再根据最早时间参数在时标计划表上确定节点位置，连线完成，某些工作箭线长度不足以到达该工作的完成节点时，用波形线补足。

2. 直接法绘制

根据网络计划中工作之间的逻辑关系及各工作的持续时间，直接在时标计划表上绘制时标网络计划。绘制步骤如下：

(1) 将起点节点定位在时标表的起始刻度线上。

(2) 按工作持续时间在时标计划表上绘制起点节点的外向箭线。

(3) 其他工作的开始节点必须在其所有紧前工作都绘出以后，定位在这些紧前工作最早完成时间最大值的时间刻度上，某些工作的箭线长度不足以到达该节点时，用波形线补足，箭头画在波形线与节点连接处。

(4) 用上述方法从左至右依次确定其他节点位置，直至网络计划终点节点定位，绘图完成。

(三) 单代号网络图绘制

1. 一般规定

(1) 单代号网络图中，箭线表示紧邻工作之间的逻辑关系（图 4-3-3）。箭线应画成水平直线、折线或斜线。箭线水平投影的方向应自左向右，表示工作的进行方向。

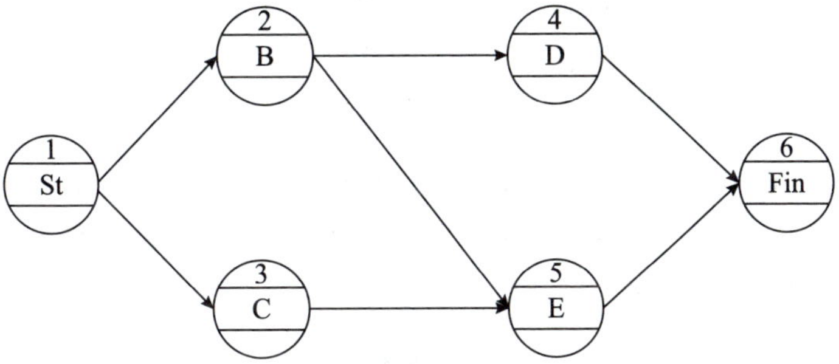

图 4-3-3　单代号网络图

(2) 单代号网络图中每一个节点表示一项工作，宜用圆圈或矩形表示。节点所表示的工作名称、持续时间和工作代号等应标注在节点内。

(3) 单代号网络图中的节点必须编号。编号标注在节点内，其号码可间断，但严禁重复。箭线的箭尾节点编号应小于箭头节点编号。一项工作必须有唯一的一个节点及相应的一个编号。

(4) 单代号网络计划中的一项工作，最基本的表示方法应符合图 4-3-4 的规定。

(5) 工作之间的逻辑关系包括工艺关系和组织关系，在网络图中均表现为工作之间的先后顺序。

(6) 单代号网络图中，各条线路应用该线路上的节点编号自小到大依次表述。

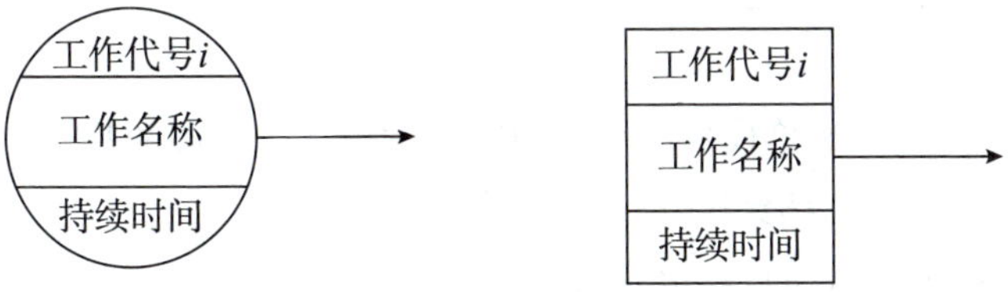

图 4-3-4　单代号网络图工作的表示方法

2. 绘图规则

(1) 单代号网络图必须正确表述已定的逻辑关系。

(2) 严禁出现循环回路。

(3) 严禁出现双向箭头或无箭头的连线。

(4) 严禁出现没有箭尾节点的箭线和没有箭头节点的箭线。

(5) 绘制网络图时，箭线不宜交叉。当交叉不可避免时，可采用过桥法和指向法绘制。

(6) 单代号网络图只应有一个起点节点和一个终点节点；当网络有多项起点节点或多项终点节点时，应在网络图的两端分别设置一项虚工作，作为该网络图的起点节点（St）和终点节点（Fin）。

三、网络计划优化阶段

根据不同的优化目标（如工期、费用、资源等），对网络计划进行优化。

工期优化：通过压缩关键工作的持续时间来缩短工期，同时考虑对质量和安全的影响。

费用优化：寻求最低成本的工期安排。

资源优化：调整工作开始和完成时间，使资源分布符合优化目标。

四、编制正式网络计划

编制优化后的网络计划和说明书，形成正式的网络计划文件。

执行、控制计划，并跟踪反馈信息，及时调整以保证计划目标的实现。

五、实施与调整阶段

在施工过程中，根据实际情况对网络计划进行动态调整和控制，确保计划的实施。

通过以上步骤，可以编制出科学合理的工程网络计划，从而有效指导施工进度管理，优化资源配置，提高项目管理水平。

实战演练

[2022 真题 · 单选] 某工程双代号网络图如下图所示，图中存在的绘图错误是（　　）。

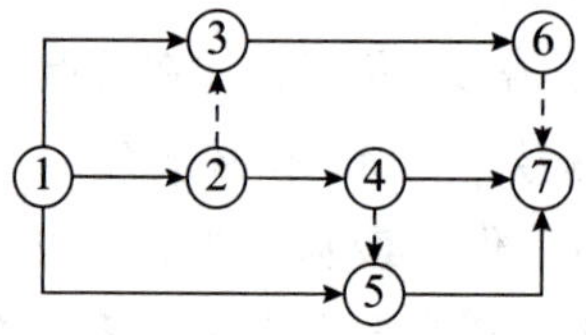

A. 节点编号混乱　　B. 存在逆向箭线

C. 存在多余的虚箭线　　D. 存在多个终点节点

[解析] ⑥--→⑦是多余的虚工作。

[答案] C

[2022 真题 · 单选] 关于单代号网络图中箭线的说法，正确的是（　　）。

A. 箭线代表的工作不消耗资源

B. 相邻工作间的时间间隔用波形线表示

C. 箭线不能自右向左绘制

D. 用虚箭线表示工作之间的工艺关系

［解析］单代号网络图中的箭线表示紧邻工作之间的逻辑关系。箭线应画成水平直线、折线或斜线。箭线水平投影的方向应自左向右，表示工作的行进方向。工作之间的逻辑关系包括工艺关系和组织关系，在网络图中均表现为工作之间的先后顺序。

［答案］C

［经典例题・多选］某双代号网络计划如下图，绘图的错误有（　　）。

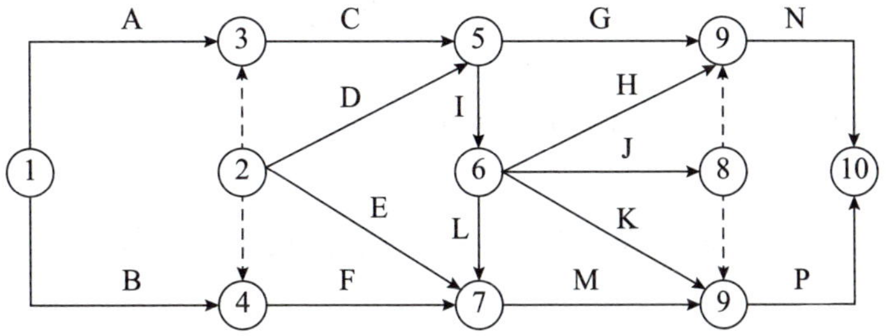

A. 有多个起点节点

B. 有多个终点节点

C. 存在循环回路

D. 有多余虚工作

E. 节点编号有误

［解析］选项 A，①、②均为起点节点，起点节点和终点节点只能有一个。选项 E，节点编号可不连续，但不允许重复，⑨节点有两个。

［答案］AE

知识点 2　时间参数计算方法

工程网络计划中时间参数的计算即确定各项工作的最早可能开始和最早可能结束的时间，最迟必须开始和最迟必须结束的时间，以及各项工作的各种时差，确定整个计划的完成日期、关键工作和关键线路，为网络计划的执行、调整和优化提供依据。

一、双代号网络计划时间参数的计算

双代号网络计划时间参数计算的目的在于通过计算各项工作的时间参数，确定网络计划的关键工作、关键线路和计算工期，为网络计划的优化、调整和执行提供明确的时间参数。

（一）时间参数的概念及其符号

1. 工作持续时间（D_{i-j}）

工作持续时间是一项工作从开始到完成的时间。

2. 工期（T）

（1）计算工期：根据网络计划时间参数计算出来的工期，用 T_c 表示。

（2）要求工期：任务委托人所要求的工期，用 T_r 表示。

（3）计划工期：根据要求工期和计算工期所确定的作为实施目标的工期，用 T_p 表示。

网络计划的计划工期 T_p 应按下列情况分别确定：

当已规定了要求工期 T_r 时，$T_p \leqslant T_r$。

当未规定要求工期时，可令计划工期等于计算工期，即 $T_p = T_c$。

3. 网络计划中工作的 6 个时间参数

(1) 最早开始时间（ES_{i-j}）是指在各紧前工作全部完成后，工作 $i-j$ 有可能开始的最早时刻。

(2) 最早完成时间（EF_{i-j}）是指在各紧前工作全部完成后，工作 $i-j$ 有可能完成的最早时刻。

(3) 最迟开始时间（LS_{i-j}）是指在不影响整个任务按期完成的前提下，工作 $i-j$ 必须开始的最迟时刻。

(4) 最迟完成时间（LF_{i-j}）是指在不影响整个任务按期完成的前提下，工作 $i-j$ 必须完成的最迟时刻。

(5) 总时差（TF_{i-j}）是指在不影响总工期的前提下，工作 $i-j$ 可以利用的机动时间。

(6) 自由时差（FF_{i-j}）是指在不影响其紧后工作最早开始时间的前提下，工作 $i-j$ 可以利用的机动时间。按工作计算法计算网络计划中各时间参数，其计算结果应标注在箭线之上，如图 4-3-5 所示。

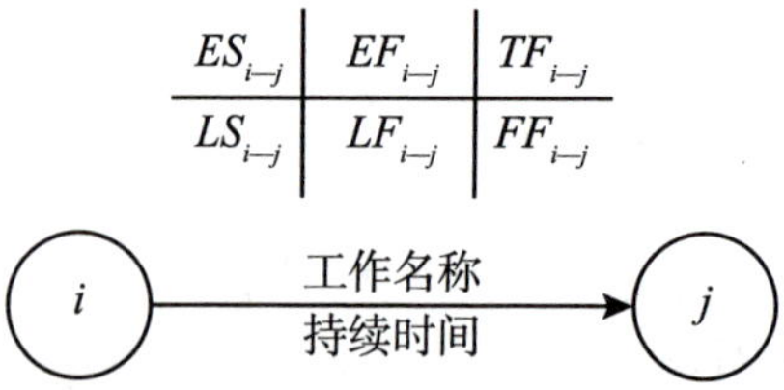

图 4-3-5　按工作计算法的标注内容

(二) 时间参数计算

1. 最早开始时间和最早完成时间的计算

工作最早时间参数受到紧前工作的约束，故其计算顺序应从起点节点开始，顺着箭线方向依次逐项计算。

以网络计划的起点节点为开始节点的工作最早开始时间为零，如网络计划起点节点的编号为 1，则 $ES_{i-j}=0$（$i=1$）。

工作最早完成时间等于最早开始时间加上其持续时间，即 $EF_{i-j}=ES_{i-j}+D_{i-j}$。

其他工作的最早开始时间等于其紧前工作的最早完成时间 EF_{i-j} 的最大值，即 $ES_{i-j}=\max\{EF_{h-i}\}$，或 $ES_{i-j}=\max\{ES_{h-i}+D_{h-i}\}$。

式中，ES_{i-j} 为工作 $i-j$ 的最早开始时间；EF_{h-i} 为工作 $i-j$ 的紧前工作 $h-i$（非虚工作）的最早完成时间；ES_{h-i} 为工作 $i-j$ 的紧前工作 $h-i$（非虚工作）的最早开始时间；D_{h-i} 为工作 $i-j$ 的紧前工作 $h-i$（非虚工作）的持续时间。

2. 最迟开始时间和最迟完成时间的计算

工作最迟时间参数受到紧后工作的约束，故其计算顺序应从终点节点开始，逆着箭线方向依次逐项计算。

工作最迟开始时间等于最迟完成时间减去其持续时间，即 $LS_{i-j}=LF_{i-j}-D_{i-j}$。

其他工作的最迟完成时间等于其紧后工作的最迟开始时间的最小值，即 $LF_{i-j}=$

$\min\{LS_{j-k}\}$，或 $LF_{i-j}=\min\{LF_{j-k}-D_{j-k}\}$。

式中，LF_{i-j}为工作 $i-j$ 的最迟完成时间；LS_{j-k}为工作 $i-j$ 的紧后工作 $j-k$（非虚工作）的最迟开始时间；LF_{j-k}为工作 $i-j$ 的紧后工作 $j-k$（非虚工作）的最迟完成时间；D_{j-k}为工作 $i-j$ 的紧后工作 $j-k$（非虚工作）的持续时间。

3. 计算工作总时差

总时差等于其最迟开始时间减去最早开始时间，或等于最迟完成时间减去最早完成时间，即 $TF_{i-j}=LS_{i-j}-ES_{i-j}$，或 $TF_{i-j}=LF_{i-j}-EF_{i-j}$。

4. 计算工作自由时差

当工作 $i-j$ 有紧后工作 $j-k$ 时，其自由时差应为：$FF_{i-j}=\min\{ES_{j-k}-EF_{i-j}\}$，或 $FF_{i-j}=\min\{ES_{j-k}-ES_{i-j}-D_{i-j}\}$。

二、双代号时标网络计划时间参数的计算

（一）最早时间参数的确定

按最早开始时间绘制时标网络计划，最早时间参数可以从图上直接确定。

1. 最早开始时间 ES_{i-j}

每条实箭线左端箭尾节点（i 节点）中心所对应的时标值，即为该工作的最早开始时间。

2. 最早完成时间 EF_{i-j}

如箭线右端无波形线，则该箭线右端节点（j 节点）中心所对应的时标值为该工作的最早完成时间。如箭线右端有波形线，则实箭线右端末所对应的时标值即为该工作的最早完成时间。

（二）自由时差的确定

时标网络计划中各工作的自由时差值应为表示该工作的箭线中波形线部分在坐标轴上的水平投影长度。

（三）总时差的确定

时标网络计划中工作的总时差的计算应自右向左进行，且符合下列规定。

（1）以终点节点（$j=n$）为箭头节点的工作的总时差 TF_{i-n}应按网络计划的计划工期 T_p计算确定，即 $TF_{i-n}=T_p-EF_{i-n}$。

（2）其他工作的总时差等于其紧后工作 $j-k$ 的总时差加本工作与该紧后工作之间的时间间隔所得之和的最小值，即 $TF_{i-j}=\min\{TF_{j-k}+LAG_{i-j,j-k}\}$。

（四）最迟时间参数的确定

时标网络计划中工作的最迟开始时间和最迟完成时间可按下式计算：

$$LS_{i-j}=ES_{i-j}+TF_{i-j}$$

$$LF_{i-j}=EF_{i-j}+TF_{i-j}$$

三、单代号网络计划时间参数的计算

（一）计算工作最早时间

计算最早时间参数必须从起点节点开始依次进行，只有紧前工作计算完毕，才能计算本

工作。

起点节点的工作最早开始时间都应为0，即 $ES_i=0$（i=起点节点编号）。

其他工作 j 的最早开始时间（ES_j）等于其所有紧前工作最早完成时间的最大值，即 $ES_j=\max\{EF_i\}$。

（二）计算时间间隔 $LAG_{i,j}$

相邻两项工作 i 和 j 之间在满足时距之外，还有多余的时间间隔 $LAG_{i,j}$，$LAG_{i,j}=ES_j-EF_i$。

（三）计算工作总时差

工作 i 的总时差应从网络计划的终点节点开始，逆着箭线方向依次逐项计算。当部分工作分期完成时，有关工作的总时差必须从分期完成的节点开始逆向逐项计算。

终点节点所代表工作 n 的总时差 TF_n 值应为：$TF_n=T_p-T_c$。

其他工作 i 的总时差 TF_i 应为：$TF_i=\min\{TF_j+LAG_{i,j}\}$。

（四）计算工作自由时差

终点节点所代表工作 n 的自由时差 FF_n 应为：$FF_n=T_p-EF_n$。

其他工作 i 的自由时差 FF_i 应为：$FF_i=\min\{LAG_{i,j}\}$。

（五）计算工作最迟开始时间

工作 i 的最迟开始时间 LS_i 应按下式计算：$LS_i=LF_i-D_i$，或 $LS_i=ES_i+TF_i$。

（六）计算工作最迟完成时间

工作 i 的最迟完成时间应从网络计划的终点节点开始，逆着箭线方向依次逐项计算。当部分工作分期完成时，有关工作的最迟完成时间应从分期完成的节点开始逆向逐项计算。

终点节点所代表的工作 n 的最迟完成时间 LF_n，应按网络计划的计划工期 T_p 确定，即 $LF_n=T_p$。

其他工作 i 的最迟完成时间 LF_i 应为：$LF_i=\min\{LS_j\}$。

实战演练

［2024真题·单选］双代号时标网络计划中，某工作箭线中的波形线水平投影长度表示的是（　　）。

A. 该工作与其紧后工作之间的时间间隔

B. 该工作的自由时差

C. 该工作的总时差

D. 该工作与其紧后工作之间的时距

［解析］ 时标网络计划中各工作的自由时差值应为表示该工作的箭线中波形线部分在坐标轴上的水平投影长度。

［答案］ B

[2023 真题·单选] 某分部工程双代号网络计划如下图所示（单位：天）。若计划工期等于计算工期，关于工作时间参数的说法，正确的是（　　）。

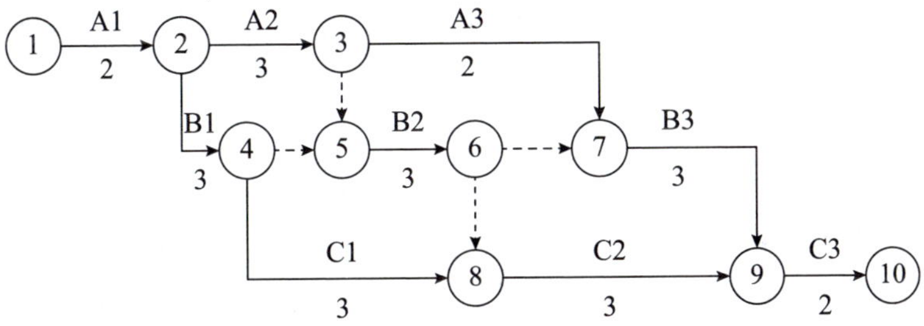

A. 工作 A2 的自由时差是 1 天　　B. 工作 B2 的最迟完成时间是第 8 天

C. 工作 C2 的总时差是 1 天　　D. 工作 B3 的最早开始时间是第 7 天

[解析] 选项 A 错误，工作 A2 的自由时差是 0 天。选项 C 错误，工作 C2 的总时差是 0 天。选项 D 错误，工作 B3 的最早开始时间是第 8 天。

[答案] B

[2020 真题·单选] 某双代号网络计划中，某工作最早第 3 天开始，工作持续时间 2 天，有且仅有 2 个紧后工作，紧后工作最早开始时间分别是第 5 天和第 6 天，对应总时差是 4 天和 2 天。该工作的总时差和自由时差分别是（　　）。

A. 0 天，0 天　　B. 4 天，1 天

C. 3 天，0 天　　D. 2 天，2 天

[解析] 总时差等于其最迟开始时间减去最早开始时间，或等于最迟完成时间减去最早完成时间，由此可知紧后工作的最迟开始时间分别是第 9（5+4）天和第 8（6+2）天。最迟完成时间等于各紧后工作的最迟开始时间的最小值，则该工作的最迟完成时间＝min{9，8}＝8（天）。最早完成时间等于最早开始时间加上其持续时间，该工作的最早完成时间为 3+2=5（天）。所以，该工作的总时差为最迟完成时间－最早完成时间，即 8－5＝3（天）。自由时差等于各个紧后工作的最早开始时间的最小值减去本工作的最早完成时间，所以该工作的自由时差为 5－5＝0（天）。

[答案] C

[经典例题·单选] 某网络计划中，工作 M 的最早完成时间是第 8 天，最迟完成时间是第 13 天，工作的持续时间是 4 天，与所有紧后工作的间隔时间最小值是 2 天，则该工作的自由时差为（　　）天。

A. 2　　B. 3

C. 4　　D. 5

[解析] 自由时差是指在不影响其紧后工作最早开始的情况下，工作可利用的机动时间，可表示为紧后工作最早开始时间和该工作最早结束时间的差值。自由时差等于时间间隔的最小值。在本题中自由时差为 2 天。

[答案] A

[经典例题·单选] 某网络计划中，工作 F 有且仅有两项并进行的紧后工作 G 和 H，工作 G 的最迟开始时间为第 12 天，最早开始时间为第 8 天；工作 H 的最迟完成时间为第 14 天，最早完成时间为第 12 天；工作 F 和 G、H 的时间间隔分别为 4 天和 5 天，则工作 F 的总时差为（　　）天。

A. 4　　B. 7

C. 5　　D. 8

[解析] 总时差等于该工作的各个紧后工作的总时差加该工作与其紧后工作之间的时间间隔之和的最小值，即工作 G 的总时差为 12－8＝4（天），工作 H 的总时差为 14－12＝2（天），所以工作 F 的总时差为 min {4＋4，5＋2} ＝7（天）。

[答案] B

[2024 真题·多选] 某工程双代号时标网络计划如下图所示，图中表达的正确信息有（　　）。

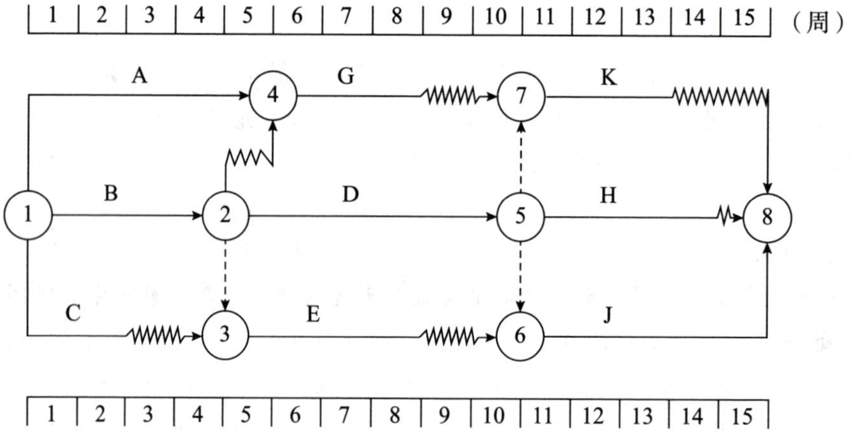

A. 工作 A 为非关键工作　　B. 工作 C 的自由时差为 2 周

C. 工作 G 的自由时差为 4 周　　D. 工作 D 的总时差为 1 周

E. 工作 E 的总时差为 2 周

[解析] 选项 C 错误，工作 G 的自由时差为 2 周。选项 D 错误，工作 D 的总时差为 0 周。

[答案] ABE

[2022 真题·多选] 某工程单代号网络计划（时间：天）如下图所示，图中节点上下方数字分别表示相应工作代号和持续时间。时间参数计算正确的有（　　）。

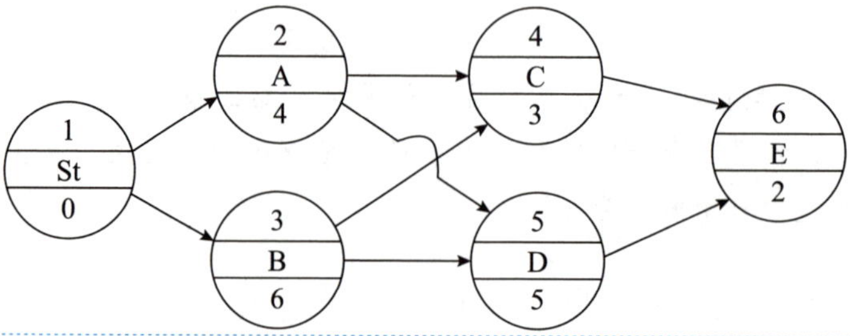

A. $LS_B=0$　　B. $LS_A=0$

C. $FF_D=0$　　D. $TF_C=0$

E. $LF_E=13$

［解析］经计算，$LS_A=2$；$TF_C=2$。

［答案］ACE

［2020 真题 · 多选］某双代号网络计划如下图所示（单位：天），关于工作时间参数的说法，正确的有（　　）。

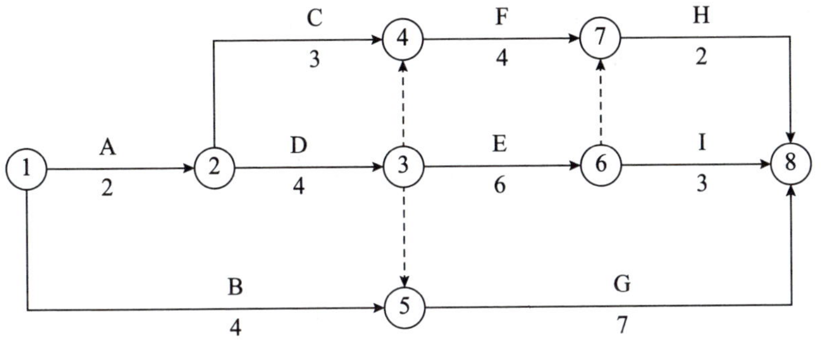

A. 工作 B 的最迟完成时间是第 8 天　　B. 工作 C 的最迟开始时间是第 7 天

C. 工作 F 的自由时差是 1 天　　D. 工作 G 的总时差是 2 天

E. 工作 H 的最早开始时间是第 13 天

［解析］经计算，工作 C 的最迟开始时间是第 6 天；工作 F 的自由时差是 2 天；工作 H 的最早开始时间是第 12 天。

［答案］AD

知识点 3　关键工作及关键线路确定方法

一、关键工作

网络计划中总时差最小的工作是关键工作。

当 $T_c=T_p$，总时差为 0 的工作即为关键工作。

二、关键线路

自始至终全部由关键工作组成的线路为关键线路，或线路上总的工作持续时间最长的线路为关键线路。网络图上的关键线路可用双线或粗线标注。

（1）关键线路上可能有虚工作。

（2）时标网络计划中自始至终不出现波形线的线路即为关键线路。

（3）相邻两项工作之间时间间隔全为 0 的线路即为关键线路。

（4）由关键节点组成的工作不一定是关键工作。

（5）由关键节点组成的线路不一定是关键线路。

（6）关键线路可能不止一条，关键线路会发生转移。

（7）关键线路上的工作称为关键工作。

（8）由关键工作组成的线路不一定是关键线路。由总时差（或自由时差）为 0 的工作组成的线路不一定是关键线路。

实战演练

［2024 真题·单选］单代号搭接网络计划中，关键线路是指（　　）的线路。

A. 自始至终由关键工作组成

B. 相邻两项工作之间的时间间隔均为 0

C. 相邻两项工作之间的时距均为 0

D. 自始至终由关键节点组成

［解析］在单代号搭接网络计划中，同样可以利用相邻两项工作之间的时间间隔来判定关键线路，即从搭接网络计划的终点节点开始，逆着箭线方向依次找出相邻两项工作之间时间间隔为 0 的线路就是关键线路。

［答案］B

［2023 真题·单选］某工程双代号网络计划如下图所示（单位：周），其中关键线路有（　　）条。

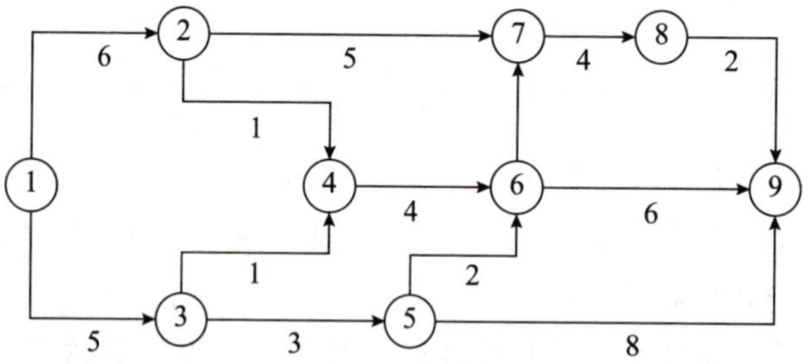

A. 1

B. 3

C. 2

D. 4

［解析］关键线路有 3 条：①→②→⑦→⑧→⑨；①→②→④→⑥→⑨；①→②→④→⑥→⑦→⑧→⑨。

［答案］B

［经典例题·单选］关于关键工作和关键线路的说法，正确的是（　　）。

A. 关键线路上的工作全部是关键工作

B. 关键工作不能在非关键线路上

C. 关键线路上不允许出现虚工作

D. 关键线路上的工作总时差均为 0

［解析］选项 B 错误，关键工作可能在非关键线路上。选项 C 错误，关键线路上允许有虚工作。选项 D 错误，关键工作指的是网络计划中总时差最小的工作。当计划工期等于计算工期时，总时差为 0 的工作就是关键工作。

［答案］A

［2023 真题·多选］关于双代号网络计划中关键工作的说法，正确的有（　　）。

A. 关键工作的总时差最小

B. 关键工作间的时距必为 0

C. 关键工作可以在非关键线路上

D. 关键线路上相邻关键工作之间的间隔时间必为 0

E. 关键工作的自由时差全部为 0

[解析] 总时差最小的工作是关键工作，关键工作可以在非关键线路上。选项 B 错误，关键工作间的时距不一定为 0。选项 E 错误，当计划工期等于计算工期时，关键工作的自由时差全部为 0。

[答案] ACD

[2022 真题·多选] 工程网络计划中，关键线路是指（　　）的线路。

A. 双代号时标网络计划中无波形线

B. 双代号网络计划中无虚箭线

C. 双代号网络计划中由关键节点组成

D. 单代号网络计划中工作自由时差均为 0

E. 单代号网络计划中关键工作之间时间间隔均为 0

[解析] 双代号网络计划的关键线路中可以有虚箭线，选项 B 错误。由关键节点组成的线路不一定是关键线路，选项 C 错误。单代号网络计划中工作自由时差均为 0 的线路不一定是关键线路，选项 D 错误。

[答案] AE

[2022 真题·多选] 工程网络计划中，关键工作是指（　　）的工作。

A. 最早开始时间与最迟开始时间相差最小

B. 总时差最小

C. 时标网络计划中无波形线

D. 与紧后工作之间间隔时间为 0

E. 双代号网络计划中两端节点均为关键节点

[解析] 网络计划中关键工作指的是总时差最小的工作。

[答案] AB

[2021 真题·多选] 某双代号网络计划如下图（时间单位：天）所示，其关键工作有（　　）。

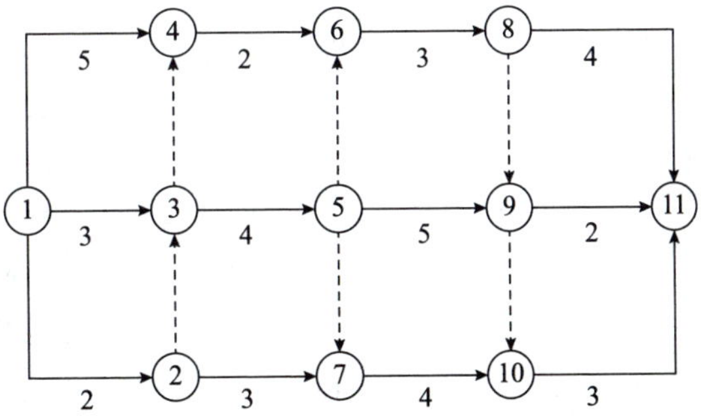

A. 工作③—⑤

B. 工作①—④

C. 工作⑤—⑨

D. 工作⑦—⑩

E. 工作⑧—⑪

[解析] 关键线路：①→③→⑤→⑨→⑩→⑪，关键线路上的工作为关键工作。

[答案] AC

第四节　施工进度控制

知识点 1　施工进度计划实施中的检查与分析

在工程项目实施过程中，项目管理人员应经常、定期地对进度计划的执行情况进行跟踪检查，发现问题后，及时采取措施加以解决。

一、进度计划执行中的跟踪检查

对进度计划的执行情况进行跟踪检查是计划执行信息的主要来源，是进度分析和调整的依据，也是进度控制的关键步骤。

（一）定期收集进度报表资料

进度报表是反映工程实际进度的主要方式之一。进度计划执行单位应按照进度监督制度规定的时间和报表内容，定期填写进度报表。项目管理人员通过收集进度报表资料掌握工程实际进展情况。

（二）现场实地检查工程进展情况

派管理人员常驻现场，随时检查进度计划的实际执行情况，这样可以加强进度监测工作，掌握工程实际进度的第一手资料，使获取的数据更加及时、准确。

（三）定期召开现场会议

定期召开现场会议，项目管理人员通过与进度计划执行单位的有关人员面对面交谈，既可以了解工程实际进度情况，同时也可以协调有关方面的进度关系。

二、进度计划的分析和调整

在施工过程中，项目经理部需要及时了解和掌握与施工进度有关的各种信息，并将实际进度与计划进度进行比较。一旦发现进度拖后或超前，就需要分析产生偏差的原因，并系统地分析其对后续工序的影响。进度计划的分析和调整如图 4-4-1 所示。

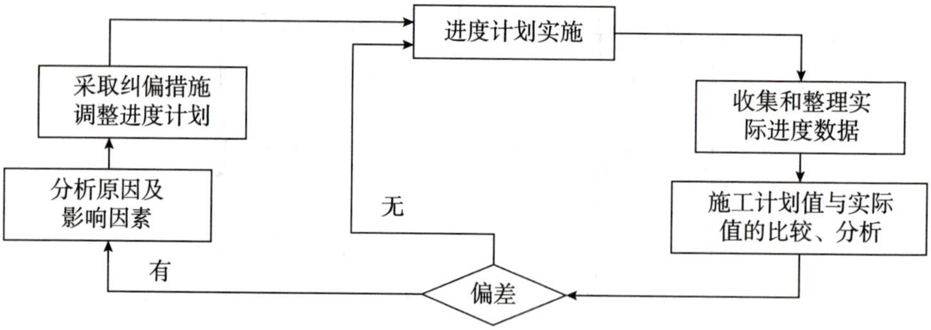

图 4-4-1　进度计划的分析和调整

实战演练

[2024 真题 · 单选] 某工程网络计划进行过程中，经检查发现仅有工作 D 的实际进度拖后 4 天。该工作原计划总时差和自由时差分别为 5 天和 2 天，则工作 D 实际进度拖后造成的影响是（　　）。

A. 影响后续工作最迟开始时间，但不影响总工期

B. 使紧后工作最早开始时间推迟 2 天，但不影响总工期

C. 使紧后工作最早开始时间推迟 1 天，总工期延长 2 天

D. 不影响后续工作最早开始时间，但会影响总工期

[解析] 当工作实际进度拖后的时间（偏差）超过该工作的自由时差，但未超过该工作的总时差时，则该工作实际进度偏差会影响该工作后续工作的正常进行，但不会影响总工期。

[答案] B

[经典例题 · 单选] 某网络计划中，工作 A 有两项紧后工作 B 和 C。工作 B 和工作 C 的最早开始时间分别为第 13 天和第 15 天，最迟开始时间分别为第 19 天和第 21 天；工作 A 与工作 B 和工作 C 的间隔时间分别为 0 天和 2 天。如果工作 A 实际进度拖延 7 天，则（　　）。

A. 对工期没有影响　　B. 总工期延长 2 天

C. 总工期延长 3 天　　D. 总工期延长 1 天

[解析] 由题意可知，工作 B 的总时差为 19－13＝6（天）；工作 C 的总时差为 21－15＝6（天）；工作 A 总时差为 min {6＋0，6＋2} ＝6（天）。工作 A 实际进度拖延 7 天，则影响总工期 7－6＝1（天），因此总工期延长 1 天。

[答案] D

[经典例题 · 多选] 某工程网络计划中，工作 N 的自由时差为 5 天，计划执行过程中检查发现，工作 N 的工作时间延后了 3 天，其他工作均正常，此时（　　）。

A. 工作 N 的总时差不变，自由时差减少 3 天

B. 总工期不会延长

C. 工作 N 的总时差减少 3 天

D. 工作 N 的最早完成时间推迟 3 天

E. 工作 N 将会影响紧后工作

[解析] 工作 N 有 5 天的自由时差。本工作总时差为 min {本工作自由时差＋紧后工作总时差}，因此工作 N 总时差≥5 天。工作 N 延后 3 天，因此不影响总工期，会消耗 3 天的总时差，工作 N 最早完成时间会推迟 3 天，但不影响紧后工作的最早开始时间。

[答案] BCD

知识点 2　实际进度与计划进度比较方法

施工进度计划比较方法是施工项目管理中的重要环节，通过比较实际进度与计划进度，可以及时发现偏差并采取相应措施进行调整。

一、横道图比较法

横道图比较法是最简单、直观的方法，通过在横道图上标注实际进度和计划进度，直观比较两者差异。该方法适用于工作速度均匀的情况，但不适用于速度变化的情况。横道图比较法将实际进度数据加工整理后直接以横道线形式平行绘制于原计划横道线下方，形象直观地反映各项工作的实际进度、计划进度及其偏差情况。某基础工程实际进度与计划进度比较如图 4-4-2所示。

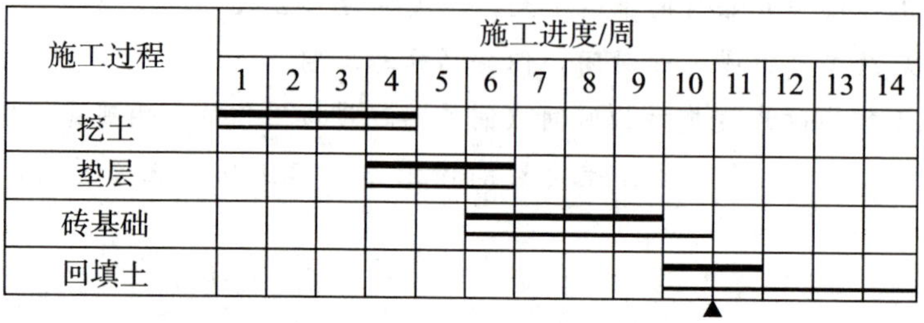

图 4-4-2　某基础工程实际进度与计划进度比较图

二、S 曲线比较法

S 曲线比较法是以横坐标表示时间，纵坐标表示累计完成任务量，绘制一条按计划时间累计完成任务量的 S 曲线。从整个工程项目实际进展全过程看，单位时间投入的资源量一般是开始和结束时较少，中间阶段较多。与其相对应，单位时间完成的任务量也呈同样的变化规律，随工程进展累计完成的任务量则应呈 S 形变化。

通过绘制 S 曲线，将实际进度与计划进度进行比较，适用于更复杂的进度控制需求。S 曲线比较法可以明显看出工程实际进度超前或拖后的时间、超额完成或拖欠的任务量，并预测后期工程进度。S 曲线比较图如图 4-4-3 所示。

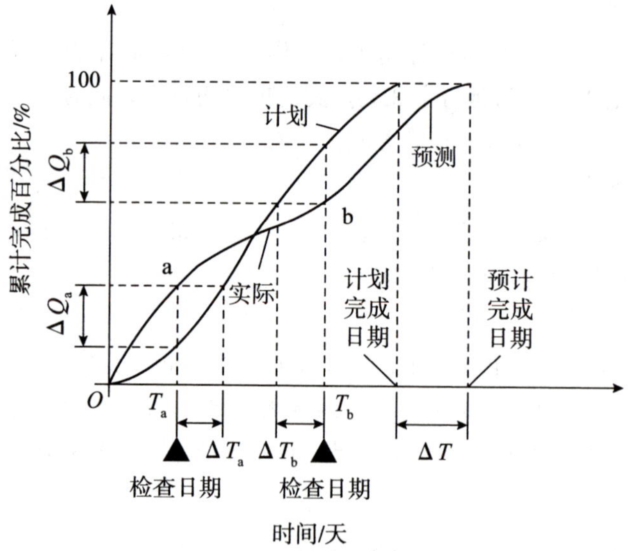

图 4-4-3　S 曲线比较图

三、前锋线比较法

前锋线比较法是通过绘制某检查时刻工程项目实际进度前锋线，进行工程实际进度与计划进度比较的方法，它主要适用于时标网络计划。所谓前锋线，是指在原时标网络计划上，从检查时刻的时标点出发，用点划线依次将各项工作实际进展位置点连接而成的折线。

采用前锋线比较法进行实际进度与计划进度的比较，其步骤如下。

（一）绘制时标网络计划图

为了方便和清楚起见，可在时标网络计划图的上方和下方各设一时间坐标。

（二）绘制实际进度前锋线

一般从时标网络计划图上方时间坐标的检查日期开始绘制，依次连接相邻工作的实际进度位置点，最后与时标网络计划图下方坐标的检查日期相连接。

（三）进行实际进度与计划进度的比较

前锋线可以直观地反映出检查日期有关工作实际进度与计划进度之间的关系。对某项工作来说，其实际进度与计划进度之间的关系可能存在 3 种情况：

（1）工作实际进展位置点落在检查日期的左侧，表明该工作进度拖后，拖后的时间为二者之差。

（2）工作实际进展位置点与检查日期重合的，表明该工作实际进度与计划进度一致。

（3）工作实际进度位置点落在检查日期的右侧，表明该工作实际进度超前，超前的时间为二者之差。

（四）预测进度偏差对后续工作和总工期的影响

通过实际进度与计划进度的比较确定进度偏差后，还可根据工作的自由时差和总时差预测进度偏差对后续工作及项目总工期的影响。

以上介绍的 3 种比较方法各有优缺点，选择合适的比较方法需要根据具体项目的实际情况和需求来决定。例如，横道图比较法适用于直观展示进度偏差，而 S 曲线比较法更适合处理复杂进度控制需求，前锋线比较法则适用于时标网络计划的详细分析。通过这些方法的应用，可以有效地监控和调整施工进度，确保项目按时完成，并为施工项目的成功建设提供指导。

实战演练

［2023 真题・多选］某工程双代号时标网络计划执行至第 6 周末和第 10 周末检查进度时，实际进度前锋线如下图所示。下列分析结论中，正确的有（　　）。

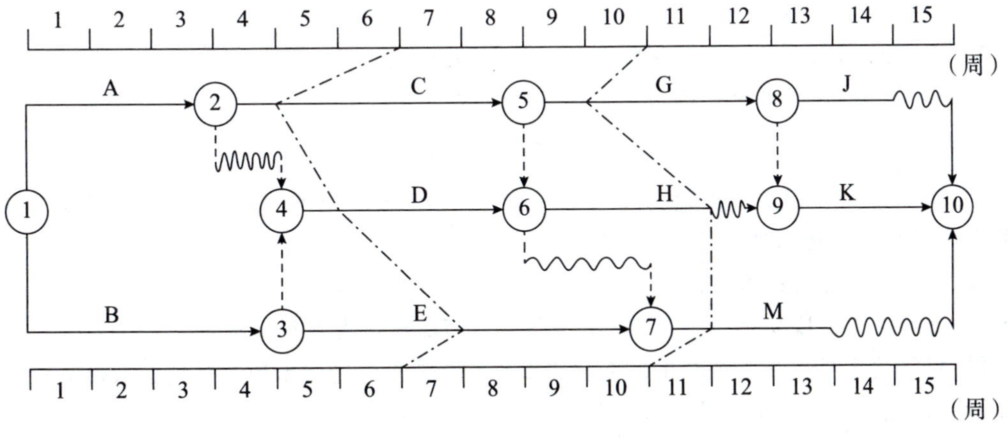

A. 第 6 周末检查进度时，工作 D 拖后 1 周，影响工期 1 周

B. 第 10 周末检查进度时，工作 G 拖后 1 周，不影响工期

C. 第 6 周末检查进度时，工作 C 拖后 2 周，影响工期 2 周

D. 第 6 周末检查进度时，工作 E 提前 1 周，不影响工期

E. 第 10 周末检查进度时，工作 H 已提前完成，不影响工期

［解析］选项 A 错误，第 6 周末检查进度时，工作 D 拖后 1 周，因其有 1 周的总时差，所以不影响工期。选项 B 错误，第 10 周末检查进度时，工作 G 拖后 1 周，因其没有总时差，所以影响工期 1 周。选项 C 正确，第 6 周末检查进度时，工作 C 拖后 2 周，因其没有总时差，所以影响工期 2 周。选项 D 正确，第 6 周末检查进度时，工作 E 提前 1 周，但不影响工期。选项 E 正确，第 10 周末检查进度时，工作 H 提前 1 周，不影响工期。

［答案］CDE

知识点 3 施工进度计划调整方法及措施

施工进度计划调整方法及措施主要包括以下几种。

一、压缩某些工作的持续时间

（1）组织措施。增加工作面，组织更多施工队伍；增加施工时间；增加劳动力和施工机械数量等。

（2）技术措施。改进施工工艺和施工技术，缩短工艺技术间歇时间；采用更先进的施工方式，减少施工过程数量；采用更先进的施工机械等。

（3）经济措施。通过奖励先进等经济手段激励施工人员。

（4）其他措施。改善外部配合条件，提高劳动生产效率等。

二、改变某些工作的逻辑关系

将顺序作业改为平行作业、搭接作业或分段组织流水作业，以缩短工期。

这种方法不改变工作的工期，而是通过调整开始时间和完成时间来优化施工进度。

三、资源调整

根据实际需要调整资源供应，包括人力、物力和财力等。

四、关键工作、非关键工作调整

对关键工作进行调整，以确保整个项目的顺利进行。

对非关键工作进行调整，以优化整体施工进度。

实战演练

［2024 真题 · 单选］工程施工过程中，通过缩短关键工作的持续时间来调整施工进度计划时，可采取的技术措施是（　　）。

A. 采用更先进的施工机械　　B. 改善施工作业环境

C. 增加施工机械数量　　D. 组织更多施工队伍

［解析］技术措施：改进施工工艺和施工技术，缩短工艺技术间歇时间；采用更先进的施工方式，减少施工过程数量；采用更先进的施工机械等。

［答案］A

第五章

建设工程质量管理

本章导学

本章包括4节内容，考试所占分值较高。其知识点与实际工作联系紧密，如质量管理、质量检验和质量控制等，需要记忆的内容偏多。在学习过程中，建议考生先理解再记忆，可达到事半功倍的效果。

第一节　工程质量影响因素及管理体系

知识点 1 工程质量形成过程及影响因素

一、工程质量形成过程

（一）项目决策阶段

在这一阶段，业主或项目法人需要识别建设意图和需求，并根据法律法规的要求，对项目的性质、规模等进行策划和论证，从而确定整个项目的质量总目标和各个子项目的质量目标。

（二）工程勘察设计阶段

在此阶段，通过初步设计、技术设计和施工图设计等环节，将项目质量目标具体化，并为施工提供直接依据。

勘察设计阶段的质量直接影响工程的安全可靠性、使用功能和外观质量，是影响工程质量的决定性阶段。

（三）工程施工阶段

施工是形成工程实体质量的决定性环节，通过施工及相应的质量控制，将设计图纸变成工程实体。

施工阶段的质量控制任务繁重，涉及施工准备、材料采购与检验、施工工艺试验、施工作业、隐蔽工程检验等多个方面。

施工阶段的质量管理包括施工准备、施工过程中的质量控制以及工程投产使用阶段的质量管理。

（四）竣工验收阶段

竣工验收是对工程质量目标完成程度的检验、检测、评定和考核过程。此阶段确保最终产品的质量符合设计要求和合同规定。

（五）保修阶段

工程交付使用后的服务质量控制，包括保修、回访用户和处理投诉等。

二、工程质量影响因素

影响施工项目质量管理的因素主要有 5 个方面：人（man）、材料（material）、机械（machine）、方法（method）和环境（environment），即 4M1E。对这 5 个方面的因素严加控制，是保证施工项目质量的关键。

（一）人的因素

人是工程项目的决策者、管理者和作业者。人的影响因素主要是指上述人员个人的质量意识及质量活动能力对工程项目质量形成造成的影响。工程项目建设的全过程，如项目的规划、决策、勘测、设计和施工，都是通过人来实现的，人的思想水平、文化水平、技术水平、管理能力、身体素质等，都直接或间接地对工程项目勘测、设计和施工的质量产生影响，而规划是否合理，决策是否正确，设计是否符合所需要的功能和使用价值，施工是否满足合同、规范、建设标准的要求等，都将对工程项目的质量产生不同程度的影响。在工程项目质量控制中，人的因素起决定性的作用。

我国实行的执业资格注册制度和管理及作业人员持证上岗制度等，从本质上说，就是对从事工程项目建设的人的素质和能力进行必要的控制。

（二）材料的因素

材料包括工程材料和施工用料，一个工程项目要消耗大量的材料，如原材料、半成品、产品、构配件等。材料质量是工程质量的基础，材料质量不符合要求，工程质量就不可能达到标准，所以，加强对材料的质量控制是保证工程项目质量的重要基础。

（三）机械的因素

机械设备包括工程设备、施工机械设备和各类施工工器具。工程设备是指组成工程实体的工艺设备和各类机具，如各类生产设备、装置和辅助配套的电梯、泵机，以及通风、空调、消防、环保设备等，它们是工程项目的重要组成部分，其质量的优劣，直接影响到工程使用功能的发挥。施工机械设备是指施工过程中使用的各类机具设备，包括运输设备、吊装设备、操作工具、测量仪器、计量仪器以及施工安全设施等。施工机械设备是工程项目施工中不可缺少的重要物质基础，施工机械设备的类型是否符合工程施工的特点，性能是否先进和稳定，操作是否方便等，都将会影响到工程项目的质量。因此，合理选择和正确使用施工机械设备是保证工程施工质量的重要措施。

（四）方法的因素

方法主要是指技术方案、施工工艺、工法和技术措施等。从某种程度上讲，技术工艺水平的高低，决定了工程项目质量的优劣。采用先进合理的工艺、技术，依据规范的工法和专业指导书进行工程建设，必将对组成质量因素的产品精度、平整度、清洁度、密封性等物理、化学特性等方面起到良性的推进作用。

（五）环境的因素

影响工程项目质量的环境因素很多，归纳起来有以下 3 类：工程建设环境，如地形、地质、水文、气象、勘测、规划、设计、施工等；工程管理环境，如质量保证体系、管理措施、管理制度等；劳动环境，如劳动组合、劳动工具、工作面等。环境因素是多变的，不同的工程项目有着不同的工程技术环境、工程管理环境和劳动环境，而且同一个工程项目，在不同的时间，环境因素也是变化的，而这些变化都会对工程项目的质量产生影响。环境因素对工程项目质量的影响，具有复杂多变和不确定性的特点。

实战演练

［2024 真题 · 单选］建设工程投资决策和建设实施的不同阶段对工程质量有着不同程度的影响，其中对工程质量有着决定性影响的是（　　）阶段。

A. 工程勘察设计　　B. 工程投资决策

C. 工程施工　　D. 工程竣工验收

[解析] 勘察设计阶段是影响工程质量的决定性阶段。

[答案] A

[经典例题·多选] 下列影响施工质量的因素中，属于材料因素的有（　　）。

A. 计量器具　　B. 建筑构配件

C. 原材料　　D. 工程设备

E. 安全设施

[解析] 材料包括工程材料和施工用料，一个工程项目要消耗大量的材料，如原材料、半成品、产品、构配件等。材料质量是工程质量的基础，材料质量不符合要求，工程质量就不可能达到标准，所以，加强对材料的质量控制是保证工程项目质量的重要基础。

[答案] BC

知识点 2 全面质量管理

根据《质量管理和质量保证 术语》，全面质量管理是指一个组织以质量为中心，以全员参与为基础，目的在于通过让顾客满意和本组织所有成员及社会受益而达到长期成功的管理途径。

一、全面质量管理的基本指导思想

（1）质量第一。质量是企业的生命，是企业生存的根本。

（2）用户至上。这里的用户除了指市场上的客户，也包括组织的内部客户，如在工程建设项目施工现场，下一道工序就是上一道工序的客户。

（3）质量形成于生产或项目开发全过程，即产品形成于整个质量环。

（4）质量的好坏用数据来说话。全面质量管理的科学性和严谨性体现在质量的好坏要靠翔实的数据来证明，而不是靠人员的感觉来确定。

（5）质量以预防为主。

（6）质量是不断变化的。用户需求的变化会导致对质量要求的不断变化，质量管理也需要与时俱进。

（7）注重经济性。无论对于以盈利还是不以盈利为目标的组织，都必须考虑质量的经济性。全面质量管理强调质量，但无论是质量保证的水平还是预防不合格的深度都是无止境的，我们必须考虑经济性，建立合理的经济界限。

（8）统计技术与经营管理手段相结合。

二、全面质量管理的特点

全面质量管理的特点，可以概括为一句话，即“三全一多样”。

（一）全员的质量管理

产品质量是企业各方面、各部门、各环节全部工作的综合反映。企业中任何一个环节、任何一个人的工作质量都会不同程度地直接或间接地影响产品质量或服务质量。因此，要实现全员的质量管理，应当做好 3 个方面的工作：

第一，必须抓好全员的质量教育工作，加强职工的质量意识，牢固树立“质量第一”的思想，促进职工自觉地参加质量管理的各项活动。同时，还要不断提高职工的技术素质、管理素质和政治素质，以适应深入开展全面质量管理的需要。

第二，要制定各部门、各级各类人员的质量责任制度，明确任务和职权，各司其职，密切配合，以形成一个高效、协调、严密的质量管理工作的系统。

第三，要开展多种形式的群众性质量管理活动，尤其是要开展质量管理小组的活动，充分发挥广大职工的聪明才智和当家作主的进取精神。这是解决质量问题、提高管理水平、提高企业素质的一种有效的办法。

（二）全过程的质量管理

全过程的质量管理包括从市场调研、产品的设计开发、生产（作业）到销售、服务等全部有关过程的质量管理。任何产品或服务的质量，都有一个产生、形成和实现的过程，即质量环。要保证产品或服务质量，不仅要搞好生产或作业过程的质量管理，还要搞好设计过程和使用过程的质量管理。把产品质量形成全过程的各个环节和有关因素控制起来，形成一个综合性的质量体系，做到以预防为主，防检结合，重在提高。

（三）全企业的质量管理

全企业的质量管理就是要“以质量为中心，领导重视、组织落实、体系完善”。

（四）采用多种科学方法的质量管理

尊重客观事实，尽量用数据说话，遵循 PDCA 循环的工作程序，广泛地运用科学技术的新成果。

三、全面质量管理的基础工作

（一）标准化工作

标准是从事生产、建设等各项工作的一种共同的技术依据，是综合了生产实践、科技成果，加以研究制定并经过一定程序批准，在一定范围内共同遵守的技术规定。凡正式生产的工业品、各类工程建设、环境条件、安全卫生等都必须制定标准，并在工作中贯彻执行。实现标准化，有利于保证和提高产品质量，保障用户的利益并便于产品的使用与维修。在生产中，推行标准化可以减少设计和工艺准备的工作量，保证产品的互换性，便于组织专业化生产，促进劳动生产率的提高和降低产品成本。

除了有关产品设计与工艺的技术标准外，还有各项管理标准。后者在企业范围内更有突出的指导作用。质量管理的过程就是对标准的采用与实施的过程，需要保持生产过程中标准的统一性、权威性和约束力。同时，要认识到标准是产品质量应达到的最低期望值，而不是最高水平。例如，按照国家规定，达到国家标准的是合格品，超过国家标准、处于国内先进水平的才是一等品。随着生产技术水平的进步，既应保持标准的相对稳定，又应定期加以修改和提高。

（二）计量工作

大多数质量特征都可以定量化。因此，计量工作就成为全面质量管理的重要基础工作之一。基础计量管理包括计量标准的贯彻、精密测量技术的推广、理化试验鉴定和技术分析等工作。基础计量管理工作的基本要求：严格保持测量手段的量值的统一、准确和一致，并符合国家标准；保证测量仪器和工具质量可靠稳定以及配套；定期对全厂量具进行检定和维护，禁止不合格量具投入使用；完善测量技术、测量手段的技术改造和技术培训工作；逐步实现计量工作的科学化与现代化。

对于不能定量的质量特征，如外观、形态、色、香、味、包装、内部缺陷等要逐步改进评价指标及评价方法，使之更完善、更科学化。

（三）质量信息工作

及时、正确的质量情报是企业制定质量政策、目标和措施的依据。质量情报的及时处理和传递是生产过程质量控制的必要条件。质量情报是多方面的，它包括：国内外有关的科技发展状况；同类产品质量情况及发展趋势；市场需求的变化及质量反映；企业内部在产品研制与制造过程中的质量信息；等等。应该建立企业的质量信息系统并与企业内外部质量跟踪系统结合起来。要确定质量跟踪点、质量反馈程序和期限，并将质量跟踪方式与企业生产计划、批量投入期量标准结合起来，以保证质量信息的及时性。做好质量信息工作，还要和企业的生产统计分析工作结合起来，要完善指标体系，使质量信息工作规范化、制度化。

（四）质量教育工作

质量管理活动既是一个工作过程，也是一个教育过程，要“始于教育，终于教育”。特别在当前，质量管理正面临新的挑战，要适应新的经济环境，加强教育至关重要。

质量教育内容广泛，要分层次、有针对性地进行，并加以考核。

（五）质量管理小组活动

质量管理小组是全面质量管理的群众基础，它是以保证和提高质量为目的，围绕现场存在的问题，由班组工人或科室人员在自愿的基础上所组成的开展质量活动的小组。开展质量管理小组活动，要做到组织、研究课题、措施与效果“四落实”，要将学习与创造相结合、成果发表与竞赛评比相结合、思想教育与物质鼓励相结合，稳步发展，不断提高。

实战演练

［经典例题·单选］（　　）是指一个组织以质量为中心，以全员参与为基础，目的在于通过让顾客满意和本组织所有成员及社会受益而达到长期成功的管理途径。

A. 项目管理　　B. 质量管理

C. 质量管理体系　　D. 全面质量管理

［解析］全面质量管理是指一个组织以质量为中心，以全员参与为基础，目的在于通过让顾客满意和本组织所有成员及社会受益而达到长期成功的管理途径。

［答案］D

知识点 3 工程质量管理体系

一、工程项目质量控制系统与企业质量管理体系的区别

（一）范围不同

工程项目质量控制系统只用于特定的工程项目质量控制，同一企业不同的工程项目则有不同的质量控制系统；企业质量管理体系是针对企业整体范围来建立的，适用于整个企业的

质量管理。

（二）主体不同

工程项目质量控制系统涉及工程项目实施中所有的质量责任主体，质量控制系统的各个环节都有质量责任人；企业质量管理体系的主体资格是企业组织本身，是一个整体达到质量管理体系标准的主体概念，其通过质量管理体系中的程序文件、质量记录和规章制度等来约束和控制工程质量。

（三）目标不同

工程项目质量控制系统的控制目标是工程项目的质量标准，这些标准除建设方（业主）提出的要求外，都属于已颁布的各种国家、行业规范，基本上是量化指标；企业质量管理体系的目标是由企业根据自身情况提出的，除引用国家、行业标准外，也可以由企业自己提出。

（四）时效不同

工程项目质量控制系统与工程项目管理组织是相互依存的，随着工程项目的进展和结束，工程项目质量控制系统的作用也随之发挥和停止，即和项目一样，属于一次性的；企业质量管理体系是对企业组织而言的，只要企业存在，能够持续保证质量管理体系的有效性，就可以使质量管理体系一直保持下去。

（五）评价不同

工程项目质量控制系统是企业与项目部共同为控制项目的质量而建立的，一般只做自我评价与诊断，根据经验在实践中不断修正，不进行第三方认证；企业质量管理体系是国际通用标准，需由具有专业资质的机构进行认证审核。

二、工程项目质量控制体系的结构

工程项目质量控制体系，一般形成多层次、多单元的结构形态，这是由其实施任务的委托方式和合同结构所决定的。

（一）多层次结构

多层次结构是对应于工程项目工程系统纵向垂直分解的单项、单位工程项目的质量控制体系。在大中型工程项目尤其是群体工程项目中，第一层次的质量控制体系应由建设单位的工程项目管理机构负责建立；在委托代建、委托项目管理或实行交钥匙式工程总承包的情况下，应由相应的代建方项目管理机构、受托项目管理机构或工程总承包企业项目管理机构负责建立。第二层次的质量控制体系，通常是指分别由工程项目的设计总负责单位、施工总承包单位等建立的相应管理范围内的质量管理体系。第三层次及其以下，是承担工程设计、施工安装、材料设备供应等各承包单位的现场质量自控体系，或称各自的施工质量保证体系。系统纵向层次机构的合理性是工程项目质量目标、控制责任和措施分解落实的重要保证。

（二）多单元结构

多单元结构是指在工程项目质量控制总体系下，第二层次的质量控制体系及其以下的质量自控或保证体系可能有多个。这是项目质量目标、责任和措施分解的必然结果。

三、工程项目质量控制系统的建立

（一）建立工程项目质量控制系统的原则

1. 分层次规划原则

工程项目质量控制系统可分为两个层次，第一层次是建设单位和工程总承包单位，分别对整个建设项目和总承包工程项目进行相关范围的质量控制系统设计；第二层次是设计单位、施工单位（含分包商和建设监理单位等），在建设单位和总承包工程项目质量管理控制系统的框架内，进行各自责任范围内的质量控制系统设计，使总框架更加丰富、具体和明确。

2. 总目标分解原则

按照建设标准和工程项目质量总体目标的要求，把总目标分为若干分目标，分解到各个责任主体，并由合同加以确定，由各责任主体制订具体的质量计划，确定控制措施和方法。

3. 质量责任制原则

质量责任制原则与项目经理负责制一样，贯彻质量控制按谁实施谁负责，并使工程项目质量与责任人经济利益挂钩的原则。

4. 系统有效性原则

系统有效性原则，即做到整体系统和局部系统的组织、人员、资源和措施落实到位。

（二）建立工程项目质量控制系统的程序

（1）确定控制系统各层面组织的工程质量负责人及其管理职责，形成控制系统网络架构。

（2）确定控制系统组织的领导关系、报告审批及信息流转程序。

（3）制定质量控制工作制度，包括质量控制例会制度、协调制度、验收制度和质量责任制度等。

（4）部署各质量主体编制相关质量计划，并按规定程序完成质量计划的审批，形成质量控制依据。

（5）研究并确定控制系统内部质量职能交叉衔接的界面划分和管理方式。

四、工程项目质量控制系统的运行

工程项目质量控制系统建立后，将进入运行状态，运行正常与成功的关键是系统的机制设计，成功的机制设计还需要严格地执行和实施。工程项目质量控制系统的运行与其他任何系统的运行一样，都需要在运行过程中不断地修正和完善，任何特定的工程项目质量控制系统都随工程项目本身不同、所处环境条件不同而使控制参数、特征及控制条件可能有所不同，但系统运行的基本方式、机制是基本相同的。

（一）工程项目质量控制系统运行的基本方式

工程项目质量控制系统的基本运行方式是按照 PDCA 循环原理，一是制订详细的项目质量计划，作为系统控制的依据；二是实施质量计划时，包含两个环节，即计划行动方案的交底和按计划规定的方法开展作业技术活动；三是对质量计划实施过程进行自我检查、相互检查和监督检查；四是根据检查结果分析原因，采取纠正措施，保证产品或服务质量的形成和工程项目质量控制系统的正常运行。

（二）工程项目质量控制系统运行机制

1. 工程项目质量控制系统运行的动力机制

工程项目质量控制系统的活力在于其运行机制，而运行机制的核心是动力机制，动力机制则来源于利益机制，因此利益机制是关键。由于建设工程项目一般是由多个主体参加，其质量控制的动力是受其利益分配影响的，遵循这一原则来激励和形成工程项目质量控制系统的动力机制是非常重要的。

2. 工程项目质量控制系统运行的约束机制

工程项目质量控制系统的约束机制取决于自我约束能力和外部监控效力。外部监控效力来自实施主体外部的推动和检查监督；自我约束能力则指质量责任主体和质量活动主体的经营理念、质量意识、职业道德及技术能力的发挥。这两方面的约束机制是工程项目质量控制系统正确运行的保障。自我约束能力要靠提高员工素质、加强质量文化建设等来形成；外部监控效力则需严格执行有关建设法规来保证。

3. 工程项目质量控制系统运行的反馈机制

需要及时反馈工程项目质量控制系统的运行状态和运行结果信息，来对系统的控制能力进行评价，以便使系统控制主体进一步做出处理决策，调整或修改系统控制参数，达到预定的控制目标。因此，质量管理人员应力求系统反馈信息准确、及时和不失真。

实战演练

［2024真题·单选］建设工程项目质量管理体系通常是一个多层次结构体系，其中由施工总承包单位建立的质量管理体系应属于质量管理体系的第（　　）层次。

A. 一　　　　B. 三

C. 二　　　　D. 四

［解析］在大中型工程项目尤其是群体工程项目中，第一层次的质量管理体系应由建设单位的工程项目管理机构负责建立；在委托代建、委托项目管理或实行交钥匙式工程总承包的情况下，应由相应的代建方项目管理机构、受托项目管理机构或工程总承包企业项目管理机构负责建立。第二层次的质量管理体系，通常是指分别由工程项目的设计总负责单位、施工总承包单位等建立的相应管理范围内的质量管理体系。第三层次及其以下，是承担工程设计、施工安装、材料设备供应等各承包单位的现场质量自控体系，或称各自的施工质量保证体系。

［答案］C

［经典例题·单选］工程项目质量控制系统运行的核心机制是（　　）。

A. 约束机制　　　　B. 反馈机制

C. 持续改进机制　　　　D. 动力机制

［解析］工程项目质量控制系统运行的核心机制是动力机制。

［答案］D

［经典例题·多选］建设工程项目质量控制系统运行的约束机制，取决于（　　）。

A. 各质量责任主体对利益的追求

B. 自我约束能力

C. 质量信息反馈的及时性和准确性

D. 外部监控效力

E. 管理人员公正、公开、公平的责、权、利分配

［解析］工程项目质量控制系统的约束机制取决于自我约束能力和外部监控效力。

［答案］BD

第二节　施工质量抽样检验和统计分析方法

知识点 1　施工质量抽样检验方法

抽样检验是从一批产品中随机抽取一部分进行检验，通过检验这部分少量产品来对这批产品的质量进行推断，并对这批产品做出合格与否的结论。

对于不同的检验对象，在不同的情况下，必须采取不同的检验方式。在产品产量很大、检验项目较多、检验费用较高的情况下，若在整批产品中又允许某种程度的不合格产品存在，此时选用抽样检验方式就比全检方式更经济、合理。特别是对于破坏性检验（如产品使用寿命的检验），以及连续性产品的检验（如钢材的质量检验），在现有技术条件下，都不能采用全数检验，而只能采用科学的抽样方法对产品进行抽样检验。因此，在实际工作中，抽样检验被广泛地采用和推广。

一、随机抽样方法

根据《统计学词汇及符号 第 2 部分：应用统计》（GB/T 3358.2—2009），随机抽样是指从总体中抽取 n 个抽样单元构成样本，使 n 个抽样单元每一可能组合都有一个特定被抽到概率的抽样。常见的随机抽样方法有以下几种。

（一）简单随机抽样

简单随机抽样是指从总体中抽取 n 个抽样单元构成样本，使 n 个抽样单元所有的可能组合都有相等被抽到概率的抽样方法。

（二）分层随机抽样

分层随机抽样是指样本抽自总体不同的层，且每个层至少有一个抽样单元入样的抽样方法。每层中的抽样常采用随机抽样方法。

➤ **注意：**在某些场合下，要事先规定样本在各层的比例。如果是在抽样后进行分层，则事先不需规定此比例。

（三）整群随机抽样

整群随机抽样是指随机抽取群中的样本由被抽中群中的所有抽样单元组成的抽样方法。

（四）多阶随机抽样

多阶随机抽样是指分阶段抽选样本，每个阶段的抽样单元都从上一阶段被抽中的抽样单

元中抽取的抽样方法。

（五）系统随机抽样

系统随机抽样是指将总体中的抽样单元按一定顺序排列，在规定的范围内随机抽取一个或一组初始单元，然后按照一定规则确定其他样本单元的抽样方法。

二、抽样检验的程序

在抽样检验过程中，由于从批中随机抽取的样本数不同，抽样检验的方式也有差别，通常有一次抽样检验、二次抽样检验和多次抽样检验 3 种方式。

（一）一次抽样检验程序

一次抽样检验又称单次抽样检验或单式抽样检验，它只能取一个样本，抽样检验方案中只有一个样本含量和一个合格判断数，可记为（n，C）。这时，交检批的质量判断过程为：按照要求和有关标准选择抽样检验方案，根据抽样检验方案中的样本含量，从交检批中随机抽取一个样本，然后对样本中的 n 个样品进行检验，记下其中的不合格品数 d。如果 $d \leqslant C$，则认为该批产品质量合格，予以接收；如果 $d > C$，则认为该批产品质量不合格，予以拒收。一次抽样检验程序框图如图 5-2-1 所示。

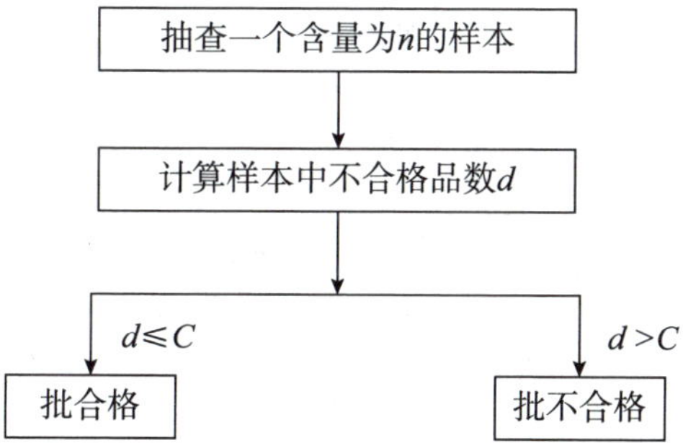

图 5-2-1　一次抽样检验程序框图

（二）二次抽样检验程序

二次抽样检验又称复式抽样检验，它可以抽取两个样本，所采用的抽样检验方案可表示为（n_1，C_1，R_1）与（n_2，C_2，R_2）。其判断过程为：从交检批中随机抽取含量为 n_1 的第一个样本。如果经检验这个样本中的不合格品数为 d_1，且 $d_1 \leqslant C_1$，则判该批产品合格，予以接收；如果 $d_1 \geqslant R_1$，则判该批产品不合格，予以拒收；如果 $C_1 < d_1 < R_1$，则抽取含量为 n_2 的第二个样本。如果经检验这个样本中的不合格品数为 d_2，且 $d_1 + d_2 \leqslant C_2$，则判该批产品合格，予以接收；如果 $d_1 + d_2 \geqslant R_2$，则判其为不合格，拒收该批产品。二次抽样检验程序框图如图 5-2-2 所示。

采用二次抽样检验时，有一个重要特点，即最多可抽取两个样本。但并不是必须抽取两个样本，当第一个样本能够做出合格与否的判断时，就不需要抽取第二个样本。

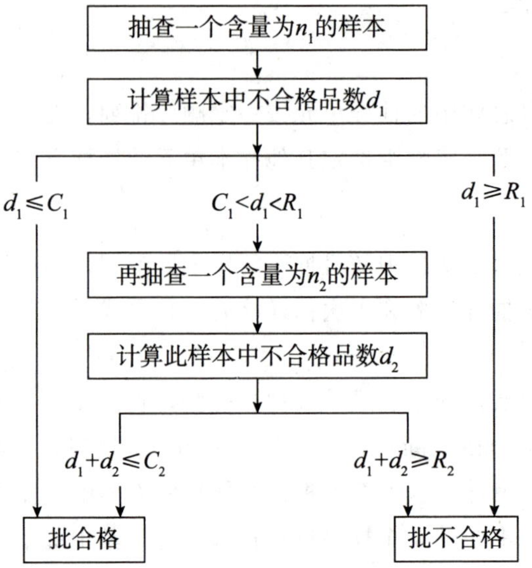

图 5-2-2 二次抽样检验程序框图

（三）多次抽样检验程序

如果对于一批产品需要抽取两个以上的样本后才能对其做出合格与否的判断，则称其为多次抽样检验，其程序框图如图 5-2-3 所示。

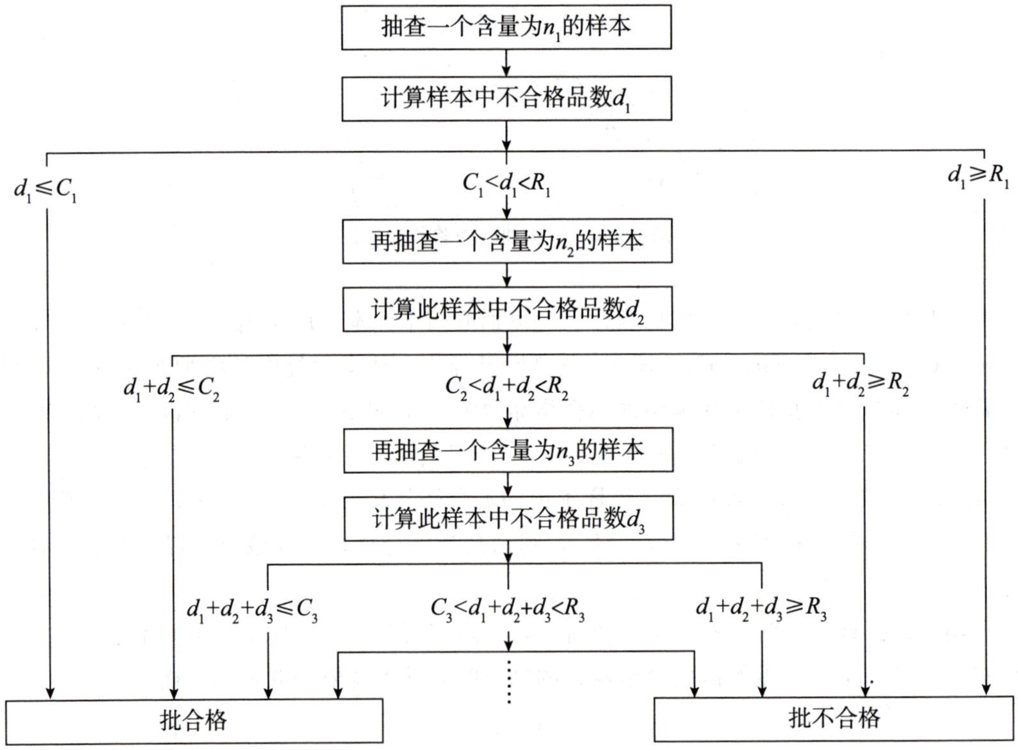

图 5-2-3 多次抽样检验程序框图

三、抽样检验的分类

抽样检验的类型有很多，通常可以按以下特征进行分类。

(一) 按检验特征分类

此时可以分为计数抽样检验和计量抽样检验两大类。计数抽样检验只考虑产品是否合格，如按样本中的不合格品件数或缺陷数来判断批是否合格；而计量抽样检验需测量出质量特性的具体数值，以便同标准进行比较，从而确定一批产品是否合格。

(二) 按抽取样本的个数分类

此时可以分为一次抽样检验、二次抽样检验、多次抽样检验和序贯抽样检验等。一次抽样检验是指从交检批中抽取一个样本，就可对该产品做出是否合格的判断，并决定是接收或是拒收；二次抽样检验则是一次抽样的延伸，要求对一批产品抽取一个或两个样本后得出结论，但不得多于两个样本；多次抽样检验是可以抽取 3～10 个样本，直至做出判断为止。

(三) 按抽样检验方案的可调性分类

此时可以分为调整型抽样检验和非调整型抽样检验。

调整型抽样检验方案又可分为：调整检查水平、调整宽严程度、调整检验方式的方案等。

非调整型抽样检验方案可分为：标准型抽样检验方案、挑选型抽样检验方案、关键式抽样检验方案等。

(四) 按交检产品是否成批分类

此时可以分为逐批抽样检验和连续生产型抽样检验。

实战演练

[经典例题·单选] 一次抽样方案为（N、n、C），其中 N 为交检批的大小，n 为抽检样本大小，C 为合格判断数。当从 n 中查出有 d 个不合格品时，若（　　），应判该交检批合格。

A. $d>C$　　B. $d=C+1$

C. $d\leqslant C$　　D. $d\geqslant C$

[解析] 计数标准型一次抽样方案为（N、n、C），其中 N 为交检批的大小，n 为抽检样本大小，C 为合格判定数。当从 n 中查出有 d 个不合格品，$d\leqslant C$ 时，判定为合格批，接受该检验批；$d>C$ 时，判定为不合格批，拒绝该检验批。

[答案] C

[2024 真题·多选] 按产品质量特征不同，抽样检验方法可划分的种类有（　　）。

A. 计数抽样检验　　B. 计量抽样检验

C. 随机抽样检验　　D. 多次抽样检验

E. 连续抽样检验

[解析] 按检验特征分类，抽样检验可以分为计数抽样检验和计量抽样检验两大类。

[答案] AB

知识点 2　施工质量统计分析方法

工程中的质量问题，绝大多数都可以用简单的统计分析方法来解决，广泛地采用统计技术能使质量管理工作的效益和效率不断提高。

质量控制的目的是及时发现质量问题有无系统因素的影响，以便及时采取纠正和预防措施，使工程质量始终处于受控状态。质量控制中常用的方法有：排列图法、直方图法、因果分析图法、控制图法、相关图法、分层法和调查表法。

一、排列图法

排列图法又称主次因素排列图法，或称帕累托图法，是指把影响项目质量的所有因素逐一排列出来，从中区分主次，抓住关键问题，采取切实措施，从而确保项目质量。排列图是根据意大利经济学家帕累托（Pareto）提出的“关键的少数和次要的多数”原理，由美国质量管理专家朱兰（J. M. Juran）运用于质量管理中而发明的一种质量管理图形。其作用是寻找主要质量问题或影响质量的主要原因，以便抓住提高质量的关键，取得好的效果。

排列图由两个纵坐标、一个横坐标、几个长方形和一条曲线组成。左侧的纵坐标是频数或件数，右侧的纵坐标是累计频率，横坐标表示影响质量的各个因素或项目，按影响程度大小从左至右排列，长方形的高度示意某个因素的影响大小。根据右侧纵坐标，可以画出累计频率曲线，又称帕累托曲线，如图 5-2-4 所示。

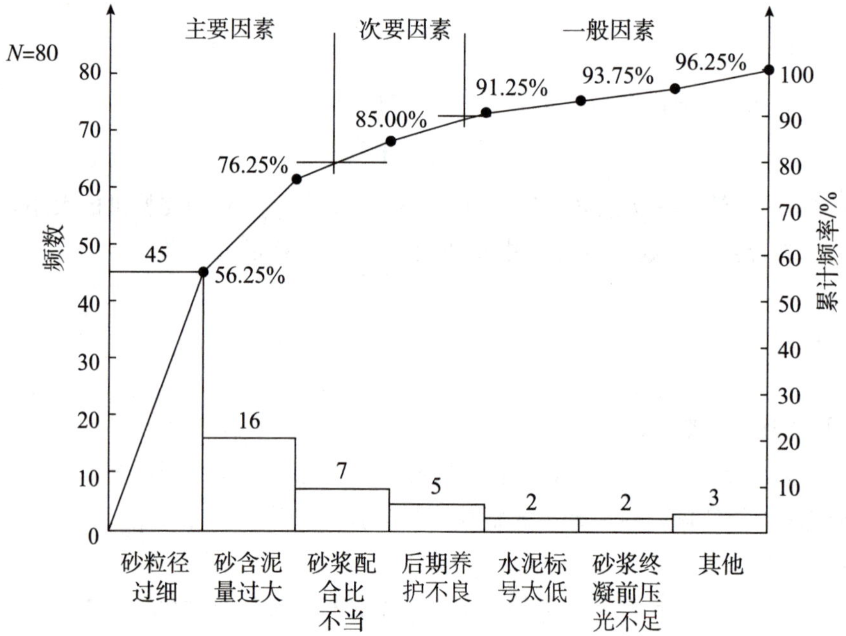

图 5-2-4　排列图

排列图的分析，通常把累计频率分为 3 类：0～80％为 A 类，是影响产品质量的主要因素；80％～90％为 B 类，是次要因素；90％～100％为 C 类，是一般因素。

二、直方图法

直方图又称质量分布图、矩形图等。它是将从一个母体收集的一组数据用相等的组距分成若干组，画出以组距为宽度、以分组区内数据出现的频数为高度的一系列直方柱，按组界值（区间）的顺序把这些直方柱排列在直角坐标系内。直方图法是通过频数分布，分析数据的集中程度和波动范围的统计方法。通过它可以了解工序是否正常、能力是否满足，并可推测母体的不合格率，又可确切地算出数据的平均值和标准偏差。

（一）直方图的主要用途

（1）整理统计数据，了解统计数据的分布特征，即数据分布的集中或离散状况，从中掌握质量能力状态。

（2）观察分析生产过程质量是否处于正常、稳定和受控状态以及质量水平是否保持在公差允许的范围内。

（二）直方图的观察分析

1. 形状观察分析

形状观察分析是指将绘制好的直方图形状与正态分布图的形状进行比较分析，一看形状是否相似，二看分布区间的宽窄。直方图的分布形状及分布区间宽窄是由质量特性统计数据的平均值和标准偏差所决定的。

正常直方图呈正态分布，其形状特征是中间高、两边低、接近对称，如图 5-2-5（a）所示。正常直方图反映生产过程质量处于正常、稳定状态。数理统计研究证明，当随机抽样方案合理且样本数量足够大时，生产能力处于正常、稳定状态，质量特性检测数据趋于正态分布。

异常直方图呈偏态分布，常见的异常直方图有折齿型、陡坡型、孤岛型、双峰型、峭壁型，如图 5-2-5 中（b）（c）（d）（e）（f）所示。出现异常的原因可能是生产过程存在影响质量的系统因素，或收集整理数据制作直方图的方法不当，要具体分析。

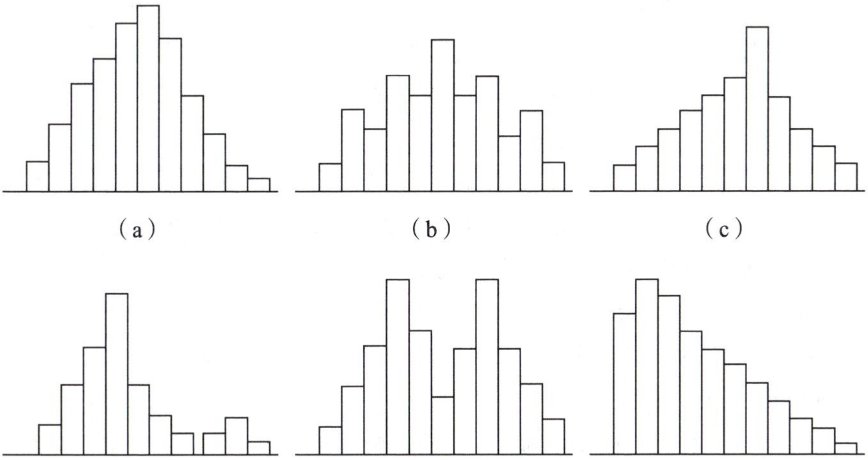

（a）　（b）　（c）　（d）　（e）　（f）

（a）—正常型；（b）—折齿型；（c）—陡坡型；（d）—孤岛型；（e）—双峰型；（f）—峭壁型。

图 5-2-5　常见的直方图

2. 位置观察分析

位置观察分析是指将直方图的分布位置与质量控制标准的上、下限范围进行比较分析，如图 5-2-6 所示。

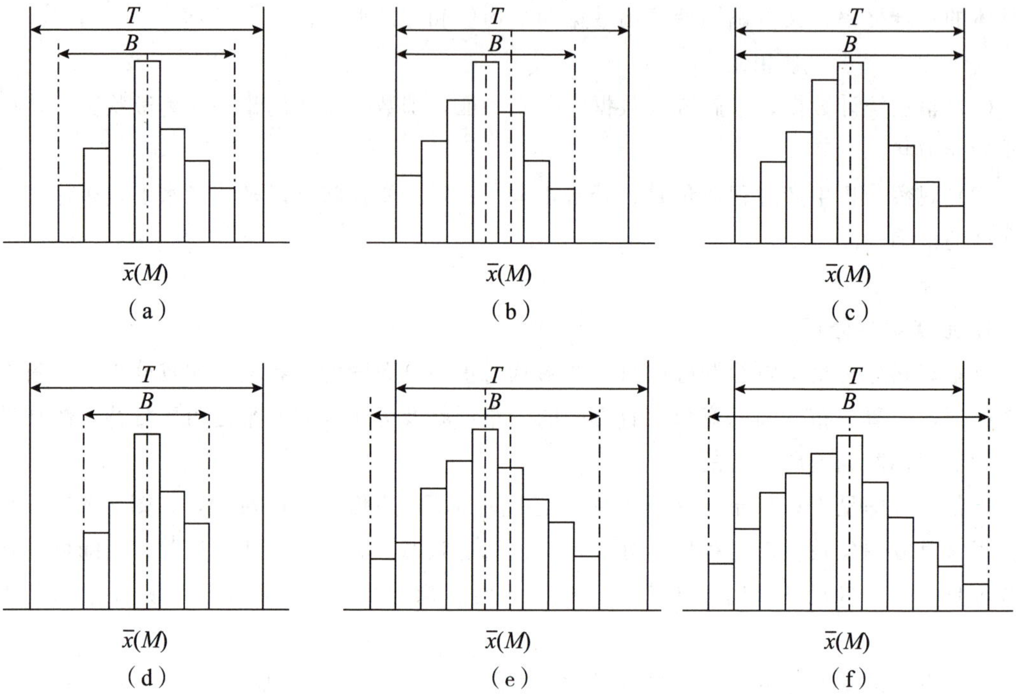

T—质量标准要求界限；B—实际质量特性分布范围；$\bar{x}$—质量分布中心；M—质量标准中心。

图 5-2-6 直方图分布位置与质量控制标准的比较

(1) 如图 5-2-6 (a) 所示，B 在 T 中间，质量分布中心 $\bar{x}$ 与质量标准中心 M 重合，实际数据分布与质量标准相比较两边还有一定的余地。这样的生产过程质量是很理想的，是经济合理的受控状态，说明生产过程处于正常的稳定状态。在这种情况下生产出来的产品可认为全都是合格品。

(2) 图 5-2-6 (b) 中，B 虽然落在 T 内，但质量分布中心 $\bar{x}$ 与质量标准中心 M 不重合，偏向一边。这样如果生产状态发生变化，就可能超出质量标准下限而出现不合格品。出现这种情况时应迅速采取措施，使直方图移到中间来。

(3) 图 5-2-6 (c) 中，B 在 T 中间，且 B 的范围接近 T 的范围，没有余地，生产过程一旦发生小的变化，产品的质量特性值就可能超出质量标准。出现这种情况时，必须立即采取措施，以缩小质量分布范围。

(4) 图 5-2-6 (d) 中，B 在 T 中间，但两边余地太大，说明加工过于精细，不经济。在这种情况下，可以对原材料、设备、工艺、操作等控制要求适当放宽些，有目的地使 B 扩大，从而有利于降低成本。

(5) 图 5-2-6 (e) 中，质量分布范围 B 已超出标准下限，说明已出现不合格品。此时必须采取措施进行调整，使质量分布位于标准之内。

(6) 图 5-2-6 (f) 中，质量分布范围 B 完全超出了质量标准上、下界限，散差太大，产生许多废品，说明过程能力不足，应提高过程能力，使质量分布范围 B 缩小。

三、因果分析图法

因果分析图也称鱼刺图、树枝图、特性要因图。其基本原理是对每一个质量特性或问题，采用如图 5-2-7 所示的方法，逐层深入排查可能原因。然后确定其中的最主要原因，进行有的放矢的处置和管理。图 5-2-7 是混凝土强度不足的因果分析图，其中，第一层面从人、机械、材料、施工方法和施工环境等方面进行分析；第二层面、第三层面依此类推。

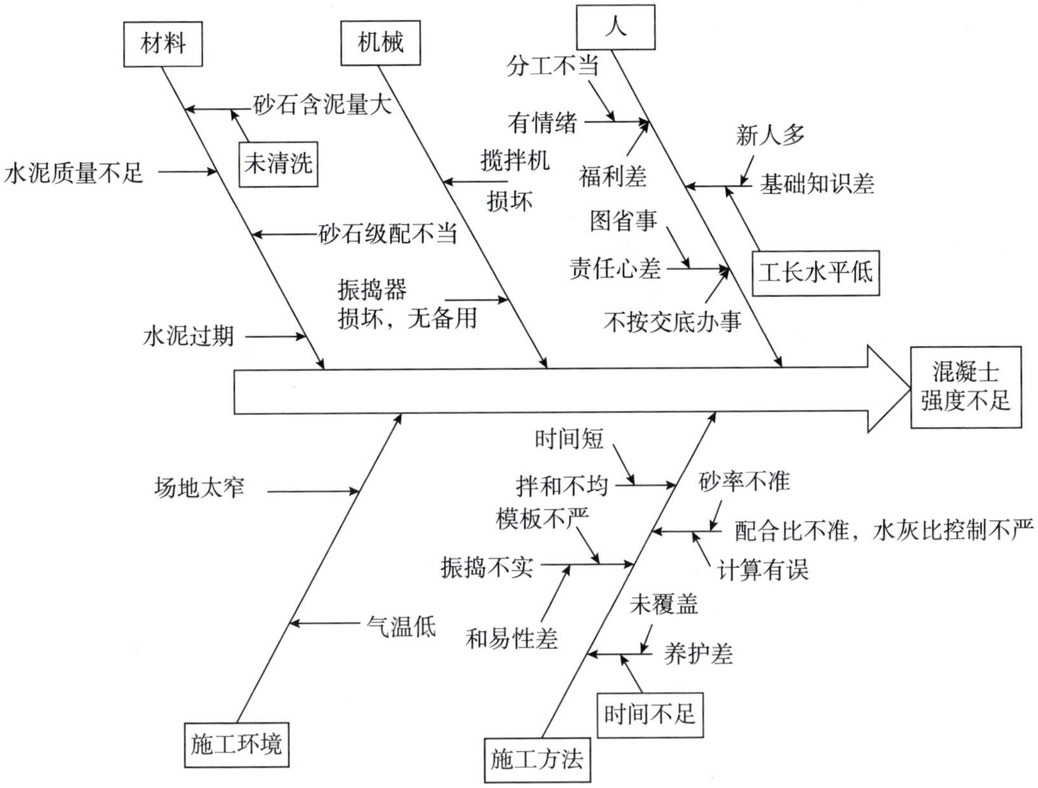

图 5-2-7　混凝土强度不足的因果分析图

使用因果分析图法时，应注意的事项如下：

（1）一个质量特性或一个质量问题使用一张图分析。

（2）通常采用 QC（质量控制）小组活动的方式进行，集思广益，共同分析。

（3）必要时可以邀请 QC 小组以外的有关人员参与，广泛听取意见。

（4）分析时要充分发表意见，层层深入，列出所有可能的原因。

（5）在充分分析的基础上，由各参与人员采用投票或其他方式，从中选择 1～5 项多数人达成共识的最主要原因。

四、控制图法

控制图法又称管理图法，它是对生产过程进行分析和控制的一种方法。它反映生产工序随时间变化而发生质量变动的状态，利用上下控制界限，将产品质量特性控制在正常质量波动范围之内。如果有异常原因引起质量波动，从控制图中就可以看出，以便及时采取措施，使其恢复正常。质量控制图如图 5-2-8 所示。

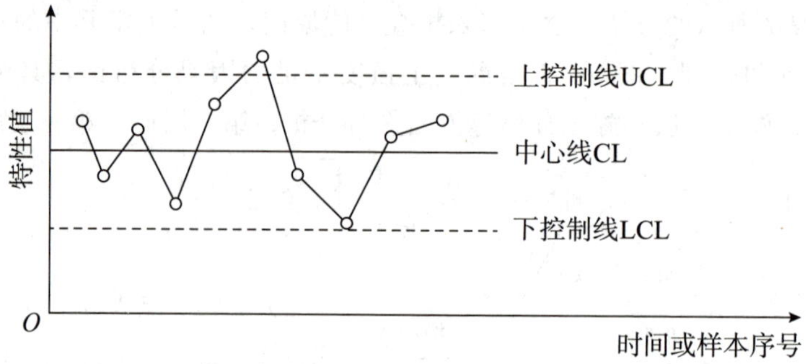

图 5-2-8　质量控制图

控制图法是研究产品质量随着时间变化时，如何对其进行动态控制的方法。它的使用可使质量控制从事后检查转变为事前控制，借助于管理图提供的质量动态数据，可随时了解工序质量状态，发现问题、分析原因、采取对策，从而使工程产品的质量处于稳定的控制状态。

（一）正常控制图判断规则

没有超出控制界限的点（若点落在控制界限上，亦视为界限外），且点在控制界限间，围绕中心做无规律波动，均认为质量控制属于正常状态。

（二）异常控制图判断规则

点超出控制界限，或连续 7 点以上在中心线的同侧，或连续 7 点以上逐点上升或下降，或突然有连续 2 点以上靠近上控制线或下控制线，或点做周期性波动，均认为质量控制出现异常状态。此时，应分析原因，及时采取措施，使质量控制图呈正常状态。

五、相关图法

相关图法又称散布图法，是一种用于判明影响因素与质量特性之间或两种影响因素之间或两种因果关系之间究竟有无依存关系，并进一步判明依存关系强弱的简单方法。

（一）相关图的绘制方法

要成对地收集两种质量数据，数据不得过少。在直角坐标系中，一般 x 轴用来代表表示原因的量或较易控制的量；y 轴用来代表表示结果的量或不易控制的量，然后在数据中相应的坐标位置上描点，便得到相关图，如图 5-2-9 所示。

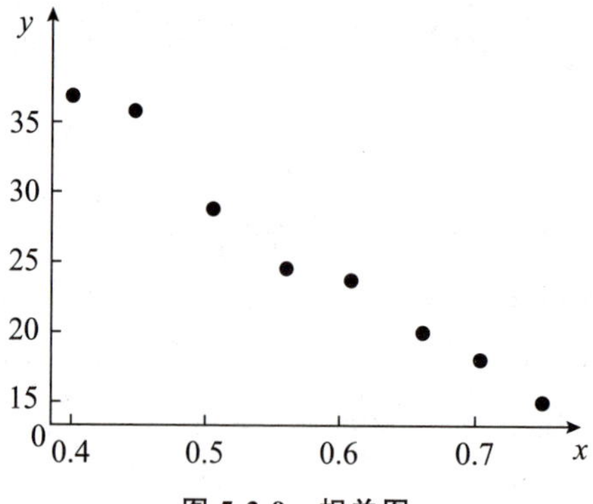

图 5-2-9　相关图

（二）相关图的观察与分析

相关图中点的集合，反映了两种数据之间的散布状况，根据散布状况可以分析两个变量之间的关系。归纳起来有以下 6 种类型，如图 5-2-10 所示。

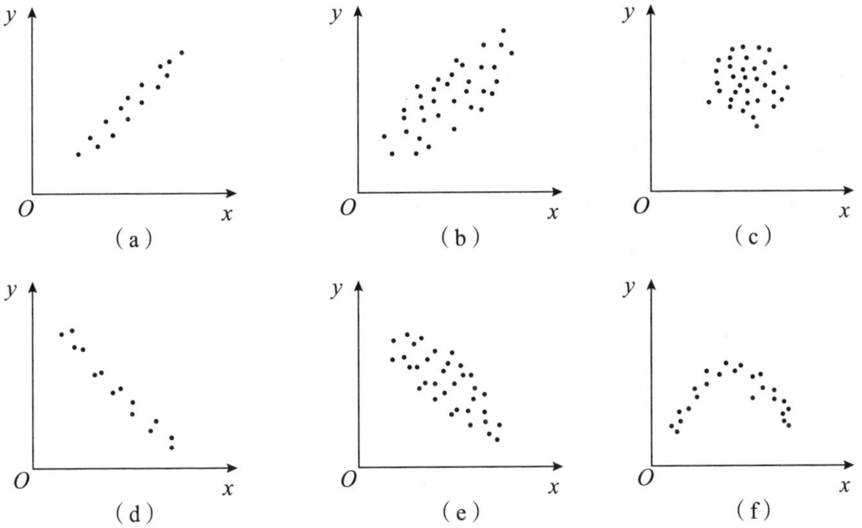

(a) —正相关；(b) —弱正相关；(c) —不相关；(d) —负相关；(e) —弱负相关；(f) —非线性相关。

图 5-2-10　相关图的类型

(1) 正相关［图 5-2-10 (a)］。散布点基本形成由左至右向上变化的一条直线带，即随 x 值增加，y 值也相应增加，说明 x 与 y 有较强的制约关系。此时，可通过对 x 的控制而有效控制 y 的变化。

(2) 弱正相关［图 5-2-10 (b)］。散布点形成向上较分散的直线带。随 x 值的增加，y 值也有增加趋势，但 x、y 的关系不像正相关那么明确。说明 y 除受 x 影响外，还受其他更重要的因素影响。需要进一步利用因果分析图法分析其他影响因素。

(3) 不相关［图 5-2-10 (c)］。散布点形成一团或平行于 x 轴的直线带。说明 x 变化不会引起 y 的变化或其变化无规律，分析质量原因时可排除 x 因素。

(4) 负相关［图 5-2-10 (d)］。散布点形成由左至右向下的一条直线带。说明 x 对 y 的影响与正相关恰恰相反。

(5) 弱负相关［图 5-2-10 (e)］。散布点形成由左至右向下分布的较分散的直线带。说明 x 与 y 的相关关系较弱，且变化趋势相反，应考虑寻找影响 y 的其他更重要的因素。

(6) 非线性相关［图 5-2-10 (f)］。散布点呈一曲线带，即在一定范围内 x 值增加，y 值也增加；超过这个范围 x 值增加，y 值则有下降趋势。

质量管理中，可根据质量与影响因素的关系绘制相关图，分析它们之间的关系，从而采取相应措施，控制质量。

六、分层法

分层法又叫分类法，是将调查收集的原始数据，根据不同的目的和要求，按某一性质进行分组、整理分析，以便找出产生质量问题的原因和影响因素，并及时采取措施加以预防。

质量数据分类的方法很多，一般可按施工时间、操作人员（操作班组或操作者）、操作方法、原材料供应单位或供应时间、施工机械设备型号和技术等级、检查手段、工作环境等因素分类。

七、调查表法

调查表法又称调查分析法，它是利用专门设计的统计表对质量数据进行收集、整理和粗略分析质量状态的一种方法。

在质量控制活动中，利用统计调查表收集数据，简便灵活，便于整理，实用有效。它没有固定格式，可根据需要和具体情况设计出不同的统计调查表。常用的有：

（1）分项工程作业质量分布调查表。

（2）不合格项目调查表。

（3）不合格原因调查表。

（4）施工质量检查评定用调查表等。

实战演练

［2023 真题 · 单选］下列质量管理数据统计方法中，采用 ABC 分类管理法的是（　　）。

A. 排列图法　　B. 分层法

C. 直方图法　　D. 因果分析法

［解析］ 排列图的分析，通常把累计频率分为 3 类：0～80％为 A 类，是影响产品质量的主要因素；80％～90％为 B 类，是次要因素；90％～100％为 C 类，是一般因素。

［答案］ A

［2022 真题 · 单选］关于因果分析图法的说法，正确的是（　　）。

A. 因果分析图可以反映质量数据的分布特征

B. 通常采用 QC 小组活动的方式进行因果分析

C. 可以定量分析影响质量的主次因素

D. 一张因果分析图可以分析多个质量问题

［解析］ 因果分析图法应用时的注意事项：①一个质量特性或一个质量问题使用一张图分析；②通常采用 QC（质量控制）小组活动的方式进行，集思广益，共同分析；③必要时可以邀请 QC（质量控制）小组以外的有关人员参与，广泛听取意见；④分析时要充分发表意见，层层深入，列出所有可能的原因；⑤在充分分析的基础上，由各参与人员采用投票或其他方式，从中选择 1～5 项多数人达成共识的最主要原因。

［答案］ B

［2021 真题 · 单选］下列直方图中，表明施工生产过程处于正常、稳定状态的是（　　）。

A.

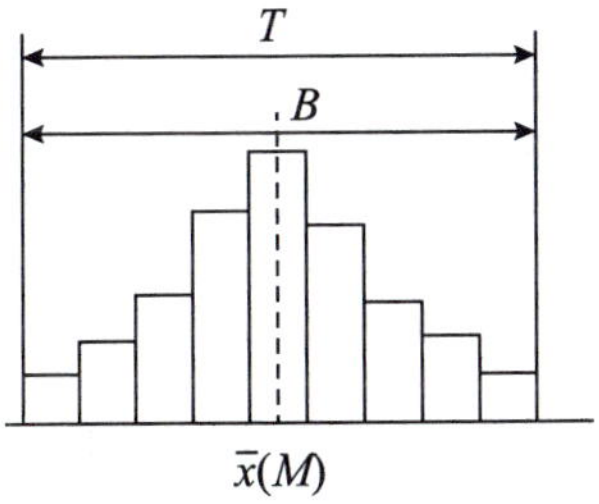

B.

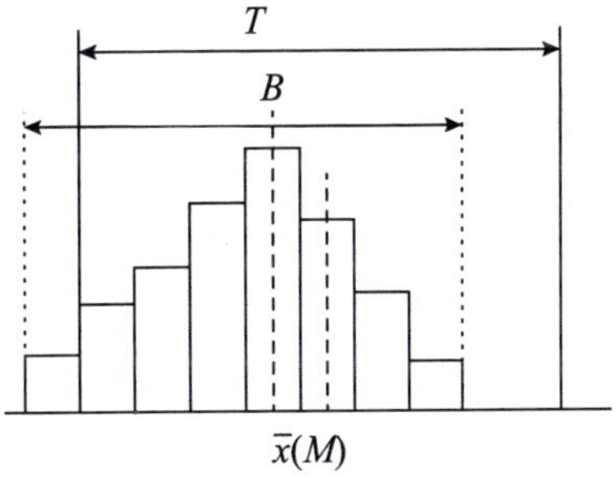

C.

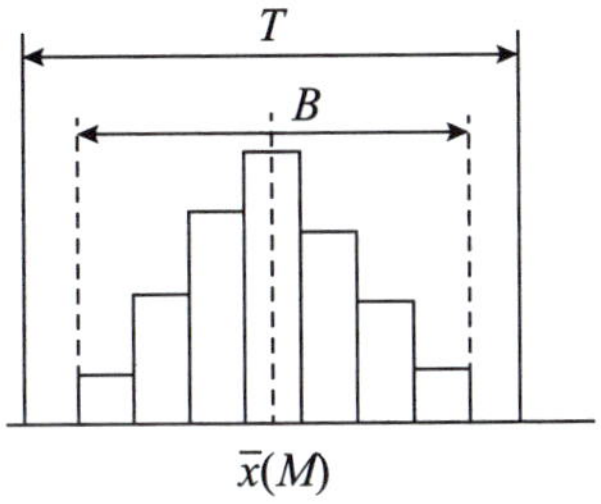

D.

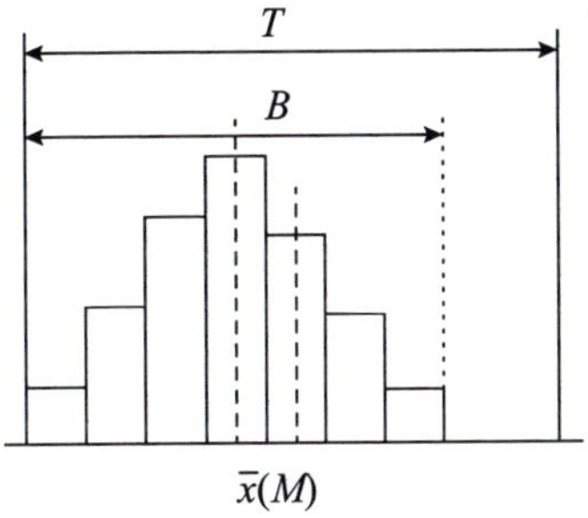

［解析］B 在 T 中间，质量分布中心 $\bar{x}$ 与质量标准中心 M 重合，实际数据分布与质量标准相比较两边还有一定的余地。这样的生产过程质量是很理想的，是经济合理的受控状态，说明生产过程处于正常的稳定状态，选项 C 符合要求。

［答案］C

［2020 真题 · 单选］在采用因果分析图法进行质量问题原因分析时，“混凝土振捣器损坏”属于（　　）的因素。

A. 人　　B. 材料

C. 机械　　D. 环境

［解析］根据图 5-2-7，“混凝土振捣器损坏”属于机械的因素。

［答案］C

［经典例题 · 单选］工程质量统计分析方法中，根据不同的目的和要求将调查收集的原始数据，按某一性质进行分组、整理，分析产品存在的质量问题和影响因素的方法是（　　）。

A. 调查表法　　B. 分层法

C. 排列图法　　D. 控制图法

［解析］分层法是指将调查收集的原始数据，根据不同的目的和要求，按某一性质进行分组、整理的分析方法。

［答案］B

[经典例题·单选] 工程质量统计分析相关图中，散布点形成由左至右向上分布的较分散的直线带，表明反映产品质量特征的变量之间存在（　　）关系。

A. 不相关　　B. 正相关

C. 弱正相关　　D. 弱负相关

[解析] 弱正相关关系的散布点形成向上较分散的直线带。随 x 值的增加，y 值也有增加趋势，但 x、y 的关系不像正相关那么明确。

[答案] C

[经典例题·单选] 下列质量管理应用的统计方法中，具有动态分析功能的是（　　）。

A. 相关图法　　B. 因果分析图法

C. 控制图法　　D. 直方图法

[解析] 选项 A、B、D 都属于静态分析法。选项 C，控制图法是典型的动态分析法。

[答案] C

[2024 真题·多选] 采用直方图法分析混凝土预制构件质量时，出现孤岛型直方图的原因有（　　）。

A. 数据分组不当　　B. 原材料发生变化

C. 短时间内工人操作不熟练　　D. 组距确定不当

E. 施工操作中控制过严

[解析] 孤岛型直方图是因原材料发生变化，或短时间内工人操作不熟练造成的。

[答案] BC

[2022 真题·多选] 在工程质量管理中，采用直方图的作用有（　　）。

A. 分析判断生产过程是否处于稳定状态　　B. 确定产生质量问题的主次影响因素

C. 分析质量数据的分布特征　　D. 逐层深入排查产生质量问题的可能原因

E. 分析质量水平是否保持在公差允许范围内

[解析] 直方图的主要用途：①整理统计数据，了解统计数据的分布特征，即数据分布的集中或离散状况，从中掌握质量能力状态；②观察分析生产过程质量是否处于正常、稳定和受控状态以及质量水平是否保持在公差允许的范围内。

[答案] ACE

[2021 真题·多选] 对某模板工程进行抽样检查，发现在表面平整度、截面尺寸、平面水平度、垂直度和标高等方面存在质量问题。按照排列图法进行统计分析，上述质量问题累计频率依次为 41%、79%、89%、98% 和 100%，需要进行重点管理的 A 类问题有（　　）。

A. 平面水平度　　B. 垂直度

C. 标高　　D. 表面平整度

E. 截面尺寸

[解析] 排列图的分析，通常把累计频率分为 3 类：0～80% 为 A 类，是影响产品质量的主要因素；80%～90% 为 B 类，是次要因素；90%～100% 为 C 类，是一般因素。

［答案］DE

［经典例题·多选］下列关于排列图法的说法中，正确的有（　　）。

A. 排列图法的主要作用是找出影响质量的各种原因

B. 排列图法的主要作用是分析影响质量的主次因素

C. 排列图法中直方图形的高度表示影响因素的影响大小

D. 排列图法通常采用 QC 小组的方式进行

E. 排列图法在计算累计频率前，需要先将各质量问题的出现频数从大到小排列

［解析］选项 A 错误，排列图法的主要作用是分析影响质量的主次因素。选项 D 错误，因果分析图法通常采用 QC 小组的方式进行。

［答案］BCE

第三节　施工质量控制

工程项目的施工是从投入资源（人力、材料、机械设备）开始，通过使用、生产，最终形成产品的过程，所以工程施工阶段的质量管理就是从投入资源的质量控制开始，经过对施工生产过程各环节的质量进行控制，直到对所完成的产品（成品）的质量检验与控制为止，所形成的一个项目施工全过程的系统控制过程。施工阶段质量管理划分和内容如图 5-3-1 所示。

- 工程施工阶段质量管理
  - 事前控制
    - 施工准备质量控制
      - 质量控制系统组织
      - 质量保证体系、施工管理人员资质审查
      - 原材料、半成品及构配件质量控制
      - 机械设备质量控制
      - 施工方案、施工计划、施工方法、检验方法审查
      - 工程技术环境监督检查
      - 现场管理环境监督检查
      - 新技术、新工艺、新材料审查把关
      - 测量标准审核、检查
    - 图纸会审及技术交底
    - 审查开工申请，把好开工关
  - 事中控制
    - 监控质量活动过程
      - 工序控制
      - 工序之间的交接检查
      - 隐蔽工程质量控制
    - 中间产品质量控制
    - 分部、分项工程质量评定
    - 设计变更与图纸修改的审查
  - 事后控制
    - 施工检查
      - 联动试车（工业产品）
      - 验收文件审核
      - 竣工检查
    - 工程质量评定
    - 工程质量文件审核与建档

图 5-3-1　施工阶段质量管理划分和内容

知识点 1 施工准备质量控制

施工准备质量控制是指在各工程对象正式施工活动开始前，对各项准备工作及影响质量的各因素进行控制，这是确保施工质量的先决条件。

一、施工组织设计的审查

（1）在工程项目开工前约定的时间内，承包单位必须完成施工组织设计的编制及内部自审批准工作，填写“施工组织设计（方案）报审表”报送项目监理机构。

（2）总监理工程师在约定的时间内，组织专业监理工程师审查，提出意见后，由总监理工程师审核签认。需要承包单位修改时，由总监理工程师签发书面意见，退回承包单位修改后再报审，由总监理工程师重新审查。

（3）已审定的施工组织设计由项目监理机构报送建设单位。

（4）承包单位应按审定的施工组织设计文件组织施工。如需对其内容做较大的变更，应在实施前将变更内容书面报送项目监理机构审核。

（5）规模大、结构复杂或属于新结构、特种结构的工程，项目监理机构对施工组织设计审查后，还应报送监理单位技术负责人审查，提出审查意见后由总监理工程师签发，必要时与建设单位协商，组织有关专业部门和有关专家会审。

（6）规模大、工艺复杂的工程、群体工程或分期出图的工程，经建设单位批准可分阶段报审施工组织设计；技术复杂或采用新技术的分项、分部工程，承包单位还应编制该分项、分部工程的施工方案，报项目监理机构审查。

二、现场施工准备的质量控制

（一）工程定位及标高基准控制

工程施工测量放线是建设工程产品由设计转化为实物的第一步。施工测量质量的好坏，直接影响工程产品的综合质量，并且制约着施工过程中有关工序的质量。例如，测量控制基准点或标高有误，会导致建筑物或结构的位置或高程出现误差，从而影响整体质量。因此，工程测量控制可以说是施工中事前质量控制的一项基础工作，它是施工准备阶段的一项重要内容。

（二）施工平面布置的控制

为了保证承包单位能够顺利地施工，监理工程师应督促建设单位按照合同约定并结合承包单位施工的需要，事先划定并提供给承包单位占有和使用现场有关部分的范围。如果在现场的某一区域内需要不同的施工承包单位同时或先后施工、使用，就应根据施工总进度计划的安排，规定他们各自占用的时间和先后顺序，并在施工总平面图中详细注明各工作区的位置及占用顺序。监理工程师要检查施工现场总体布置是否合理，是否有利于保证施工正常、顺利地进行，是否有利于保证质量，特别要对场区的道路、防洪排水、器材存放、给水及供电、混凝土供应及主要垂直运输机械设备布置等方面予以重视。

三、材料构配件采购订货的控制

工程所需的原材料、半成品、构配件等都将构成永久性工程的组成部分，所以，它们的质量好坏直接影响到未来工程产品的质量，因此需要事先对其质量进行严格控制。

（1）凡由承包单位负责采购的原材料、半成品或构配件，在采购订货前应向监理工程师申报；对于重要的材料，还应提交样品供试验或鉴定；有些材料则要求供货单位提交理化试验单（如预应力钢筋的硫、磷含量等），经监理工程师审查认可后，方可进行订货采购。

（2）对于半成品或构配件，应按经过审批认可的设计文件和图纸要求采购订货，质量应满足有关标准和设计的要求，交货期应满足施工及安装进度安排的需要。

（3）供货厂家是制造材料、半成品、构配件主体，所以通过考查优选合格的供货厂家，是保证采购、订货质量的前提。因此，大宗的器材或材料的采购应当实行招标采购的方式。

（4）对于半成品和构配件的采购、订货，监理工程师应提出明确的质量要求、质量检测项目及标准、出厂合格证或产品说明书等质量文件的要求，以及是否需要权威性的质量认证等。

（5）某些材料，诸如瓷砖等装饰材料，订货时最好一次订齐和备足货源，以免由于分批而出现色泽不一的质量问题。

（6）供货厂方应向需方（订货方）提供质量文件，用以表明其提供的货物能够完全达到需方提出的质量要求。

四、施工机械配置的控制

（1）施工机械设备的选择，除应考虑施工机械的技术性能、工作效率、工作质量、可靠性及维修难易、能源消耗，以及安全、灵活等方面对施工质量的影响与保证外，还应考虑其数量配置对施工质量的影响与保证条件。

（2）审查施工机械设备的数量是否足够。例如，在进行就地灌注桩施工时，是否有备用的混凝土搅拌机和振捣设备，以防止由于机械发生故障，使混凝土浇筑工作中断，造成断桩质量事故等。

五、分包单位资格的审核确认

总承包单位选定分包单位后，应向监理工程师提交“分包单位资质报审表”。

监理工程师审查总承包单位提交的“分包单位资质报审表”时，主要是审查施工承包合同是否允许分包，分包的范围和工程部位是否可以进行分包，分包单位是否具有按工程承包合同规定的条件完成分包工程任务的能力。

六、设计交底与施工图纸的现场核对

施工阶段，设计文件是监理工作的依据。因此，监理工程师应认真参加由建设单位主持的设计交底工作，以透彻地了解设计原则及质量要求；同时，要督促承包单位认真做好审核及图纸核对工作，对于审图过程中发现的问题，及时以书面形式报告给建设单位。

实战演练

[2021 真题·单选] 下列工程测量放线成果中，应由施工单位建立的是（　　）。

A. 测量控制网　　B. 原始坐标点

C. 基准线　　D. 标高基准点

[解析] 工程测量放线是建设工程产品由设计转化为实物的第一步。施工测量质量的好坏，直接决定工程的定位和标高是否正确，并且制约施工过程有关工序的质量。因此，施工单位必须对建设单位提供的原始坐标点、基准线和水准点等测量控制点进行复核，并将复测结果上报监理工程师审核，批准后施工单位才能据此建立施工测量控制网，进行工程定位和标高基准的控制。

[答案] A

[2024 真题·单选] 下列施工质量控制工作中，属于事中控制工作内容的是（　　）。

A. 监控质量活动过程　　B. 编制施工方案

C. 评定质量活动结果　　D. 纠正质量偏差

[解析] 根据图 5-3-1，选项 A 属于事中控制的工作内容。

[答案] A

知识点 2 施工过程质量控制

施工过程质量控制是指在施工过程中对实际投入的生产要素质量及作业技术活动的实施状态和结果所进行的控制，包括作业者发挥技术能力过程的自控行为和来自有关管理者的监控行为。

为确保施工质量，要对施工过程进行全过程全方位的质量监督、控制与检查。就整个施工过程而言，可按事前、事中、事后进行控制。

一、作业技术准备状态的控制

作业技术准备状态是指各项施工准备工作在正式开展作业技术活动前，是否按预先计划的安排落实到位的状况，包括配置的人员、材料、机具、场所环境、通风、照明、安全设施等。作业技术准备状态的控制，应着重抓好以下几个环节的工作。

（一）质量控制点的设置

质量控制点是指为了保证作业过程质量而确定的重点控制对象、关键部位或薄弱环节。承包单位在工程施工前应根据施工过程质量控制的要求，列出质量控制点明细表，表中详细地列出各质量控制点的名称或控制内容、检验标准及方法等，提交监理工程师审查批准后，在此基础上实施质量预控。

可作为质量控制点的对象涉及面广，它可能是技术要求高、施工难度大的结构部位，也可能是影响质量的关键工序、操作或某一环节。选择质量控制点的一般原则为：

（1）施工过程中的关键工序或环节以及隐蔽工程，如预应力结构的张拉工序，钢筋混凝土结构中的钢筋架立。

（2）施工中的薄弱环节，或质量不稳定的工序、部位或对象，如地下防水层施工。

（3）对后续工程施工或对后续工序质量或安全有重大影响的工序、部位或对象，如预应力结构中的预应力钢筋质量、模板的支撑与固定等。

（4）采用新技术、新工艺、新材料的部位或环节。

（5）施工上无足够把握的、施工条件困难的或技术难度大的工序或环节，如复杂曲线模板的放样等。

（二）作业技术交底的控制

承包单位做好技术交底，是取得好的施工质量的条件之一。因此，每一分项工程开始实施前均要进行交底。作业技术交底是对施工组织设计或施工方案的具体化，是更细致、明确、具体的技术实施方案，是工序施工或分项工程施工的具体指导文件。为做好技术交底，项目经理部必须由主管技术人员编制技术交底书，并经项目总工程师批准。技术交底书的内容包括施工方法、质量要求和验收标准、施工过程中需注意的问题、可能出现意外情况的应急方案等。技术交底要紧紧围绕与具体施工有关的操作者、机械设备、使用的材料、构配件、工艺、工法、施工环境、具体管理措施等方面进行，交底中要明确做什么、谁来做、如何做、作业标准和要求、什么时间完成等。

关键部位或技术难度大、施工复杂的检验批，在分项工程施工前，承包单位的技术交底书（作业指导书）要报监理工程师。经监理工程师审查后，如技术交底书不能保证作业活动的质量要求，承包单位要进行修改补充。没有做好技术交底的工序或分项工程，不得进入正式实施。

（三）进场材料、构配件的质量控制

（1）凡运到施工现场的原材料、半成品或构配件，进场前应向项目监理机构提交“工程材料/构配件/设备报审表”，同时附有产品出厂合格证及技术说明书、由施工承包单位按规定要求进行检验的检验或试验报告，经监理工程师审查并确认其质量合格后，方准进场。

（2）进口材料的检查、验收，应会同国家商检部门进行。如在检验中发现质量问题或数量不符合规定要求时，应取得供货方及商检人员签署的商务记录，在规定的索赔期内进行索赔。

（3）材料构配件存放条件的控制。质量合格的材料、构配件进场后，到其使用或安装时通常都要经过一定的时间间隔。在此时间内，如果对材料等的存放、保管不良，可能导致质量状况的恶化，如损伤、变质、损坏，甚至不能使用。因此，监理工程师对承包单位的材料、半成品、构配件的存放、保管条件及时间也应实行监控。

（4）对于某些当地材料及现场配制的制品，一般要求承包单位事先进行试验，达到要求的标准方准施工。除应达到规定的力学强度等指标外，还应注意材料的化学成分对工程质量的影响，充分考虑到施工现场加工条件与设计、试验条件不同而可能导致的材料或半成品质量差异。

（四）环境状态的控制

1. 施工作业环境的控制

作业环境条件主要是指水电供应、施工照明、安全防护设备、施工场地空间条件和通道，以及交通运输和道路条件等。监理工程师应事先检查承包单位对施工作业环境条件方面的有关准备工作是否已做好安排和准备妥当；当确认其准备可靠、有效后，方准许其进行施工。

2. 施工质量管理环境的控制

施工质量管理环境主要是指施工承包单位的质量管理体系和质量控制自检系统是否处于良好的状态；系统的组织结构、管理制度、检测制度、检测标准、人员配备等方面是否完善和明确；质量责任制是否落实。监理工程师做好承包单位施工质量管理环境的检查，并督促其落实，是保证作业效果的重要前提。

3. 现场自然环境条件的控制

施工承包单位对于未来的施工期间，自然环境条件可能出现对施工作业质量的不利影响，是否事先已有充分的认识并已做好充足的准备和采取了有效措施与对策以保证工程质量。例如，对严寒季节的防冻；夏季的防高温；高地下水位情况下基坑施工的排水或细砂地基防止流沙；施工场地的防洪与排水；风浪对水上打桩或沉箱施工质量影响的防范；等等。

（五）进场施工机械设备性能及工作状态的控制

1. 施工机械设备的进场检查

施工机械设备进场前，承包单位应向项目监理机构报送进场设备清单，列出进场机械设备型号、规格、数量、技术性能（技术参数）、设备状况、进场时间等。

施工机械设备进场后，根据承包单位报送的清单，监理工程师进行现场核对是否和施工组织设计中所列的内容相符。

2. 施工机械设备工作状态的检查

监理工程师应审查作业机械的使用、保养记录，检查其工作状况。对重要的工程机械，如大马力推土机等，监理工程师应在现场实际复验，以保证投入作业的机械设备状态良好。

监理工程师还应经常了解施工作业中机械设备的工作状况，防止带病运行。一旦发现问题，必须指令承包单位及时修理，以保持良好的作业状态。

3. 特殊设备安全运行的审核

对于现场使用的塔吊及有特殊安全要求的设备，进入现场后在使用前，必须经当地劳动安全部门鉴定，符合要求并办理好相关手续后方允许承包单位投入使用。

4. 大型临时设备的检查

大型临时设备使用前，承包单位必须取得本单位上级安全主管部门的审查批准，办好相关手续后，监理工程师方可批准投入使用。

（六）施工测量及计量器具性能、精度的控制

施工测量开始前，承包单位应向项目监理机构提交测量仪器的型号、技术指标、精度等级、法定计量部门的标定证明、测量工的上岗证明，经监理工程师审核确认后，方可进行正式测量作业。在作业过程中，监理工程师也应经常检查了解计量仪器、测量设备的性能、精度，使其处于良好的状态之中。

（七）施工现场劳动组织及作业人员上岗资格的控制

劳动组织涉及从事作业活动的操作者及管理者，以及相应的各种制度。施工现场从事作业活动的操作者数量必须满足作业活动的需要，相应工种配置能保证作业有序持续进行，不能因人员数量及工种配置不合理而造成停顿。作业活动的负责人（包括技术负责人）、专职质检人员、安全员、与作业活动有关的测量人员、材料员、试验员必须在岗。同时，各种相

关制度要健全，如各类人员的岗位职责；作业活动现场的安全、消防规定；作业活动中的环保规定；试验室及现场试验检测的有关规定；紧急情况的应急处理规定；等等。

从事特殊作业的人员（如电焊工、电工、起重工、架子工、爆破工）必须持证上岗。对此监理工程师要进行检查与核实。

二、作业技术活动运行过程的控制

工程施工质量是在施工过程中形成的，而不是最后检验出来的；施工过程是由一系列相互联系与制约的作业活动所构成的，因此，保证作业活动的效果与质量是施工过程质量控制的基础。

（一）承包单位自检与专检工作的监控

承包单位是施工质量的直接实施者和责任者。承包单位必须有“三检”制度，即自检—交接检—专检；具有相应的试验设备及检测仪器，配备数量满足需要的专职质检人员及试验检测人员。

监理工程师的质量监督与控制就是使承包单位建立起完善的质量自检体系并运转有效。监理工程师的质量检查与验收，是对承包单位作业活动质量的复核与确认；监理工程师的检查绝不能代替承包单位的自检，而且，监理工程师的检查必须是在承包单位自检并确认合格的基础上进行的。专职质检员没检查或检查不合格不能报监理工程师。不符合上述规定，监理工程师一律拒绝进行检查。

（二）技术复核工作监控

凡涉及施工作业技术活动基准和依据的技术工作，都应该严格进行专人负责的复核性检查，以避免基准失误给整个工程质量带来难以补救的或全局性的危害。例如，工程的定位、轴线、标高，预留孔洞的位置和尺寸，预埋件，管线的坡度，混凝土配合比，变电、配电位置，高低压进出口方向、送电方向等。技术复核是承包单位应履行的技术工作责任，其复核结果应报送监理工程师复验确认后，才能进行后续相关的施工。监理工程师应把技术复验工作列入监理规划及质量控制计划中，并看作是一项经常性工作任务，贯穿于整个施工过程。

（三）见证取样送检工作的监控

见证是指由监理工程师现场监督承包单位某工序全过程完成情况的活动。见证取样则是指对工程项目使用的材料、半成品、构配件的现场取样、工序活动效果的检查实施见证。

为确保工程质量，住房城乡建设部规定，在市政工程及房屋建筑工程项目中，对工程材料、承重结构的混凝土试块、承重墙体的砂浆试块、结构工程的受力钢筋（包括接头）实行见证取样。

承包单位在对进场材料、试块、试件、钢筋接头等实施见证取样前要通知负责见证取样的监理工程师。在该监理工程师现场监督下，承包单位按相关规范的要求，完成材料、试块、试件等的取样过程。完成取样后，承包单位将送检样品装入木箱，由监理工程师加封。不能装入箱中的试件，如钢筋样品、钢筋接头，则贴上专用密封标志，然后送往试验室。

（四）工程变更的监控

施工过程中，由于前期勘察设计的原因，或由于外界自然条件的变化，未探明的地下障碍物、管线、文物、地质条件不符等，以及施工工艺方面的限制、建设单位要求的改变，均会涉及工程变更。做好工程变更的控制工作，也是作业过程质量控制的一项重要内容。

工程变更的要求可能来自建设单位、设计单位或施工承包单位。为确保工程质量，不同情况下，工程变更的实施、设计图纸的澄清和修改，具有不同的工作程序。

1. 施工承包单位的变更要求及处理

（1）技术修改。技术修改是指施工承包单位根据施工现场的具体条件和自身的技术、经验以及施工设备等条件，在不改变原设计图纸和技术文件的前提下，提出的对设计图纸和技术文件的某些技术上的修改要求。例如，对某种规格的钢筋采用替代规格的钢筋、对基坑开挖边坡的修改等。

施工承包单位提出技术修改的要求时，应向项目监理机构提交“工程变更单”，其中应说明要求修改的内容及原因或理由，并附图纸和有关文件。

技术修改问题一般可以由专业监理工程师组织承包单位和现场设计代表参加，经各方同意后签字并形成纪要，作为“工程变更单”附件，经总监理工程师批准后实施。

（2）设计变更的要求。设计变更是指施工期间，对于设计单位在设计图纸和设计文件中所表达的设计标准状态的改变和修改。

首先，承包单位应就要求变更的问题填写“工程变更单”，送交项目监理机构。总监理工程师根据承包单位的申请，经与设计、建设、承包单位研究并做出变更的决定后，签发“工程变更单”；并应附有设计单位提出的变更设计图纸。承包单位签收后按变更后的图纸施工。

如果变更涉及结构主体及安全，该工程变更还要按有关规定报送施工图原审查单位进行审批，否则变更不能实施。

2. 设计单位提出变更的处理

（1）设计单位首先将“设计变更通知”及有关附件报送建设单位。

（2）建设单位会同监理、施工承包单位对设计单位提交的“设计变更通知”进行研究，必要时设计单位尚需提供进一步的资料，以便对变更做出决定。

（3）总监理工程师签发“工程变更单”，并将设计单位发出的“设计变更通知”作为该“工程变更单”的附件，施工承包单位按新的变更图实施。

3. 建设单位（监理工程师）要求变更的处理

（1）建设单位（监理工程师）将变更的要求通知设计单位，如果在要求中有相应的方案或建议，则应一并报送设计单位；否则，变更要求由设计单位研究解决。在提供审查的变更要求中，应列出所有受该变更影响的图纸、文件清单。

（2）设计单位对“工程变更单”进行研究。如果在“变更要求”中附有建议或解决方案时，设计单位对建议或解决方案的所有技术方面进行审查，并确定它们是否符合设计要求和实际情况，然后书面通知建设单位，说明设计单位对该解决方案的意见，并将与该修改变更有关的图纸、文件清单返回给建设单位，说明自己的意见。

如果该“工程变更单”未附有建议的解决方案，则设计单位应对该要求进行详细的研究，并准备提出自己对该变更的建议方案，提交建设单位。

（3）根据建设单位的授权，监理工程师研究设计单位所提交的建议设计变更方案或其对变更要求所附方案的意见，必要时会同相关承包单位和设计单位一起进行研究，也可进一步提供资料，以便对变更做出决定。

（4）建设单位做出变更的决定后，由总监理工程师签发“工程变更单”，指示承包单位按变更的决定组织施工。

三、作业技术活动结果的控制

作业活动结果，泛指作业工序的产出品、分项分部工程的已完施工及已完准备交验的单位工程等。作业技术活动结果的控制是施工过程中间产品及最终产品质量控制的方式，只有作业活动的中间产品质量都符合要求，才能保证最终单位工程产品的质量。

（一）基槽（基坑）验收

基槽开挖是基础施工中的一项内容，由于其质量状况对后续工程质量影响大，故均作为一个关键工序或一个检验批进行质量验收。基槽开挖质量验收主要涉及地基承载力的检查确认；地质条件的检查确认；开挖边坡的稳定及支护状况的检查确认。由于部位的重要，基槽开挖验收均要有勘察设计单位的有关人员参加，并请当地或主管质量监督部门参加，经现场检查、测试（或平行检测）确认其地基承载力是否达到设计要求，地质条件是否与设计相符。如相符，则共同签署验收资料，如达不到设计要求或与勘察设计资料不符，则应采取措施进一步处理或工程变更，由原设计单位提出处理方案，经承包单位实施完毕后重新验收。

（二）隐蔽工程验收

隐蔽工程验收是指将被其后工程施工所隐蔽的分项、分部工程，在隐蔽前所进行的检查验收。它是对一些已完分项、分部工程质量的最后一道检查，由于检查对象就要被其他工程覆盖，给以后的检查整改造成障碍，故显得尤为重要，它是质量控制的一个关键过程。

隐蔽工程施工完毕，承包单位按有关技术规程、规范、施工图纸先进行自检，自检合格后，填写“报验申请表”，附上相应的工程检查证（或隐蔽工程检查记录）及有关材料证明、试验报告、复试报告等，报送项目监理机构。

监理工程师收到报验申请后首先对质量证明资料进行审查，并在合同规定的时间内到现场检查（检测或核查），承包单位的专职质检员及相关施工人员应随同一起到现场。

经现场检查，如符合质量要求，监理工程师在“报验申请表”及工程检查证（或隐蔽工程检查记录）上签字确认，准予承包单位隐蔽、覆盖，进入下一道工序施工。

如经现场检查发现不合格，监理工程师签发“不合格项目通知”，指令承包单位整改，整改后自检合格再报监理工程师复查。

实战演练

［2024 真题 · 单选］工程施工过程中，施工单位对施工质量的“三检”制度指的是（　　）。

A. 事前检—事中检—事后检　　B. 自检—监理检—业主检

C. 自检—交接检—专检　　D. 施工检—设计检—监理检

[解析] 施工单位必须有整套的制度及工作程序，即“三检”制度：作业活动结束后，作业者必须自检；不同工序交接，相关人员必须进行交接检查；施工单位专职质检员的专检。

[答案] C

[经典例题·单选] 技术交底书由项目技术人员编制，并经（　　）批准。

A. 项目经理　　B. 项目总工程师

C. 安全员　　D. 业主代表

[解析] 为做好技术交底，项目经理部必须由主管技术人员编制技术交底书，并经项目总工程师批准。

[答案] B

[经典例题·单选] 工程变更涉及结构主体及安全，该变更还要报送（　　）进行审查，否则变更不能实施。

A. 建设单位　　B. 施工图原审查单位

C. 设计单位　　D. 项目监理机构

[解析] 如果变更涉及结构主体及安全，该工程变更还要按有关规定报送施工图原审查单位进行审批，否则变更不能实施。

[答案] B

[2024真题·多选] 施工单位编制的分项工程技术交底书应包括的内容有（　　）。

A. 施工方法　　B. 进度安排

C. 质量要求　　D. 成本控制措施

E. 验收标准

[解析] 技术交底书的内容主要包括施工方法、质量要求和验收标准、施工过程中需注意的问题、可能出现意外情况的应急方案等。

[答案] ACE

知识点 3 施工质量验收

根据《建筑与市政工程施工质量控制通用规范》（GB 55032—2022），施工质量验收的相关内容如下。

一、一般规定

（1）施工质量验收应包括单位工程、分部工程、分项工程和检验批施工质量验收，并应符合下列规定：

①检验批应根据施工组织、质量控制和专业验收需要，按工程量、楼层、施工段划分，检验批抽样数量应符合有关专业验收标准的规定。

②分项工程应根据工种、材料、施工工艺、设备类别划分。

③分部工程应根据专业性质、工程部位划分。

④单位工程应为具备独立使用功能的建筑物或构筑物；对市政道路、桥梁、管道、轨道

交通、综合管廊等，应根据合同段，并结合使用功能划分单位工程。

（2）施工前，应由施工单位制订单位工程、分部工程、分项工程和检验批的划分方案，并应由监理单位审核通过后实施。施工现场情况与附录不同时，应按实际情况进行分部工程、分项工程和检验批划分，由建设单位组织监理单位、施工单位共同确定。

（3）应建立工程质量信息公示制度。工程竣工验收合格后，建设单位应在建（构）筑物的明显位置设置有关工程质量责任主体的永久性标牌。

（4）工程资料文件的形成和积累应纳入工程建设管理的各个环节和有关人员的职责范围，全面反映工程建设活动和工程实际情况。工程资料文件应随工程建设进度同步形成。

（5）工程资料归档应符合下列规定：

①勘察、设计、施工、监理等单位应将本单位形成的工程文件立卷后向建设单位移交。

②工程竣工验收备案前，建设单位应根据工程类别和当地城建档案管理机构的要求，将全部工程文件收集齐全、整理立卷，向城建档案管理机构移交。

二、验收要求

（1）工程施工质量应符合国家现行强制性工程建设规范的规定，并应符合工程勘察设计文件的要求和合同约定。

（2）检验批质量应按主控项目和一般项目验收，并应符合下列规定：

①主控项目和一般项目的确定应符合国家现行强制性工程建设规范和现行相关标准的规定。

②主控项目的质量经抽样检验应全部合格。

③一般项目的质量应符合国家现行相关标准的规定。

④应具有完整的施工操作依据和质量验收记录。

（3）当检验批施工质量不符合验收标准时，应按下列规定进行处理：

①经返工或返修的检验批，应重新进行验收。

②经有资质的检测机构检测能够达到设计要求的检验批，应予以验收。

③经有资质的检测机构检测达不到设计要求，但经原设计单位核算认可能够满足安全和使用功能的检验批，应予以验收。

（4）分项工程质量验收合格应符合下列规定：

①所含检验批的质量应验收合格。

②所含检验批的质量验收记录应完整、真实。

（5）分部工程质量验收合格应符合下列规定：

①所含分项工程的质量应验收合格。

②质量控制资料应完整、真实。

③有关安全、节能、环境保护和主要使用功能的抽样检验结果应符合要求。

④观感质量应符合要求。

（6）单位工程质量验收合格应符合下列规定：

①所含分部工程的质量应全部验收合格。

②质量控制资料应完整、真实。

③所含分部工程中有关安全、节能、环境保护和主要使用功能的检验资料应完整。

④主要使用功能的抽查结果应符合国家现行强制性工程建设规范的规定。

⑤观感质量应符合要求。

(7) 当经返修或加固处理的分项工程、分部工程，确认能够满足安全及使用功能要求时，应按技术处理方案和协商文件的要求予以验收。

(8) 经返修或加固处理仍不能满足安全或重要使用功能要求的分部工程及单位工程，严禁验收。

三、验收组织

(1) 检验批应由专业监理工程师组织施工单位项目专业质量检查员、专业工长等进行验收。

(2) 分项工程应由专业监理工程师组织施工单位项目专业技术负责人等进行验收。

(3) 分部工程应由总监理工程师组织施工单位项目负责人和项目技术负责人等进行验收。勘察、设计单位项目负责人和施工单位技术、质量部门负责人应参加地基与基础分部工程的验收，设计单位项目负责人和施工单位技术、质量部门负责人应参加主体结构、节能分部工程的验收。

(4) 单位工程完工后，各相关单位应按下列要求进行工程竣工验收：

①勘察单位应编制勘察工程质量检查报告，按规定程序审批后向建设单位提交。

②设计单位应对设计文件及施工过程的设计变更进行检查，并应编制设计工程质量检查报告，按规定程序审批后向建设单位提交。

③施工单位应自检合格，并应编制工程竣工报告，按规定程序审批后向建设单位提交。

④监理单位应在自检合格后组织工程竣工预验收，预验收合格后应编制工程质量评估报告，按规定程序审批后向建设单位提交。

⑤建设单位应在竣工预验收合格后组织监理、施工、设计、勘察单位等相关单位项目负责人进行工程竣工验收。

实战演练

[2024 真题·单选] 为了验收施工质量，制订和审核/确认分部工程划分方案的做法，正确的是（　　）。

A. 由项目监理机构制订，建设单位确认

B. 由施工单位制订，项目监理机构审核

C. 由建设单位组织各方制订，工程质量监督机构确认

D. 由项目监理机构组织各方制订，建设单位审核

[解析] 工程施工前，应由施工单位制订单位工程、分部工程、分项工程和检验批的划分方案，并应由项目监理机构审核通过后实施。

[答案] B

[2023 真题 · 单选] 施工过程质量验收环节中，应由总监理工程师组织验收的是（ ）。

A. 检验批质量验收　　B. 分项工程质量验收

C. 分部工程质量验收　　D. 竣工质量验收

[解析] 分部工程应由总监理工程师组织施工单位项目负责人和项目技术负责人等进行验收。检验批和分项工程由专业监理工程师组织验收。竣工质量由建设单位组织验收。

[答案] C

[2022 真题 · 单选] 设计单位项目负责人应参加验收的是（ ）分部工程。

A. 防水　　B. 装饰装修

C. 节能　　D. 设备安装

[解析] 分部工程应由总监理工程师组织施工单位项目负责人和项目技术负责人等进行验收。勘察、设计单位项目负责人和施工单位技术、质量部门负责人应参加地基与基础分部工程验收。设计单位项目负责人和施工单位技术、质量部门负责人应参加主体结构、节能分部工程验收。

[答案] C

[2023 真题 · 多选] 工程施工质量验收环节中，需要进行观感质量验收的有（ ）。

A. 检验批质量验收　　B. 分部工程质量验收

C. 分项工程质量验收　　D. 单位工程质量验收

E. 装配式结构质量验收

[解析] 分部工程质量验收合格应符合下列规定：①所含分项工程的质量均应验收合格；②质量控制资料应完整、真实；③有关安全、节能、环境保护和主要使用功能的抽样检验结果应符合要求；④观感质量应符合要求。单位工程质量验收合格应符合下列规定：①所含分部工程的质量应全部验收合格；②质量控制资料应完整、真实；③所含分部工程中有关安全、节能、环境保护和主要使用功能的检验资料应完整；④主要使用功能的抽查结果应符合国家现行强制性工程建设规范的规定；⑤观感质量应符合要求。所以，需进行观感质量验收的有分部工程质量验收和单位工程质量验收。

[答案] BD

[经典例题 · 多选] 检验批可根据施工、质量控制和专业验收需要，按（ ）进行划分。

A. 工程量　　B. 工程部位

C. 楼层　　D. 施工段

E. 施工工艺

[解析] 检验批应根据施工组织、质量控制和专业验收需要，按工程量、楼层、施工段划分，检验批抽样数量应符合有关专业验收标准的规定。

[答案] ACD

[经典例题·多选] 施工过程的工程质量验收中，分项工程质量验收合格的条件有（　　）。

A. 所含检验批均已验收合格　　B. 观感质量验收符合要求

C. 有关安全和功能的监测资料完整　　D. 所含检验批质量验收资料完整

E. 主要使用功能的抽查结果应符合国家现行强制性工程建设标准规定

[解析] 分项工程质量验收合格应符合下列规定：①所含检验批的质量应验收合格；②所含检验批的质量验收记录应完整、真实。

[答案] AD

[经典例题·多选] 根据《建筑与市政工程施工质量控制通用规范》，单位工程质量验收合格的规定有（　　）。

A. 单位工程所含分部工程的质量均应验收合格

B. 质量控制资料应完整

C. 单位工程所含分部工程有关安全和功能的检测资料应完整

D. 主要使用功能的抽查结果应符合国家现行强制性工程建设规范的规定

E. 单位工程的工程监理质量评估记录应符合各项要求

[解析] 单位工程质量验收合格的规定有：①所含分部工程的质量应全部验收合格；②质量控制资料应完整、真实；③所含分部工程中有关安全、节能、环境保护和主要使用功能的检验资料应完整；④主要使用功能的抽查结果应符合国家现行强制性工程建设规范的规定；⑤观感质量应符合要求。

[答案] ABCD

[经典例题·多选] 总监理工程师组织节能分部工程验收时，应参加验收的人员有（　　）。

A. 设计单位项目负责人　　B. 勘察单位项目负责人

C. 施工单位技术部门负责人　　D. 施工单位项目负责人

E. 施工单位质量部门负责人

[解析] 分部工程应由总监理工程师组织施工单位项目负责人和项目技术负责人等进行验收。设计单位项目负责人和施工单位技术、质量部门负责人应参加主体结构、节能分部工程的验收。

[答案] ACDE

第四节　施工质量事故预防与调查处理

知识点 1　施工质量事故分类

一、按事故责任分类

（1）指导责任事故：由管理人员的失误或不当指挥导致的质量事故，如施工技术方案未经分析论证、违背施工程序等。

（2）操作责任事故：由操作人员的违规操作导致的质量事故，如不按规程施工、无证上岗等。

（3）自然灾害事故：由不可抗力因素引发的质量事故。

二、按事故产生的原因分类

（1）技术原因引发的质量事故：由设计、施工技术上的失误引发的质量事故。

（2）管理原因引发的质量事故：由质量管理体系不完善、检验制度不严密等管理问题引发的质量事故。

（3）社会经济原因引发的质量事故：由外部环境或经济条件变化引发的质量事故。

三、按事故造成的人员伤亡或者直接经济损失分类

《关于做好房屋建筑和市政基础设施工程质量事故报告和调查处理工作的通知》（建质〔2010〕111号）规定，根据工程质量事故造成的人员伤亡或者直接经济损失，工程质量事故分为4个等级：

（1）特别重大事故，是指造成30人以上死亡，或者100人以上重伤，或者1亿元以上直接经济损失的事故。

（2）重大事故，是指造成10人以上30人以下死亡，或者50人以上100人以下重伤，或者5 000万元以上1亿元以下直接经济损失的事故。

（3）较大事故，是指造成3人以上10人以下死亡，或者10人以上50人以下重伤，或者1 000万元以上5 000万元以下直接经济损失的事故。

（4）一般事故，是指造成3人以下死亡，或者10人以下重伤，或者100万元以上1 000万元以下直接经济损失的事故。

本等级划分所称的“以上”包括本数，所称的“以下”不包括本数。

实战演练

[2024真题·单选] 某工程施工过程中，发生混凝土结构坍塌事故，造成8人重伤和5 000万元直接经济损失，该工程质量事故等级为（　　）。

A. 重大事故　　B. 特别重大事故

C. 较大事故　　D. 一般事故

[解析] 重大事故，是指造成10人以上30人以下死亡，或者50人以上100人以下重伤，或者5 000万元以上1亿元以下直接经济损失的事故。

[答案] A

[2023真题·单选] 某拆除工程施工时发生倒塌事故，造成60人重伤、8人死亡。根据事故分类等级，该事故属于（　　）。

A. 一般事故　　B. 较大事故

C. 重大事故　　D. 特大事故

[解析] 重大事故，是指造成10人以上30人以下死亡，或者50人以上100人以下重伤，或者5 000万元以上1亿元以下直接经济损失的事故。

[答案] C

[2021 真题 · 单选] 某工程混凝土浇筑过程中，因工人直接浇筑高度超出施工方案要求造成质量事故，该事故按照事故责任分类属于（　　）。

A. 操作责任事故　　B. 指导责任事故

C. 技术责任事故　　D. 管理责任事故

[解析] 操作责任事故是指由操作人员的违规操作导致的质量事故，如不按规程施工、无证上岗等。

[答案] A

[经典例题 · 单选] 某工程施工中发生一起质量事故，导致 3 人死亡，直接经济损失 2 000万元。该质量事故属于（　　）。

A. 重大事故　　B. 一般事故

C. 特别重大事故　　D. 较大事故

[解析] 较大事故，是指造成 3 人以上 10 人以下死亡，或者 10 人以上 50 人以下重伤，或者 1 000 万元以上 5 000 万元以下直接经济损失的事故。

[答案] D

[2019 真题 · 多选] 根据工程质量事故造成损失的程度分级，属于重大事故的有（　　）。

A. 50 人以上 100 人以下重伤

B. 3 人以上 10 人以下死亡

C. 1 亿元以上直接经济损失

D. 1 000 万元以上 5 000 万元以下直接经济损失

E. 5 000 万元以上 1 亿元以下直接经济损失

[解析] 根据工程质量事故造成的人员伤亡或者直接经济损失，工程质量事故分为 4 个等级：①特别重大事故，是指造成 30 人以上死亡，或者 100 人以上重伤，或者 1 亿元以上直接经济损失的事故；②重大事故，是指造成 10 人以上 30 人以下死亡，或者 50 人以上 100 人以下重伤，或者 5 000 万元以上 1 亿元以下直接经济损失的事故；③较大事故，是指造成 3 人以上 10 人以下死亡，或者 10 人以上 50 人以下重伤，或者 1 000 万元以上 5 000 万元以下直接经济损失的事故；④一般事故，是指造成 3 人以下死亡，或者 10 人以下重伤，或者 100 万元以上 1 000 万元以下直接经济损失的事故。

[答案] AE

知识点 2 施工质量事故预防

一、工程项目质量事故产生的原因

引起工程项目质量事故的原因很多，重要的是能分析出其中起主要影响的因素，以使采取的技术处理措施能有效地纠正问题。这些原因综合起来有如下几个方面。

（一）违背工程建设程序

项目不经可行性论证，不做调查分析就决策；没有工程地质、水文地质资料就仓促开工；无证设计，无图施工，任意修改设计，不按图样施工；工程竣工不进行试车运行、不经验收就交付使用等现象，致使不少工程项目留有严重隐患；违法转包或分包。

（二）工程地质勘察原因

未认真进行地质勘察，提供地质资料、数据有误；地质勘察时，钻孔间距太大，不能全面反映地基的实际情况；地质勘察钻孔深度不够，没有查清地下软土层、滑坡、墓穴、孔洞等地层结构；地质勘察报告不详细、不准确等，均会导致采用错误的基础方案，造成地基不均匀沉降、失稳，使上部结构及墙体开裂、破坏、倒塌等。

（三）未加固处理好地基

对软弱土、冲填土、杂填土、湿陷性黄土、膨胀土、岩层出露、熔岩或土洞等不均匀地基未进行加固处理或处理不当，均是导致重大质量问题的原因。必须根据不同地基的工程特性，按照地基处理应与上部结构相结合，使其共同工作的原则，从地基处理、设计措施、结构措施、防水措施和施工措施等方面综合考虑处理。

（四）设计计算问题

设计考虑不周，结构构造不合理，计算简图不正确，计算载荷取值过小，内力分析有误，沉降缝及伸缩缝设置不当，悬挑结构未进行抗颠覆验算等，都是诱发质量问题的隐患。

（五）建筑材料及制品不合格

建筑材料及制品不合格。例如，钢筋物理力学性能不符合标准，水泥受潮、过期、结块、安定性不良、砂石级配不合理、有害物含量过多，混凝土配合比不准，外加剂性能、掺量不符合要求时，均会影响混凝土强度、和易性、密实性、抗掺性，导致混凝土结构强度不足、裂缝、渗漏、蜂窝、露筋等质量问题；预制构件断面尺寸不准，支承锚固长度不足，未可靠建立预应力值，钢筋漏放、错位，板面开裂等，必然会出现断裂、垮塌。

（六）施工和管理问题

（1）不熟悉图样，盲目施工；图样未经会审，仓促施工；未经监理、设计部门同意，擅自修改设计。

（2）不按有关施工验收规范施工。例如，现浇混凝土结构不按规定的位置和方法任意留设施工缝；不按规定的强度拆除模板等。

（3）不按有关操作规程施工。例如，用插入式振捣器捣实混凝土时，不按插点均布、快插慢拔、上下抽动、层层扣搭的操作方法，致使混凝土振捣不实，整体性差。

（4）缺乏基本结构知识。例如，将悬臂梁的受拉钢筋放在受压区；结构构件吊点选择不合理，不了解结构使用受力和吊装受力的状态；施工中在楼面超载堆放构件和材料等，均会给质量和安全造成严重的后果。

（5）施工管理紊乱，施工方案考虑不周，施工顺序错误，技术组织措施不当，技术交底不清，违章作业，不重视质量检查和验收工作等。

（七）自然条件影响

施工项目周期长、露天作业多，受自然条件影响大，温度、湿度、日照、雷电、洪水、大风和暴雨等都可能造成重大的质量事故，施工中应特别重视，采取有效措施予以预防。

二、施工质量事故的预防

（一）加强设计管理和技术复核

设计是工程建设的首要环节，加强设计管理，确保设计符合相关标准和规范要求，是预防施工质量事故的重要措施。同时，进行必要的设计审查复核，避免因设计失误引发的质量问题。

（二）严格控制材料和设备质量

对进场的建筑材料和设备进行严格检查和验收，确保其符合设计要求和国家标准，是预防施工质量事故的关键措施。此外，建立材料管理制度，分类存放和保管材料，也有助于保障施工质量。

（三）加强培训和教育

对施工人员进行必要的技术培训和安全教育，提高其技能水平和安全意识，是预防施工质量事故的重要手段。通过定期组织员工培训，可以减少因人为疏忽或操作失误导致的事故。

（四）加强施工管理

建立健全的施工管理体系是预防施工质量事故的基础。施工组织设计应合理规划施工过程，明确项目管理层级和责任分工，确保施工过程中的协调和沟通顺畅。此外，加强施工现场的监督和检查，及时发现并解决安全隐患和质量问题，也是重要的管理策略。

（五）制订应急预案

针对可能发生的不利施工条件和各种灾害，施工单位需要制订详细的应急预案，并定期组织应急演练，提高应急处置能力。

（六）强化施工现场环境管理

施工现场的环境因素对施工质量和安全有直接影响。施工单位需加强对施工现场周边环境的管理，如交通状况、周边设施等，以确保施工过程的安全。

实战演练

［经典例题·多选］下列施工质量事故发生的原因中，属于施工与管理问题的有（　　）。

A. 未经设计单位同意，擅自修改设计　　B. 悬挑结构未进行抗倾覆验算

C. 违法转包或分包　　D. 水泥安定性不良

E. 疏于检查、验收

［解析］选项 B 属于设计计算问题。选项 C 属于违背工程建设程序。选项 D 属于建筑材料及构配件不合格。

［答案］AE

知识点 3　施工质量事故调查处理

一、施工质量事故调查处理的依据

施工质量事故调查处理的主要依据为：

（1）相关的法律法规。

（2）具有法律效力的合同文件。

（3）有关的技术文件、档案。

（4）质量事故的实况资料。

二、施工质量事故调查处理的程序

（一）事故报告

（1）工程质量事故发生后，事故现场有关人员应当立即向工程建设单位负责人报告；工程建设单位负责人接到报告后，应于1 h内向事故发生地县级以上人民政府住房和城乡建设主管部门及有关部门报告。

情况紧急时，事故现场有关人员可直接向事故发生地县级以上人民政府住房和城乡建设主管部门报告。

（2）住房和城乡建设主管部门接到事故报告后，应当依照下列规定上报事故情况，并同时通知公安、监察机关等有关部门：

①较大、重大及特别重大事故逐级上报至国务院住房和城乡建设主管部门，一般事故逐级上报至省级人民政府住房和城乡建设主管部门，必要时可以越级上报事故情况。

②住房和城乡建设主管部门上报事故情况，应当同时报告本级人民政府；国务院住房和城乡建设主管部门接到重大和特别重大事故的报告后，应当立即报告国务院。

③住房和城乡建设主管部门逐级上报事故情况时，每级上报时间不得超过2 h。

④事故报告应包括下列内容：事故发生的时间、地点、工程项目名称、工程各参建单位名称；事故发生的简要经过、伤亡人数（包括下落不明的人数）和初步估计的直接经济损失；事故的初步原因；事故发生后采取的措施及事故控制情况；事故报告单位、联系人及联系方式；其他应当报告的情况。

⑤事故报告后出现新情况，以及事故发生之日起30日内伤亡人数发生变化的，应当及时补报。

（二）事故调查

（1）住房和城乡建设主管部门应当按照有关人民政府的授权或委托，组织或参与事故调查组对事故进行调查，并履行下列职责：

①核实事故基本情况，包括事故发生的经过、人员伤亡情况及直接经济损失。

②核查事故项目基本情况，包括项目履行法定建设程序情况、工程各参建单位履行职责的情况。

③依据国家有关法律法规和工程建设标准分析事故的直接原因和间接原因，必要时组织对事故项目进行检测鉴定和专家技术论证。

④认定事故的性质和事故责任。

⑤依照国家有关法律法规提出对事故责任单位和责任人员的处理建议。

⑥总结事故教训，提出防范和整改措施。

⑦提交事故调查报告。

（2）事故调查报告应当包括下列内容：

①事故项目及各参建单位概况。

②事故发生经过和事故救援情况。

③事故造成的人员伤亡和直接经济损失。

④事故项目有关质量检测报告和技术分析报告。

⑤事故发生的原因和事故性质。

⑥事故责任的认定和事故责任者的处理建议。

⑦事故防范和整改措施。

事故调查报告应当附具有关证据材料。事故调查组成员应当在事故调查报告上签名。

(三)事故处理

(1)住房和城乡建设主管部门应当依据有关人民政府对事故调查报告的批复和有关法律法规的规定，对事故相关责任者实施行政处罚。处罚权限不属于本级住房和城乡建设主管部门的，应当在收到事故调查报告批复后15个工作日内，将事故调查报告(附具有关证据材料)、结案批复、本级住房和城乡建设主管部门对有关责任者的处理建议等转送有权限的住房和城乡建设主管部门。

(2)住房和城乡建设主管部门应当依据有关法律法规的规定，对事故负有责任的建设、勘察、设计、施工、监理等单位和施工图审查、质量检测等有关单位分别给予罚款、停业整顿、降低资质等级、吊销资质证书其中一项或多项处罚，对事故负有责任的注册执业人员分别给予罚款、停止执业、吊销执业资格证书、终身不予注册其中一项或多项处罚。

三、其他要求

事故发生地住房和城乡建设主管部门接到事故报告后，其负责人应立即赶赴事故现场，组织事故救援。

发生一般及以上事故，或者领导有批示要求的，设区的市级住房和城乡建设主管部门应派员赶赴现场了解事故有关情况。

发生较大及以上事故，或者领导有批示要求的，省级住房和城乡建设主管部门应派员赶赴现场了解事故有关情况。

发生重大及以上事故，或者领导有批示要求的，国务院住房和城乡建设主管部门应根据相关规定派员赶赴现场了解事故有关情况。

实战演练

[2021真题·多选] 建设工程施工质量事故报告的主要内容包括(　　)。

A. 事故的简要经过

B. 事故造成的人员伤亡和直接经济损失

C. 事故已经造成或者可能造成的伤亡人数和初步估计的直接经济损失

D. 事故的原因分析

E. 已经采取的措施

［解析］事故报告应包括下列内容：事故发生的时间、地点、工程项目名称、工程各参建单位名称；事故发生的简要经过、伤亡人数（包括下落不明的人数）和初步估计的直接经济损失；事故的初步原因；事故发生后采取的措施及事故控制情况；事故报告单位、联系人及联系方式；其他应当报告的情况。

［答案］ACE

［经典例题・多选］关于施工质量事故报告的说法，正确的有（　　）。

A. 施工单位负责人在接到事故报告后，2 h 内向上级报告事故情况

B. 一般事故逐级上报至市级人民政府住房和城乡建设主管部门

C. 重大事故逐级上报至国务院住房和城乡建设主管部门

D. 住房和城乡建设主管部门逐级上报事故情况时，每级上报时间不得超过 1 h

E. 住房和城乡建设主管部门接到重大和特别重大事故的报告后，立即报告国务院

［解析］选项 A 错误，单位负责人在 1 h 内向事故发生地县级以上人民政府住房和城乡建设主管部门及有关部门报告。选项 B 错误，一般事故逐级上报至省级人民政府住房和城乡建设主管部门。选项 D 错误，住房和城乡建设主管部门逐级上报事故情况时，每级上报时间不得超过 2 h。

［答案］CE

第六章

建设工程成本管理

本章导学

本章包括4节内容，从成本影响因素、成本计划、成本控制、成本分析和成本考核等一系列环节讲述成本管理流程。涉及两个每年必考的计算题考点——挣值法和因素分析法，需要重点掌握。在学习过程中，考生应先理解再记忆，以免混淆。

第一节 工程成本影响因素及管理流程

知识点 1 工程成本分类及影响因素

一、工程成本分类

工程成本的分类可以从多个角度进行划分，主要包括以下几种方式。

（一）按生产费用计入工程成本的方法分类

直接成本：包括人工费、材料费、机械使用费等直接耗费的支出。

间接成本：包括勘察设计费、采购成本、现场管理人员人工费等施工间接费支出，需按标准和比例分配计入不同成本核算对象。

（二）按工程成本与工程数量的关系分类

固定成本：如办公费、管理人员工资和固定资产折旧等。

变动成本：如直接成本中的人工费、材料费等。

（三）按成本形成的时间划分

预算成本：通过招标投标确定的工程成本。

计划成本：工程承包单位根据合同要求计算确定的最低资源消耗和费用总和。

实际成本：项目实施期内实际发生的各项费用总和。

（四）按工程成本要素构成划分

建造成本：传统意义上的施工成本。

工期成本、质量成本、安全成本和绿色成本：对应不同工期、质量、安全、绿色水平的成本。

（五）按施工阶段分类

项目前期成本：包括设计费、勘察费和招标代理费等。

施工阶段成本：包括人工费、材料费、机械使用费等。

（六）按分部工程分类

土建工程成本：包括土方工程、基础工程、主体结构工程等费用。

安装工程成本：包括给排水工程、电气工程、暖通工程等费用。

装饰工程成本：包括内外墙面粉刷、地面铺设、门窗安装等费用。

这些分类方法各有侧重，可以根据具体的管理需求和项目特点选择适合的分类方式，以更好地进行成本控制和管理。

二、工程成本影响因素

（一）项目范围和规模

项目的范围和规模直接影响工程成本。项目范围的变化会导致工程量的增减，从而影响成本。同时，项目的规模越大、复杂程度越高，所需的人力、物力和财力投入也越多，进而增加工程成本。

（二）设计因素

工程设计是影响成本的重要阶段。设计标准的高低、设计方案的复杂性、材料选择等都会对工程成本产生显著影响。例如，高层建筑和地下结构的造价通常高于普通建筑。此外，频繁的设计变更也会导致成本增加。

（三）施工管理因素

施工过程中的效率、质量控制、施工方法和管理能力等都会直接影响工程成本。合理的施工工艺和方法可以降低工程成本，而施工管理的不当可能导致工程延期或质量问题，从而增加成本。良好的项目管理可以有效控制成本，而管理不善可能导致工程延期或质量问题，从而增加成本。

（四）市场因素

建筑材料价格、劳动力成本、设备租赁费等市场价格的波动对工程成本有直接影响。例如，原材料价格的上涨会增加工程成本，而人工成本的上升也会影响整体造价。

（五）政策和法规

政府政策和法规的变化，如土地供应政策、环保标准、建筑规范等，会直接影响工程成本。例如，环保法规的升级可能导致环保成本的增加。

（六）其他因素

外部环境因素，如地理位置、气候条件、地质条件等也会对工程成本产生影响。项目的风险管理能力以及不确定性也会影响最终的工程成本，如施工许可证延迟、材料或设备成本增加以及生产力损失都是常见的风险因素。

实战演练

［2024 真题·单选］按照工程成本与工程量的关系划分，工程成本的分类是（　　）。

A. 直接成本和间接成本　　B. 目标成本和责任成本

C. 预算成本和计划成本　　D. 固定成本和变动成本

［解析］ 按工程成本与工程数量的关系分类，工程成本分为固定成本和变动成本。

［答案］ D

［2024 真题·多选］根据工程特点和成本管理要求不同，工程成本可分为不同类别。构成工程实体的材料费可归入的工程成本类别有（　　）。

A. 变动成本　　B. 直接成本

C. 采购成本　　D. 措施成本

E. 质量成本

［解析］ 直接成本包括人工费、材料费、机械使用费等直接耗费的支出。变动成本，如直接成本中的人工费、材料费等。

［答案］ AB

知识点 2 工程成本管理流程

工程成本管理流程是确保工程项目在预算范围内完成并实现经济效益的重要环节。建筑工程项目成本管理流程如图 6-1-1 所示。

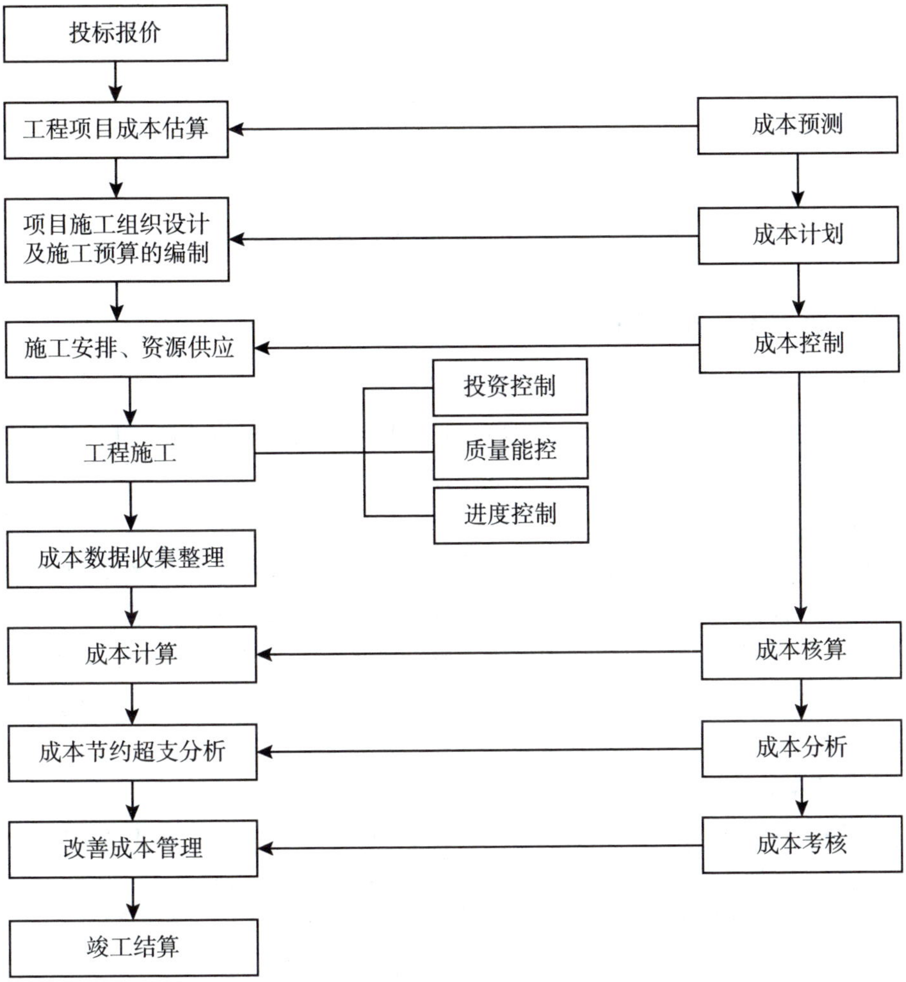

图 6-1-1 建筑工程项目成本管理流程

成本计划是成本控制和分析的基础，也是成本管理的核心依据。工程成本管理各环节是一个有机联系与相互制约的系统过程，如图 6-1-2 所示。

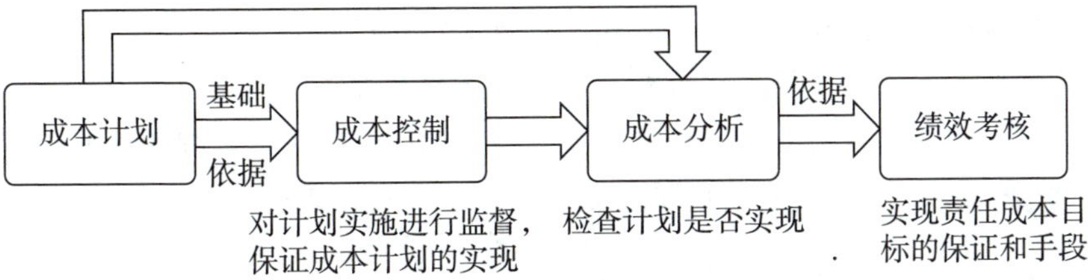

图 6-1-2 工程成本管理的系统过程

实战演练

[经典例题·单选] 成本管理各环节是一个有机联系与相互制约的系统过程，成本管理的工作为：①成本控制；②绩效考核；③成本分析；④成本计划。正确的排序是（　　）。

A. ①④③②

B. ①④②③

C. ④①③②

D. ④①②③

[解析] 根据图 6-1-2，选项 C 正确。

[答案] C

第二节　施工成本计划

知识点 1 施工责任成本构成

施工责任成本是指在施工项目中，根据责任者的可控程度所归集的应由责任者负担的成本。它是一种科学的成本管理方式，通过将成本管理与责任管理相结合，明确各责任中心的成本责任，从而实现对工程项目的全方位成本控制和管理。

施工责任成本具有可考核性、可预计性、可计量性和可控制性 4 个条件，并且通常由人工费、材料费、施工机具使用费、专业分包费、措施费、间接费和其他费用组成。

施工责任成本的管理强调在项目实施前划分责任中心，编制责任预算，并在施工过程中对责任预算的执行情况进行实时跟踪和分析考核，以确保成本控制的有效性。此外，施工责任成本是以履行施工合同为前提，通过施工单位和项目管理机构协商确定的由项目管理机构控制的成本总额。

施工责任成本的计算公式如下：

施工责任成本＝预计结算收入－税金－企业管理费－项目目标利润

施工责任成本降低额＝施工责任成本－项目实际成本

施工责任成本降低率＝施工责任成本降低额/施工责任成本

实战演练

[2024 真题·单选] 关于施工责任成本的说法，正确的是（　　）。

A. 施工责任成本是以任务中心为对象进行归集的预算成本

B. 施工责任成本是以责任中心为对象进行归集的预算成本

C. 施工责任成本是以任务中心为对象进行归集的可控成本

D. 施工责任成本是以责任中心为对象进行归集的可控成本

[解析] 施工责任成本的管理强调在项目实施前划分责任中心，编制责任预算，并在施工过程中对责任预算的执行情况进行实时跟踪和分析考核，以确保成本控制的有效性。

[答案] D

[经典例题·多选] 施工责任成本具备的条件包括（　　）。

A. 可计量性　　B. 可预计性

C. 可控制性　　D. 可调整性

E. 可考核性

[解析] 施工责任成本具有4个条件：①可考核性；②可预计性；③可计量性；④可控制性。

[答案] ABCE

[经典例题·多选] 施工单位和项目管理机构协商确定的施工责任成本由（　　）组成。

A. 措施费　　B. 利润

C. 施工机具使用费　　D. 间接费

E. 专业分包费

[解析] 施工责任成本通常由人工费、材料费、施工机具使用费、专业分包费、措施费、间接费和其他费用组成。

[答案] ACDE

知识点 2 施工成本计划编制

一、施工成本计划的类型

（一）竞争性成本计划

竞争性成本计划是在工程项目投标及签订合同阶段形成的估算成本计划。它是以招标文件中的合同条件、投标人须知、技术规程、设计图纸或工程量清单等为依据，以有关价格条件说明为基础，结合调研和现场考察获得的情况，根据本企业的工料消耗标准、技术和管理水平、价格资料和费用指标，对本企业完成招标工程所需要支出的全部费用的估算。竞争性成本计划总体上较为粗略。

（二）指导性成本计划

指导性成本计划即为选派项目经理阶段的预算成本计划，是项目经理的责任成本目标。它是以合同标书为依据，按照企业的预算定额标准制订的设计预算成本计划，且一般情况下只是确定责任总成本指标。

（三）实施性成本计划

实施性成本计划即项目施工准备阶段的施工预算成本计划，是以项目实施方案为依据，以落实项目经理责任目标为出发点，采用企业的施工定额，通过施工预算的编制而形成的实施性施工成本计划。

施工预算不同于施工图预算，施工预算的编制以施工定额为主要依据，比预算定额划分得更详细、更具体，并对其中所包括的内容，如质量要求、施工方法以及所需劳动工日、材料品种、规格型号等均有较详细的规定或要求。施工预算是施工企业内部管理用的一种文件。

第六章

以上3类成本计划互相衔接和不断深化，构成了整个工程施工成本的计划过程。其中，竞争性成本计划带有成本战略的性质，是项目投标阶段商务标书的基础，而有竞争力的商务标书又是以其先进合理的技术标书为支撑的。因此，它奠定了施工成本的基本框架和水平。

二、施工成本计划的编制依据和规定

（一）编制依据

（1）合同文件。

（2）项目管理实施规划。

（3）相关设计文件。

（4）价格信息。

（5）相关定额。

（6）类似项目的成本资料。

项目管理机构应通过系统的成本策划，按成本组成、项目结构和工程实施阶段分别编制项目成本计划。

（二）编制规定

（1）由项目管理机构负责组织编制。

（2）项目成本计划对项目成本控制具有指导性。

（3）各成本项目指标和降低成本指标明确。

三、编制程序

（1）预测项目成本。

（2）确定项目总体成本目标。

（3）编制项目总体成本计划。

（4）项目管理机构与组织的职能部门根据其责任成本范围，分别确定自己的成本目标，并编制相应的成本计划。

（5）针对成本计划制订相应的控制措施。

（6）由项目管理机构与组织的职能部门负责人分别审批相应的成本计划。

四、编制方法

（一）按施工成本组成编制施工成本计划

根据《建设工程工程量清单计价标准》（GB/T 50500—2024），工程量清单应按分部分项工程项目清单、措施项目清单、其他项目清单、增值税分别编制及计价。施工成本可以按成本构成分解为人工费、材料费、施工机具使用费、管理费、利润等，编制按施工成本组成分解的施工成本计划。

（二）按施工项目组成编制施工成本计划

大中型工程项目的组成一般为：单项工程、单位工程、分部工程和分项工程。因此，首先要把项目总施工成本分解到单项工程和单位工程中，再进一步分解到分部工程和分项工程中，接下来就要具体地编制分项工程的成本支出计划，从而得到详细的成本计划表。在编制成本支出计划时，要在项目总的方面考虑总的预备费，也要在主要的分项工程中安排适当的不可预见费。

（三）按施工进度编制施工成本计划

在建立控制项目进度的网络图时，可以按施工进度编制施工成本计划，即一方面确定完成各项工作所需花费的时间，另一方面同时确定完成这一工作的合适的施工成本支出计划。通过对施工成本目标按时间进行分解，在网络计划基础上，可获得项目进度计划的横道图，并在此基础上编制成本计划。其表示方式有两种：一种是在时标网络图上按月编制资金使用计划，如图 6-2-1 所示；另一种是利用时间-成本累计曲线（S 曲线）表示，如图 6-2-2 所示。

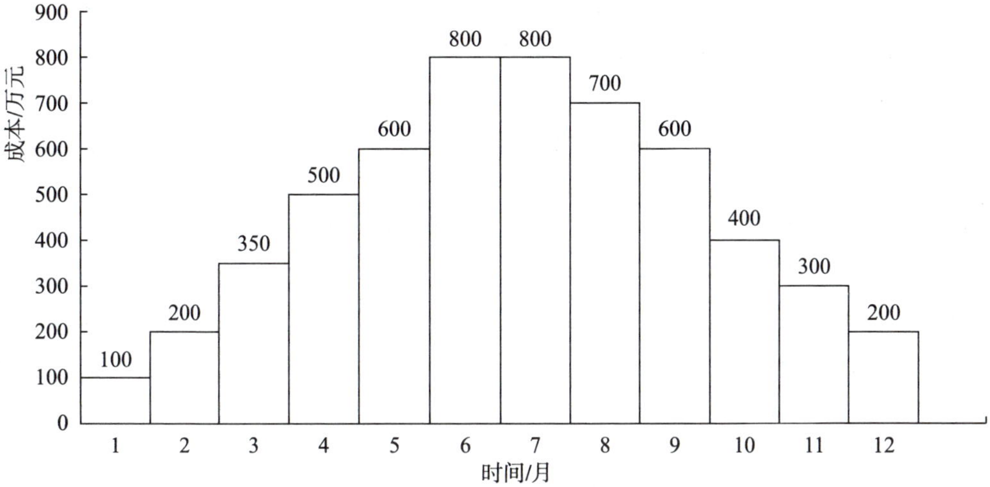

图 6-2-1　时标网络图上按月编制的资金使用计划

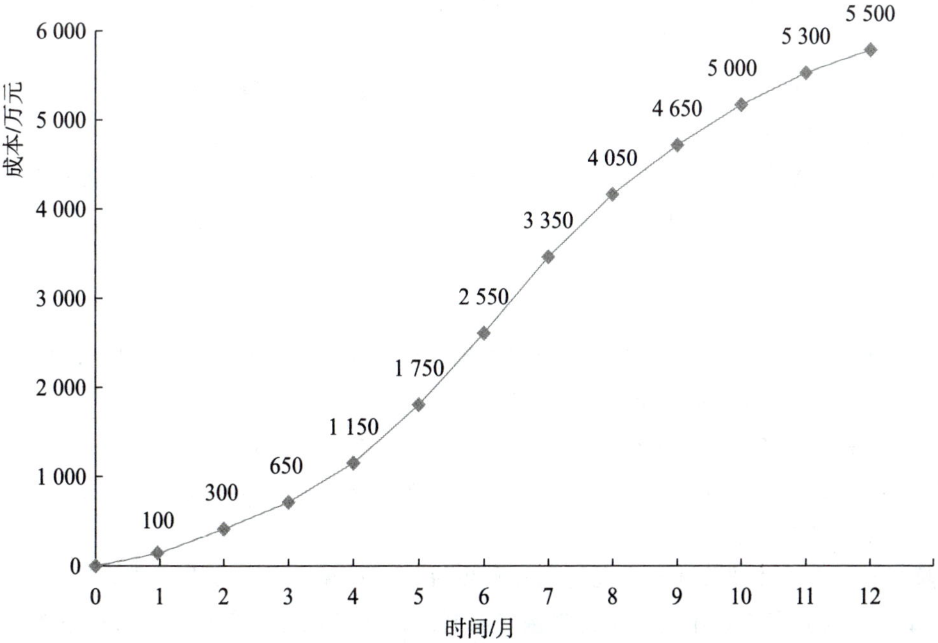

图 6-2-2　时间–成本累计曲线（S 曲线）

实战演练

[2024 真题 · 单选] 施工单位按实施进度编制施工成本计划时，将施工进度网络计划中的所有工作均按其最早开始时间和最早完成时间安排的优点是（　　）。

A. 可增加非关键工作的总时差

B. 可使累积工程量曲线更平缓

C. 可提高工程按期竣工保证率

D. 可使工程资源投入更均衡

[解析] 对于施工单位，施工进度网络计划中的所有工作均按最早开始时间和最早完成时间安排，可尽早获得工程进度款，又能提高工程按期竣工的保证率。

[答案] C

[2023 真题 · 单选] 以项目施工方案为依据，通过施工预算编制而形成的成本计划是（　　）。

A. 竞争性成本计划

B. 实施性成本计划

C. 指导性成本计划

D. 预测性成本计划

[解析] 实施性成本计划即项目施工准备阶段的施工预算成本计划，是以项目实施方案为依据，以落实项目经理责任目标为出发点，采用企业的施工定额，通过施工预算的编制而形成的实施性施工成本计划。

[答案] B

[2019 真题 · 单选] 某工程施工成本计划采用时间-成本累计曲线（S 曲线）表示，因进度计划中存在有时差的工作，S 曲线必然被包络在由全部工作都按（　　）的曲线所组成的“香蕉图”内。

A. 最早开始和最迟开始

B. 最早完成和最迟完成

C. 最迟开始和最迟完成

D. 最早完成和最迟完成

[解析] 工程施工成本计划采用时间-成本累计曲线（S 曲线）表示，因进度计划中存在有时差的工作，S 曲线必然被包络在由全部工作都按最早开始和最迟开始的曲线所组成的“香蕉图”内。

[答案] A

[经典例题 · 多选] 按施工进度编制施工成本计划时，若所有工作均按照最早开始时间安排，则对项目目标控制的影响有（　　）。

A. 工程按期竣工的保证率较高

B. 工程质量会更好

C. 可尽早获得工程进度款

D. 会占用施工单位大量资金

E. 不能保证工程质量

[解析] 所有工作均按最早开始时间开始安排，可以提高项目按期竣工的保证率，但会占用施工单位大量资金，不利于节约资金贷款利息；同时，可以尽早获得工程进度款。

[答案] ACD

第三节　施工成本控制

知识点 1 施工成本控制过程

一、管理控制程序

管理的目的是确保每个岗位人员在成本管理过程中的管理行为是按事先确定的程序和方法进行的。从这个意义上讲，首先要明白企业建立的成本管理体系是否能对成本形成的过程进行有效的控制，其次是体系是否处在有效的运行状态。管理控制程序就是为规范项目施工成本的管理行为而制定的约束和激励机制，内容如下。

（一）建立项目施工成本管理体系的评审组织和评审程序

成本管理体系的建立不同于质量管理体系，质量管理体系反映的是企业的质量保证能力，由社会有关组织进行评审和认证；成本管理体系的建立是企业自身生存发展的需要，没有社会组织来评审和认证。因此，企业必须建立项目施工成本管理体系的评审组织和评审程序，定期进行评审和总结，以便持续改进。

（二）建立项目施工成本管理体系的运行机制

项目施工成本管理体系的运行具有“变法”的性质，往往会遇到习惯势力的阻力和管理人员素质跟不上的影响，有一个逐步推行的渐进过程。一个企业的各分公司、项目部的运行质量往往是不平衡的。一般采用点面结合的做法，面上强制运行，点上总结经验，再指导面上的运行。因此，必须建立专门的常设组织，依照程序不间断地进行检查和评审。发现问题，总结经验，促进成本管理体系的保持和持续改进。

（三）目标考核，定期检查

管理程序文件应明确每个岗位人员在成本管理中的职责，确定每个岗位人员的管理行为，如应提供的报表、提供的时间和原始数据的质量要求等。

要把每个岗位人员是否按要求去行使职责作为一个目标来考核。为了方便检查，应将考核指标具体化，并设专人定期或不定期地检查。应根据检查的内容编制相应的检查表（表 6-3-1），由项目经理或其委托人员检查后填写。检查表要由专人负责整理归档。

表 6-3-1　岗位工作检查表（施工员）

序号	检查内容	资料	完成情况	备注
1	月度用工计划			
2	月度材料需求计划			
3	月度工具及设备计划			
4	限额领料单			
5	其他			

检查人（签字）：　　　　　　　　　　　　　　　　日期：

（四）制定对策，纠正偏差

对管理工作进行检查的目的是保证管理工作按预定的程序和标准进行，从而保证项目施工成本管理能够达到预期的目的。因此，对检查中发现的问题，要及时进行分析，然后根据不同的情况，及时采取对策。管理控制程序图如图 6-3-1 所示。

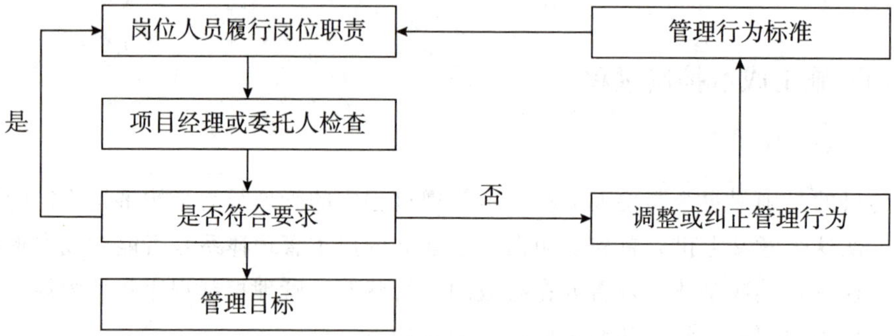

图 6-3-1　管理控制程序图

二、指标控制程序

项目的成本目标是进行成本管理的目的，能否达到预期的成本目标，是项目施工成本管理是否成功的关键。在成本管理过程中，对各岗位人员的成本管理行为进行控制，就是为了保证成本目标的实现。可见，项目的成本目标是衡量项目施工成本管理业绩的主要标志。项目成本目标控制程序如下。

（一）确定施工成本目标及月度成本目标

在工程开工之初，项目经理部应根据公司与项目签订的项目承包合同确定项目的成本管理目标，并根据工程进度计划确定月度成本计划目标。

（二）搜集成本数据，监测成本形成过程

过程控制的目的就在于不断纠正成本形成过程中的偏差，保证成本项目的发生是在预定范围之内，因此，在施工过程中要定时搜集反映施工成本支出情况的数据，并将实际发生情况与目标计划进行对比，从而保证成本整个形成过程在有效的控制之下。

（三）分析偏差原因，制定对策

施工过程是一个多工种、多方位立体交叉作业的复杂活动，成本的发生和形成是很难按预定的理想、目标进行的，因此，需要对产生的偏差及时分析原因，分清是客观因素（如市场调价）还是人为因素（如管理行为失控），及时制定对策并予以纠正。

（四）用成本指标考核管理行为，用管理行为来保证成本指标

管理行为的控制程序和成本指标的控制程序是对项目施工成本进行过程控制的主要内容，这两个程序在实施过程中，是相互交叉、相互制约又相互联系的。在对成本指标的控制过程中，一定要有标准规范的管理行为和管理业绩，要把成本指标是否能够达到作为一个主要的标准。只有把成本指标的控制程序和管理行为的控制程序结合起来，才能保证成本管理工作有序、富有成效地进行下去。成本指标控制程序图如图 6-3-2 所示。

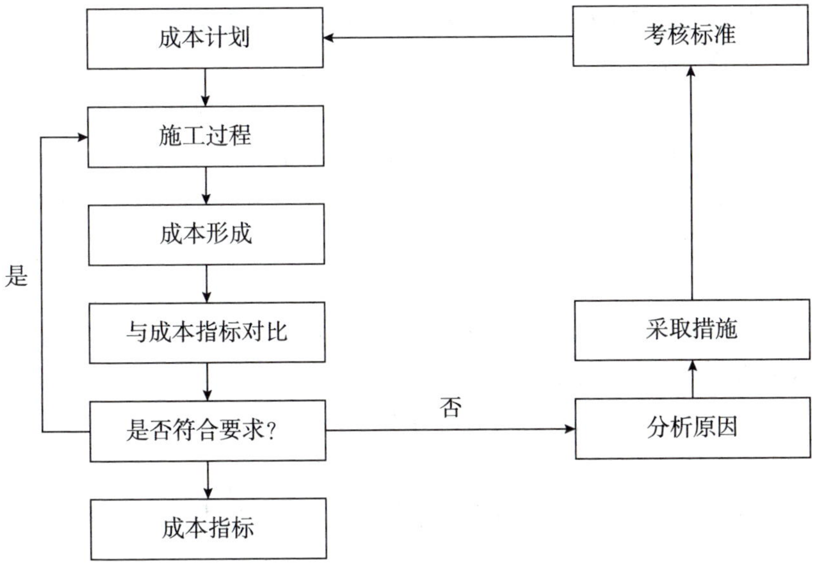

图 6-3-2　成本指标控制程序图

实战演练

［经典例题·单选］关于建设工程项目施工成本控制的说法，正确的是（　　）。

A. 施工成本管理体系由社会有关组织进行评审和认证

B. 管理行为控制程序是进行成本过程控制的重点

C. 指标控制程序是进行成本过程控制的重点

D. 管理行为控制程序和成本指标控制程序是相互独立的

［解析］成本管理体系的建立是企业自身生存发展的需要，没有社会组织来评审和认证，选项 A 错误。管理行为控制程序是对成本全过程控制的基础，选项 B 错误。管理行为控制程序和成本指标控制程序在实施过程中是相互交叉、相互制约又相互联系的，选项 D 错误。

［答案］C

知识点 2　施工成本控制方法

一、施工成本控制的主要内容

（一）人工费控制

人工费的控制根据量价分离原则，将人工消耗量和人工单价分别进行控制。人工费控制主要体现为加强定额用工的管理。劳动定额主要有两种表现形式，即时间定额和产量定额。时间定额是指生产单位产品所规定消耗的时间，产量定额是指在单位时间内生产合格产品的数量。

人工消耗量的控制：依据施工定额中分项工程的人工消耗量，采用下达任务单的方式，将施工中的用工量限定在定额消耗量内。

人工单价的控制：施工图预算中的人工单价＝预算定额规定的人工单价＋调价系数的调

节。项目经理部与劳务市场或施工队签订劳务合同时，应将人工工日单价控制在施工图预算单价以下，将人工费的余额用于确定额外人工费和奖励费用。

为控制人工用量和人工费，企业可以根据成本计划中施工项目的用工量，分解落实到工作包，以工作包的劳动用工签发施工作业队的施工任务单，施工任务单必须与施工预算完全相符。在施工任务单的执行过程中，要求施工作业队根据实际完成的工程量和实耗人工做好原始记录，作为结算依据。

（二）材料费控制

在成本管理工作中，材料的控制既是成本控制的重点，也是成本控制的难点。材料费在工程项目成本中约占工程总造价的70%以上，其重要程度自然是不言而喻的，故应重点进行控制。施工项目的材料，既包括构成工程实体的主要材料和结构构件，还包括有助于工程实体形成的周转使用材料和低值易耗品。

材料费的控制也根据量价分离原则分成两部分：一是材料用量的控制；二是材料价格的控制。

（1）材料用量的控制。在施工中合理节约使用各种材料，对于有消耗定额的材料，以消耗定额为依据，实行限额发料制度。对于没有消耗定额的材料，则实行计划管理和按指标控制的方法进行材料用量的控制。对于部分小型及零星材料，可根据工程量计算出所需材料用量，包干使用，以避免因返工、返修造成的材料消耗。

（2）材料价格的控制。材料价格主要由材料采购部门在采购中加以控制。由于材料价格由买价、运杂费、运输中的合理损耗等组成，因此控制材料价格的措施，主要是通过掌握市场信息、询价、应用竞争机制和经济合同手段等控制材料、设备、工程用品的采购价格，包括买价、运费和损耗等。

（三）机械费控制

施工机械设备使用成本控制是建筑企业管理的一项重要内容，设备管理的好坏对于减轻劳动强度、提高劳动效率及减少原材料消耗、降低成本，具有极其重要的作用，尤其是高层建筑施工。

机械费用主要由台班数量和台班单价两个方面决定。为有效控制台班费支出，主要应注意以下几个控制重点：

（1）根据工程项目的特点和施工方案，合理选择机械的型号、规格，并合理进行主导机械与其他机械的组合与搭配，充分发挥机械的效能，节约机械费用。

（2）加强机械设备的调度工作，尽量避免窝工，提高现场设备利用率。

（3）做好机上人员与辅助生产人员的协调与配合，提高施工机械台班产量。

（4）根据建设项目的特殊性与企业设备配备情况及市场情况，以降低机械使用费为目标，对设备进行企业内部调用、采购和租赁。

（5）加强现场设备的维修保养，避免因不正当使用造成机械设备的停置。

（四）施工分包费用控制

建筑工程是由多工种、多专业密切配合完成的劳动密集型工作，在施工过程中，有部分专业工程或项目是采用分包形式完成的，如预应力等特殊工程、玻璃幕墙等专项工程、人工挖土等劳务工程。因此，分包常被作为风险转移的战略，将不熟悉的、专业化程度高的或利润低、风险大的部分工程分包出去，以控制工程项目的成本。对分包费用的控制，主要是要做好分包工程的询价、订立平等互利的分包合同、建立稳定的分包关系网络、加强施工验收和分包结算等工作。

（五）工程变更控制

工程变更是指在工程项目施工过程中，按照合同约定的程序对部分或全部工程在材料、工艺、功能、构造、尺寸、技术指标、工程数量及施工方法等方面做出的改变。工程变更可以由施工单位、设计单位、监理单位或者业主自己提出。

工程变更往往伴随着索赔，工程变更导致的工程量变化、施工进度变化等情况，都可能使项目的实际造价超出原来的预算造价。因此，必须严格控制工程变更对工程造价的影响。首先，在变更审批时，要进行技术经济分析，检查变更的理由、依据及单价、数量和金额的变化情况，确认变更不会从根本上影响工程质量和工期以及投资目标。其次，严禁工程变更内容在未得到确认前已施工，造成既成事实，对工程变更应做到事前把关、主动监控、规范操作。再次，要规避无效监理签证给业主带来的额外支出的风险。

（六）索赔管理

建设工程索赔是指在工程合同履行过程中，合同当事人一方因非自身过失蒙受损失，进而通过合法程序向对方提出补偿或赔偿的权利要求。索赔是双向的，不仅承包商可向业主索赔，业主也可向承包商索赔。但在实际工作中，索赔一般指承包商向业主提出的情况，业主向承包商提出的一般称为“反索赔”。按索赔目的，可以将索赔分为工期索赔和费用索赔。

对业主来说，一方面，承包商的成功索赔，通常意味着业主费用支出的增加，尤其是如果业主不能识别承包商的索赔机会、不善于预防承包商的积极索赔、不熟练掌握承包商的索赔技巧，将可能导致巨大的经济损失。另一方面，业主积极地向承包商提出索赔要求，也是保护业主合法权益、获得应得经济补偿的重要手段。因此，业主要做好施工阶段的成本计划与控制，必须重视索赔管理。

二、施工成本控制方法

（一）挣值法

挣值法又称赢得值法，是在工程项目实施中使用较多的一种对进度和费用进行综合控制的有效方法。

1. 拟完工程预算费用（*BCWS*）

BCWS 是指工程项目实施过程中某阶段计划完成的工作量所产生的预算费用。

$$BCWS=\sum(\text{计划工程量}\times\text{预算单价})$$

2. 已完工程预算费用（*BCWP*）

BCWP 又称挣值或赢得值，因为这是承包单位按合同完成任务后可以挣得的。*BCWP* 是指工程项目实施过程中某阶段按实际完成工程量和预算（计划）价格所计算出的费用。

$$BCWP=\sum(\text{已完工程量}\times\text{预算单价})$$

3. 已完工程实际费用（ACWP）

ACWP 是指工程项目实施过程中某阶段实际完成的工程量所消耗的费用。ACWP 主要反映工程项目的实际耗费。

$$ACWP=\sum(\text{已完工程量}\times\text{实际单价})$$

（二）挣值法的评价指标

1. 费用偏差（CV）

CV 是指检查时点已完工程预算费用与已完工程实际费用之间的差值。

$$CV=BCWP-ACWP$$

当 CV 为负值时，表示工程项目实施效果不佳，工程项目实际费用超过预算（即超支）；当 CV 为正值时，表示工程项目实际费用低于预算值（即结余）；当 $CV=0$ 时，表示工程项目未出现费用偏差。

2. 进度偏差（SV）

SV 是指检查时点已完工程预算费用与拟完工程预算费用之间的差值。

$$SV=BCWP-BCWS$$

当 SV 为负值时，表示工程项目进度延误；当 SV 为正值时，表示工程项目进度提前；当 $SV=0$ 时，表明工程项目按计划进度实施。

3. 费用绩效指数（CPI）

CPI 是指检查时点已完工程预算费用与已完工程实际费用之比。

$$CPI=BCWP/ACWP$$

当 $CPI<1$ 时，表示工程项目实际费用超出预算；当 $CPI>1$ 时，表示工程项目实际费用低于预算；当 $CPI=1$ 时，表示工程项目实际费用与预算费用吻合。

4. 进度绩效指数（SPI）

SPI 是指检查时点已完工程预算费用与拟完工程预算费用之比。

$$SPI=BCWP/BCWS$$

当 $SPI<1$ 时，表示工程项目进度延误；当 $SPI>1$ 时，表示工程项目进度提前；当 $SPI=1$ 时，表示实际进度与计划进度吻合。

在上述评价指标中，费用偏差和进度偏差指标主要用于同一工程项目中的偏差比较；费用绩效指数和进度绩效指数既可用于同一工程项目中的偏差比较，也可用于不同工程项目之间的偏差比较。

三、偏差分析

偏差分析常用的方法有表格法、横道图法和曲线法。

（一）表格法

表格法是进行偏差分析最常用的一种方法。它将项目编号、名称、各施工成本参数以及施工成本偏差数综合归纳入一张表格中，并且直接在表格中进行比较。由于各偏差参数都在表中列出，使得施工成本管理者能够综合地了解并处理这些数据。用表格法进行偏差分析具有如下优点：

（1）灵活、适用性强。可根据实际需要设计表格，进行增减项。

（2）信息量大。可以反映偏差分析所需的资料，从而有利于施工成本控制人员及时采取针对性措施，加强控制。

（3）表格处理可借助于计算机，从而节约大量数据处理所需的人力，并大大提高效率。

（二）横道图法

用横道图法进行项目成本偏差分析，是指用不同的横道标识已完工程预算费用、拟完工程预算费用和已完工程实际费用，横道的长度与其金额成正比。

（三）曲线法

曲线法的分析对象一般是整个工程或某合同工程，是将已完工程实际费用与已完工程预算费用进行比较，分析工程费用是否符合原计划。同时，也可将拟完工程预算费用与已完工程预算费用进行比较，分析工程进度是否符合计划要求。工程项目的 3 种投资参数曲线如图 6-3-3 所示。

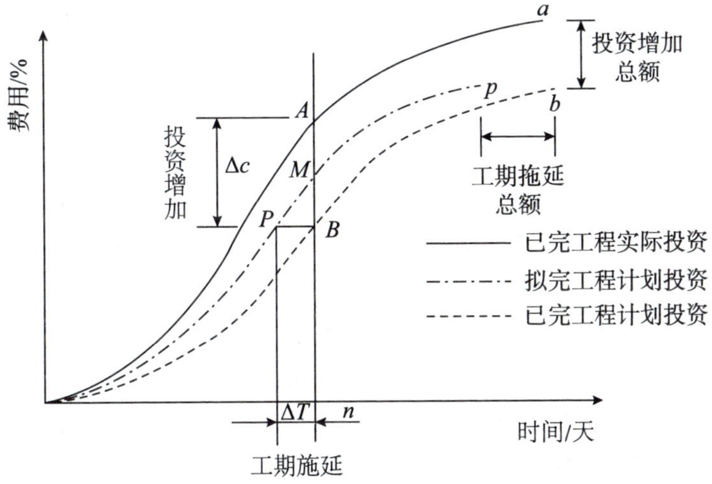

图 6-3-3 工程项目的 3 种投资参数曲线

四、纠偏措施

（一）组织措施

组织措施主要是指从组织管理方面采取措施，包括落实费用控制的组织机构和人员，明确各级费用控制人员的任务、职能分工、权力和责任，改善费用控制工作流程等。

（二）经济措施

经济措施主要是指审核工程量和签发支付证书，包括检查费用目标分解是否合理、资金使用计划有无保障、是否与进度计划发生冲突、工程变更有无必要、是否超预算等。

（三）技术措施

技术措施主要是指对工程方案进行技术经济比较，包括制订合理的技术方案、进行技术分析、针对偏差进行技术改进等。

（四）合同措施

合同措施主要是指索赔管理。在施工过程中常出现索赔事件，要认真审查有关索赔依据是否符合合同规定、索赔计算是否合理等，加强日常的合同管理，落实合同规定的职责。

实战演练

［2024 真题・单选］某工程开工后至第 4 月末，累计已完工程实际费用 300 万元，已完工程预算费用 350 万元，拟完工程预算费用 330 万元。该工程第 4 月末实际进展和费用支出状况，正确的是（　　）。

A. 费用绩效指数为 0.86，实际费用超支

B. 进度偏差为 20 万元，实际进度拖后

C. 费用偏差为－50 万元，实际费用节约

D. 进度绩效指数为 1.06，实际进度超前

［解析］费用绩效指数（CPI）＝已完工程预算费用（BCWP）/已完工程实际费用（ACWP）＝350/300≈1.17＞1，表示实际费用节约。进度偏差（SV）＝已完工程预算费用（BCWP）－拟完工程预算费用（BCWS）＝350－330＝20（万元）＞0，表示实际进度提前。费用偏差（CV）＝已完工程预算费用（BCWP）－已完工程实际费用（ACWP）＝350－300＝50（万元）＞0，表示实际费用节约。进度绩效指数（SPI）＝已完工程预算费用（BCWP）/拟完工程预算费用（BCWS）＝350/330≈1.06＞1，表示实际进度提前。

［答案］D

［2022 真题・单选］某分部工程计划工程量 5 000 m^3，计划成本 500 元/m^3。某检查时点实际完成工程量 4 500 m^3，实际成本 520 元/m^3。用赢得值法分析该分部工程在检查时点的施工成本偏差是（　　）万元。

A. －10　　B. －9

C. －16　　D. －35

［解析］费用偏差（CV）＝已完工作预算费用（BCWP）－已完工程实际费用（ACWP）＝4 500×500－4 500×520＝－90 000（元）＝－9（万元）。

［答案］B

［2022 真题・单选］某项目电梯设备采购延误导致总体工程进度延误，项目经理部研究决定调整项目采购负责人，该纠偏措施属于项目目标控制的（　　）。

A. 组织措施　　B. 合同措施

C. 经济措施　　D. 技术措施

［解析］组织措施主要是指从组织管理方面采取措施，包括落实费用控制的组织机构和人员，明确各级费用控制人员的任务、职能分工、权力和责任，改善费用控制工作流程等。

［答案］A

［2021 真题・单选］某清单项目计划工程量为 300 m^3，预算单价为 600 元，已完工程量为 350 m^3，实际单价为 650 元。采用赢得值法分析该项目成本正确的是（　　）。

A. 费用节约，进度延误　　B. 费用节约，进度提前

C. 费用超支，进度延误　　D. 费用超支，进度提前

[解析] 费用偏差（CV）＝已完工作预算费用（BCWP）－已完工程实际费用（ACWP）＝350×600－350×650＝－17 500（元）＝－1.75（万元），当费用偏差CV为负值时，即表示项目运行超出预算费用。进度偏差（SV）＝已完工程预算费用（BCWP）－拟完工程预算费用（BCWS）＝350×600－300×600＝30 000（元）＝3（万元），当进度偏差SV为正值时，表示进度提前，即实际进度快于计划进度。

[答案] D

[2021真题·单选] 下列施工成本管理措施中，属于技术措施的是（　　）。

A. 加强施工调度　　B. 优化材料配合比

C. 加强施工定额管理　　D. 及时落实设计变更签证

[解析] 选项A、C属于组织措施。选项D属于经济措施。

[答案] B

[2020真题·单选] 某混凝土工程施工情况如下图所示，清单综合单价为1 000元/m^3，按月结算，根据赢得值法，该工程6月末进度偏差（SV）是（　　）万元。

项目名称	计划施工/(m^3·月$^{-1}$)	实际施工/(m^3·月$^{-1}$)	工程进度/月								
			1	2	3	4	5	6	7	8	9
A	2 500	2 300									
B	2 600	2 500									
C	3 100	2 900									
D	1 000	1 000									
E	1 200	1 250									

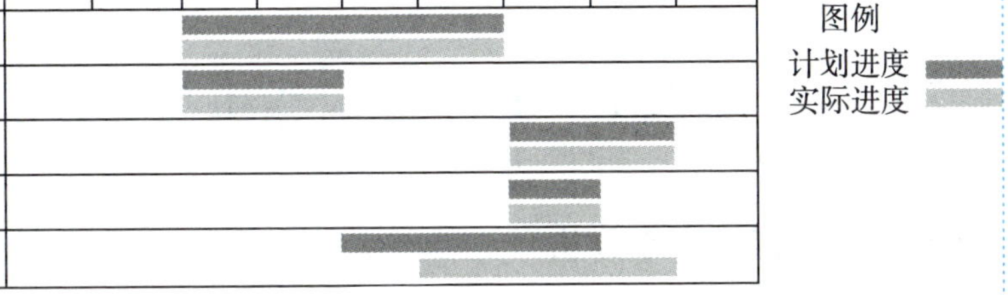

A. －215　　B. －200

C. －125　　D. －60

[解析] 进度偏差（SV）＝已完工程预算费用（BCWP）－拟完工程预算费用（BCWS）＝（2 300×4＋2 500×2＋1 250）×1 000－（2 500×4＋2 600×2＋1 200×2）×1 000＝－2 150 000（元）＝－215（万元）。

[答案] A

[2022真题·多选] 赢得值法评价指标中，适用于不同项目之间偏差分析的有（　　）。

A. 费用偏差　　B. 进度偏差

C. 综合绩效指数　　D. 费用绩效指数

E. 进度绩效指数

[解析] 费用偏差和进度偏差指标主要用于同一工程项目中的偏差比较；费用绩效指数和进度绩效指数既可用于同一工程项目中的偏差比较，也可用于不同工程项目之间的偏差比较。

[答案] DE

[经典例题 · 多选] 某分项工程采用赢得值法分析得到：已完工程预算费用（BCWP）>拟完工程预算费用（BCWS）>已完工程实际费用（ACWP），则该工程（　　）。

A. 费用节余　　B. 进度提前

C. 费用超支　　D. 进度延误

E. 费用绩效指数大于 1

[解析] 已完工程预算费用（BCWP）>拟完工程预算费用（BCWS），进度偏差（SV）>0，表示进度提前。已完工程预算费用（BCWP）>已完工程实际费用（ACWP），费用绩效指数（CPI）>1，费用偏差（CV）>0，表示节余。

[答案] ABE

[经典例题 · 多选] 下列施工成本管理的措施中，属于组织措施的有（　　）。

A. 编制成本管理工作计划　　B. 确定成本管理工作流程

C. 对未完工程成本进行预测　　D. 落实各级成本管理人员的职责

E. 生产要素的优化配置、动态管理

[解析] 选项 C 属于经济措施。

[答案] ABDE

第四节　施工成本分析与管理绩效考核

知识点 1　施工成本分析

一、施工成本分析的依据

施工成本分析的依据主要包括：

(1) 项目成本计划。

(2) 项目成本核算资料。

(3) 项目的会计核算、统计核算和业务核算的资料。

①会计核算。会计是对一定单位的经济业务进行计量、记录、分析和检查，做出预测，参与决策，实行监督，旨在实现最优经济效益的一种管理活动。它通过设置账户、复式记账、填制和审核凭证、登记账簿、成本计算、财产清查和编制会计报表等一系列有组织有系统的方法，来记录企业的一切生产经营活动，然后据以提出一些用货币来反映的有关各种综合性经济指标的数据。

资产、负债、所有者权益、收入、费用和利润等会计六要素指标，主要通过会计来核算。由于会计记录具有连续性、系统性、综合性等特点，所以它是施工成本分析的重要依据。

②业务核算。业务核算是各业务部门根据业务工作的需要而建立的核算制度，包括原始记录和计算登记表，如单位工程及分部分项工程进度登记，质量登记，工效、定额计算登记，物资消耗定额记录，测试记录等。业务核算的范围比会计、统计核算要广，会计和统计

核算一般是对已经发生的经济活动进行核算，而业务核算不但可以对已经发生的，而且可以对尚未发生或正在发生的经济活动进行核算，看是否可以做，是否有经济效果。

业务核算的特点是对个别的经济业务进行单项核算，如各种技术措施、新工艺等项目，可以核算已经完成的项目是否达到原定的目的、取得预期的效果，也可以对准备采取措施的项目进行核算和审查，看是否有效果，值不值得采纳，随时都可以进行。业务核算的目的在于迅速取得资料，在经济活动中及时采取措施进行调整。

③统计核算。统计核算是利用会计核算资料和业务核算资料，把企业生产经营活动客观现状的大量数据，按统计方法加以系统整理，以表明其规律性。它的计量尺度比会计核算宽，可以用货币计算，也可以用实物或劳动量计量。它通过全面调查和抽样调查等特有的方法，不仅能提供绝对数指标，还能提供相对数和平均数指标；可以计算当前的实际水平，确定变动速度，也可以预测发展的趋势。

二、施工成本分析的内容

（1）时间节点成本分析。

（2）工作任务分解单元成本分析。

（3）组织单元成本分析。

（4）单项指标成本分析。

（5）综合项目成本分析。

三、施工成本分析的步骤

（1）选择成本分析方法。

（2）收集成本信息。

（3）进行成本数据处理。

（4）分析成本形成原因。

（5）确定成本结果。

四、施工成本分析的方法

成本分析程序是实施成本管理的重要过程，组织只有按照规定程序实施成本分析，才能有效保证成本分析结果的准确性和完整性。

（一）基本方法

1. 比较法

比较法又称指标对比分析法，是指通过技术经济指标的对比（差额），检查目标的完成情况，分析产生差异的原因，进而挖掘内部潜力的方法。这种方法具有通俗易懂、简单易行、便于掌握的特点，因而得到了广泛的应用，但在应用时必须注意各技术经济指标的可比性。比较法的应用通常有以下形式：

（1）将实际完成指标与计划指标进行对比，以检查计划的完成情况，分析完成计划的积极因素和消极因素，及时采取措施。

（2）将本期实际完成指标与上期实际完成指标进行对比，以便关注各项技术经济指标的变动情况，反映工程项目施工管理水平的提高程度。

(3) 将本期项目的实际完成指标与本行业的平均水平、先进水平进行对比，找出差距，进而设法赶超先进水平。

2. 比率法

比率法是指用两个指标的比值进行分析的方法。它的基本特点是先把对比分析的数值变成相对数，再观察其相互之间的关系。常用的比率法有以下几种：

(1) 相关比率法，即对两个性质不同而又相关的指标求比值，反映两个指标的对比程度。

(2) 动态比率法，即对同类指标不同时期的数值求比值，反映该指标的发展方向和发展速度。动态比率的计算通常采用基期指数和环比指数两种方法。

(3) 构成比率法，又称比重分析法或结构对比分析法，即求构成成本项目的数值占该成本总值的比重，同时也可以看出本、量、利的比例关系，从而为寻求成本降低的途径指明方向。

3. 因素分析法

因素分析法又称连环置换法，可用来分析各个因素对工程项目成本形成的影响程度。在进行分析时，首先要假定众多因素中的一个因素发生了变化，而其他因素不变，然后逐个替换，并分别比较其计算结果，以确定各个因素的变化对成本的影响程度。因素分析法的计算步骤如下：

(1) 确定分析对象（即所分析的技术经济指标），并计算出实际与计划（预算）的差异。

(2) 确定该指标是由哪几个因素组成的，并按其相互关系进行排序。

(3) 以计划（预算）为基础，将各因素的计划（预算）相乘，作为分析替代的基数。

(4) 将各因素的实际数按照上面的顺序进行替换计算，并将替换后的实际数据保留下来。

(5) 每次替换计算所得的结果与前一次的计算结果相比较的差异，即为该因素对成本的影响程度。

(6) 各个因素的影响程度之和应与分析对象的总差异相等。

需要注意的是，在应用因素分析法进行成本分析时，各个因素的替换顺序一旦改变，就会得出不同的计算结果。一般按“先实物量，后价值量；先绝对数，后相对数”的规则，确定各个成本影响因素的替换顺序。

4. 差额计算法

差额计算法是因素分析法的一种简化形式，它利用各个因素的计划与实际差额来计算其对成本的影响程度。

(二) 综合成本分析方法

所谓综合成本，是指涉及多种生产要素，并受多种因素影响的成本费用，如分部分项工程成本、月（季）度成本、年度成本等。由于这些成本都是随着工程项目施工的进展而逐步形成的，与生产经营有着密切的关系，因此，做好上述成本的分析工作，无疑将促进项目的生产经营管理，提高项目的经济效益。

1. 分部分项工程成本分析

分部分项工程成本分析是针对工程项目主要的、已完成的分部分项工程进行的成本分析，是工程项目成本分析的基础。通过分部分项工程成本分析，可以基本了解工程项目成本形成的全过程，为竣工成本分析和今后的项目成本管理提供宝贵的参考资料。

分部分项工程成本分析的资料来源为：预算成本来自施工图预算或投标报价；计划成本来自施工预算；实际成本来自施工任务单的实际工程量、实耗人工和限额领料单的实耗材料。

分部分项工程成本分析的方法为：进行预算成本、计划成本和实际成本的对比，分别计算实际偏差和目标偏差，分析偏差产生的原因，为今后的分部分项工程成本寻求节约途径。

2. 月（季）度成本分析

月（季）度成本分析是工程项目定期的、经常性的中间成本分析，对于具有一次性特点的工程项目来说，有特别重要的意义。因为通过月（季）度成本分析，可以及时发现问题，以便按照成本目标指示的方向进行监督和控制，保证工程项目成本目标的实现。

月（季）度成本分析的依据是当月（季）的成本报表。分析方法通常有以下几种：

（1）通过实际成本与预算成本的对比，分析当月（季）的成本降低水平；通过累计实际成本与累计预算成本的对比，分析累计的成本降低水平，预测实现工程项目成本目标的前景。

（2）通过实际成本与计划成本的对比，分析计划成本的落实情况以及目标管理中的问题和不足，进而采取措施，加强成本管理，保证成本计划的落实。

（3）通过各成本项目的成本分析，可以了解成本总量的构成比例和成本管理的薄弱环节。对超支幅度大的成本项目，应深入分析超支原因，并采取相应的增收节支措施，防止今后再超支。

（4）通过主要技术经济指标的实际与计划的对比，分析产量、工期、质量、主要材料节约率、机械利用率等对成本的影响。

（5）通过对技术组织措施执行效果的分析，寻求更加有效的节约途径。

（6）分析其他有利条件和不利条件对成本的影响。

3. 年度成本分析

企业成本要求一年结算一次，不得将本年度成本转入下一年度。而项目成本以项目的生命周期为结算期，要求从开工到竣工直到保修期结束连续计算，最后结算成本总量及其盈亏。由于大多数工程项目的施工工期超过一年，除要进行月（季）度成本的核算和分析外，还要进行年度成本的核算和分析。这不仅是满足企业汇编年度成本报表的需要，同时也是项目管理的需要。通过年度成本的综合分析，可以总结一年来成本管理的成绩和不足，为今后的成本管理提供经验和教训，从而对工程项目成本进行更有效的管理。

年度成本分析的依据是年度成本报表。年度成本分析的内容，除了月（季）度成本分析的 6 个方面外，重点是针对下一年度的施工进展情况规划切实可行的成本管理措施，以保证工程项目成本目标的实现。

4. 竣工成本的综合分析

凡是有几个单位工程而且是单独进行成本核算（即成本核算对象）的工程项目，其竣工成本分析应以各单位工程竣工成本分析资料为基础，再加上项目经理部的经营效益（如资金调度、对外分包等所产生的效益），进行综合分析。如果工程项目只有一个成本核算对象（单位工程），就以该成本核算对象的竣工成本资料作为成本分析的依据。

单位工程竣工成本分析应包括以下 3 个方面的内容：竣工成本分析、主要资源节超对比分析、主要技术节约措施及经济效果分析。通过这些分析，可以全面了解单位工程的成本构成和成本降低的来源，对今后同类工程项目的成本管理具有参考价值。

（三）成本项目分析法

成本项目分析法是按工程项目成本的构成项目逐项分别进行成本分析的方法，包括人工费分析、材料费分析（包括主要材料费用、周转材料使用费、采购保管费、材料储备金）、机械使用费分析、其他直接成本分析、间接成本分析。这些分析都可以在成本核算的基础上进行。

实战演练

［2024 真题 · 单选］砖基础工程施工成本的主要影响因素由工程量、砖消耗量和价格构成。上述 3 个影响因素的计划值分别为 500 m^3、529 块/m^3 和 0.26 元/块，实际值分别为 510 m^3、530 块/m^3 和 0.25 元/块。采用因素分析法进行成本分析时，按上述影响因素顺序第二次替代与第一次替代的差额是（　　）元。

A. −2 703.0　　B. 132.6

C. −1 195.0　　D. 1 375.4

［解析］ 第二次替代与第一次替代的差额：510×（530−529）×0.26=132.6（元）。

［答案］ B

［2023 真题 · 单选］下列施工成本分析方法中，最适用于分析各因素对成本影响程度的是（　　）。

A. 相关比率法　　B. 比重分析法

C. 动态比率法　　D. 连环置换法

［解析］ 因素分析法又称连环置换法，可用来分析各个因素对工程项目成本形成的影响程度。在进行分析时，首先要假定众多因素中的一个因素发生了变化，而其他因素不变，然后逐个替换，并分别比较其计算结果，以确定各个因素的变化对成本的影响程度。

［答案］ D

［2023 真题 · 单选］某项目施工成本数据见下表。应用差额计算法分析，该项目成本降低率提高对于成本降低额的影响是（　　）万元。

项目	单位	计划	实际
成本	万元	220	240
成本降低率	%	3	3.5
成本降低额	万元	6.6	8.4

A. 1.2　　B. 0.6

C. 1.1　　D. 1.8

［解析］成本降低率提高对成本降低额的影响程度：240×（3.5%－3%）＝1.2（万元）。

［答案］A

［2022 真题·单选］成本分析的工作内容包括：①选择成本分析方法；②进行成本数据处理；③分析成本形成原因；④收集成本信息；⑤确定成本结果。正确的成本分析步骤是（　　）。

A. ①—⑤—④—②—③　　B. ④—①—②—③—⑤

C. ④—⑤—①—②—③　　D. ①—④—②—③—⑤

［解析］成本分析方法应遵循下列步骤：①选择成本分析方法；②收集成本信息；③进行成本数据处理；④分析成本形成原因；⑤确定成本结果。

［答案］D

［2021 真题·单选］下列施工项目综合成本的分析方法中，可以全面了解单位工程的成本构成和降低成本来源的是（　　）。

A. 分部分项工程成本分析　　B. 月（季）度成本分析

C. 竣工成本的综合分析　　D. 年度成本分析

［解析］通过竣工成本的综合分析，可以全面了解单位工程的成本构成和成本降低的来源，对今后同类工程项目的成本管理具有参考价值。

［答案］C

［2021 真题·单选］施工项目年度成本分析的内容，除了月（季）度成本分析的 6 个方面以外，重点是（　　）。

A. 针对下一年度施工进展情况，制订切实可行的成本管理措施

B. 通过对技术组织措施执行效果的分析，寻求更加有效的节约途径

C. 通过实际成本与计划成本的对比，分析成本降低水平

D. 通过实际成本与目标成本的对比，分析目标成本控制措施落实情况

［解析］年度成本分析的依据是年度成本报表。年度成本分析的内容，除了月（季）度成本分析的 6 个方面外，重点是针对下一年度的施工进展情况规划切实可行的成本管理措施，以保证工程项目成本目标的实现。

［答案］A

［2020 真题·单选］下列项目成本分析所依据的资料中，可以计算项目当前实际成本，并可以确定变动速度和预测成本发展趋势的是（　　）。

A. 统计核算　　B. 表格核算

C. 会计核算　　D. 业务核算

［解析］统计核算通过全面调查和抽样调查等特有的方法，不仅能提供绝对数指标，还能提供相对数和平均数指标；可以计算当前的实际水平，确定变动速度，也可以预测发展的趋势。

［答案］A

[2022 真题 · 多选] 关于成本分析的说法，正确的有（　　）。

A. 业务核算可以对未发生、正在发生及已完成的经济活动进行核算

B. 分部分项工程成本分析的对象为已完分部分项工程

C. 年度成本分析的重点是针对下一年度的施工进展情况规划切实可行的成本管理措施

D. 统计核算不能用劳动量进行计量

E. 材料采购保管费会随材料采购数量增多而增加

[解析] 选项 D 错误，统计核算的计量尺度比会计核算宽，可以用货币计算，也可以用实物或劳动量计量。

[答案] ABCE

[2021 真题 · 多选] 关于分部分项工程成本分析的说法，正确的有（　　）。

A. 分部分项工程成本分析的对象为已完成分部分项工程

B. 分部分项工程成本分析是施工项目成本分析的基础

C. 必须对施工项目的所有分部分项工程进行成本分析

D. 主要分部分项工程要做到从开工到竣工进行系统的成本分析

E. 分部分项工程成本分析是定期的中间成本分析

[解析] 分部分项工程成本分析是针对工程项目主要的、已完成的分部分项工程进行的成本分析，是工程项目成本分析的基础。通过分部分项工程成本分析，可以基本了解工程项目成本形成的全过程，为竣工成本分析和今后的项目成本管理提供宝贵的参考资料。

[答案] ABD

[经典例题 · 多选] 单位工程竣工成本分析的内容包括（　　）。

A. 专项成本分析

B. 竣工成本分析

C. 成本总量构成比例分析

D. 主要资源节超对比分析

E. 主要技术节约措施及经济效果分析

[解析] 单位工程竣工成本分析包括竣工成本分析、主要资源节超对比分析、主要技术节约措施及经济效果分析。

[答案] BDE

知识点 2 施工成本管理绩效考核

一、施工成本管理绩效考核指标

施工成本管理绩效考核指标主要包括项目成本考核指标和项目管理机构可控责任成本考核指标。

（1）项目成本考核指标包括项目施工成本降低额和项目施工成本降低率。

具体计算方法为：

$$项目施工成本降低额＝项目施工合同成本－项目实际施工成本$$

项目施工成本降低率=(项目施工成本降低额/项目施工合同成本)×100%

(2) 项目管理机构可控责任成本考核指标包括目标总成本降低额和目标总成本降低率，反映项目经理责任目标总成本与项目竣工结算总成本之间的差异。

(3) 施工成本管理绩效考核还涉及对项目管理机构可控责任成本的考核，包括项目成本目标和阶段成本目标完成情况，建立以项目经理为核心的成本管理责任制的落实情况，成本计划的编制和落实情况，对各部门、各施工队和班组责任成本的检查和考核情况，以及在成本管理中贯彻责权利相结合原则的执行情况。

二、施工成本管理绩效考核方法

施工成本管理绩效考核方法主要有目标管理法、360°反馈法、关键绩效指标法、PDCA管理循环法、平衡积分卡、熵权可拓理论等。

(一) 目标管理法(MBO)

目标管理法是一种将绩效考核与目标管理相结合的方法。在制定目标的过程中，应该明确员工或部门需要实现的目标，并设定相应的考核指标。通过考核指标的完成情况，可以评估员工或部门的绩效，同时也能够促使员工或部门朝着预期目标努力。

(二) 360°反馈法(全视角反馈法)

360°反馈法是一种全面评估员工绩效的方法。它不仅仅关注直接上级对员工的评价，还包括同事、下属和客户的评价。通过多角度的评估，可以更全面地了解员工的工作表现和影响力，从而更公正地进行绩效考核。

(三) 关键绩效指标法(KPIs)

关键绩效指标法是一种以关键绩效指标为核心的绩效考核方法。通过设定关键绩效指标，企业可以衡量员工或部门的工作成果，并将其与设定的目标进行对比。通过这种方法，可以更有针对性地评估员工或部门的绩效，并制订相应的激励措施。

(四) PDCA 管理循环法

该方法是通过“PDCA”(计划、执行、检查、处理)管理循环方法，建立从管理对象、管理职责、管理流程、管理标准、管理措施直至管理目标的自动循环、闭环管理的绩效考核机制，适用于企业进行周期性考核。PDCA 管理循环法投入成本高、过于强调计划性。

(五) 平衡积分卡(BSC)

平衡积分卡是常见的绩效考核方式之一。平衡积分卡是从财务、客户、内部运营、学习与成长 4 个角度，将组织的战略落实为可操作的衡量指标和目标值的一种新型绩效管理体系。平衡积分卡的优点为：①提高考核准确性；②提高管理效率；③促进长期发展；④激发个体积极性。

(六) 熵权可拓理论

基于熵权可拓理论的施工成本管理绩效评价模型可以量化评价施工成本管理水平，并与工期、质量、安全等相结合，辅助改进项目管理水平。

实战演练

[2024 真题·单选] 进行施工成本管理绩效考核时，从企业层面考核项目施工成本降低额的正确计算公式是（　　）。

A. 项目计划总成本－项目实际施工成本

B. 项目施工合同成本－项目实际施工成本

C. 施工计划总成本－工程竣工结算成本

D. 施工责任目标成本－工程竣工结算成本

[解析] 项目施工成本降低额＝项目施工合同成本－项目实际施工成本。

[答案] B

[2024 真题·多选] 采用 PDCA 循环法进行施工成本管理绩效考核的不足有（　　）。

A. 不适合需要周期性考核的企业

B. 投入成本高

C. 会抑制各部门之间的协同合作

D. 难以持续提高管理成效

E. 过于强调计划性

[解析] PDCA 管理循环法的缺点是投入成本高、过于强调计划性，适用于需要周期性考核的企业。

[答案] BE

第七章

建设工程施工安全管理

本章导学

本章包括4节内容，主要讲述安全管理理论、安全管理体系、安全管理制度、专项施工方案、安全事故等级和安全事故报告与调查处理等。其中，安全管理制度、安全事故等级和安全事故报告与调查处理是每年必考的内容，考生应重点掌握。

第一节　施工安全管理基本理论

知识点 1　施工生产危险源及其控制

一、施工生产危险源

（一）危险源的分类

按照危险源在事故形成中的作用分类，危险源可分为第一类危险源和第二类危险源。

1. 第一类危险源

第一类危险源是指可能发生意外释放的能量或危害物质，是事故发生的物理本质。第一类危险源是事故发生的前提。系统具有的能量越大，存在的危险物质越多，则其潜在的危险性和危害性越大。第一类危险源在工程项目中的主要表现形式有：

（1）提供工程项目生产活动能量的装置、设备，正常情况下能量被控制而处于安全状态，一旦失控时发生能量不恰当转移，其结果可能导致大量能量的意外释放，如临时电缆、空气压缩设备等。

（2）使人体或物体具有较高势能的装置、设备、场所，如高空作业环境、塔式起重机。

（3）拥有能量的人、物或场所，如各类机械设备、挖开的基坑。

（4）有化学能的危险物质，可分为可燃烧爆炸危险物质和有毒、有害危险物质，如爆炸性物品、有毒性物品、放射性物品等。

2. 第二类危险源

第二类危险源是指造成约束、限制能量措施失效或破坏的各种不安全因素，是第一类危险源导致事故的必要条件。它主要体现在人的不安全行为、物的不安全状态和管理缺陷。

人的不安全行为表现为：忽视安全、操作失误；不当操作造成安全装置失效；冒险进入危险场所；攀、坐不安全的位置；在起吊物下方作业或停留；在机器运转中进行检查、维修与保养；未正确使用个人防护用品；不安全装束；在易燃易爆物品附近吸烟等。

物的不安全状态可能表现为：机械本身存在安全缺陷；物的放置方法不当；作业环境场所的缺陷；作业方法不当导致物的不安全状态；个体防护用品不合格；保护器具信号、标志有缺陷等。

管理缺陷主要表现为：安全教育管理不到位；安全计划管理不当；安全制度不落实；安全技术管理不到位；安全责任不落实等。

事故的发生是两类危险源共同作用的结果。第一类危险源是事故发生的前提，第二类危险源的出现是第一类危险源导致事故的必要条件。

（二）危险源的识别

识别危险源是工程项目安全管理的基础工作，其目的是识别出可能造成人员伤害或疾病、财产损失等的危险因素，并断定其可能导致的事故类别及事故发生的直接原因。

常见的危险源识别方法有现场调查法、安全检查表法、危险与可操作性研究法、事故树分析法、预先危险性分析法等。

（三）危险源控制

1. 第一类危险源控制方法

可以采取消除危险源、限制能量和隔离危险物质、个体防护、应急救援等方法控制第一类危险源。建设工程可能遇到不可预测的各种自然灾害引发的危险，只能采取预测、预防、应急计划和应急救援等措施，以尽量消除或减少人员伤亡和财产损失。

2. 第二类危险源控制方法

可以采取提高各类设施的可靠性以消除或减少故障、增加安全系数、设置安全监控系统、改善作业环境等方法控制第二类危险源。最重要的是加强员工的安全意识培训和教育，克服不良的操作习惯，严格按章办事，并帮助其在生产过程中保持良好的生理和心理状态。

二、施工现场常见的危险源

施工现场常见的危险源见表 7-1-1。

表 7-1-1 施工现场常见的危险源

事故类型	危险状态的产生	危险源（物）
物体打击	产生物体落下、飞出的设备、场所、操作	落下、抛出的物体
高处坠落	高差较大的场所，人员借以升降的设施	作业人员
坍塌	建筑物、基坑边坡、脚手架	边坡土体
触电	带电装置	带电体
机械伤害	机械驱动装置	机械运动部分
起重伤害	起重设备、龙门架	被起吊重物
火灾	可燃物	火焰、烟气
爆炸	炸药、危险物品	炸药
中毒窒息	产生、存储有毒有害物质的容器、场所	有毒有害物质

实战演练

[2024 真题・单选] 施工生产危险源可分为第一类危险源和第二类危险源。下列危险源中，属于第二类危险源的是（ ）。

A. 施工用炸药储存室　　B. 行驶中的车辆

C. 违规操作设备　　D. 可燃烧危险物质

[解析] 第二类危险源是指造成约束、限制能量措施失效或破坏的各种不安全因素，是第一类危险源导致事故的必要条件。它主要体现在人的不安全行为、物的不安全状态和管理缺陷。

[答案] C

［2020 真题·单选］下列施工现场危险源中，属于第一类危险源的是（　　）。

A. 工人取用汽油操作不规范

B. 存放汽油的区域缺少必要的隔离措施

C. 现场存放大量汽油

D. 汽油储存设备老化

［解析］第一类危险源是指可能发生意外释放的能量或危害物质，是事故发生的物理本质。第一类危险源是事故发生的前提。系统具有的能量越大，存在的危险物质越多，则其潜在的危险性和危害性越大。

［答案］C

［经典例题·单选］下列风险控制方法中，适用于第一类危险源控制的是（　　）。

A. 建立健全危险源管理规章制度

B. 限制能量和隔离危险物质

C. 做好危险源控制管理

D. 实施考核评价和奖惩

［解析］可以采取消除危险源、限制能量和隔离危险物质、个体防护、应急救援等方法控制第一类危险源。

［答案］B

［经典例题·多选］下列施工现场的危险源中，属于第二类危险源的有（　　）。

A. 行为时注意力不集中

B. 行驶中的车辆

C. 各类违规操作

D. 违规进入危险区域

E. 高度差较大的场所

［解析］第二类危险源是指造成约束、限制能量措施失效或破坏的各种不安全因素，是第一类危险源导致事故的必要条件。它主要体现在人的不安全行为、物的不安全状态和管理缺陷。

［答案］ACD

知识点 2　安全事故致因理论

安全事故致因理论是安全科学的基本理论，旨在探究事故发生的根本原因，并为事故预防提供科学依据。该理论通过分析事故的成因、过程和后果，帮助人们认识事故的本质，指导事故调查、分析及预防工作。

一、海因里希事故因果连锁理论

海因里希事故因果连锁理论是早期的事故致因理论之一，其认为事故的发生是多个因素相互作用的结果，具体包括遗传及社会环境、人的缺点、人的不安全行为或物的不安全状态、事故及伤害 5 个因素，它们相互关联，形成一条因果链，如图 7-1-1 所示。

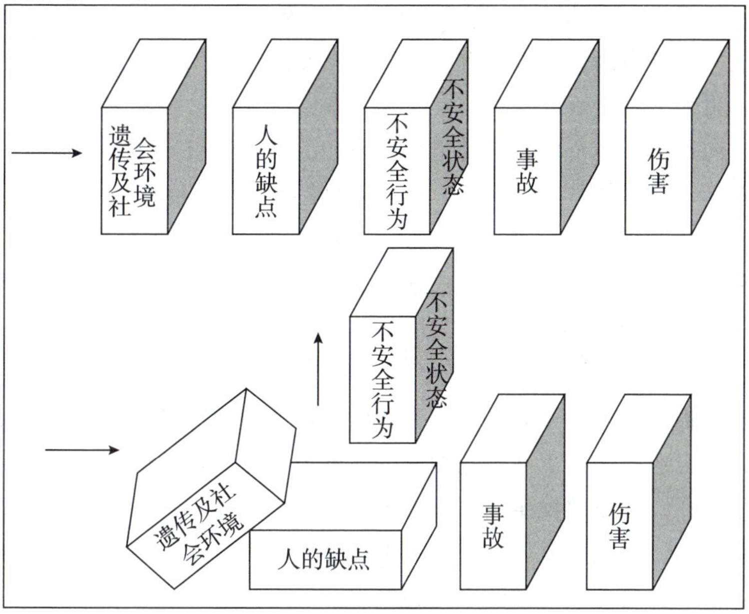

图 7-1-1　海因里希事故因果连锁理论

海因里希用多米诺骨牌来形象地描述这种事故因果连锁关系，即一个骨牌倒下会引发后续骨牌的连锁反应，从而导致最终的伤害。

尽管海因里希的理论在历史上具有重要地位，促进了事故致因理论的发展，并为事故预防提供了科学依据，但其也存在一定的局限性。例如，该理论对事故致因连锁关系的描述过于绝对化和简单化，忽略了事故发生的复杂性和随机性。此外，海因里希法则（图 7-1-2）中的比例（1∶29∶300）虽然揭示了事故的潜伏性和可预防性，但在实际应用中可能因具体情境而有所不同。

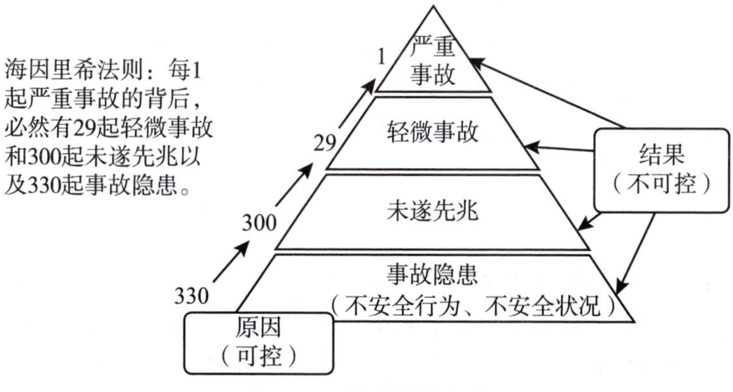

图 7-1-2　海因里希法则

海因里希事故因果连锁理论强调了通过消除事故连锁中的任一环节（如人的不安全行为或物的不安全状态），可以中断事故进程并避免伤害的发生。这一思想对企业安全管理具有重要的指导意义。

二、事故频发倾向理论

事故频发倾向理论是一种早期的事故致因理论，主要由英国的格林伍德（Greenwood）

和伍兹（Woods）于1919年提出，并在1939年由法默（Farmer）等人进一步发展。该理论认为，工业事故的主要原因是少数具有“事故频发倾向”的工人，这些工人由于其内在的性格或行为特征，更容易发生事故。

事故频发倾向是指某些个体具有稳定的、内在的、容易引发事故的倾向。这些个体被称为“事故频发者”，他们因为性格或行为上的某些特征（如感情冲动、脾气暴躁、工作效率低、缺乏自制力、动作生硬等），在相同的工作环境下比其他人更易发生事故。

格林伍德和伍兹通过对工厂伤亡事故数据的统计分析，发现事故的发生次数遵循泊松分布、偏倚分布和非均等分布3种模式。其中，非均等分布表明某些工人比其他人更容易发生事故。

早期，该理论被广泛应用于人员选择和解雇中，认为通过筛选求职者并解雇具有事故频发倾向的工人，可以有效减少工业事故的发生。然而，近年来的研究结果表明，所谓的“事故频发者”并不存在。事故的发生更多是由于生产条件欠佳、设备缺陷、管理不足等，而非少数个体的内在特性。随着安全管理理念的不断进步，现代安全管理已经逐渐转向系统性分析事故原因的方法，以更有效地预防事故的发生。

三、能量意外释放理论

能量意外释放理论认为，事故是由于能量的意外释放导致的，强调控制能量的释放或转移是防止事故发生的关键。为了预防能量意外释放引发的事故，该理论提出了多种防护措施，包括：

（1）限制能量。通过控制能量的大小和速度来减少潜在危险。

（2）防止能量蓄积。避免能量大量积聚以防止突然释放。

（3）控制能量释放。通过设计和布局引导能量安全释放。

（4）设置屏蔽设施。利用物理屏障隔离能量，防止其意外释放。

（5）改变工艺流程。采用更安全的工艺设计以减少事故风险。

能量意外释放理论还强调了管理失误、人的不安全行为和物的不安全状态对事故的影响。这些因素可能导致约束或限制能量措施失效，从而引发事故。因此，加强安全管理、优化管理流程以及提高操作人员技能也是预防事故的重要手段。

四、轨迹交叉理论

轨迹交叉理论是一种用于分析事故致因和管理安全风险的理论模型，其核心观点是事故的发生是由人的不安全行为和物的不安全状态在时间和空间上的交叉所致。该理论强调，当人的因素运动轨迹与物的因素运动轨迹在某一时间和空间相交时，即为事故发生的时间和空间。因此，通过避免这两种因素的运动轨迹交叉，可以有效预防事故的发生。

轨迹交叉理论将事故的发生过程分为基本原因、间接原因、直接原因、事故和伤害5个阶段，并认为人的不安全行为和物的不安全状态是事故发生的两大主要因素。其中，人的不安全行为包括生理缺陷、心理缺陷、管理缺陷等；物的不安全状态则涉及设备故障、设计缺陷、维护不足等。

轨迹交叉理论模型如图7-1-3所示。

第七章

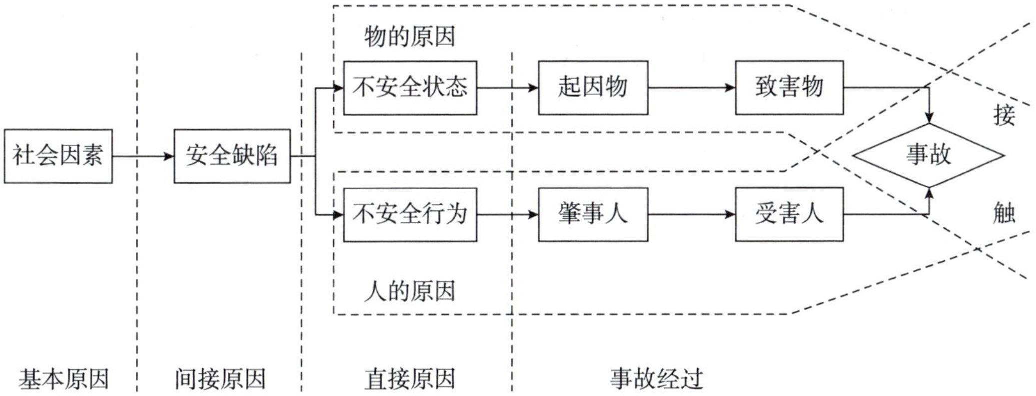

图 7-1-3　轨迹交叉理论模型

五、系统安全理论

系统安全理论强调系统的整体性和动态性，认为事故是系统中多种因素相互作用的结果，应从系统层面提高安全性。系统安全理论是一种针对复杂系统安全性问题的理论框架，旨在通过系统安全管理及系统安全工程原理，在系统生命周期内识别和最小化危险源，从而实现系统的最佳安全状态。

系统安全理论的核心观点包括以下几个方面：

（1）危险因素的普遍性。系统安全理论认为，没有任何事物是绝对安全的，任何事物中都潜伏着危险因素。这意味着在任何系统或环境中，都存在潜在的危险和风险。

（2）危险源的不可根除性。系统安全理论指出，不可能完全根除所有的危险源和危险，因此减少总的危险性比彻底消除特定危险更为重要。由于人的认知能力有限，即使识别了现有的危险源，随着技术的发展，新的危险源也可能会不断出现，因此需要持续关注和评估。

（3）事故预防与控制。系统安全理论强调通过改善系统的可靠性来提高安全性，从而降低事故发生的概率。这包括控制人的行为和物的状态，避免人的不安全行为和物的不安全状态同时、同地出现，以预防事故的发生。

（4）整体降低危险性。系统安全理论主张在系统设计和运行过程中，应综合考虑所有可能的危险源，以整体降低系统的危险性。这与传统安全理论中仅关注单一因素的做法不同，系统安全理论更注重系统的整体性和动态性。

（5）人失误的影响。系统安全理论特别关注人失误对系统安全的影响。人失误的产生原因复杂，包括生理、心理因素以及工作环境和管理等因素。通过正确管理人的行为和工作条件，可以减少人失误的可能性，从而促进系统的本质安全化。

（6）系统的动态性和复杂性。系统安全理论认为，系统是一个动态的过程，需要通过信息和控制的反馈不断调整以实现系统目标。

（7）安全目标与方法。系统安全理论的目标是将危险降低到可接受的水平，而不是追求零事故。为了实现这一目标，系统安全理论提出了多种方法和原则，如最小特权原则、失败-保险默认原则、完全仲裁原则等。

系统安全理论是一种多维度、多层次的理论体系，涵盖了从理论研究到实践应用的多个方面。它不仅适用于新系统的开发，还对已建生产系统的安全管理提供了重要的指导意义。通过系统安全理论的应用，可以有效减少事故风险，保障复杂系统的稳定运行。

实战演练

[2024 真题 · 单选] 海因里希提出的事故因果连锁过程包括 5 个因素：①伤害；②事故；③遗传及社会环境；④人的缺点；⑤人的不安全行为或物的不安全状态。上述因素之间正确的连锁关系是（　　）。

A. ①→②→③→④→⑤　　B. ③→④→⑤→②→①

C. ③→④→①→②→⑤　　D. ⑤→③→①→④→②

[解析] 海因里希事故因果连锁理论认为事故的发生是多个因素相互作用的结果，具体包括遗传及社会环境、人的缺点、人的不安全行为或物的不安全状态、事故及伤害 5 个因素，它们相互关联，形成一条因果链。

[答案] B

[2024 真题 · 多选] 根据轨迹交叉理论，造成安全事故的直接原因有（　　）。

A. 物的不安全状态　　B. 社会环境条件差

C. 管理组织不健全　　D. 人的不安全行为

E. 管理制度不完善

[解析] 根据图 7-1-3，造成安全事故的直接原因有物的不安全状态和人的不安全行为。

[答案] AD

[经典例题 · 多选] 下列关于安全事故致因理论的说法，正确的有（　　）。

A. 事故频发倾向理论强调事故的发生主要是由人的因素引起的，并且与事故发生次数呈正相关

B. 海因里希事故因果连锁理论提出了人的不安全行为和物的不安全状态是事故的直接原因

C. 能量意外释放都来源于人的不安全行为和物的不安全状态共同作用进行事故致因分析

D. 轨迹交叉理论基于人的不安全行为或物的不安全状态

E. 系统安全理论典型的有瑟利模型和安德森模型

[解析] 选项 C 错误，能量意外释放理论同样认为，大多数伤亡事故都是由于能量或有害物质的意外释放所引起的，这种意外释放都来源于人的不安全行为或物的不安全状态。选项 D 错误，轨迹交叉理论基于人的不安全行为和物的不安全状态共同作用进行事故致因分析。

[答案] ABE

第二节　施工安全管理体系及基本制度

知识点 1　施工安全管理体系

施工安全管理体系是一种动态的、自我调整和完善的管理系统，旨在通过科学化、规范

化和法制化的管理手段，提高企业的安全管理水平，促进工程项目的顺利进行。它不仅有助于规范施工行为，提高施工效率，还能从源头上提升工程质量，避免因安全事故带来的法律风险和经济损失。

根据《中华人民共和国安全生产法》(以下简称《安全生产法》)，安全生产工作应当以人为本，坚持人民至上、生命至上，把保护人民生命安全摆在首位，树牢安全发展理念，坚持安全第一、预防为主、综合治理的方针，从源头上防范化解重大安全风险。

安全生产工作实行管行业必须管安全、管业务必须管安全、管生产经营必须管安全，强化和落实生产经营单位主体责任与政府监管责任，建立生产经营单位负责、职工参与、政府监管、行业自律和社会监督的机制。

生产经营单位必须遵守《安全生产法》和其他有关安全生产的法律、法规，加强安全生产管理，建立健全全员安全生产责任制和安全生产规章制度，加大对安全生产资金、物资、技术、人员的投入保障力度，改善安全生产条件，加强安全生产标准化、信息化建设，构建安全风险分级管控和隐患排查治理双重预防机制，健全风险防范化解机制，提高安全生产水平，确保安全生产。

平台经济等新兴行业、领域的生产经营单位应当根据本行业、领域的特点，建立健全并落实全员安全生产责任制，加强从业人员安全生产教育和培训，履行《安全生产法》和其他法律、法规规定的有关安全生产义务。

生产经营单位的主要负责人是本单位安全生产第一责任人，对本单位的安全生产工作全面负责。其他负责人对职责范围内的安全生产工作负责。

生产经营单位的从业人员有依法获得安全生产保障的权利，并应当依法履行安全生产方面的义务。

根据《施工企业安全生产管理规范》(GB 50656—2011)，施工安全管理体系相关内容如下。

一、基本规定

(1) 施工企业必须依法取得安全生产许可证，并应在资质等级许可的范围内承揽工程。

(2) 施工企业应根据施工生产特点和规模，并以安全生产责任制为核心，建立健全安全生产管理制度。

(3) 施工企业主要负责人应依法对本单位的安全生产工作全面负责，其中法定代表人应为企业安全生产第一责任人，其他负责人应对分管范围内的安全生产负责。施工企业其他人员应对岗位职责范围内的安全生产负责。

(4) 施工企业应设立独立的安全生产管理机构，并应按规定配备专职安全生产管理人员。

(5) 施工企业各管理层应对从业人员开展针对性的安全生产教育培训。

(6) 施工企业应依法确保安全生产所需资金的投入并有效使用。

(7) 施工企业必须配备满足安全生产需要的法律法规、各类安全技术标准和操作规程。

(8) 施工企业应依法为从业人员提供合格的劳动保护用品，办理相关保险，进行健康检查。

(9) 施工企业严禁使用国家明令淘汰的技术、工艺、设备、设施和材料。

(10) 施工企业宜通过信息化技术，辅助安全生产管理。

(11) 施工企业应定期对安全生产管理状况进行分析评估，并实施改进。

二、安全管理目标

(1) 施工企业应依据企业的总体发展规划，制定企业年度及中长期安全管理目标。

(2) 安全管理目标应包括生产安全事故控制指标、安全生产及文明施工管理目标。

(3) 安全管理目标应分解到各管理层及相关职能部门和岗位，并应定期进行考核。

(4) 施工企业各管理层及相关职能部门和岗位应根据分解的安全管理目标，配置相应的资源，并应有效管理。

三、安全生产组织与责任体系

(1) 施工企业必须建立安全生产组织体系，明确企业安全生产的决策、管理、实施的机构或岗位。

(2) 施工企业安全生产组织体系应包括各管理层的主要负责人、各相关职能部门及专职安全生产管理机构、相关岗位及专兼职安全管理人员。

(3) 施工企业应建立和健全与企业安全生产组织相对应的安全生产责任体系，并应明确各管理层、职能部门、岗位的安全生产责任。

(4) 施工企业安全生产责任体系应符合下列要求：

①企业主要负责人应领导企业安全管理工作，组织制订企业中长期安全管理目标和制度，审议、决策重大安全事项。

②各管理层主要负责人应明确并组织落实本管理层各职能部门和岗位的安全生产职责，实现本管理层的安全管理目标。

③各管理层的职能部门及岗位应承担职能范围内与安全生产相关的职责，互相配合，实现相关安全管理目标，应包括下列主要职责：

a. 技术管理部门（或岗位）负责安全生产的技术保障和改进。

b. 施工管理部门（或岗位）负责生产计划、布置、实施的安全管理。

c. 材料管理部门（或岗位）负责安全生产物资及劳动防护用品的安全管理。

d. 动力设备管理部门（或岗位）负责施工临时用电及机具设备的安全管理。

e. 专职安全生产管理机构（或岗位）负责安全管理的检查、处理。

f. 其他管理部门（或岗位）分别负责人员配备、资金、教育培训、卫生防疫、消防等安全管理。

(5) 施工企业应依据职责落实各管理层、职能部门、岗位的安全生产责任。

(6) 施工企业各管理层、职能部门、岗位的安全生产责任应形成责任书，并应经责任部门或责任人确认。责任书的内容应包括安全生产职责、目标、考核奖惩标准等。

四、施工现场安全管理

(1) 施工企业应加强工程项目施工过程的日常安全管理，工程项目部应接受企业各管理层职能部门和岗位的安全生产管理。

（2）施工企业的工程项目部应接受建设行政主管部门及其他相关部门的监督检查，对发现的问题应按要求落实整改。

（3）施工企业的工程项目部应根据企业安全生产管理制度，实施施工现场安全生产管理，应包括下列内容：

①制定项目安全管理目标，建立安全生产组织与责任体系，明确安全生产管理职责，实施责任考核。

②配置满足安全生产、文明施工要求的费用、从业人员、设施、设备、劳动防护用品及相关的检测器具。

③编制安全技术措施、方案、应急预案。

④落实施工过程的安全生产措施，组织安全检查，整改安全隐患。

⑤组织施工现场场容场貌、作业环境和生活设施安全文明达标。

⑥确定消防安全责任人，制定用火、用电、使用易燃易爆材料等各项消防安全管理制度和操作规程，设置消防通道、消防水源，配备消防设施和灭火器材，并在施工现场入口处设置明显标志。

⑦组织事故应急救援抢险。

⑧对施工安全生产管理活动进行必要的记录，保存应有的资料。

（4）工程项目部应建立健全安全生产责任体系，安全生产责任体系应符合下列要求：

①项目经理应为工程项目安全生产第一责任人，应负责分解落实安全生产责任，实施考核奖惩，实现项目安全管理目标。

②工程项目总承包单位、专业承包和劳务分包单位的项目经理、技术负责人和专职安全生产管理人员，应组成安全管理组织，并应协调、管理现场安全生产；项目经理应按规定到岗带班指挥生产。

③总承包单位、专业承包和劳务分包单位应按规定配备项目专职安全生产管理人员，负责施工现场各自管理范围内的安全生产日常管理。

④工程项目部其他管理人员应承担本岗位管理范围内的安全生产职责。

⑤分包单位应服从总承包单位管理，并应落实总承包项目部的安全生产要求。

⑥施工作业班组应在作业过程中执行安全生产要求。

⑦作业人员应严格遵守安全操作规程，并应做到不伤害自己、不伤害他人和不被他人伤害。

（5）项目专职安全生产管理人员应按规定到岗，并应履行下列主要安全生产职责：

①对项目安全生产管理情况应实施巡查，阻止和处理违章指挥、违章作业和违反劳动纪律等现象，并应做好记录。

②对危险性较大的分部分项工程应依据方案实施监督并做好记录。

③应建立项目安全生产管理档案，并应定期向企业报告项目安全生产情况。

（6）工程项目施工前，应组织编制施工组织设计、专项施工方案（措施），内容应包括工程概况、编制依据、施工计划、施工工艺、施工安全技术措施、检查验收内容及标准、计算书及附图等，并应按规定进行审批、论证、交底、验收、检查。

（7）工程项目部应定期及时上报现场安全生产信息；施工企业应全面掌握企业所属工程项目的安全生产状况，并应作为隐患治理、考核奖惩的依据。

实战演练

［2024 真题·单选］根据《安全生产法》，建筑企业应构建（　　）双重预防机制。

A. 安全风险辨识排查和分级管控

B. 安全风险分级管控和隐患排查治理

C. 安全意识教育和隐患排查治理

D. 安全意识教育和安全风险辨识排查

［解析］企业应根据《安全生产法》的要求，构建安全风险分级管控和隐患排查治理双重预防机制，建立安全风险分级管控制度，按照安全风险分级采取相应的管控措施。

［答案］B

［经典例题·多选］下列关于施工安全管理体系内容的说法，正确的有（　　）。

A. 企业主要负责人应为工程项目安全生产第一责任人

B. 项目经理应为工程项目安全生产第一责任人

C. 安全管理的根本目的是人的安全

D. 安全文化的最基本内涵就是人的安全意识

E. 企业应当建立健全全员安全生产责任制为核心的管理制度

［解析］选项 A 错误，项目经理应为工程项目安全生产第一责任人。

［答案］BCDE

知识点 2 施工安全管理基本制度

一、安全生产许可制度

根据《建筑施工企业安全生产许可证管理规定》，国家对建筑施工企业实行安全生产许可制度。建筑施工企业未取得安全生产许可证的，不得从事建筑施工活动。

国务院住房和城乡建设主管部门负责对全国建筑施工企业安全生产许可证的颁发和管理工作进行监督指导。省、自治区、直辖市人民政府住房和城乡建设主管部门负责本行政区域内建筑施工企业安全生产许可证的颁发和管理工作。市、县人民政府住房和城乡建设主管部门负责本行政区域内建筑施工企业安全生产许可证的监督管理，并将监督检查中发现的企业违法行为及时报告安全生产许可证颁发管理机关。

建筑施工企业取得安全生产许可证，应当具备下列安全生产条件：

（1）建立、健全安全生产责任制，制定完备的安全生产规章制度和操作规程。

（2）保证本单位安全生产条件所需资金的投入。

（3）设置安全生产管理机构，按照国家有关规定配备专职安全生产管理人员。

（4）主要负责人、项目负责人、专职安全生产管理人员经住房和城乡建设主管部门或者其他有关部门考核合格。

(5) 特种作业人员经有关业务主管部门考核合格，取得特种作业操作资格证书。

(6) 管理人员和作业人员每年至少进行一次安全生产教育培训并考核合格。

(7) 依法参加工伤保险，依法为施工现场从事危险作业的人员办理意外伤害保险，为从业人员缴纳保险费。

(8) 施工现场的办公、生活区以及作业场所和安全防护用具、机械设备、施工机具及配件符合有关安全生产法律、法规、标准和规程的要求。

(9) 有职业危害防治措施，并为作业人员配备符合国家标准或者行业标准的安全防护用具和安全防护服装。

(10) 有对危险性较大的分部分项工程及施工现场易发生重大事故的部位、环节的预防、监控措施和应急预案。

(11) 有生产安全事故应急救援预案、应急救援组织或者应急救援人员，配备必要的应急救援器材、设备。

(12) 法律、法规规定的其他条件。

建筑施工企业从事建筑施工活动前，应当依照《建筑施工企业安全生产许可证管理规定》向企业注册所在地省、自治区、直辖市人民政府住房和城乡建设主管部门申请领取安全生产许可证。

建筑施工企业申请安全生产许可证，应当对申请材料实质内容的真实性负责，不得隐瞒有关情况或者提供虚假材料。

住房和城乡建设主管部门应当自受理建筑施工企业的申请之日起 45 日内审查完毕；经审查符合安全生产条件的，颁发安全生产许可证；不符合安全生产条件的，不予颁发安全生产许可证，书面通知企业并说明理由。企业自接到通知之日起应当进行整改，整改合格后方可再次提出申请。

安全生产许可证的有效期为 3 年。安全生产许可证有效期满需要延期的，企业应当于期满前 3 个月向原安全生产许可证颁发管理机关申请办理延期手续。

企业在安全生产许可证有效期内，严格遵守有关安全生产的法律法规，未发生死亡事故的，安全生产许可证有效期届满时，经原安全生产许可证颁发管理机关同意，不再审查，安全生产许可证有效期延期 3 年。

二、安全生产费用提取和管理制度

生产经营单位应当具备的安全生产条件所必需的资金投入，由生产经营单位的决策机构、主要负责人或者个人经营的投资人予以保证，并对安全生产所必需的资金投入不足导致的后果承担责任。

有关生产经营单位应当按照规定提取和使用安全生产费用，专门用于改善安全生产条件。安全生产费用在成本中据实列支。安全生产费用提取、使用和监督管理的具体办法由国务院财政部门会同国务院应急管理部门征求国务院有关部门意见后制定。

根据《企业安全生产费用提取和使用管理办法》，企业安全生产费用是指企业按照规定标准提取，在成本（费用）中列支，专门用于完善和改进企业或者项目安全生产条件的资金。

企业安全生产费用管理遵循以下原则：

（1）筹措有章。统筹发展和安全，依法落实企业安全生产投入主体责任，足额提取。

（2）支出有据。企业根据生产经营实际需要，据实开支符合规定的安全生产费用。

（3）管理有序。企业专项核算和归集安全生产费用，真实反映安全生产条件改善投入，不得挤占、挪用。

（4）监督有效。建立健全企业安全生产费用提取和使用的内外部监督机制，按规定开展信息披露和社会责任报告。

建设工程施工企业以建筑安装工程造价为依据，于月末按工程进度计算提取企业安全生产费用。提取标准如下：

（1）矿山工程3.5%。

（2）铁路工程、房屋建筑工程、城市轨道交通工程3%。

（3）水利水电工程、电力工程2.5%。

（4）冶炼工程、机电安装工程、化工石油工程、通信工程2%。

（5）市政公用工程、港口与航道工程、公路工程1.5%。

建设工程施工企业编制投标报价应当包含并单列企业安全生产费用，竞标时不得删减。国家对基本建设投资概算另有规定的，从其规定。

《企业安全生产费用提取和使用管理办法》实施前建设工程项目已经完成招标投标并签订合同的，企业安全生产费用按照原规定提取标准执行。

建设单位应当在合同中单独约定并于工程开工日一个月内向承包单位支付至少50%企业安全生产费用。

总包单位应当在合同中单独约定并于分包工程开工日一个月内将至少50%企业安全生产费用直接支付分包单位并监督使用，分包单位不再重复提取。

工程竣工决算后结余的企业安全生产费用，应当退回建设单位。

建设工程施工企业安全生产费用应当用于以下支出：

（1）完善、改造和维护安全防护设施设备支出（不含“三同时”要求初期投入的安全设施），包括施工现场临时用电系统、洞口或临边防护、高处作业或交叉作业防护、临时安全防护、支护及防治边坡滑坡、工程有害气体监测和通风、保障安全的机械设备、防火、防爆、防触电、防尘、防毒、防雷、防台风、防地质灾害等设施设备支出。

（2）应急救援技术装备、设施配置及维护保养支出，事故逃生和紧急避难设施设备的配置和应急救援队伍建设、应急预案制修订与应急演练支出。

（3）开展施工现场重大危险源检测、评估、监控支出，安全风险分级管控和事故隐患排查整改支出，工程项目安全生产信息化建设、运维和网络安全支出。

（4）安全生产检查、评估评价（不含新建、改建、扩建项目安全评价）、咨询和标准化建设支出。

（5）配备和更新现场作业人员安全防护用品支出。

（6）安全生产宣传、教育、培训和从业人员发现并报告事故隐患的奖励支出。

（7）安全生产适用的新技术、新标准、新工艺、新装备的推广应用支出。

（8）安全设施及特种设备检测检验、检定校准支出。

（9）安全生产责任保险支出。

（10）与安全生产直接相关的其他支出。

三、全员安全生产责任制

生产经营单位的全员安全生产责任制应当明确各岗位的责任人员、责任范围和考核标准等内容。生产经营单位应当建立相应的机制，加强对全员安全生产责任制落实情况的监督考核，保证全员安全生产责任制的落实。

生产经营单位的主要负责人对本单位安全生产工作负有下列职责：

（1）建立健全并落实本单位全员安全生产责任制，加强安全生产标准化建设。

（2）组织制定并实施本单位安全生产规章制度和操作规程。

（3）组织制订并实施本单位安全生产教育和培训计划。

（4）保证本单位安全生产投入的有效实施。

（5）组织建立并落实安全风险分级管控和隐患排查治理双重预防工作机制，督促、检查本单位的安全生产工作，及时消除生产安全事故隐患。

（6）组织制订并实施本单位的生产安全事故应急救援预案。

（7）及时、如实报告生产安全事故。

生产经营单位的安全生产管理机构以及安全生产管理人员应履行下列职责：

（1）组织或者参与拟订本单位安全生产规章制度、操作规程和生产安全事故应急救援预案。

（2）组织或者参与本单位安全生产教育和培训，如实记录安全生产教育和培训情况。

（3）组织开展危险源辨识和评估，督促落实本单位重大危险源的安全管理措施。

（4）组织或者参与本单位应急救援演练。

（5）检查本单位的安全生产状况，及时排查生产安全事故隐患，提出改进安全生产管理的建议。

（6）制止和纠正违章指挥、强令冒险作业、违反操作规程的行为。

（7）督促落实本单位安全生产整改措施。

生产经营单位可以设置专职安全生产分管负责人，协助本单位主要负责人履行安全生产管理职责。

四、安全生产教育培训制度

根据《生产经营单位安全培训规定》，生产经营单位负责本单位从业人员安全培训工作。

生产经营单位应当进行安全培训的从业人员包括主要负责人、安全生产管理人员、特种作业人员和其他从业人员。

生产经营单位使用被派遣劳动者的，应当将被派遣劳动者纳入本单位从业人员统一管理，对被派遣劳动者进行岗位安全操作规程和安全操作技能的教育和培训。劳务派遣单位应当对被派遣劳动者进行必要的安全生产教育和培训。

生产经营单位接收中等职业学校、高等学校学生实习的，应当对实习学生进行相应的安全生产教育和培训，提供必要的劳动防护用品。学校应当协助生产经营单位对实习学生进行安全生产教育和培训。

生产经营单位从业人员应当接受安全培训，熟悉有关安全生产规章制度和安全操作规程，具备必要的安全生产知识，掌握本岗位的安全操作技能，了解事故应急处理措施，知悉自身在安全生产方面的权利和义务。未经安全培训合格的从业人员，不得上岗作业。

生产经营单位主要负责人安全培训应当包括下列内容：

（1）国家安全生产方针、政策和有关安全生产的法律、法规、规章及标准。

（2）安全生产管理基本知识、安全生产技术、安全生产专业知识。

（3）重大危险源管理、重大事故防范、应急管理和救援组织以及事故调查处理的有关规定。

（4）职业危害及其预防措施。

（5）国内外先进的安全生产管理经验。

（6）典型事故和应急救援案例分析。

（7）其他需要培训的内容。

生产经营单位安全生产管理人员安全培训应当包括下列内容：

（1）国家安全生产方针、政策和有关安全生产的法律、法规、规章及标准。

（2）安全生产管理、安全生产技术、职业卫生等知识。

（3）伤亡事故统计、报告及职业危害的调查处理方法。

（4）应急管理、应急预案编制以及应急处置的内容和要求。

（5）国内外先进的安全生产管理经验。

（6）典型事故和应急救援案例分析。

（7）其他需要培训的内容。

生产经营单位主要负责人和安全生产管理人员初次安全培训时间不得少于32学时。每年再培训时间不得少于12学时。煤矿、非煤矿山、危险化学品、烟花爆竹、金属冶炼等生产经营单位主要负责人和安全生产管理人员初次安全培训时间不得少于48学时，每年再培训时间不得少于16学时。

生产经营单位新上岗的从业人员，岗前安全培训时间不得少于24学时。

煤矿、非煤矿山、危险化学品、烟花爆竹、金属冶炼等生产经营单位新上岗的从业人员安全培训时间不得少于72学时，每年再培训的时间不得少于20学时。

厂（矿）级岗前安全培训内容应当包括：

（1）本单位安全生产情况及安全生产基本知识。

（2）本单位安全生产规章制度和劳动纪律。

（3）从业人员安全生产权利和义务。

（4）有关事故案例等。

煤矿、非煤矿山、危险化学品、烟花爆竹、金属冶炼等生产经营单位厂（矿）级安全培训除包括上述内容外，应当增加事故应急救援、事故应急预案演练及防范措施等内容。

车间（工段、区、队）级岗前安全培训内容应当包括：

（1）工作环境及危险因素。

（2）所从事工种可能遭受的职业伤害和伤亡事故。

（3）所从事工种的安全职责、操作技能及强制性标准。

（4）自救互救、急救方法、疏散和现场紧急情况的处理。

（5）安全设备设施、个人防护用品的使用和维护。

（6）本车间（工段、区、队）安全生产状况及规章制度。

（7）预防事故和职业危害的措施及应注意的安全事项。

（8）有关事故案例。

（9）其他需要培训的内容。

班组级岗前安全培训内容应当包括：

（1）岗位安全操作规程。

（2）岗位之间工作衔接配合的安全与职业卫生事项。

（3）有关事故案例。

（4）其他需要培训的内容。

从业人员在本生产经营单位内调整工作岗位或离岗一年以上重新上岗时，应当重新接受车间（工段、区、队）和班组级的安全培训。

生产经营单位实施新工艺、新技术或者使用新设备、新材料时，应当对有关从业人员重新进行有针对性的安全培训。

五、特种作业人员持证上岗制度

根据《特种作业人员安全技术培训考核管理规定》，特种作业是指容易发生事故，对操作者本人、他人的安全健康及设备、设施的安全可能造成重大危害的作业。特种作业的范围由特种作业目录规定。

《特种作业人员安全技术培训考核管理规定》所称特种作业人员，是指直接从事特种作业的从业人员。

特种作业人员应当符合下列条件：

（1）年满18周岁，且不超过国家法定退休年龄。

（2）经社区或者县级以上医疗机构体检健康合格，并无妨碍从事相应特种作业的器质性心脏病、癫痫病、美尼尔氏症、眩晕症、癔病、震颤麻痹症、精神病、痴呆症以及其他疾病和生理缺陷。

（3）具有初中及以上文化程度。

（4）具备必要的安全技术知识与技能。

（5）相应特种作业规定的其他条件。

危险化学品特种作业人员除符合上述第（1）项、第（2）项、第（4）项和第（5）项规定的条件外，应当具备高中或者相当于高中及以上文化程度。

特种作业人员必须经过专门的安全技术培训并考核合格，取得《中华人民共和国特种作业操作证》（以下简称特种作业操作证）后，方可上岗作业。

特种作业人员的安全技术培训、考核、发证、复审工作实行统一监管、分级实施、教考分离的原则。

特种作业操作证有效期为 6 年，在全国范围内有效。

特种作业操作证遗失的，应当向原考核发证机关提出书面申请，经原考核发证机关审查同意后，予以补发。特种作业操作证所记载的信息发生变化或者损毁的，应当向原考核发证机关提出书面申请，经原考核发证机关审查确认后，予以更换或者更新。

特种作业操作证每 3 年复审 1 次。特种作业人员在特种作业操作证有效期内，连续从事本工种 10 年以上，严格遵守有关安全生产法律法规的，经原考核发证机关或者从业所在地考核发证机关同意，特种作业操作证的复审时间可以延长至每 6 年 1 次。

特种作业操作证需要复审的，应当在期满前 60 日内，由申请人或者申请人的用人单位向原考核发证机关或者从业所在地考核发证机关提出申请，并提交下列材料：

（1）社区或者县级以上医疗机构出具的健康证明。

（2）从事特种作业的情况。

（3）安全培训考试合格记录。

特种作业操作证有效期届满需要延期换证的，应当按照上述的规定申请延期复审。

特种作业操作证申请复审或者延期复审前，特种作业人员应当参加必要的安全培训并考试合格。安全培训时间不少于 8 个学时，主要培训法律、法规、标准、事故案例和有关新工艺、新技术、新装备等知识。

离开特种作业岗位 6 个月以上的特种作业人员，应当重新进行实际操作考试，经确认合格后方可上岗作业。

六、劳动保护用品使用管理制度

根据《建筑施工人员个人劳动保护用品使用管理暂行规定》，为加强对建筑施工人员个人劳动保护用品的使用管理，保障施工作业人员安全与健康，必须为从事建筑施工活动的个人发放劳动保护用品。个人劳动保护用品，是指在建筑施工现场，从事建筑施工活动的人员使用的安全帽、安全带以及安全（绝缘）鞋、防护眼镜、防护手套、防尘（毒）口罩等个人劳动保护用品（以下简称劳动保护用品）。

劳动保护用品的发放和管理，坚持“谁用工，谁负责”的原则。施工作业人员所在企业（包括总承包企业、专业承包企业、劳务企业等，下同）必须按国家规定免费发放劳动保护用品，更换已损坏或已到使用期限的劳动保护用品，不得收取或变相收取任何费用。

劳动保护用品必须以实物形式发放，不得以货币或其他物品替代。

企业应建立完善劳动保护用品的采购、验收、保管、发放、使用、更换、报废等规章制度。同时应建立相应的管理台账，管理台账保存期限不得少于 2 年，以保证劳动保护用品的质量具有可追溯性。

企业采购、个人使用的安全帽、安全带及其他劳动防护用品等，必须符合《头部防护 安全帽》（GB 2811—2019）、《坠落防护 安全带》（GB 6095—2021）及其他劳动保护用品相关国家标准的要求。企业、施工作业人员，不得采购和使用无安全标记或不符合国家相关标准要求的劳动保护用品。

企业应当按照劳动保护用品采购管理制度的要求，明确企业内部有关部门、人员的采购管理职责。企业在一个地区组织施工的，可以集中统一采购；对企业工程项目分布在多个地区，集中统一采购有困难的，可由各地区或项目部集中采购。

企业采购劳动保护用品时，应查验劳动保护用品生产厂家或供货商的生产、经营资格，验明商品合格证明和商品标识，以确保采购劳动保护用品的质量符合安全使用要求。企业应当向劳动保护用品生产厂家或供货商索要法定检验机构出具的检验报告或由供货商签字盖章的检验报告复印件，不能提供检验报告或检验报告复印件的劳动保护用品不得采购。

企业应加强对施工作业人员的教育培训，保证施工作业人员能正确使用劳动保护用品。

工程项目部应有教育培训的记录，有培训人员和被培训人员的签名和时间。

企业应加强对施工作业人员劳动保护用品使用情况的检查，并对施工作业人员劳动保护用品的质量和正确使用负责。实行施工总承包的工程项目，施工总承包企业应加强对施工现场内所有施工作业人员劳动保护用品的监督检查，督促相关分包企业和人员正确使用劳动保护用品。

施工作业人员有接受安全教育培训的权利，有按照工作岗位规定使用合格的劳动保护用品的权利；有拒绝违章指挥、拒绝使用不合格劳动保护用品的权利。同时，也负有正确使用劳动保护用品的义务。

监理单位要加强对施工现场劳动保护用品的监督检查。发现有不能使用或使用不符合要求的劳动保护用品，应责令相关企业立即改正。对拒不改正的，应当向建设行政主管部门报告。

建设单位应当及时、足额向施工企业支付安全措施专项经费，并督促施工企业落实安全防护措施，使用符合相关国家产品质量要求的劳动保护用品。

七、事故隐患排查治理制度

根据《安全生产事故隐患排查治理暂行规定》，安全生产事故隐患（以下简称事故隐患），是指生产经营单位违反安全生产法律、法规、规章、标准、规程和安全生产管理制度的规定，或者因其他因素在生产经营活动中存在可能导致事故发生的物的危险状态、人的不安全行为和管理上的缺陷。

事故隐患分为一般事故隐患和重大事故隐患。一般事故隐患是指危害和整改难度较小，发现后能够立即整改排除的隐患。重大事故隐患是指危害和整改难度较大，应当全部或者局部停产停业，并经过一定时间整改治理方能排除的隐患，或者因外部因素影响致使生产经营单位自身难以排除的隐患。

生产经营单位应当建立健全事故隐患排查治理制度。生产经营单位主要负责人对本单位事故隐患排查治理工作全面负责。

各级安全监管监察部门按照职责对所辖区域内生产经营单位排查治理事故隐患工作依法实施综合监督管理；各级人民政府有关部门在各自职责范围内对生产经营单位排查治理事故

隐患工作依法实施监督管理。

任何单位和个人发现事故隐患，均有权向安全监管监察部门和有关部门报告。安全监管监察部门接到事故隐患报告后，应当按照职责分工立即组织核实并予以查处；发现所报告事故隐患应当由其他有关部门处理的，应当立即移送有关部门并记录备查。

生产经营单位是事故隐患排查、治理和防控的责任主体。生产经营单位应当建立健全事故隐患排查治理和建档监控等制度，逐级建立并落实从主要负责人到每个从业人员的隐患排查治理和监控责任制。

生产经营单位应当保证事故隐患排查治理所需的资金，建立资金使用专项制度。

生产经营单位应当定期组织安全生产管理人员、工程技术人员和其他相关人员排查本单位的事故隐患。对排查出的事故隐患，应当按照事故隐患的等级进行登记，建立事故隐患信息档案，并按照职责分工实施监控治理。

生产经营单位应当建立事故隐患报告和举报奖励制度，鼓励、发动职工发现和排除事故隐患，鼓励社会公众举报。对发现、排除和举报事故隐患的有功人员，应当给予物质奖励和表彰。

生产经营单位将生产经营项目、场所、设备发包、出租的，应当与承包、承租单位签订安全生产管理协议，并在协议中明确各方对事故隐患排查、治理和防控的管理职责。生产经营单位对承包、承租单位的事故隐患排查治理负有统一协调和监督管理的职责。

安全监管监察部门和有关部门的监督检查人员依法履行事故隐患监督检查职责时，生产经营单位应当积极配合，不得拒绝和阻挠。

生产经营单位应当每季、每年对本单位事故隐患排查治理情况进行统计分析，并分别于下一季度 15 日前和下一年 1 月 31 日前向安全监管监察部门和有关部门报送书面统计分析表。统计分析表应当由生产经营单位主要负责人签字。

对于重大事故隐患，生产经营单位除依照上述规定报送外，应当及时向安全监管监察部门和有关部门报告。重大事故隐患报告内容应当包括：

（1）隐患的现状及其产生原因。

（2）隐患的危害程度和整改难易程度分析。

（3）隐患的治理方案。

对于一般事故隐患，由生产经营单位（车间、分厂、区队等）负责人或者有关人员立即组织整改。

对于重大事故隐患，由生产经营单位主要负责人组织制订并实施事故隐患治理方案。重大事故隐患治理方案应当包括以下内容：

（1）治理的目标和任务。

（2）采取的方法和措施。

（3）经费和物资的落实。

（4）负责治理的机构和人员。

（5）治理的时限和要求。

（6）安全措施和应急预案。

生产经营单位在事故隐患治理过程中，应当采取相应的安全防范措施，防止事故发生。事故隐患排除前或者排除过程中无法保证安全的，应当从危险区域内撤出作业人员，并疏散可能危及的其他人员，设置警示标志，暂时停产停业或者停止使用；对暂时难以停产或者停止使用的相关生产储存装置、设施、设备，应当加强维护和保养，防止事故发生。

生产经营单位应当加强对自然灾害的预防。对于因自然灾害可能导致事故灾难的隐患，应当按照有关法律、法规、标准和《安全生产事故隐患排查治理暂行规定》的要求排查治理，采取可靠的预防措施，制订应急预案。在接到有关自然灾害预报时，应当及时向下属单位发出预警通知；发生自然灾害可能危及生产经营单位和人员安全的情况时，应当采取撤离人员、停止作业、加强监测等安全措施，并及时向当地人民政府及其有关部门报告。

八、安全检查和改进制度

根据《施工企业安全生产管理规范》（GB 50656—2011），施工企业安全检查和改进管理应包括安全检查的内容、形式、类型、标准、方法、频次、整改、复查，以及安全生产管理评价与持续改进等工作内容。

施工企业安全检查应包括下列内容：

（1）安全管理目标的实现程度。

（2）安全生产职责的履行情况。

（3）各项安全生产管理制度的执行情况。

（4）施工现场管理行为和实物状况。

（5）生产安全事故、未遂事故和其他违规违法事件的报告调查、处理情况。

（6）安全生产法律、法规、标准、规范和其他要求的执行情况。

施工企业安全检查的形式应包括各管理层的自查、互查以及对下级管理层的抽查等；安全检查的类型应包括日常巡查、专项检查、季节性检查、定期检查、不定期抽查等，并应符合下列要求：

（1）工程项目部每天应结合施工动态，实行安全巡查。

（2）总承包工程项目部应组织各分包单位每周进行安全检查。

（3）施工企业每月应对工程项目施工现场安全生产情况至少进行一次检查，并应针对检查中发现的倾向性问题、安全生产状况较差的工程项目组织专项检查。

（4）施工企业应针对承建工程所在地区的气候与环境特点组织季节性的安全检查。

施工企业安全检查应配备必要的检查、测试器具，对存在的问题和隐患，应定人、定时间、定措施组织整改，并应跟踪复查直至整改完毕。

施工企业对安全检查中发现的问题，宜按隐患类别分类记录，定期统计，并应分析确定多发和重大隐患类别，制订并实施治理措施。

施工企业应定期对安全生产管理的适宜性、符合性和有效性进行评估，应确定改进措施，并对其有效性进行跟踪验证和评价。发生下列情况时，企业应及时进行安全生产管理评估：

（1）适用法律、法规发生变化。

（2）企业组织机构和体制发生重大变化。

（3）发生生产安全事故。

（4）其他影响安全生产管理的重大变化。

施工企业应建立并保存安全检查和改进活动的资料与记录。

九、安全考核和奖惩

根据《施工企业安全生产管理规范》（GB 50656—2011），施工企业安全考核和奖惩管理应包括确定对象、制定内容及标准、实施奖惩等内容。

安全考核的对象应包括施工企业各管理层的主要负责人、相关职能部门及岗位和工程项目的参建人员。

企业各管理层的主要负责人应组织对本管理层各职能部门、下级管理层的安全生产责任进行考核和奖惩。

安全考核应包括下列内容：

（1）安全目标实现程度。

（2）安全职责履行情况。

（3）安全行为。

（4）安全业绩。

施工企业应针对生产经营规模和管理状况，明确安全考核的周期，并应及时兑现奖惩。

实战演练

［2024 真题·单选］特种作业操作证的复审时间可以延长的基本条件是持有该证的特种作业人员在证书有效期内，连续从事本工种工作（　　）年以上。

A. 3　　　　B. 5

C. 10　　　　D. 6

［解析］特种作业人员在特种作业操作证有效期内，连续从事本工种 10 年以上，严格遵守有关安全生产法律法规的，经原考核发证机关或者从业所在地考核发证机关同意，特种作业操作证的复审时间可以延长至每 6 年 1 次。

［答案］C

［2023 真题·单选］根据《建筑施工企业安全生产许可证管理规定》，对建筑施工企业安全许可证的颁发进行监督指导的是（　　）。

A. 国务院住房和城乡建设主管部门

B. 国务院发展和改革主管部门

C. 国务院安全生产监督管理主管部门

D. 国务院应急管理主管部门

［解析］国务院住房和城乡建设主管部门负责对全国建筑施工企业安全生产许可证的颁发和管理工作进行监督指导。

［答案］A

第七章

[2021 真题·单选] 根据安全生产教育培训制度，新上岗的施工企业从业人员，岗前培训时间的最少学时是（　　）学时。

A. 12　　B. 36

C. 48　　D. 24

[解析] 生产经营单位新上岗的从业人员，岗前安全培训时间不得少于 24 学时。

[答案] D

[经典例题·单选] 下列关于全员安全生产责任制的说法，正确的是（　　）。

A. 全员安全生产责任制是最基本的安全管理制度

B. 项目经理是本单位安全生产第一责任人

C. 施工单位应当设立安全生产管理机构，配备兼职安全生产管理人员

D. 全员安全生产责任制仅针对项目管理人员

[解析] 企业主要负责人是本单位安全生产第一责任人，选项 B 错误。施工单位应当设立安全生产管理机构，配备专职安全生产管理人员，选项 C 错误。全员安全生产责任制针对所有从业人员，选项 D 错误。

[答案] A

[经典例题·单选] 关于施工企业安全生产许可证的说法，正确的是（　　）。

A. 有效期为 2 年

B. 有效期届满时经同意可以不再审查

C. 设置安全生产管理机构，配备兼职安全生产管理人员

D. 应在届满后 3 个月内办理延期手续

[解析] 安全生产许可证的有效期为 3 年，选项 A 错误。设置安全生产管理机构，配备专职安全生产管理人员，选项 C 错误。有效期满需要延期的，企业应于期满前 3 个月向原安全生产许可证颁发管理机关申请办理延期手续，选项 D 错误。

[答案] B

[经典例题·单选] 关于特种作业人员应具备的条件的说法，正确的是（　　）。

A. 具有初中及以上文化程度

B. 必须为男性

C. 连续从事特种工作 10 年以上

D. 年满 16 周岁且不超过国家法定退休年龄

[解析] 特种作业人员应符合下列条件：①年满 18 周岁，且不超过国家法定退休年龄；②经社区或者县级以上医疗机构体检健康合格，并无妨碍从事相应特种作业的器质性心脏病、癫痫病、美尼尔氏症、眩晕症、癔病、震颤麻痹症、精神病、痴呆症以及其他疾病和生理缺陷；③具有初中及以上文化程度；④具备必要的安全技术知识与技能；⑤相应特种作业规定的其他条件。

[答案] A

[经典例题·单选] 下列关于特种作业操作证的说法，错误的是（　　）。

A. 从事本工种10年以上，严格遵守有关安全生产法律法规的，经原考核发证机关同意，特种作业操作证的复审时间可延长至每6年1次

B. 特种作业操作证需要复审的，应在期满前60天内提出复审申请

C. 特种作业操作证申请复审前，特种作业人员应进行必要的安全培训并参加考试

D. 特种作业人员参加必要的安全培训时间不少于8个学时

[解析] 特种作业操作证申请复审或者延期复审前，特种作业人员应参加必要的安全培训并考试合格。

[答案] C

第三节　专项施工方案及施工安全技术管理

知识点 1　专项施工方案编制与报审

一、专项施工方案的编制范围

根据《危险性较大的分部分项工程安全管理规定》，危险性较大的分部分项工程（以下简称危大工程），是指房屋建筑和市政基础设施工程在施工过程中，容易导致人员群死群伤或者造成重大经济损失的分部分项工程。

危大工程及超过一定规模的危大工程范围由国务院住房和城乡建设主管部门制定。国务院住房和城乡建设主管部门负责全国危大工程安全管理的指导监督。县级以上地方人民政府住房和城乡建设主管部门负责本行政区域内危大工程的安全监督管理。

《建设工程安全生产管理条例》规定，施工单位应当在施工组织设计中编制安全技术措施和施工现场临时用电方案，对下列达到一定规模的危险性较大的分部分项工程编制专项施工方案，并附具安全验算结果，经施工单位技术负责人、总监理工程师签字后实施，由专职安全生产管理人员进行现场监督：

（1）基坑支护与降水工程。

（2）土方开挖工程。

（3）模板工程。

（4）起重吊装工程。

（5）脚手架工程。

（6）拆除、爆破工程。

（7）国务院建设行政主管部门或者其他有关部门规定的其他危险性较大的工程。

对上述所列工程中涉及深基坑、地下暗挖工程、高大模板工程的专项施工方案，施工单位还应当组织专家进行论证、审查。

二、专项施工方案的编制内容

《住房城乡建设部办公厅关于实施〈危险性较大的分部分项工程安全管理规定〉有关问

题的通知》（建办质〔2018〕31 号）规定，危大工程专项施工方案的主要内容应当包括：

（1）工程概况：危大工程概况和特点、施工平面布置、施工要求和技术保证条件。

（2）编制依据：相关法律、法规、规范性文件、标准、规范及施工图设计文件、施工组织设计等。

（3）施工计划：包括施工进度计划、材料与设备计划。

（4）施工工艺技术：技术参数、工艺流程、施工方法、操作要求、检查要求等。

（5）施工安全保证措施：组织保障措施、技术措施、监测监控措施等。

（6）施工管理及作业人员配备和分工：施工管理人员、专职安全生产管理人员、特种作业人员、其他作业人员等。

（7）验收要求：验收标准、验收程序、验收内容、验收人员等。

（8）应急处置措施。

（9）计算书及相关施工图纸。

超过一定规模的危大工程专项施工方案专家论证会的参会人员应当包括：

（1）专家。

（2）建设单位项目负责人。

（3）有关勘察、设计单位项目技术负责人及相关人员。

（4）总承包单位和分包单位技术负责人或授权委派的专业技术人员、项目负责人、项目技术负责人、专项施工方案编制人员、项目专职安全生产管理人员及相关人员。

（5）监理单位项目总监理工程师及专业监理工程师。

对于超过一定规模的危大工程专项施工方案，专家论证的主要内容应当包括：

（1）专项施工方案内容是否完整、可行。

（2）专项施工方案计算书和验算依据、施工图是否符合有关标准规范。

（3）专项施工方案是否满足现场实际情况，并能够确保施工安全。

超过一定规模的危大工程专项施工方案经专家论证后结论为“通过”的，施工单位可参考专家意见自行修改完善；结论为“修改后通过”的，专家意见要明确具体修改内容，施工单位应当按照专家意见进行修改，并履行有关审核和审查手续后方可实施，修改情况应及时告知专家。

三、专项施工方案的审查和论证

施工单位应当在危大工程施工前组织工程技术人员编制专项施工方案。实行施工总承包的，专项施工方案应当由施工总承包单位组织编制。危大工程实行分包的，专项施工方案可以由相关专业分包单位组织编制。

专项施工方案应当由施工单位技术负责人审核签字、加盖单位公章，并由总监理工程师审查签字、加盖执业印章后方可实施。危大工程实行分包并由分包单位编制专项施工方案的，专项施工方案应当由总承包单位技术负责人及分包单位技术负责人共同审核签字并加盖单位公章。

对于超过一定规模的危大工程，施工单位应当组织召开专家论证会对专项施工方案进行论证。实行施工总承包的，由施工总承包单位组织召开专家论证会。专家论证前专项施工方案应当通过施工单位审核和总监理工程师审查。专家应当从地方人民政府住房和城乡建设主管部门建立的专家库中选取，符合专业要求且人数不得少于5名。与本工程有利害关系的人员不得以专家身份参加专家论证会。

专家论证会后，应当形成论证报告，对专项施工方案提出“通过”“修改后通过”或者“不通过”的一致意见。专家对论证报告负责并签字确认。专项施工方案经论证需“修改后通过”的，施工单位应当根据论证报告修改完善后，重新履行《危险性较大的分部分项工程安全管理规定》的程序。专项施工方案经论证“不通过”的，施工单位修改后应当按照《危险性较大的分部分项工程安全管理规定》的要求重新组织专家论证。

实战演练

［2020真题·单选］根据《建设工程安全生产管理条例》，达到一定规模的危险性较大的起重吊装工程应由（　　）进行现场监督。

A. 施工单位技术负责人　　B. 总监理工程师

C. 专职安全生产管理人员　　D. 专业监理工程师

［解析］《建设工程安全生产管理条例》规定，对下列达到一定规模的危险性较大的分部分项工程，施工单位应编制专项施工方案，并附具安全验算结果，经施工单位技术负责人、总监理工程师签字后实施，由专职安全生产管理人员进行现场监督：①基坑支护与降水工程；②土方开挖工程；③模板工程；④起重吊装工程；⑤脚手架工程；⑥拆除、爆破工程；⑦国务院建设行政主管部门或者其他有关部门规定的其他危险性较大的工程。

［答案］C

［经典例题·单选］对于危险性较大的分部分项工程专项施工方案，负责组织专家论证的人员是（　　）。

A. 施工单位　　B. 建设单位

C. 监理单位　　D. 政府监督部门

［解析］对于超过一定规模的危大工程，施工单位应当组织召开专家论证会对专项施工方案进行论证。实行施工总承包的，由施工总承包单位组织召开专家论证会。

［答案］A

［2024真题·多选］在建设工程专项施工方案审批环节，需要签字、盖章的有（　　）。

A. 施工单位技术负责人签字　　B. 施工单位公章

C. 总监理工程师签字　　D. 总监理工程师执业印章

E. 施工单位法定代表人签字

［解析］专项施工方案应由施工单位技术负责人审核签字、加盖单位公章，并由总监理工程师审查签字、加盖执业印章后方可实施。

［答案］ABCD

［2022 真题·多选］根据《建设工程安全生产管理条例》，下列危险性较大的分部分项工程中，施工单位应组织专家对专项施工方案进行论证的有（　　）。

A. 脚手架工程　　B. 起重吊装工程

C. 深基坑工程　　D. 地下暗挖工程

E. 高大模板工程

［解析］涉及深基坑、地下暗挖工程、高大模板工程的专项施工方案，施工单位应当组织专家进行论证、审查。

［答案］CDE

知识点 2 施工安全技术措施及安全技术交底

一、施工安全技术措施

（一）高处作业安全技术措施

根据《建筑施工高处作业安全技术规范》（JGJ 80—2016），建筑施工中凡涉及临边与洞口作业、攀登与悬空作业、操作平台、交叉作业及安全网搭设的，应在施工组织设计或施工方案中制定高处作业安全技术措施。

1. 临边作业

（1）坠落高度基准面 2 m 及以上进行临边作业时，应在临空一侧设置防护栏杆，并应采用密目式安全立网或工具式栏板封闭。

（2）施工的楼梯口、楼梯平台和梯段边，应安装防护栏杆；外设楼梯口、楼梯平台和梯段边还应采用密目式安全立网封闭。

（3）建筑物外围边沿处，对没有设置外脚手架的工程，应设置防护栏杆；对有外脚手架的工程，应采用密目式安全立网全封闭。密目式安全立网应设置在脚手架外侧立杆上，并应与脚手杆紧密连接。

（4）施工升降机、龙门架和井架物料提升机等在建筑物间设置的停层平台两侧边，应设置防护栏杆、挡脚板，并应采用密目式安全立网或工具式栏板封闭。

（5）停层平台口应设置高度不低于 1.80 m 的楼层防护门，并应设置防外开装置。井架物料提升机通道中间，应分别设置隔离设施。

2. 洞口作业

（1）洞口作业时，应采取防坠落措施，并应符合下列规定。

①当竖向洞口短边边长小于 500 mm 时，应采取封堵措施；当垂直洞口短边边长大于或等于 500 mm 时，应在临空一侧设置高度不小于 1.2 m 的防护栏杆，并应采用密目式安全立网或工具式栏板封闭，设置挡脚板。

②当非竖向洞口短边边长为 25～500 mm 时，应采用承载力满足使用要求的盖板覆盖，盖板四周搁置应均衡，且应防止盖板移位。

③当非竖向洞口短边边长为 500～1 500 mm 时，应采用盖板覆盖或防护栏杆等措施，并应固定牢固。

第七章

④当非竖向洞口短边边长大于或等于 1 500 mm 时，应在洞口作业侧设置高度不小于 1.2 m 的防护栏杆，洞口应采用安全平网封闭。

（2）电梯井口应设置防护门，其高度不应小于 1.5 m，防护门底端距地面高度不应大于 50 mm，并应设置挡脚板。

（3）在电梯施工前，电梯井道内应每隔 2 层且不大于 10 m 加设一道安全平网。电梯井内的施工层上部，应设置隔离防护设施。

（4）洞口盖板应能承受不小于 1 kN 的集中荷载和不小于 2 kN/m^2 的均布荷载，有特殊要求的盖板应另行设计。

（5）墙面等处落地的竖向洞口、窗台高度低于 800 mm 的竖向洞口及框架结构在浇筑完混凝土未砌筑墙体时的洞口，应按临边防护要求设置防护栏杆。

3. 防护栏杆

（1）临边作业的防护栏杆应由横杆、立杆及挡脚板组成，防护栏杆应符合下列规定。

①防护栏杆应为两道横杆，上杆距地面高度应为 1.2 m，下杆应在上杆和挡脚板中间设置。

②当防护栏杆高度大于 1.2 m 时，应增设横杆，横杆间距不应大于 600 mm。

③防护栏杆立杆间距不应大于 2 m。

④挡脚板高度不应小于 180 mm。

（2）防护栏杆立杆底端应固定牢固，并应符合下列规定。

①当在土体上固定时，应采用预埋或打入方式固定。

②当在混凝土楼面、地面、屋面或墙面固定时，应将预埋件与立杆连接牢固。

③当在砌体上固定时，应预先砌入相应规格含有预埋件的混凝土块，预埋件应与立杆连接牢固。

4. 攀登作业

（1）登高作业应借助施工通道、梯子及其他攀登设施和用具。

（2）攀登作业设施和用具应牢固可靠；当采用梯子攀爬作业时，踏面荷载不应大于 1.1 kN；当梯面上有特殊作业时，应按实际情况进行专项设计。

（3）同一梯子上不得两人同时作业。在通道处使用梯子作业时，应有专人监护或设置围栏。脚手架操作层上严禁架设梯子作业。

（4）使用单梯时梯面应与水平面成 75°夹角，踏步不得缺失，梯格间距宜为 300 mm，不得垫高使用。

（5）使用固定式直梯攀登作业时，当攀登高度超过 3 m 时，宜加设护笼；当攀登高度超过 8 m 时，应设置梯间平台。

（6）钢结构安装时，应使用梯子或其他登高设施攀登作业。坠落高度超过 2 m 时，应设置操作平台。

（7）当安装屋架时，应在屋脊处设置扶梯。扶梯踏步间距不应大于 400 mm。屋架杆件安装时搭设的操作平台，应设置防护栏杆或使用作业人员拴挂安全带的安全绳。

（8）深基坑施工应设置扶梯、入坑踏步及专用载人设备或斜道等设施。采用斜道时，应加设间距不大于 400 mm 的防滑条等防滑措施。作业人员严禁沿坑壁、支撑或乘运土工具上下。

5. 悬空作业

(1) 悬空作业的立足处的设置应牢固，并应配置登高和防坠落装置和设施。

(2) 严禁在未固定、无防护设施的构件及管道上进行作业或通行。

(3) 当利用吊车梁等构件作为水平通道时，临空面的一侧应设置连续的栏杆等防护措施。当安全绳为钢索时，钢索的一端应采用花篮螺栓收紧；当安全绳为钢丝绳时，钢丝绳的自然下垂度不应大于绳长的 1/20，并不应大于 100 mm。

6. 操作平台

(1) 操作平台应通过设计计算，并应编制专项方案，架体构造与材质应满足国家现行相关标准的规定。

(2) 操作平台的架体结构应采用钢管、型钢及其他等效性能材料组装，并应符合现行国家标准《钢结构设计标准》(GB 50017—2017) 及国家现行有关脚手架标准的规定。平台面铺设的钢、木或竹胶合板等材质的脚手板，应符合材质和承载力要求，并应平整满铺及可靠固定。

(3) 操作平台的临边应设置防护栏杆，单独设置的操作平台应设置供人上下、踏步间距不大于 400 mm 的扶梯。

(4) 应在操作平台明显位置设置标明允许负载值的限载牌及限定允许的作业人数，物料应及时转运，不得超重、超高堆放。

(5) 操作平台使用中应每月不少于 1 次定期检查，应由专人进行日常维护工作，及时消除安全隐患。

(6) 移动式操作平台面积不宜大于 10 m^2，高度不宜大于 5 m，高宽比不应大于 2∶1，施工荷载不应大于 1.5 kN/m^2。移动式操作平台的轮子与平台架体连接应牢固，立柱底端离地面不得大于 80 mm，行走轮和导向轮应配有制动器或刹车闸等制动措施。移动式操作平台移动时，操作平台上不得站人。

(7) 落地式操作平台架体构造应符合下列规定。

①操作平台高度不应大于 15 m，高宽比不应大于 3∶1。

②施工平台的施工荷载不应大于 2.0 kN/m^2；当接料平台的施工荷载大于 2.0 kN/m^2 时，应进行专项设计。

③操作平台应与建筑物进行刚性连接或加设防倾措施，不得与脚手架连接。

④用脚手架搭设操作平台时，其立杆间距和步距等结构要求应符合国家现行相关脚手架标准的规定；应在立杆下部设置底座或垫板、纵向与横向扫地杆，并应在外立面设置剪刀撑或斜撑。

(8) 悬挑式操作平台设置应符合下列规定。

①操作平台的搁置点、拉结点、支撑点应设置在稳定的主体结构上，且应可靠连接。

②严禁将操作平台设置在临时设施上。

③操作平台的结构应稳定可靠，承载力应符合设计要求。

④悬挑式操作平台的悬挑长度不宜大于 5 m，均布荷载不应大于 5.5 kN/m^2，集中荷载不应大于 15 kN，悬挑梁应锚固固定。

7. 交叉作业

（1）交叉作业时，下层作业位置应处于上层作业的坠落半径之外，高空作业坠落半径应按要求确定。安全防护棚和警戒隔离区范围的设置应视上层作业高度确定，并应大于坠落半径。

（2）交叉作业时，坠落半径内应设置安全防护棚或安全防护网等安全隔离措施。当尚未设置安全隔离措施时，应设置警戒隔离区，人员严禁进入隔离区。

（3）处于起重机臂架回转范围内的通道，应搭设安全防护棚。

（4）施工现场人员进出的通道口，应搭设安全防护棚。

（5）不得在安全防护棚棚顶堆放物料。

（6）当采用脚手架搭设安全防护棚架构时，应符合国家现行相关脚手架标准的规定。

（7）对不搭设脚手架和设置安全防护棚时的交叉作业，应设置安全防护网，当在多层、高层建筑外立面施工时，应在二层及每隔四层设一道固定的安全防护网，同时设一道随施工高度提升的安全防护网。

8. 建筑施工安全网

（1）建筑施工安全网的选用应符合下列规定。

①安全网材质、规格、物理性能、耐火性、阻燃性应满足现行国家标准《安全网》（GB 5725—2009）的规定。

②密目式安全立网的网目密度应为 10 cm×10 cm，面积上大于或等于 2 000 目。

（2）采用平网防护时，严禁使用密目式安全立网代替平网使用。

（3）密目式安全立网使用前，应检查产品分类标记、产品合格证、网目数及网体重量，确认合格方可使用。

（4）安全网搭设应绑扎牢固、网间严密。安全网的支撑架应具有足够的强度和稳定性。

（5）密目式安全立网搭设时，每个开眼环扣应穿入系绳，系绳应绑扎在支撑架上，间距不得大于 450 mm。相邻密目网间应紧密结合或重叠。

（6）当立网用于龙门架、物料提升架及井架的封闭防护时，四周边绳应与支撑架贴紧，边绳的断裂张力不得小于 3 kN，系绳应绑在支撑架上，间距不得大于 750 mm。

（7）用于电梯井、钢结构和框架结构及构筑物封闭防护的平网，应符合下列规定。

①平网每个系结点上的边绳应与支撑架靠紧，边绳的断裂张力不得小于 7 kN，系绳沿网边应均匀分布，间距不得大于 750 mm。

②电梯井内平网网体与井壁的空隙不得大于 25 mm，安全网拉结应牢固。

（二）建筑机械使用安全技术措施

（1）机械必须按出厂使用说明书规定的技术性能、承载能力和使用条件，正确操作，合理使用，严禁超载、超速作业或任意扩大使用范围。

（2）机械上的各种安全防护和保险装置及各种安全信息装置必须齐全有效。

（3）机械作业前，施工技术人员应向操作人员进行安全技术交底。操作人员应熟悉作业环境和施工条件，并应听从指挥，遵守现场安全管理规定。

（4）在工作中，应按规定使用劳动保护用品。高处作业时应系安全带。

（5）操作人员应根据机械有关保养维修规定，认真及时做好机械保养维修工作，保持机械的完好状态，并应做好维修保养记录。

（6）实行多班作业的机械，应执行交接班制度，填写交接班记录，接班人员上岗前应认真检查。

（7）应为机械提供道路、水电、作业棚及停放场地等作业条件，并应消除各种安全隐患。夜间作业应提供充足的照明。

（8）机械设备的地基基础承载力应满足安全使用要求。机械安装、试机、拆卸应按使用说明书的要求进行。使用前应经专业技术人员验收合格。

（9）停用一个月以上或封存的机械，应做好停用或封存前的保养工作，并应采取预防风沙、雨淋、水泡、锈蚀等措施。

（10）清洁、保养、维修机械或电气装置前，必须先切断电源，等机械停稳后再进行操作。严禁带电或采用预约停送电时间的方式进行检修。

（三）预防坍塌事故安全技术措施

（1）基坑（槽）、边坡、基础桩、模板和临时建筑作业前，施工单位应按设计单位要求，根据地质情况、施工工艺、作业条件及周边环境编制施工方案，单位分管负责人审批签字，项目分管负责人组织有关部门验收，经验收合格签字后，方可作业。

（2）土方开挖前，施工单位应确认地下管线的埋置深度、位置及防护要求后，制订防护措施，经项目分管负责人审批签字后，方可作业。土方开挖时，施工单位应对相邻建（构）筑物、道路的沉降和位移情况进行观测。

（3）施工单位应编制深基坑（槽）、高切坡、桩基和超高、超重、大跨度模板支撑系统等专项施工方案，并组织专家审查。

（4）施工单位应做好施工区域内临时排水系统规划，临时排水不得破坏相邻建（构）筑物的地基和挖、填土方的边坡。在地形、地质条件复杂，可能发生滑坡、坍塌的地段挖方时，应由设计单位确定排水方案。场地周围出现地表水汇流、排泄或地下水管渗漏时，施工单位应组织排水，对基坑采取保护措施。开挖低于地下水位的基坑（槽）、边坡和基础桩时，施工单位应合理选用降水措施降低地下水位。

（5）基坑（槽）、边坡设置坑（槽）壁支撑时，施工单位应根据开挖深度、土质条件、地下水位、施工方法及相邻建（构）筑物等情况设计支撑。拆除支撑时应按基坑（槽）回填顺序自下而上逐层拆除，随拆随填，防止边坡塌方或相邻建（构）筑物产生破坏，必要时应采取加固措施。

（6）基坑（槽）、边坡和基础桩孔边堆置各类建筑材料的，应按规定距离堆置。各类施工机械距基坑（槽）、边坡和基础桩孔边的距离，应根据设备重量、基坑（槽）、边坡和基础桩的支护、土质情况确定，并不得小于 15 m。

（7）基坑（槽）作业时，施工单位应在施工方案中确定攀登设施及专用通道，作业人员不得攀爬模板、脚手架等临时设施。

(8) 机械开挖土方时，作业人员不得进入机械作业范围内进行清理或找坡作业。

(9) 地质灾害易发区内施工时，施工单位应根据地质勘察资料编制施工方案，单位分管负责人审批签字，项目分管负责人组织有关部门验收，经验收合格签字后，方可作业。施工时应遵循自上而下的开挖顺序，严禁先切除坡脚。爆破施工时，应防止爆破震动影响边坡稳定。

(10) 施工单位应防止地面水流入基坑（槽）内造成边坡塌方或土体破坏。基坑（槽）开挖后，应及时进行地下结构和安装工程施工，基坑（槽）开挖或回填应连续进行。在施工过程中，应随时检查坑（槽）壁的稳定情况。

(11) 模板作业时，施工单位对模板支撑宜采用钢支撑材料作支撑立柱，不得使用严重锈蚀、变形、断裂、脱焊、螺栓松动的钢支撑材料和竹材作立柱。支撑立柱基础应牢固，并按设计计算严格控制模板支撑系统的沉降量。支撑立柱基础为泥土地面时，应采取排水措施，对地面平整、夯实，并加设满足支撑承载力要求的垫板后，方可用以支撑立柱。斜支撑和立柱应牢固拉接，形成整体。

(12) 基坑（槽）、边坡和基础桩施工及模板作业时，施工单位应指定专人指挥、监护，出现位移、开裂及渗漏时，应立即停止施工，将作业人员撤离作业现场，待险情排除后，方可作业。

(四) 施工现场消防安全技术措施

(1) 施工现场出入口的设置应满足消防车通行的要求，并宜布置在不同方向，其数量不宜少于 2 个。当确有困难只能设置 1 个出入口时，应在施工现场内设置满足消防车通行的环形道路。

(2) 施工现场临时办公、生活、生产、物料存贮等功能区宜相对独立布置，防火间距应符合规定。

(3) 固定动火作业场应布置在可燃材料堆场及其加工场、易燃易爆危险品库房等全年最小频率风向的上风侧，并宜布置在临时办公用房、宿舍、可燃材料库房、在建工程等全年最小频率风向的上风侧。

(4) 易燃易爆危险品库房应远离明火作业区、人员密集区和建筑物相对集中区。

(5) 可燃材料堆场及其加工场、易燃易爆危险品库房不应布置在架空电力线下。

(6) 易燃易爆危险品库房与在建工程的防火间距不应小于 15 m，可燃材料堆场及其加工场、固定动火作业场与在建工程的防火间距不应小于 10 m，其他临时用房、临时设施与在建工程的防火间距不应小于 6 m。

(7) 施工现场内应设置临时消防车道，临时消防车道与在建工程、临时用房、可燃材料堆场及其工场的距离不宜小于 5 m，且不宜大于 40 m；施工现场周边道路满足消防车通行及灭火救援要求时，施工现场内可不设置临时消防车道。

(8) 临时消防车道的设置应符合下列规定。

①临时消防车道宜为环形，设置环形车道确有困难时，应在消防车道尽端设置尺寸不小于 12 m×12 m 的回车场。

②临时消防车道的净宽度和净空高度均不应小于 4 m。

③临时消防车道的右侧应设置消防车行进路线指示标识。

④临时消防车道路基、路面及其下部设施应能承受消防车通行压力及工作荷载。

(9) 下列建筑应设置环形临时消防车道，设置环形临时消防车道确有困难时，除应按规定设置回车场外，尚应设置临时消防救援场地。

①建筑高度大于 24 m 的在建工程。

②建筑工程单体占地面积大于 3 000 m^2 的在建工程。

③超过 10 栋，且成组布置的临时用房。

(10) 既有建筑进行扩建、改建施工时，必须明确划分施工区和非施工区。施工区不得营业、使用和居住；非施工区继续营业、使用和居住时，应符合下列规定。

①施工区和非施工区之间应采用不开设门、窗、洞口的耐火极限不低于 3.0 h 的不燃烧体隔墙进行防火分隔。

②非施工区内的消防设施应完好和有效，疏散通道应保持畅通，并应落实日常值班及消防安全管理制度。

③施工区的消防安全应配有专人值守，发生火情应能立即处置。

④施工单位应向居住和使用者进行消防宣传教育，告知建筑消防设施、疏散通道的位置及使用方法，同时应组织疏散演练。

⑤外脚手架搭设不应影响安全疏散、消防车正常通行及灭火救援操作，外脚手架搭设长度不应超过该建筑物外立面周长的 1/2。

(11) 施工现场的消火栓泵应采用专用消防配电线路。专用消防配电线路应自施工现场总配电箱的总断路器上端接入，且应保持不间断供电。

(12) 临时用房建筑面积之和大于 1 000 m^2 或在建工程单体体积大于 10 000 m^3 时，应设置临时室外消防给水系统。当施工现场处于市政消火栓 150 m 保护范围内，且市政消火栓的数量满足室外消防用水量要求时，可不设置临时室外消防给水系统。

(13) 设置室内消防给水系统的在建工程，应设置消防水泵接合器。消防水泵接合器应设置在室外便于消防车取水的部位，与室外消火栓或消防水池取水口的距离宜为 15～40 m。

(14) 设置临时室内消防给水系统的在建工程，各结构层均应设置室内消火栓接口及消防软管接口，并应符合下列规定。

①消火栓接口及软管接口应设置在位置明显且易于操作的部位。

②消火栓接口的前端应设置截止阀。

③消火栓接口或软管接口的间距，多层建筑不应大于 50 m，高层建筑不应大于 30 m。

(15) 临时消防给水系统的给水压力应满足消防水枪充实水柱长度不小于 10 m 的要求；给水压力不能满足要求时，应设置消火栓泵，消火栓泵不应少于 2 台，且应互为备用；消火栓泵宜设置自动启动装置。

(16) 施工现场用火应符合下列规定。

①动火作业应办理动火许可证；动火许可证的签发人收到动火申请后，应前往现场查验并确认动火作业的防火措施落实后，再签发动火许可证。

②动火操作人员应具有相应资格。

③焊接、切割、烘烤或加热等动火作业前，应对作业现场的可燃物进行清理；作业现场及其附近无法移走的可燃物应采用不燃材料对其覆盖或隔离。

④施工作业安排时，宜将动火作业安排在使用可燃建筑材料的施工作业前进行。确需在使用可燃建筑材料的施工作业之后进行动火作业时，应采取可靠的防火措施。

⑤裸露的可燃材料上严禁直接进行动火作业。

⑥焊接、切割、烘烤或加热等动火作业应配备灭火器材，并应设置动火监护人进行现场监护，每个动火作业点均应设置1名监护人。

⑦五级（含五级）以上风力时，应停止焊接、切割等室外动火作业；确需动火作业时，应采取可靠的挡风措施。

⑧动火作业后，应对现场进行检查，并应在确认无火灾危险后，动火操作人员再离开。

⑨具有火灾、爆炸危险的场所严禁明火。

⑩施工现场不应采用明火取暖。

⑪厨房操作间炉灶使用完毕后，应将炉火熄灭，排油烟机及油烟管道应定期清理油垢。

二、施工安全技术交底

根据《建筑施工安全技术统一规范》（GB 50870—2013），安全技术交底是指交底方向被交底方对预防和控制生产安全事故发生及减少其危害的技术措施、施工方法进行说明的技术活动，用于指导建筑施工行为。

（1）安全技术交底应依据国家有关法律法规和有关标准、工程设计文件、施工组织设计和安全技术规划、专项施工方案和安全技术措施、安全技术管理文件等的要求进行。

（2）安全技术交底应符合下列规定。

①安全技术交底的内容应针对施工过程中潜在危险因素，明确安全技术措施内容和作业程序要求。

②危险等级为Ⅰ级、Ⅱ级的分部分项工程、机械设备及设施安装拆卸的施工作业，应单独进行安全技术交底。

（3）施工单位应建立分级、分层次的安全技术交底制度。安全技术交底应有书面记录，交底双方应履行签字手续，书面记录应在交底者、被交底者和安全管理者三方留存备查。

根据《施工企业安全生产管理规范》（GB 50656—2011），安全技术交底应符合下列规定：

（1）危险性较大的工程开工前，新工艺、新技术、新设备应用前，企业的技术负责人及安全管理机构，向施工管理人员进行安全技术方案交底。

（2）分部分项工程、关键工序实施前，项目技术负责人、安全员应会同方案编制人员、项目施工员向参加施工的施工管理人员进行方案实施安全交底。

（3）总承包单位向分包单位，分包单位向作业班组进行安全技术措施交底。

（4）安全员及各条线管理员应对新进场的工人实施作业人员工种交底。

（5）作业班组应对作业人员进行班前安全操作规程交底。

安全技术交底是施工安全管理中的重要环节，其内容应全面、有针对性，并符合相关法律法规和标准的要求。安全技术交底的内容主要包括以下几个方面：

（1）工程概况与施工特点。介绍工程项目的基本情况，包括工程名称、地点、规模、结构形式、设计特点、功能用途等基本情况，以及施工方法、工艺技术、关键工序等。

（2）危险部位与风险源。明确施工过程中可能存在的危险部位和环节，如高处作业、机械设备操作、电气作业等，并列出可能导致生产安全事故的因素。

（3）安全技术措施与预防措施。针对识别出的危险因素，制订具体的预防措施和应急处置措施，确保施工过程中的安全。

（4）安全操作规程与注意事项。规定作业中应遵守的安全操作规程和标准，明确操作者应注意的安全事项，如防火、防爆、防腐蚀等。

（5）应急处置与自我保护。制订事故隐患应对措施，规定事故后的躲避和急救措施，以及突发事件的应急处置和自我保护措施。

（6）作业环境与条件。描述作业条件、作业环境、天气状况及可能遇到的不安全因素。

实战演练

［经典例题·单选］《建筑施工高处作业安全技术规范》规定，使用单梯时梯面应与水平面成 75°夹角，踏步不得缺失，梯格间距宜为（　　），不得垫高使用。

A. 100 mm　　B. 200 mm

C. 300 mm　　D. 400 mm

［解析］ 使用单梯时梯面应与水平面成 75°夹角，踏步不得缺失，梯格间距宜为 300 mm，不得垫高使用。

［答案］ C

［2021 真题·多选］关于安全技术交底要求的说法，正确的有（　　）。

A. 必须采用新的安全技术措施

B. 必须实行逐级安全技术交底制度

C. 定期向多工种交易施工作业队伍书面交底

D. 必须采用两阶段技术交底

E. 保存书面安全技术交底签字记录

［解析］ 选项 A 错误，应优先采用新的安全技术措施。选项 D 错误，必须实行逐级安全技术交底制度，纵向延伸到班组全体作业人员。

［答案］ BCE

第四节　施工安全事故应急预案和调查处理

知识点 1　施工安全事故隐患处置和应急预案

一、施工安全事故隐患处置

《国务院安委会办公室关于实施遏制重特大事故工作指南构建双重预防机制的意见》（安

委办〔2016〕11号）指出，构建安全风险分级管控和隐患排查治理双重预防机制（以下简称双重预防机制），是遏制重特大事故的重要举措，根据国务院安委会办公室2016年4月印发的《标本兼治遏制特大事故工作指南》（安委办〔2016〕3号）的要求和各地区、各单位的探索实践，就构建双重预防机制提出以下意见。

（一）总体思路和工作目标

（1）总体思路。准确把握安全生产的特点和规律，坚持风险预控、关口前移，全面推行安全风险分级管控，进一步强化隐患排查治理，推进事故预防工作科学化、信息化、标准化，实现把风险控制在隐患形成之前、把隐患消灭在事故前面。

（2）工作目标。尽快建立健全安全风险分级管控和隐患排查治理的工作制度和规范，完善技术工程支撑、智能化管控、第三方专业化服务的保障措施，实现企业安全风险自辨自控、隐患自查自治，形成政府领导有力、部门监管有效、企业责任落实、社会参与有序的工作格局，提升安全生产整体预控能力，夯实遏制重特大事故的坚强基础。

（二）着力构建企业双重预防机制

（1）全面开展安全风险辨识。各地区要指导推动各类企业按照有关制度和规范，针对本企业类型和特点，制定科学的安全风险辨识程序和方法，全面开展安全风险辨识。企业要组织专家和全体员工，采取安全绩效奖惩等有效措施，全方位、全过程辨识生产工艺、设备设施、作业环境、人员行为和管理体系等方面存在的安全风险，做到系统、全面、无遗漏，并持续更新完善。

（2）科学评定安全风险等级。企业要对辨识出的安全风险进行分类梳理，参照《企业职工伤亡事故分类》（GB 6441—1986），综合考虑起因物、引起事故的诱导性原因、致害物、伤害方式等，确定安全风险类别。对不同类别的安全风险，采用相应的风险评估方法确定安全风险等级。安全风险评估过程要突出遏制重特大事故，高度关注暴露人群，聚焦重大危险源、劳动密集型场所、高危作业工序和受影响的人群规模。安全风险等级从高到低划分为重大风险、较大风险、一般风险和低风险，分别用红、橙、黄、蓝4种颜色标示。其中，重大安全风险应填写清单、汇总造册，按照职责范围报告属地负有安全生产监督管理职责的部门。要依据安全风险类别和等级建立企业安全风险数据库，绘制企业“红橙黄蓝”四色安全风险空间分布图。

（3）有效管控安全风险。企业要根据风险评估的结果，针对安全风险特点，从组织、制度、技术、应急等方面对安全风险进行有效管控。要通过隔离危险源、采取技术手段、实施个体防护、设置监控设施等措施，达到回避、降低和监测风险的目的。要对安全风险分级、分层、分类、分专业进行管理，逐一落实企业、车间、班组和岗位的管控责任，尤其要强化对重大危险源和存在重大安全风险的生产经营系统、生产区域、岗位的重点管控。企业要高度关注运营状况和危险源变化后的风险状况，动态评估、调整风险等级和管控措施，确保安全风险始终处于受控范围内。

（4）实施安全风险公告警示。企业要建立完善安全风险公告制度，并加强风险教育和技能培训，确保管理层和每名员工都掌握安全风险的基本情况及防范、应急措施。要在醒目位置和重点区域分别设置安全风险公告栏，制作岗位安全风险告知卡，标明主要安全风险、可能引发事故隐患类别、事故后果、管控措施、应急措施及报告方式等内容。对存在重大安全风险的工作场所和岗位，要设置明显警示标志，并强化危险源监测和预警。

（5）建立完善隐患排查治理体系。风险管控措施失效或弱化极易形成隐患，酿成事故。企业要建立完善隐患排查治理制度，制定符合企业实际的隐患排查治理清单，明确和细化隐患排查的事项、内容和频次，并将责任逐一分解落实，推动全员参与自主排查隐患，尤其要强化对存在重大风险的场所、环节、部位的隐患排查。要通过与政府部门互联互通的隐患排查治理信息系统，全过程记录报告隐患排查治理情况。对于排查发现的重大事故隐患，应当在向负有安全生产监督管理职责的部门报告的同时，制订并实施严格的隐患治理方案，做到责任、措施、资金、时限和预案“五落实”，实现隐患排查治理的闭环管理。事故隐患整治过程中无法保证安全的，应停产停业或者停止使用相关设施设备，及时撤出相关作业人员，必要时向当地人民政府提出申请，配合疏散可能受到影响的周边人员。

二、施工安全事故应急预案

根据《生产安全事故应急预案管理办法》，应急预案的管理实行属地为主、分级负责、分类指导、综合协调、动态管理的原则。

（一）应急预案分类

生产经营单位应急预案分为综合应急预案、专项应急预案和现场处置方案。

综合应急预案是指生产经营单位为应对各种生产安全事故而制订的综合性工作方案，是本单位应对生产安全事故的总体工作程序、措施和应急预案体系的总纲。

专项应急预案是指生产经营单位为应对某一种或者多种类型生产安全事故，或者针对重要生产设施、重大危险源、重大活动防止生产安全事故而制订的专项性工作方案。

现场处置方案是指生产经营单位根据不同生产安全事故类型，针对具体场所、装置或者设施所制订的应急处置措施。

（二）应急预案的编制

生产经营单位主要负责人负责组织编制和实施本单位的应急预案，并对应急预案的真实性和实用性负责；各分管负责人应当按照职责分工落实应急预案规定的职责。

应急预案的编制应当遵循以人为本、依法依规、符合实际、注重实效的原则，以应急处置为核心，明确应急职责、规范应急程序、细化保障措施。

应急预案的编制应当符合下列基本要求：

（1）有关法律、法规、规章和标准的规定。

（2）本地区、本部门、本单位的安全生产实际情况。

（3）本地区、本部门、本单位的危险性分析情况。

（4）应急组织和人员的职责分工明确，并有具体的落实措施。

（5）有明确、具体的应急程序和处置措施，并与其应急能力相适应。

（6）有明确的应急保障措施，满足本地区、本部门、本单位的应急工作需要。

（7）应急预案基本要素齐全、完整，应急预案附件提供的信息准确。

（8）应急预案内容与相关应急预案相互衔接。

编制应急预案应当成立编制工作小组，由本单位有关负责人任组长，吸收与应急预案有关的职能部门和单位的人员，以及有现场处置经验的人员参加。

编制应急预案前，编制单位应当进行事故风险辨识、评估和应急资源调查。

地方各级人民政府应急管理部门和其他负有安全生产监督管理职责的部门应当根据法律、法规、规章和同级人民政府以及上一级人民政府应急管理部门和其他负有安全生产监督管理职责的部门的应急预案，结合工作实际，组织编制相应的部门应急预案。部门应急预案应当根据本地区、本部门的实际情况，明确信息报告、响应分级、指挥权移交、警戒疏散等内容。

生产经营单位风险种类多、可能发生多种类型事故的，应当组织编制综合应急预案。综合应急预案应当规定应急组织机构及其职责、应急预案体系、事故风险描述、预警及信息报告、应急响应、保障措施、应急预案管理等内容。

对于某一种或者多种类型的事故风险，生产经营单位可以编制相应的专项应急预案，或将专项应急预案并入综合应急预案。专项应急预案应当规定应急指挥机构与职责、处置程序和措施等内容。

对于危险性较大的场所、装置或者设施，生产经营单位应当编制现场处置方案。现场处置方案应当规定应急工作职责、应急处置措施和注意事项等内容。事故风险单一、危险性小的生产经营单位，可以只编制现场处置方案。

生产经营单位应急预案应当包括向上级应急管理机构报告的内容、应急组织机构和人员的联系方式、应急物资储备清单等附件信息。附件信息发生变化时，应当及时更新，确保准确有效。

生产经营单位组织应急预案编制过程中，应当根据法律、法规、规章的规定或者实际需要，征求相关应急救援队伍、公民、法人或其他组织的意见。

生产经营单位编制的各类应急预案之间应当相互衔接，并与相关人民政府及其部门、应急救援队伍和涉及的其他单位的应急预案相衔接。

生产经营单位应当在编制应急预案的基础上，针对工作场所、岗位的特点，编制简明、实用、有效的应急处置卡。应急处置卡应当规定重点岗位、人员的应急处置程序和措施，以及相关联络人员和联系方式，便于从业人员携带。

（三）应急预案的评审、公布和备案

参加应急预案评审的人员应当包括有关安全生产及应急管理方面的专家。评审人员与所评审应急预案的生产经营单位有利害关系的，应当回避。应急预案的评审或者论证应当注重基本要素的完整性、组织体系的合理性、应急处置程序和措施的针对性、应急保障措施的可行性、应急预案的衔接性等内容。

生产经营单位的应急预案经评审或者论证后，由本单位主要负责人签署，向本单位从业人员公布，并及时发放到本单位有关部门、岗位和相关应急救援队伍。事故风险可能影响周边其他单位、人员的，生产经营单位应当将有关事故风险的性质、影响范围和应急防范措施告知周边的其他单位和人员。

地方各级人民政府应急管理部门的应急预案，应当报同级人民政府备案，同时抄送上一

级人民政府应急管理部门，并依法向社会公布。地方各级人民政府其他负有安全生产监督管理职责的部门的应急预案，应当抄送同级人民政府应急管理部门。

易燃易爆物品、危险化学品等危险物品的生产、经营、储存、运输单位，矿山、金属冶炼、城市轨道交通运营、建筑施工单位，以及宾馆、商场、娱乐场所、旅游景区等人员密集场所经营单位，应当在应急预案公布之日起 20 个工作日内，按照分级属地原则，向县级以上人民政府应急管理部门和其他负有安全生产监督管理职责的部门进行备案，并依法向社会公布。

受理备案登记的负有安全生产监督管理职责的部门应当在 5 个工作日内对应急预案材料进行核对，材料齐全的，应当予以备案并出具应急预案备案登记表；材料不齐全的，不予备案并一次性告知需要补齐的材料。逾期不予备案又不说明理由的，视为已经备案。对于实行安全生产许可的生产经营单位，已经进行应急预案备案的，在申请安全生产许可证时，可以不提供相应的应急预案，仅提供应急预案备案登记表。

（四）应急预案的实施

各级人民政府应急管理部门、各类生产经营单位应当采取多种形式开展应急预案的宣传教育，普及生产安全事故避险、自救和互救知识，提高从业人员和社会公众的安全意识与应急处置技能。

各级人民政府应急管理部门应当将本部门应急预案的培训纳入安全生产培训工作计划，并组织实施本行政区域内重点生产经营单位的应急预案培训工作。生产经营单位应当组织开展本单位的应急预案、应急知识、自救互救和避险逃生技能的培训活动，使有关人员了解应急预案内容，熟悉应急职责、应急处置程序和措施。应急培训的时间、地点、内容、师资、参加人员和考核结果等情况应当如实记入本单位的安全生产教育和培训档案。

各级人民政府应急管理部门应当至少每两年组织一次应急预案演练，提高本部门、本地区生产安全事故应急处置能力。

生产经营单位应当制订本单位的应急预案演练计划，根据本单位的事故风险特点，每年至少组织一次综合应急预案演练或者专项应急预案演练，每半年至少组织一次现场处置方案演练。易燃易爆物品、危险化学品等危险物品的生产、经营、储存、运输单位，矿山、金属冶炼、城市轨道交通运营、建筑施工单位，以及宾馆、商场、娱乐场所、旅游景区等人员密集场所经营单位，应当至少每半年组织一次生产安全事故应急预案演练，并将演练情况报送所在地县级以上地方人民政府负有安全生产监督管理职责的部门。县级以上地方人民政府负有安全生产监督管理职责的部门应当对本行政区域内重点生产经营单位的生产安全事故应急救援预案演练进行抽查；发现演练不符合要求的，应当责令限期改正。

应急预案演练结束后，应急预案演练组织单位应当对应急预案演练效果进行评估，撰写应急预案演练评估报告，分析存在的问题，并对应急预案提出修订意见。

应急预案编制单位应当建立应急预案定期评估制度，对预案内容的针对性和实用性进行分析，并对应急预案是否需要修订做出结论。矿山、金属冶炼、建筑施工企业，易燃易爆物品、危险化学品等危险物品的生产、经营、储存、运输企业，使用危险化学品达到国家规定数量的化工企业，烟花爆竹生产、批发经营企业和中型规模以上的其他生产经营单位，应当每 3 年进行一次应急预案评估。应急预案评估可以邀请相关专业机构或者有关专家、有实际应急救援工作经验的人员参加，必要时可以委托安全生产技术服务机构实施。

有下列情形之一的，应急预案应当及时修订并归档：

（1）依据的法律、法规、规章、标准及上位预案中的有关规定发生重大变化的。

（2）应急指挥机构及其职责发生调整的。

（3）安全生产面临的风险发生重大变化的。

（4）重要应急资源发生重大变化的。

（5）在应急演练和事故应急救援中发现需要修订预案的重大问题的。

（6）编制单位认为应当修订的其他情况。

应急预案修订涉及组织指挥体系与职责、应急处置程序、主要处置措施、应急响应分级等内容变更的，修订工作应当参照《生产安全事故应急预案管理办法》规定的应急预案编制程序进行，并按照有关应急预案报备程序重新备案。

实战演练

［2024 真题·单选］ 施工安全风险等级从高到低可划分为重大风险、较大风险、一般风险和低风险，分别用（　　）4 种颜色标示。

A. 红、橙、黄、蓝　　B. 橙、紫、黄、蓝

C. 紫、橙、蓝、黄　　D. 橙、红、黄、蓝

［解析］ 安全风险等级从高到低划分为重大风险、较大风险、一般风险和低风险，分别用红、橙、黄、蓝 4 种颜色标示。

［答案］ A

知识点 2　施工安全事故等级和应急救援

一、施工安全事故等级

《生产安全事故报告和调查处理条例》指出，根据生产安全事故（以下简称事故）造成的人员伤亡或者直接经济损失，事故一般分为以下等级：

（1）特别重大事故，是指造成 30 人以上死亡，或者 100 人以上重伤（包括急性工业中毒，下同），或者 1 亿元以上直接经济损失的事故。

（2）重大事故，是指造成 10 人以上 30 人以下死亡，或者 50 人以上 100 人以下重伤，或者 5 000 万元以上 1 亿元以下直接经济损失的事故。

（3）较大事故，是指造成 3 人以上 10 人以下死亡，或者 10 人以上 50 人以下重伤，或者 1 000 万元以上 5 000 万元以下直接经济损失的事故。

（4）一般事故，是指造成 3 人以下死亡，或者 10 人以下重伤，或者 1 000 万元以下直接经济损失的事故。

本等级划分所称的“以上”包括本数，所称的“以下”不包括本数。

二、施工安全事故应急救援

根据《生产安全事故应急条例》，生产经营单位应当加强生产安全事故应急工作，建立、健全生产安全事故应急工作责任制，其主要负责人对本单位的生产安全事故应急工作全面负责。

（一）应急准备

县级以上地方人民政府以及县级以上人民政府负有安全生产监督管理职责的部门，乡、镇人民政府以及街道办事处等地方人民政府派出机关，应当至少每2年组织1次生产安全事故应急救援预案演练。易燃易爆物品、危险化学品等危险物品的生产、经营、储存、运输单位，矿山、金属冶炼、城市轨道交通运营、建筑施工单位，以及宾馆、商场、娱乐场所、旅游景区等人员密集场所经营单位，应当至少每半年组织1次生产安全事故应急救援预案演练，并将演练情况报送所在地县级以上地方人民政府负有安全生产监督管理职责的部门。

县级以上人民政府应当加强对生产安全事故应急救援队伍建设的统一规划、组织和指导。县级以上人民政府负有安全生产监督管理职责的部门根据生产安全事故应急工作的实际需要，在重点行业、领域单独建立或者依托有条件的生产经营单位、社会组织共同建立应急救援队伍。国家鼓励和支持生产经营单位和其他社会力量建立提供社会化应急救援服务的应急救援队伍。

易燃易爆物品、危险化学品等危险物品的生产、经营、储存、运输单位，矿山、金属冶炼、城市轨道交通运营、建筑施工单位，以及宾馆、商场、娱乐场所、旅游景区等人员密集场所经营单位，应当建立应急救援队伍；其中，小型企业或者微型企业等规模较小的生产经营单位，可以不建立应急救援队伍，但应当指定兼职的应急救援人员，并且可以与邻近的应急救援队伍签订应急救援协议。工业园区、开发区等产业聚集区域内的生产经营单位，可以联合建立应急救援队伍。

应急救援队伍的应急救援人员应当具备必要的专业知识、技能、身体素质和心理素质。应急救援队伍建立单位或者兼职应急救援人员所在单位应当按照国家有关规定对应急救援人员进行培训；应急救援人员经培训合格后，方可参加应急救援工作。应急救援队伍应当配备必要的应急救援装备和物资，并定期组织训练。

生产经营单位应当及时将本单位应急救援队伍建立情况按照国家有关规定报送县级以上人民政府负有安全生产监督管理职责的部门，并依法向社会公布。县级以上人民政府负有安全生产监督管理职责的部门应当定期将本行业、本领域的应急救援队伍建立情况报送本级人民政府，并依法向社会公布。

（二）应急救援

发生生产安全事故后，生产经营单位应当立即启动生产安全事故应急救援预案，采取下列一项或者多项应急救援措施，并按照国家有关规定报告事故情况。

（1）迅速控制危险源，组织抢救遇险人员。

（2）根据事故危害程度，组织现场人员撤离或者采取可能的应急措施后撤离。

（3）及时通知可能受到事故影响的单位和人员。

（4）采取必要措施，防止事故危害扩大和次生、衍生灾害发生。

（5）根据需要请求邻近的应急救援队伍参加救援，并向参加救援的应急救援队伍提供相关技术资料、信息和处置方法。

（6）维护事故现场秩序，保护事故现场和相关证据。

（7）法律、法规规定的其他应急救援措施。

有关地方人民政府及其部门接到生产安全事故报告后，应当按照国家有关规定上报事故情况，启动相应的生产安全事故应急救援预案，并按照应急救援预案的规定采取下列一项或者多项应急救援措施。

（1）组织抢救遇险人员，救治受伤人员，研判事故发展趋势以及可能造成的危害。

（2）通知可能受到事故影响的单位和人员，隔离事故现场，划定警戒区域，疏散受到威胁的人员，实施交通管制。

（3）采取必要措施，防止事故危害扩大和次生、衍生灾害发生，避免或者减少事故对环境造成的危害。

（4）依法发布调用和征用应急资源的决定。

（5）依法向应急救援队伍下达救援命令。

（6）维护事故现场秩序，组织安抚遇险人员和遇险遇难人员亲属。

（7）依法发布有关事故情况和应急救援工作的信息。

（8）法律、法规规定的其他应急救援措施。

有关地方人民政府不能有效控制生产安全事故的，应当及时向上级人民政府报告。上级人民政府应当及时采取措施，统一指挥应急救援。

应急救援队伍接到有关人民政府及其部门的救援命令或者签有应急救援协议的生产经营单位的救援请求后，应当立即参加生产安全事故应急救援。应急救援队伍根据救援命令参加生产安全事故应急救援所耗费用，由事故责任单位承担；事故责任单位无力承担的，由有关人民政府协调解决。

发生生产安全事故后，有关人民政府认为有必要的，可以设立由本级人民政府及其有关部门负责人、应急救援专家、应急救援队伍负责人、事故发生单位负责人等人员组成的应急救援现场指挥部，并指定现场指挥部总指挥。

现场指挥部实行总指挥负责制，按照本级人民政府的授权组织制订并实施生产安全事故现场应急救援方案，协调、指挥有关单位和个人参加现场应急救援。参加生产安全事故现场应急救援的单位和个人应当服从现场指挥部的统一指挥。

在生产安全事故应急救援过程中，发现可能直接危及应急救援人员生命安全的紧急情况时，现场指挥部或者统一指挥应急救援的人民政府应当立即采取相应措施消除隐患，降低或者化解风险，必要时可以暂时撤离应急救援人员。

第七章

实战演练

［2022 真题·单选］ 某拆除工程施工中发生倒塌事故，造成 70 人重伤、6 人死亡。根据《生产安全事故报告和调查处理条例》，该事故属于（　　）。

A. 一般事故　　B. 较大事故

C. 重大事故　　D. 特别重大事故

［解析］ 重大事故，是指造成 10 人以上 30 人以下死亡，或者 50 人以上 100 人以下重伤，或者 5 000 万元以上 1 亿元以下直接经济损失的事故。

［答案］ C

知识点 3 施工安全事故报告和调查处理

一、施工安全事故报告

根据《生产安全事故报告和调查处理条例》，事故发生后，事故现场有关人员应当立即向本单位负责人报告；单位负责人接到报告后，应当于 1 h 内向事故发生地县级以上人民政府安全生产监督管理部门和负有安全生产监督管理职责的有关部门报告。情况紧急时，事故现场有关人员可以直接向事故发生地县级以上人民政府安全生产监督管理部门和负有安全生产监督管理职责的有关部门报告。

安全生产监督管理部门和负有安全生产监督管理职责的有关部门接到事故报告后，应当依照下列规定上报事故情况，并通知公安机关、劳动保障行政部门、工会和人民检察院。

（1）特别重大事故、重大事故逐级上报至国务院安全生产监督管理部门和负有安全生产监督管理职责的有关部门。

（2）较大事故逐级上报至省、自治区、直辖市人民政府安全生产监督管理部门和负有安全生产监督管理职责的有关部门。

（3）一般事故上报至设区的市级人民政府安全生产监督管理部门和负有安全生产监督管理职责的有关部门。

安全生产监督管理部门和负有安全生产监督管理职责的有关部门依照上述规定上报事故情况，应当同时报告本级人民政府。国务院安全生产监督管理部门和负有安全生产监督管理职责的有关部门以及省级人民政府接到发生特别重大事故、重大事故的报告后，应当立即报告国务院。必要时，安全生产监督管理部门和负有安全生产监督管理职责的有关部门可以越级上报事故情况。

安全生产监督管理部门和负有安全生产监督管理职责的有关部门逐级上报事故情况，每级上报的时间不得超过 2 h。

报告事故应当包括下列内容：

（1）事故发生单位概况。

（2）事故发生的时间、地点以及事故现场情况。

（3）事故的简要经过。

（4）事故已经造成或者可能造成的伤亡人数（包括下落不明的人数）和初步估计的直接经济损失。

（5）已经采取的措施。

（6）其他应当报告的情况。

事故报告后出现新情况的，应当及时补报。自事故发生之日起 30 日内，事故造成的伤亡人数发生变化的，应当及时补报。道路交通事故、火灾事故自发生之日起 7 日内，事故造成的伤亡人数发生变化的，应当及时补报。

事故发生单位负责人接到事故报告后，应当立即启动事故相应应急预案，或者采取有效措施，组织抢救，防止事故扩大，减少人员伤亡和财产损失。

事故发生地有关地方人民政府、安全生产监督管理部门和负有安全生产监督管理职责的有关部门接到事故报告后，其负责人应当立即赶赴事故现场，组织事故救援。

事故发生后，有关单位和人员应当妥善保护事故现场以及相关证据，任何单位和个人不得破坏事故现场、毁灭相关证据。因抢救人员、防止事故扩大以及疏通交通等原因，需要移动事故现场物件的，应当做出标志，绘制现场简图并做出书面记录，妥善保存现场重要痕迹、物证。

事故发生地公安机关根据事故的情况，对涉嫌犯罪的，应当依法立案侦查，采取强制措施和侦查措施。犯罪嫌疑人逃匿的，公安机关应当迅速追捕归案。

安全生产监督管理部门和负有安全生产监督管理职责的有关部门应当建立值班制度，并向社会公布值班电话，受理事故报告和举报。

二、施工安全事故调查处理

（一）事故调查

特别重大事故由国务院或者国务院授权有关部门组织事故调查组进行调查。重大事故、较大事故、一般事故分别由事故发生地省级人民政府、设区的市级人民政府、县级人民政府负责调查。省级人民政府、设区的市级人民政府、县级人民政府可以直接组织事故调查组进行调查，也可以授权或者委托有关部门组织事故调查组进行调查。未造成人员伤亡的一般事故，县级人民政府也可以委托事故发生单位组织事故调查组进行调查。

上级人民政府认为必要时，可以调查由下级人民政府负责调查的事故。自事故发生之日起 30 日内（道路交通事故、火灾事故自发生之日起 7 日内），因事故伤亡人数变化导致事故等级发生变化，依照规定应当由上级人民政府负责调查的，上级人民政府可以另行组织事故调查组进行调查。

特别重大事故以下等级事故，事故发生地与事故发生单位不在同一个县级以上行政区域的，由事故发生地人民政府负责调查，事故发生单位所在地人民政府应当派人参加。

事故调查组的组成应当遵循精简、效能的原则。根据事故的具体情况，事故调查组由有关人民政府、安全生产监督管理部门、负有安全生产监督管理职责的有关部门、监察机关、公安机关以及工会派人组成，并应当邀请人民检察院派人参加。事故调查组可以聘请有关专家参与调查。

事故调查组成员应当具有事故调查所需要的知识和专长，并与所调查的事故没有直接利害关系。

事故调查组组长由负责事故调查的人民政府指定。事故调查组组长主持事故调查组的工作。

事故调查组履行下列职责：

（1）查明事故发生的经过、原因、人员伤亡情况及直接经济损失。

（2）认定事故的性质和事故责任。

（3）提出对事故责任者的处理建议。

（4）总结事故教训，提出防范和整改措施。

（5）提交事故调查报告。

事故调查组有权向有关单位和个人了解与事故有关的情况，并要求其提供相关文件、资料，有关单位和个人不得拒绝。事故发生单位的负责人和有关人员在事故调查期间不得擅离职守，并应当随时接受事故调查组的询问，如实提供有关情况。事故调查中发现涉嫌犯罪的，事故调查组应当及时将有关材料或者其复印件移交司法机关处理。

事故调查中需要进行技术鉴定的，事故调查组应当委托具有国家规定资质的单位进行技术鉴定。必要时，事故调查组可以直接组织专家进行技术鉴定。技术鉴定所需时间不计入事故调查期限。

事故调查组成员在事故调查工作中应当诚信公正、恪尽职守，遵守事故调查组的纪律，保守事故调查的秘密。未经事故调查组组长允许，事故调查组成员不得擅自发布有关事故的信息。

事故调查组应当自事故发生之日起 60 日内提交事故调查报告；特殊情况下，经负责事故调查的人民政府批准，提交事故调查报告的期限可以适当延长，但延长的期限最长不超过 60 日。

事故调查报告应当包括下列内容：

（1）事故发生单位概况。

（2）事故发生经过和事故救援情况。

（3）事故造成的人员伤亡和直接经济损失。

（4）事故发生的原因和事故性质。

（5）事故责任的认定以及对事故责任者的处理建议。

（6）事故防范和整改措施。

事故调查报告应当附具有关证据材料。事故调查组成员应当在事故调查报告上签名。

事故调查报告报送负责事故调查的人民政府后，事故调查工作即告结束。事故调查的有关资料应当归档保存。

（二）事故处理

重大事故、较大事故、一般事故，负责事故调查的人民政府应当自收到事故调查报告之日起 15 日内做出批复；特别重大事故，30 日内做出批复，特殊情况下，批复时间可以适当延长，但延长的时间最长不超过 30 日。有关机关应当按照人民政府的批复，依照法律、行政法规规定的权限和程序，对事故发生单位和有关人员进行行政处罚，对负有事故责任的国家工作人员进行处分。事故发生单位应当按照负责事故调查的人民政府的批复，对本单位负有事故责任的人员进行处理。负有事故责任的人员涉嫌犯罪的，依法追究刑事责任。

事故发生单位应当认真吸取事故教训，落实防范和整改措施，防止事故再次发生。防范和整改措施的落实情况应当接受工会和职工的监督。安全生产监督管理部门和负有安全生产监督管理职责的有关部门应当对事故发生单位落实防范和整改措施的情况进行监督检查。

事故处理的情况由负责事故调查的人民政府或者其授权的有关部门、机构向社会公布，依法应当保密的除外。

（三）罚款处罚

《生产安全事故罚款处罚规定》指出，应急管理部门和矿山安全监察机构对生产安全事故发生单位（以下简称事故发生单位）及其主要负责人、其他负责人、安全生产管理人员以及直接负责的主管人员、其他直接责任人员等有关责任人员依照《安全生产法》和《生产安全事故报告和调查处理条例》实施罚款的行政处罚，适用本规定。

1. 对事故发生单位主要负责人及其他人员的处罚

事故发生单位主要负责人、其他负责人、安全生产管理人员以及直接负责的主管人员、其他直接责任人员的上一年年收入，属于国有生产经营单位的，是指该单位上级主管部门所确定的上一年年收入总额；属于非国有生产经营单位的，是指经财务、税务部门核定的上一年年收入总额。

（1）对事故发生单位及其有关责任人员处以罚款的行政处罚，依照下列规定决定。

①对发生特别重大事故的单位及其有关责任人员罚款的行政处罚，由应急管理部决定。

②对发生重大事故的单位及其有关责任人员罚款的行政处罚，由省级人民政府应急管理部门决定。

③对发生较大事故的单位及其有关责任人员罚款的行政处罚，由设区的市级人民政府应急管理部门决定。

④对发生一般事故的单位及其有关责任人员罚款的行政处罚，由县级人民政府应急管理部门决定。

上级应急管理部门可以指定下一级应急管理部门对事故发生单位及其有关责任人员实施行政处罚。

（2）事故发生单位主要负责人有下列行为之一的，依照下列规定处以罚款。

①事故发生单位主要负责人在事故发生后不立即组织事故抢救，或者在事故调查处理期间擅离职守，或者瞒报、谎报、迟报事故，或者事故发生后逃匿的，处上一年年收入60%～80%的罚款；贻误事故抢救或者造成事故扩大或者影响事故调查或者造成重大社会影响的，处上一年年收入 80%～100%的罚款。

②事故发生单位主要负责人漏报事故的，处上一年年收入 40%～60%的罚款；贻误事故抢救或者造成事故扩大或者影响事故调查或者造成重大社会影响的，处上一年年收入60%～80%的罚款。

③事故发生单位主要负责人伪造、故意破坏事故现场，或者转移、隐匿资金、财产，或者销毁有关证据、资料，或者拒绝接受调查，或者拒绝提供有关情况和资料，或者在事故调查中作伪证，或者指使他人作伪证的，处上一年年收入 60%～80%的罚款；贻误事故抢救或者造成事故扩大或者影响事故调查或者造成重大社会影响的，处上一年年收入 80%～100%的罚款。

（3）事故发生单位直接负责的主管人员和其他直接责任人员有下列行为之一的，处上一年年收入 60%～80%的罚款；贻误事故抢救或者造成事故扩大或者影响事故调查或者造成重大社会影响的，处上一年年收入 80%～100%的罚款。

①谎报或者瞒报事故的。

②伪造或者故意破坏事故现场的。

③转移、隐匿资金、财产，或者销毁有关证据、资料的。

④拒绝接受调查或者拒绝提供有关情况和资料的。

⑤在事故调查中作伪证或者指使他人作伪证的。

⑥事故发生后逃匿的。

(4) 事故发生单位主要负责人未依法履行安全生产管理职责，导致事故发生的，依照下列规定处以罚款。

①发生一般事故的，处上一年年收入40%的罚款。

②发生较大事故的，处上一年年收入60%的罚款。

③发生重大事故的，处上一年年收入80%的罚款。

④发生特别重大事故的，处上一年年收入100%的罚款。

(5) 事故发生单位其他负责人和安全生产管理人员未依法履行安全生产管理职责，导致事故发生的，依照下列规定处以罚款。

①发生一般事故的，处上一年年收入20%～30%的罚款。

②发生较大事故的，处上一年年收入30%～40%的罚款。

③发生重大事故的，处上一年年收入40%～50%的罚款。

④发生特别重大事故的，处上一年年收入50%的罚款。

(6) 个人经营的投资人未依照《安全生产法》的规定保证安全生产所必需的资金投入，致使生产经营单位不具备安全生产条件，导致发生生产安全事故的，依照下列规定对个人经营的投资人处以罚款。

①发生一般事故的，处2万元以上5万元以下的罚款。

②发生较大事故的，处5万元以上10万元以下的罚款。

③发生重大事故的，处10万元以上15万元以下的罚款。

④发生特别重大事故的，处15万元以上20万元以下的罚款。

2. 发生事故后对事故发生单位的处罚

(1) 事故发生单位有下列行为之一的：谎报或者瞒报事故的；伪造或者故意破坏事故现场的；转移、隐匿资金、财产，或者销毁有关证据、资料的；拒绝接受调查或者拒绝提供有关情况和资料的；在事故调查中作伪证或者指使他人作伪证的，依照下列规定处以罚款。

①发生一般事故的，处100万元以上150万元以下的罚款。

②发生较大事故的，处150万元以上200万元以下的罚款。

③发生重大事故的，处200万元以上250万元以下的罚款。

④发生特别重大事故的，处250万元以上300万元以下的罚款。

(2) 事故发生单位有下列行为之一的：谎报或者瞒报事故的；伪造或者故意破坏事故现场的；转移、隐匿资金、财产，或者销毁有关证据、资料的；拒绝接受调查或者拒绝提供有关情况和资料的；在事故调查中作伪证或者指使他人作伪证的，贻误事故抢救或者造成事故扩大或者影响事故调查或者造成重大社会影响的，依照下列规定处以罚款。

①发生一般事故的，处300万元以上350万元以下的罚款。

②发生较大事故的，处350万元以上400万元以下的罚款。

③发生重大事故的，处400万元以上450万元以下的罚款。

④发生特别重大事故的，处450万元以上500万元以下的罚款。

（3）事故发生单位对一般事故负有责任的，依照下列规定处以罚款。

①造成 3 人以下重伤（包括急性工业中毒，下同），或者 300 万元以下直接经济损失的，处 30 万元以上 50 万元以下的罚款。

②造成 1 人死亡，或者 3 人以上 6 人以下重伤，或者 300 万元以上 500 万元以下直接经济损失的，处 50 万元以上 70 万元以下的罚款。

③造成 2 人死亡，或者 6 人以上 10 人以下重伤，或者 500 万元以上 1 000 万元以下直接经济损失的，处 70 万元以上 100 万元以下的罚款。

（4）事故发生单位对较大事故发生负有责任的，依照下列规定处以罚款。

①造成 3 人以上 5 人以下死亡，或者 10 人以上 20 人以下重伤，或者 1 000 万元以上 2 000万元以下直接经济损失的，处 100 万元以上 120 万元以下的罚款。

②造成 5 人以上 7 人以下死亡，或者 20 人以上 30 人以下重伤，或者 2 000 万元以上 3 000万元以下直接经济损失的，处 120 万元以上 150 万元以下的罚款。

③造成 7 人以上 10 人以下死亡，或者 30 人以上 50 人以下重伤，或者 3 000 万元以上 5 000万元以下直接经济损失的，处 150 万元以上 200 万元以下的罚款。

（5）事故发生单位对重大事故发生负有责任的，依照下列规定处以罚款。

①造成 10 人以上 13 人以下死亡，或者 50 人以上 60 人以下重伤，或者 5 000 万元以上 6 000 万元以下直接经济损失的，处 200 万元以上 400 万元以下的罚款。

②造成 13 人以上 15 人以下死亡，或者 60 人以上 70 人以下重伤，或者 6 000 万元以上 7 000 万元以下直接经济损失的，处 400 万元以上 600 万元以下的罚款。

③造成 15 人以上 30 人以下死亡，或者 70 人以上 100 人以下重伤，或者 7 000 万元以上 1 亿元以下直接经济损失的，处 600 万元以上 1 000 万元以下的罚款。

（6）事故发生单位对特别重大事故发生负有责任的，依照下列规定处以罚款。

①造成 30 人以上 40 人以下死亡，或者 100 人以上 120 人以下重伤，或者 1 亿元以上 1.5 亿元以下直接经济损失的，处 1 000 万元以上 1 200 万元以下的罚款。

②造成 40 人以上 50 人以下死亡，或者 120 人以上 150 人以下重伤，或者 1.5 亿元以上 2 亿元以下直接经济损失的，处 1 200 万元以上 1 500 万元以下的罚款。

③造成 50 人以上死亡，或者 150 人以上重伤，或者 2 亿元以上直接经济损失的，处 1 500万元以上 2 000 万元以下的罚款。

（7）发生生产安全事故，有下列情形之一的，属于《安全生产法》规定的情节特别严重、影响特别恶劣的情形，可以按照法律规定罚款数额的 2 倍以上 5 倍以下对事故发生单位处以罚款。

①关闭、破坏直接关系生产安全的监控、报警、防护、救生设备、设施，或者篡改、隐瞒、销毁其相关数据、信息的。

②因存在重大事故隐患被依法责令停产停业、停止施工、停止使用有关设备、设施、场所或者立即采取排除危险的整改措施，而拒不执行的。

③涉及安全生产的事项未经依法批准或者许可，擅自从事矿山开采、金属冶炼、建筑施工，以及危险物品生产、经营、储存等高度危险的生产作业活动，或者未依法取得有关证照

尚在从事生产经营活动的。

④拒绝、阻碍行政执法的。

⑤强令他人违章冒险作业，或者明知存在重大事故隐患而不排除，仍冒险组织作业的。

⑥其他情节特别严重、影响特别恶劣的情形。

实战演练

[经典例题·单选] 关于按规定向有关部门报告建设工程安全事故情况的说法，正确的是（　　）。

A. 事故发生后，事故现场有关人员应当于 1 h 内向本单位安全负责人报告

B. 专业工程施工中出现安全事故的，可以只向行业主管部门报告

C. 事故现场人员可以直接向事故发生地县级以上人民政府安全生产监督管理部门报告

D. 安全生产监督管理部门每级上报的时间不超过 3 h

[解析] 选项 A 错误，事故发生后，事故现场有关人员应当立即向本单位负责人报告。选项 B 错误，对于专业工程的施工中出现生产安全事故的，由于有关的专业主管部门也承担着对建设安全生产的监督管理职能，因此，专业工程出现安全事故，还需要向有关行业主管部门报告。选项 D 错误，每级上报的时间不得超过 2 h。

[答案] C

[2022 真题·多选] 根据《生产安全事故报告和调查处理条例》，下列事故中，县级人民政府应当自收到事故调查报告之日起 15 日内做出批复的有（　　）。

A. 造成人员伤亡的一般事故

B. 无人员死亡的较大事故

C. 未造成人员伤亡的一般事故

D. 直接经济损失较小的重大事故

E. 特别重大事故

[解析] 一般事故由事故发生地县级人民政府负责调查，负责事故调查的人民政府应当自收到事故调查报告之日起 15 天内做出批复。

[答案] AC

[经典例题·多选] 根据《生产安全事故罚款处罚规定》，事故发生单位主要负责人未依法履行安全生产管理职责，导致事故发生的，下列处以罚款的规定，错误的有（　　）。

A. 发生一般事故的，处上一年年收入 30%的罚款

B. 发生较大事故的，处上一年年收入 60%的罚款

C. 发生重大事故的，处上一年年收入 80%的罚款

D. 发生特别重大事故的，处上一年年收入 90%的罚款

E. 发生特别重大事故的，处上一年年收入 100%的罚款

[解析] 事故发生单位主要负责人未依法履行安全生产管理职责，导致事故发生的，依照下列规定处以罚款：①发生一般事故的，处上一年年收入 40%的罚款；②发生较大事故的，处上一年年收入 60%的罚款；③发生重大事故的，处上一年年收入 80%的罚款；④发生特别重大事故的，处上一年年收入 100%的罚款。

[答案] AD

第八章

绿色建造及施工现场环境管理

本章导学

绿色建造及施工现场环境管理是现代建筑工程中不可或缺的重要组成部分。随着全球对可持续发展的重视，绿色建造理念逐渐成为建筑行业的重要趋势。绿色建造不仅关注建筑本身的节能、环保和资源高效利用，还涵盖了施工过程中的环境保护措施，以减少对自然环境的负面影响。

本章包括2节内容，考生应重点掌握各方主体绿色施工职责、环境保护技术要点和施工现场文明施工要求。

第一节 绿色建造管理

知识点 1 绿色建造基本要求

根据《绿色建造技术导则（试行）》，绿色建造是指按照绿色发展的要求，通过科学管理和技术创新，采用有利于节约资源、保护环境、减少排放、提高效率、保障品质的建造方式，实现人与自然和谐共生的工程建造活动。

绿色建造应将绿色发展理念融入工程策划、设计、施工、交付的建造全过程，充分体现绿色化、工业化、信息化、集约化和产业化的总体特征。

一、基本规定

绿色建造应统筹考虑建筑工程质量、安全、效率、环保、生态等要素，实现工程策划、设计、施工、交付全过程一体化，提高建造水平和建筑品质。

绿色建造应全面体现绿色要求，有效降低建造全过程对资源的消耗和对生态环境的影响，减少碳排放，整体提升建造活动绿色化水平。

绿色建造宜采用系统化集成设计、精益化生产施工、一体化装修的方式，加强新技术推广应用，整体提升建造方式工业化水平。

绿色建造宜结合实际需求，有效采用建筑信息模型（BIM）、物联网、大数据、云计算、移动通信、区块链、人工智能、机器人等相关技术，整体提升建造手段信息化水平。

绿色建造宜采用工程总承包、全过程工程咨询等组织管理方式，促进设计、生产、施工深度协同，整体提升建造管理集约化水平。

绿色建造宜加强设计、生产、施工、运营全产业链上下游企业间的沟通合作，强化专业分工和社会协作，优化资源配置，构建绿色建造产业链，整体提升建造过程产业化水平。

二、绿色策划

（一）一般规定

建设单位应在建筑工程立项阶段组织编制项目绿色策划方案，项目各参与方应遵照执行。

绿色策划方案应明确绿色建造总体目标和资源节约、环境保护、减少碳排放、品质提升、职业健康安全等分项目标，应包括绿色设计策划、绿色施工策划、绿色交付策划等内容。

绿色策划方案应因地制宜对建造全过程、全要素进行统筹，明确绿色建造实施路径，体现绿色化、工业化、信息化、集约化和产业化特征。

绿色策划方案应确定项目定位和组织架构，明确各阶段的主要控制指标，进行综合成本与效益分析，制订主要工作计划。

绿色策划方案应统筹设计、构件部品部件生产运输、施工安装和运营维护管理，推进产业链上下游资源共享、系统集成和联动发展。

绿色策划宜制订合理的减排方案，建立碳排放管理体系，并应明确建筑垃圾减量化等目标。

绿色策划宜推动全过程数字化、网络化、智能化技术应用，积极采用BIM技术，利用基于统一数据及接口标准的信息管理平台，支撑各参与方、各阶段的信息共享与传递。

绿色策划宜结合工程实际情况，综合考虑技术水平、成本投入与效益产出等因素，确定智能建造、新型建筑工业化的应用目标和实施路径。

（二）绿色设计策划

应根据绿色建造目标，结合项目定位，在综合技术经济可行性分析基础上，确定绿色设计目标与实施路径，明确主要绿色设计指标和技术措施。

应推进建筑、结构、机电设备、装饰装修等专业的系统化集成设计。

应以保障性能综合最优为目标，对场地、建筑空间、室内环境、建筑设备进行全面统筹。

应明确绿色建材选用依据、总体技术性能指标，确定绿色建材的使用率。

应综合考虑生产、施工的便易性，提出全过程、全专业、各参与方之间的一体化协同设计要求。

（三）绿色施工策划

应结合施工现场及周边环境、工程实际情况等进行影响因素分析和环境风险评估，并依据分析和评估结果进行绿色施工策划。

应按照现行国家标准《建筑与市政工程绿色施工评价标准》（GB/T 50640—2023）中的优良级别，明确项目绿色施工关键指标。

应对生态环境保护、资源节约与循环利用、碳排放降低、人力资源节约及职业健康安全等进行总体分析，策划适宜的绿色施工技术路径与措施。

（四）绿色交付策划

应根据建筑类型和运营维护需求确定绿色建造项目的实体交付内容及交付标准。

宜按照城市信息化建设要求和运营维护需求，制订数字化交付标准和方案，明确各阶段责任主体和交付成果。

应明确综合效能调适及绿色建造效果评估的内容及方式。

三、绿色设计

（一）一般规定

应统筹建筑、结构、机电设备、装饰装修、景观园林等各专业设计，统筹策划、设计、施工、交付等建造全过程，实现工程全寿命期系统化集成设计。

宜应用BIM等数字化设计方式，实现设计协同、设计优化。

应优先就地取材，并统筹确定各类建材及设备的设计使用年限。

应强化设计方案技术论证，严格控制设计变更。设计变更不应降低工程绿色性能，重大变更应组织专家对其是否影响工程绿色性能进行论证。

应在设计阶段加强建筑垃圾源头管控，按照《住房和城乡建设部关于推进建筑垃圾减量化的指导意见》（建质〔2020〕46号）的有关规定进行设计。

（二）设计要求

场地设计应有效利用地域自然条件，尊重城市肌理和地域风貌，实现建筑布局、交通组织、场地环境、场地设施和管网的合理设计。

应按照“被动式技术优先、主动式技术优化”的原则，优化功能空间布局，充分发掘场地空间、建筑本体与设备在节约资源方面的潜力。

应综合考虑安全耐久、节能减排、易于建造等因素，择优选择建筑形体和结构体系。

应根据建筑规模、用途、能源条件以及国家和地区节能环保政策对冷热源方案进行综合论证，合理利用浅层地能、太阳能、风能等可再生能源以及余热资源。

应体现海绵城市建设理念，采用“渗、滞、蓄、净、用、排”等措施对施工期间及建筑竣工后的场地雨水进行有效统筹控制，溢流排放应与城市雨水排放系统衔接。

应优先采用管线分离、一体化装修技术，对建筑围护结构和内外装饰装修构造节点进行精细设计。

宜采用标准化构件和部件，使用集成化模块化建筑部品，提高工程品质，降低运行维护成本。

（三）协同设计

应建立涵盖设计、生产、施工等不同阶段的协同设计机制，实现生产、施工、运营维护各方的前置参与，统筹管理项目方案设计、初步设计、施工图设计。

宜采用协同设计平台，集成技术措施、产品性能清单、成本数据库等，实现全过程、全专业、各参与方的协同设计。

应按照标准化、模块化原则对空间、构件和部品进行协同深化设计，实现建筑构配件与设备和部品之间模数协调统一。

宜实现部品部件、内外装饰装修、围护结构和机电管线等一体化集成。

（四）数字设计

宜采用BIM正向设计，优化设计流程，支撑不同专业间以及设计与生产、施工的数据交换和信息共享。

宜集成应用BIM、地理信息系统（GIS）、三维测量等信息技术及模拟分析软件，进行性能模拟分析、设计优化和阶段成果交付。

应统一设计过程中BIM组织方式、工作界面、模型细度和样板文件。

宜采用BIM信息平台，支撑BIM模型存储与集成、版本控制，保障数据安全。

应在设计过程中积累可重复利用及标准化部品构件，丰富和完善BIM构件库资源。

宜推进BIM与项目、企业管理信息系统的集成应用，推动BIM与城市信息模型（CIM）平台以及建筑产业互联网的融通联动。

（五）材料选用

建筑材料的选用应符合下列规定：

（1）应符合国家和地方相关标准规范环保要求。

（2）宜优先选用获得绿色建材评价认证标识的建筑材料和产品。

（3）宜优先采用高强、高性能材料。

（4）宜选择地方性建筑材料和当地推广使用的建筑材料。

建筑结构材料应优先选用高耐久性混凝土、耐候和耐火结构钢、耐久木材等。

外饰面材料、室内装饰装修材料、防水和密封材料等应选用耐久性好、易维护的材料。

应合理选用可再循环材料、可再利用材料，宜选用以废弃物为原料生产的利废建材。

建筑门窗、幕墙、围栏及其配件的力学性能、热工性能和耐久性等应符合相应产品标准规定，并应满足设计使用年限要求。

管材、管线、管件应选用耐腐蚀、抗老化、耐久性能好的材料，活动配件应选用长寿命产品，并应考虑部品之间合理的寿命匹配性。不同使用寿命的部品组合时，构造宜便于分别拆换、更新和升级。

建筑装修宜优先采用装配式装修，选用集成厨卫等工业化内装部品。

四、绿色施工

应根据绿色施工策划进行绿色施工组织设计、绿色施工方案编制。

应建立与设计、生产、运营维护联动的协同管理机制。

应积极采用工业化、智能化建造方式，实现工程建设低消耗、低排放、高质量和高效益。

宜积极运用 BIM、大数据、云计算、物联网以及移动通讯等信息化技术组织绿色施工，提高施工管理的信息化和精细化水平。

应建立完善的绿色建材供应链，采用绿色建筑材料、部品部件等。

应编制施工现场建筑垃圾减量化专项方案，实现建筑垃圾源头减量、过程控制、循环利用。

鼓励对传统施工工艺进行绿色化升级革新。

应加强绿色施工新技术、新材料、新工艺、新设备应用，优先采用“建筑业 10 项新技术”。

部品部件生产应采用环保生产工艺和设备设施，并应严格执行质量管理体系、环境管理体系和职业健康安全管理体系。

部品部件生产应提高数字化、智能化水平，逐步实现精益生产、智能制造。

应制定消防疏散、卫生防疫、职业健康安全等管理制度和突发事件应急措施，保障人员身心健康。

五、绿色交付

项目交付前应进行绿色建造的效果评估。

项目交付前应完成绿色建筑相关检测，提交建筑使用说明书。

应核定绿色建材实际使用率，提交核定计算书。

应将建筑各分部分项工程的设计、施工、检测等技术资料整合和校验，并按相关标准移交建设单位和运营单位。

应制定建筑物各子系统（机电设备系统、消防系统等）运行操作规程和维护保养手册。

应按照绿色交付标准及成果要求提供实体交付及数字化交付成果。数字化交付成果应保证与实体交付成果信息的一致性和准确性，建设单位可在交付前组织成果验收。

实战演练

［2024 真题 · 单选］作为绿色策划的主要内容，绿色交付策划应明确的内容是（　　）。

A. 绿色建造效果评估的内容及方式

B. 绿色建造目标及实施路径

C. 绿色建造全过程数字化技术应用方式

D. 绿色建造各参与方协同工作机制

［解析］绿色交付策划：①应根据建筑类型和运营维护需求确定绿色建造项目的实体交付内容及交付标准；②宜按照城市信息化建设要求和运营维护需求，制订数字化交付标准和方案，明确各阶段责任主体和交付成果；③应明确综合效能调适及绿色建造效果评估的内容及方式。

［答案］A

［2024 真题 · 多选］绿色建造需要将绿色发展理念融入工程策划、设计、施工、交付的全过程，除体现绿色化外，还应体现的特征有（　　）。

A. 信息化　　B. 工业化

C. 系统化　　D. 产业化

E. 集约化

［解析］绿色建造应将绿色发展理念融入工程策划、设计、施工、交付的建造全过程，充分体现绿色化、工业化、信息化、集约化和产业化的总体特征。

［答案］ABDE

知识点 2 各方主体绿色施工职责

根据《建筑工程绿色施工规范》（GB/T 50905—2014），绿色施工是指在保证质量、安全等基本要求的前提下，通过科学管理和技术进步，最大限度地节约资源，减少对环境负面影响，实现节能、节材、节水、节地和环境保护（“四节一环保”）的建筑工程施工活动。

建设单位应履行下列职责：

（1）在编制工程概算和招标文件时，应明确绿色施工的要求，并提供包括场地、环境、工期、资金等方面的条件保障。

（2）应向施工单位提供建设工程绿色施工的设计文件、产品要求等相关资料，保证资料的真实性和完整性。

（3）应建立工程项目绿色施工的协调机制。

设计单位应履行下列职责：

（1）应按国家现行有关标准和建设单位的要求进行工程的绿色设计。

（2）应协助、支持、配合施工单位做好建筑工程绿色施工的有关设计工作。

监理单位应履行下列职责：

（1）应对建筑工程绿色施工承担监理责任。

（2）应审查绿色施工组织设计、绿色施工方案或绿色施工专项方案，并在实施过程中做好监督检查工作。

施工单位应履行下列职责：

（1）施工单位是建筑工程绿色施工的实施主体，应组织绿色施工的全面实施。

（2）实行总承包管理的建设工程，总承包单位应对绿色施工负总责。

（3）总承包单位应对专业承包单位的绿色施工实施管理。专业承包单位应对工程承包范围的绿色施工负责。

（4）施工单位应建立以项目经理为第一责任人的绿色施工管理体系，制定绿色施工管理制度，负责绿色施工的组织实施，进行绿色施工教育培训，定期开展自检、联检和评价工作。

（5）绿色施工组织设计、绿色施工方案或绿色施工专项方案编制前，应进行绿色施工影响因素分析，并据此制定实施对策和绿色施工评价方案。

参建各方应积极推进建筑工业化和信息化施工。建筑工业化宜重点推进结构构件预制化和建筑配件整体装配化。

施工现场应建立机械设备保养、限额领料、建筑垃圾再利用的台账和清单。工程材料和机械设备的存放、运输应制定保护措施。

施工单位应强化技术管理，绿色施工过程技术资料应收集和归档。

施工单位应根据绿色施工要求，对传统施工工艺进行改进。

施工单位应建立不符合绿色施工要求的施工工艺、设备和材料的限制、淘汰等制度。

实战演练

［2024 真题 · 单选］为实现绿色施工，施工单位应建立以（　　）为第一责任人的绿色施工管理体系。

A. 企业法定代表人　　B. 企业技术负责人

C. 项目经理　　D. 项目技术负责人

［解析］施工单位应建立以项目经理为第一责任人的绿色施工管理体系，制定绿色施工管理制度，负责绿色施工的组织实施，进行绿色施工教育培训，定期开展自检、联检和评价工作。

［答案］C

知识点 3 绿色施工措施

根据《绿色施工导则》，绿色施工总体框架由施工管理、环境保护、节材与材料资源利用、节水与水资源利用、节能与能源利用、节地与施工用地保护 6 个方面组成。这 6 个方面涵盖了绿色施工的基本指标，同时包含了施工策划、材料采购、现场施工、工程验收等各阶段的指标的子集。

一、绿色施工管理

绿色施工管理主要包括组织管理、规划管理、实施管理、评价管理和人员安全与健康管理5个方面。

（一）组织管理

建立绿色施工管理体系，并制定相应的管理制度与目标。

项目经理为绿色施工第一责任人，负责绿色施工的组织实施及目标实现，并指定绿色施工管理人员和监督人员。

（二）规划管理

编制绿色施工方案。该方案应在施工组织设计中独立成章，并按有关规定进行审批。

绿色施工方案应包括以下内容：

（1）环境保护措施。制订环境管理计划及应急救援预案，采取有效措施，降低环境负荷，保护地下设施和文物等资源。

（2）节材措施。在保证工程安全与质量的前提下，制订节材措施，如进行施工方案的节材优化、建筑垃圾减量化、尽量利用可循环材料等。

（3）节水措施。根据工程所在地的水资源状况制订节水措施。

（4）节能措施。进行施工节能策划，确定目标，制订节能措施。

（5）节地与施工用地保护措施。制订临时用地指标、施工总平面布置规划及临时用地节地措施等。

（三）实施管理

绿色施工应对整个施工过程实施动态管理，加强对施工策划、施工准备、材料采购、现场施工、工程验收等各阶段的管理和监督。

应结合工程项目的特点，有针对性地对绿色施工做相应的宣传，通过宣传营造绿色施工的氛围。

定期对职工进行绿色施工知识培训，增强职工绿色施工意识。

（四）评价管理

对照《绿色施工导则》的指标体系，结合工程特点，对绿色施工的效果及采用的新技术、新设备、新材料与新工艺进行自评估。

成立专家评估小组，对绿色施工方案、实施过程至项目竣工进行综合评估。

（五）人员安全与健康管理

制订施工防尘、防毒、防辐射等职业危害的措施，保障施工人员的长期职业健康。

合理布置施工场地，保护生活及办公区不受施工活动的有害影响。施工现场建立卫生急救、保健防疫制度，在安全事故和疾病疫情出现时提供及时救助。

提供卫生、健康的工作与生活环境，加强对施工人员的住宿、膳食、饮用水等生活与环境卫生等管理，明显改善施工人员的生活条件。

二、环境保护技术要点

（一）扬尘控制

运送土方、垃圾、设备及建筑材料等，不污损场外道路。运输容易散落、飞扬、流漏的物料的车辆，必须采取措施封闭严密，保证车辆清洁。施工现场出口应设置洗车槽。

土方作业阶段，采取洒水、覆盖等措施，达到作业区目测扬尘高度小于1.5 m，不扩散到场区外。

结构施工、安装装饰装修阶段，作业区目测扬尘高度小于0.5 m。对易产生扬尘的堆放材料应采取覆盖措施；对粉末状材料应封闭存放；场区内可能引起扬尘的材料及建筑垃圾搬运应有降尘措施，如覆盖、洒水等；浇筑混凝土前清理灰尘和垃圾时尽量使用吸尘器，避免使用吹风器等易产生扬尘的设备；机械剔凿作业时可用局部遮挡、掩盖、水淋等防护措施；高层或多层建筑清理垃圾应搭设封闭性临时专用道或采用容器吊运。

施工现场非作业区达到目测无扬尘的要求。对现场易飞扬物质采取有效措施，如洒水、地面硬化、围挡、密网覆盖、封闭等，防止扬尘产生。

构筑物机械拆除前，做好扬尘控制计划。可采取清理积尘、拆除体洒水、设置隔挡等措施。

构筑物爆破拆除前，做好扬尘控制计划。可采用清理积尘、淋湿地面、预湿墙体、屋面敷水袋、楼面蓄水、建筑外设高压喷雾状水系统、搭设防尘排栅和直升机投水弹等综合降尘。选择风力小的天气进行爆破作业。

在场界四周隔挡高度位置测得的大气总悬浮颗粒物（TSP）月平均浓度与城市背景值的差值不大于0.08 mg/m^3。

（二）噪音与振动控制

使用低噪音、低振动的机具，采取隔音与隔振措施，避免或减少施工噪音和振动。

（三）光污染控制

尽量避免或减少施工过程中的光污染。夜间室外照明灯加设灯罩，透光方向集中在施工范围。

电焊作业采取遮挡措施，避免电焊弧光外泄。

（四）水污染控制

施工现场污水排放应达到国家标准《污水综合排放标准》（GB 8978—1996）的要求。

在施工现场应针对不同的污水，设置相应的处理设施，如沉淀池、隔油池、化粪池等。

污水排放应委托有资质的单位进行废水水质检测，提供相应的污水检测报告。

保护地下水环境。采用隔水性能好的边坡支护技术。在缺水地区或地下水位持续下降的地区，基坑降水尽可能少地抽取地下水；当基坑开挖抽水量大于50万 m^3 时，应进行地下水回灌，并避免地下水被污染。

对于化学品等有毒材料、油料的储存地，应有严格的隔水层设计，做好渗漏液收集和处理。

（五）土壤保护

保护地表环境，防止土壤侵蚀、流失。因施工造成的裸土，及时覆盖砂石或种植速生草种，以减少土壤侵蚀；因施工造成容易发生地表径流土壤流失的情况，应采取设置地表排水系统、稳定斜坡、植被覆盖等措施，减少土壤流失。

沉淀池、隔油池、化粪池等不发生堵塞、渗漏、溢出等现象。及时清掏各类池内沉淀物，并委托有资质的单位清运。

对于有毒有害废弃物如电池、墨盒、油漆、涂料等应回收后交有资质的单位处理，不能作为建筑垃圾外运，避免污染土壤和地下水。

施工后应恢复施工活动破坏的植被（一般指临时占地内）。与当地园林、环保部门或当地植物研究机构进行合作，在先前开发地区种植当地或其他合适的植物，以恢复剩余空地地貌或科学绿化，补救施工活动中人为破坏植被和地貌造成的土壤侵蚀。

（六）建筑垃圾控制

制订建筑垃圾减量化计划，如住宅建筑，每万平方米的建筑垃圾不宜超过 400 t。

加强建筑垃圾的回收再利用，力争建筑垃圾的再利用和回收率达到 30%，建筑物拆除产生的废弃物的再利用和回收率大于 40%。对于碎石类、土石方类建筑垃圾，可采用地基填埋、铺路等方式提高再利用率，力争再利用率大于 50%。

施工现场生活区设置封闭式垃圾容器，施工场地生活垃圾实行袋装化，及时清运。对建筑垃圾进行分类，并收集到现场封闭式垃圾站，集中运出。

（七）地下设施、文物和资源保护

施工前应调查清楚地下各种设施，做好保护计划，保证施工场地周边的各类管道、管线、建筑物、构筑物的安全运行。

施工过程中一旦发现文物，立即停止施工，保护现场并通报文物部门并协助做好工作。

避让、保护施工场区及周边的古树名木。

逐步开展统计分析施工项目的 CO_2 排放量，以及各种不同植被和树种的 CO_2 固定量的工作。

三、节材与材料资源利用技术要点

（一）节材措施

图纸会审时，应审核节材与材料资源利用的相关内容，达到材料损耗率比定额损耗率降低 30%。

根据施工进度、库存情况等合理安排材料的采购、进场时间和批次，减少库存。

现场材料堆放有序。储存环境适宜，措施得当。保管制度健全，责任落实。

材料运输工具适宜，装卸方法得当，防止损坏和遗洒。根据现场平面布置情况就近卸载，避免和减少二次搬运。

采取技术和管理措施提高模板、脚手架等的周转次数。

优化安装工程的预留、预埋、管线路径等方案。

应就地取材，施工现场 500 km 以内生产的建筑材料用量占建筑材料总重量的 70% 以上。

（二）结构材料

推广使用预拌混凝土和商品砂浆。准确计算采购数量、供应频率、施工速度等，在施工过程中动态控制。结构工程使用散装水泥。

推广使用高强钢筋和高性能混凝土，减少资源消耗。

推广钢筋专业化加工和配送。

优化钢筋配料和钢构件下料方案。钢筋及钢结构制作前应对下料单及样品进行复核，无误后方可批量下料。

优化钢结构制作和安装方法。大型钢结构宜采用工厂制作，现场拼装；宜采用分段吊装、整体提升、滑移、顶升等安装方法，减少方案的措施用材量。

采取数字化技术，对大体积混凝土、大跨度结构等专项施工方案进行优化。

（三）围护材料

门窗、屋面、外墙等围护结构选用耐候性及耐久性良好的材料，施工确保密封性、防水性和保温隔热性。

门窗采用密封性、保温隔热性能、隔音性能良好的型材和玻璃等材料。

屋面材料、外墙材料具有良好的防水性能和保温隔热性能。

当屋面或墙体等部位采用基层加设保温隔热系统的方式施工时，应选择高效节能、耐久性好的保温隔热材料，以减小保温隔热层的厚度及材料用量。

屋面或墙体等部位的保温隔热系统采用专用的配套材料，以加强各层次之间的黏结或连接强度，确保系统的安全性和耐久性。

根据建筑物的实际特点，优选屋面或外墙的保温隔热材料系统和施工方式，如保温板粘贴、保温板干挂、聚氨酯硬泡喷涂、保温浆料涂抹等，以保证保温隔热效果，并减少材料浪费。

加强保温隔热系统与围护结构的节点处理，尽量降低热桥效应。针对建筑物的不同部位保温隔热特点，选用不同的保温隔热材料及系统，以做到经济适用。

（四）装饰装修材料

贴面类材料在施工前，应进行总体排版策划，减少非整块材料的数量。

采用非木质的新材料或人造板材代替木质板材。

防水卷材、壁纸、油漆及各类涂料基层必须符合要求，避免起皮、脱落。各类油漆及黏结剂应随用随开启，不用时及时封闭。

幕墙及各类预留预埋应与结构施工同步。

木制品及木装饰用料、玻璃等各类板材等宜在工厂采购或定制。

采用自粘类片材，减少现场液态黏结剂的使用量。

（五）周转材料

应选用耐用、维护与拆卸方便的周转材料和机具。

优先选用制作、安装、拆除一体化的专业队伍进行模板工程施工。

模板应以节约自然资源为原则，推广使用定型钢模、钢框竹模、竹胶板。

施工前应对模板工程的方案进行优化。多层、高层建筑使用可重复利用的模板体系，模板支撑宜采用工具式支撑。

优化高层建筑的外脚手架方案，采用整体提升、分段悬挑等方案。

推广采用外墙保温板替代混凝土施工模板的技术。

现场办公和生活用房采用周转式活动房。现场围挡应最大限度地利用已有围墙，或采用装配式可重复使用围挡封闭。力争工地临房、临时围挡材料的可重复使用率达到70%。

四、节水与水资源利用的技术要点

（一）提高用水效率

施工中采用先进的节水施工工艺。

施工现场喷洒路面、绿化浇灌不宜使用市政自来水。现场搅拌用水、养护用水应采取有效的节水措施，严禁无措施浇水养护混凝土。

施工现场供水管网应根据用水量设计布置，管径合理、管路简捷，采取有效措施减少管网和用水器具的漏损。

现场机具、设备、车辆冲洗用水必须设立循环用水装置。施工现场办公区、生活区的生活用水采用节水系统和节水器具，提高节水器具配置比率。项目临时用水应使用节水型产品，安装计量装置，采取针对性的节水措施。

施工现场建立可再利用水的收集处理系统，使水资源得到梯级循环利用。

施工现场分别对生活用水与工程用水确定用水定额指标，并分别计量管理。

大型工程的不同单项工程、不同标段、不同分包生活区，凡具备条件的应分别计量用水量。在签订不同标段分包或劳务合同时，将节水定额指标纳入合同条款，进行计量考核。

对混凝土搅拌站点等用水集中的区域和工艺点进行专项计量考核。施工现场建立雨水、中水或可再利用水的搜集利用系统。

（二）非传统水源利用

优先采用中水搅拌、中水养护，有条件的地区和工程应收集雨水养护。

处于基坑降水阶段的工地，宜优先采用地下水作为混凝土搅拌用水、养护用水、冲洗用水和部分生活用水。

现场机具、设备、车辆冲洗、喷洒路面、绿化浇灌等用水，优先采用非传统水源，尽量不使用市政自来水。

大型施工现场，尤其是雨量充沛地区的大型施工现场建立雨水收集利用系统，充分收集自然降水用于施工和生活中适宜的部位。

力争施工中非传统水源和循环水的再利用量大于30%。

（三）用水安全

在非传统水源和现场循环再利用水的使用过程中，应制订有效的水质检测与卫生保障措施，确保避免对人体健康、工程质量以及周围环境产生不良影响。

五、节能与能源利用的技术要点

（一）节能措施

制定合理施工能耗指标，提高施工能源利用率。

优先使用国家、行业推荐的节能、高效、环保的施工设备和机具，如选用变频技术的节能施工设备等。

施工现场分别设定生产、生活、办公和施工设备的用电控制指标，定期进行计量、核算、对比分析，并有预防与纠正措施。

在施工组织设计中，合理安排施工顺序、工作面，以减少作业区域的机具数量，相邻作业区充分利用共有的机具资源。安排施工工艺时，应优先考虑耗用电能的或其他能耗较少的施工工艺。避免设备额定功率远大于使用功率或超负荷使用设备的现象。

根据当地气候和自然资源条件，充分利用太阳能、地热等可再生能源。

（二）机械设备与机具

建立施工机械设备管理制度，开展用电、用油计量，完善设备档案，及时做好维修保养工作，使机械设备保持低耗、高效的状态。

选择功率与负载相匹配的施工机械设备，避免大功率施工机械设备低负载长时间运行。机电安装可采用节电型机械设备，如逆变式电焊机和能耗低、效率高的手持电动工具等，以利节电。机械设备宜使用节能型油料添加剂，在可能的情况下，考虑回收利用，节约油量。

合理安排工序，提高各种机械的使用率和满载率，降低各种设备的单位耗能。

（三）生产、生活及办公临时设施

利用场地自然条件，合理设计生产、生活及办公临时设施的体形、朝向、间距和窗墙面积比，使其获得良好的日照、通风和采光。南方地区可根据需要在其外墙窗设遮阳设施。

临时设施宜采用节能材料，墙体、屋面使用隔热性能好的材料，减少夏天空调、冬天取暖设备的使用时间及耗能量。

合理配置采暖、空调、风扇数量，规定使用时间，实行分段分时使用，节约用电。

（四）施工用电及照明

临时用电优先选用节能电线和节能灯具，临电线路合理设计、布置，临电设备宜采用自动控制装置。采用声控、光控等节能照明灯具。

照明设计以满足最低照度为原则，照度不应超过最低照度的 20%。

六、节地与施工用地保护的技术要点

（一）临时用地指标

根据施工规模及现场条件等因素合理确定临时设施，如临时加工厂、现场作业棚及材料堆场、办公生活设施等的占地指标。临时设施的占地面积应按用地指标所需的最低面积设计。

要求平面布置合理、紧凑，在满足环境、职业健康与安全及文明施工要求的前提下尽可能减少废弃地和死角，临时设施占地面积有效利用率大于 90%。

（二）临时用地保护

应对深基坑施工方案进行优化，减少土方开挖和回填量，最大限度地减少对土地的扰动，保护周边自然生态环境。

红线外临时占地应尽量使用荒地、废地，少占用农田和耕地。工程完工后，及时对红线外占地恢复原地形、地貌，使施工活动对周边环境的影响降至最低。

利用和保护施工用地范围内原有绿色植被。对于施工周期较长的现场，可按建筑永久绿化的要求，安排场地新建绿化。

（三）施工总平面布置

施工总平面布置应做到科学、合理，充分利用原有建筑物、构筑物、道路、管线为施工服务。

施工现场搅拌站、仓库、加工厂、作业棚、材料堆场等布置应尽量靠近已有交通线路或即将修建的正式或临时交通线路，缩短运输距离。

临时办公和生活用房应采用经济、美观、占地面积小、对周边地貌环境影响较小，且适合于施工平面布置动态调整的多层轻钢活动板房、钢骨架水泥活动板房等标准化装配式结构。生活区与生产区应分开布置，并设置标准的分隔设施。

施工现场围墙可采用连续封闭的轻钢结构预制装配式活动围挡，减少建筑垃圾，保护土地。

施工现场道路按照永久道路和临时道路相结合的原则布置。施工现场内形成环形通路，减少道路占用土地。

临时设施布置应注意远近结合（本期工程与下期工程），努力减少和避免大量临时建筑拆迁和场地搬迁。

七、发展绿色施工的新技术、新设备、新材料与新工艺

施工方案应建立推广、限制、淘汰公布制度和管理办法。发展适合绿色施工的资源利用与环境保护技术，对落后的施工方案进行限制或淘汰，鼓励绿色施工技术的发展，推动绿色施工技术的创新。

大力发展现场监测技术、低噪音的施工技术、现场环境参数检测技术、自密实混凝土施工技术、清水混凝土施工技术、建筑固体废弃物再生产品在墙体材料中的应用技术、新型模板及脚手架技术的研究与应用。

加强信息技术应用，如绿色施工的虚拟现实技术、三维建筑模型的工程量自动统计、绿色施工组织设计数据库建立与应用系统、数字化工地、基于电子商务的建筑工程材料、设备与物流管理系统等。通过应用信息技术，进行精密规划、设计、精心建造和优化集成，实现与提高绿色施工的各项指标。

实战演练

［2024 真题·单选］为保护环境，在土方作业阶段，施工现场作业区目测扬尘高度应小于（　　）。

A. 2.0 m　　B. 2.5 m

C. 1.5 m　　D. 3.0 m

［解析］土方作业阶段，采取洒水、覆盖等措施，达到作业区目测扬尘高度小于 1.5 m，不扩散到场区外。

［答案］C

［经典例题·单选］下列关于绿色施工技术措施的说法，正确的是（　　）。

A. 力争工地临房、临时围挡材料的可重复使用率达到 60%

B. 力争施工中非传统水源和循环水的再利用量大于 30%

C. 照明设计以满足最低照度为原则，照度不应超过最低照度的 30%

D. 平面布置合理、紧凑，尽可能减少废弃地和死角，临时设施占地面积有效利用率大于 70%

［解析］选项A错误，力争工地临房、临时围挡材料的可重复使用率达到70%。选项C错误，照明设计以满足最低照度为原则，照度不应超过最低照度的20%。选项D错误，平面布置合理、紧凑，尽可能减少废弃地和死角，临时设施占地面积有效利用率大于90%。

［答案］B

［经典例题·多选］下列关于环境保护的说法，正确的有（　　）。

A. 优先采用中水搅拌、中水养护，有条件的地区和工程应收集雨水养护

B. 建筑物拆除产生的废弃物的再利用和回收率大于30%

C. 使用低噪音、低振动的机具，采取隔音与隔振措施

D. 力争建筑垃圾的再利用和回收率达到40%

E. 施工现场500 km以内生产的建筑材料用量占建筑材料总重量的70%以上

［解析］选项B、D错误，加强建筑垃圾的回收再利用，力争建筑垃圾的再利用和回收率达到30%，建筑物拆除产生的废弃物的再利用和回收率大于40%。

［答案］ACE

第二节　施工现场环境管理

知识点1　施工现场文明施工要求

一、施工现场文明施工的具体要求

（1）现场围挡与封闭管理。施工现场应设置坚固、稳定、整洁、美观的围挡，高度一般为1.8～2.5 m，确保沿工地四周连续设置，无漏洞或不坚固问题。进出口处需设置大门和门卫值班室，实行封闭管理，人员需佩戴工作卡，车辆需经过冲洗设施清洗后方可进入。

（2）施工场地管理。施工场地需进行硬化处理，保持道路畅通，无积水，并设置排水设施。材料堆放应按总平面布置图规定位置放置，分类堆放并设置标牌，易燃易爆物品需严格管理。施工现场应保持整洁，做到“活完脚下清，工完场地清”。

（3）生活与办公区管理。施工作业区与办公、生活区需明显划分，宿舍和办公用房应符合防火等级要求，用电线路需规范敷设。宿舍内需提供个人物品储藏柜、垃圾桶等生活设施，并采取防暑降温和防蚊虫措施。

（4）安全与环保措施。施工现场需配备灭火器材，进行消防知识培训，动火作业需审批。采取综合措施治理扬尘，达到国家、省、市有关扬尘治理的相关要求。此外，还需制订防尘、防噪声、防光污染等措施，尽量减少对周边环境的影响。

（5）治安与卫生管理。施工现场需建立治安保卫制度，设置工人学习娱乐场所，并定期清理卫生。食堂需符合卫生要求，工作人员需持有健康证，生熟食分开堆放。

（6）标牌与宣传。施工现场需设置“五牌一图”，包括工程概况牌、管理人员名单及监督电话牌、消防保卫牌、安全生产牌、文明施工牌和施工现场总平面图。在显眼位置悬挂各类安全宣传标语和警示标志。

(7) 社区服务与扰民控制。夜间施工需申请批准，并采取措施减少噪声和光污染。施工现场不得焚烧有毒有害物质，运输垃圾时需防止遗撒。

(8) 成品保护与垃圾管理。施工现场需有严格的成品保护措施，严禁损坏、污染成品或堵塞管道。建筑垃圾需集中堆放并及时清理，禁止露天堆放水泥和石灰。

二、文明施工的"8S"管理理念

文明施工应贯彻的"8S"管理理念，是在"整理、整顿、清扫、清洁、素养、安全"这 6 个要素的基础上，进一步增加了"节约"和"学习"两大要素，从而形成完整的"8S"管理体系。

整理（seri）：区分必需品与非必需品，清除现场不需要的物品，减少浪费。

整顿（seiton）：将必需品按规定的地点、方法摆放整齐，并做好标识。

清扫（seiso）：保持工作区域的清洁，消除污染源。

清洁（seiketsu）：确保工作场所的每一个角落都干净、无废弃物。

素养（shitsuke）：培养员工良好的工作习惯和纪律性，提高整体素质。

安全（safety）：确保施工现场的安全，预防事故的发生。

节约（save）：合理利用资源，减少浪费，提高效率。

学习（study）：通过学习和培训，提升员工的专业技能和管理能力。

这种管理理念不仅适用于施工现场的管理，还能够提高工作效率、保障安全生产、减少资源浪费，并促进企业的可持续发展。

实战演练

[2024 真题 · 单选] 文明施工应贯彻的"8S"管理理念，是在整理、整顿、清扫、清洁、素养、安全"6S"管理要素的基础上，又增加了（　　）两大要素。

A. 监督和学习　　B. 节约和学习

C. 监督和供应　　D. 节约和供应

[解析] 文明施工应贯彻的"8S"管理理念，是在"整理、整顿、清扫、清洁、素养、安全"这 6 个要素的基础上，进一步增加了"节约"和"学习"两大要素，从而形成完整的"8S"管理体系。

[答案] B

[经典例题 · 单选] 施工现场文明施工围挡的高度不得小于（　　）。

A. 1.5 m　　B. 1.6 m

C. 1.7 m　　D. 1.8 m

[解析] 施工现场应采用封闭围挡，高度不得小于 1.8 m。

[答案] D

[经典例题 · 多选] 施工现场文明施工需设置"五牌一图"，其中"五牌"包括（　　）。

A. 工程概况牌　　B. 文明施工牌

C. 安全生产牌　　D. 消防保卫牌

E. 施工现场总平面图

[解析]“五牌”包括工程概况牌、管理人员名单及监督电话牌、消防保卫牌、安全生产牌、文明施工牌。

[答案] ABCD

知识点 2 施工现场环境保护措施

根据《建筑与市政工程绿色施工评价标准》(GB/T 50640—2023),环境保护评价指标包括控制项、一般项和优选项。

一、控制项

控制项是指绿色施工过程中必须达到要求的条款,控制项的相关内容如下。

(1) 绿色施工策划文件中应包含环境保护内容,并建立环境保护管理制度。

(2) 施工现场应在醒目位置设置环境保护标识。

(3) 施工现场的古迹、文物、树木及生态环境等应采取有效保护措施,制订地下文物保护应急预案。

二、一般项

一般项是指绿色施工过程中实施难度和要求适中的条款,一般项的相关内容如下。

扬尘控制应包括下列内容:

(1) 现场建立洒水清扫制度,配备洒水设备,并有专人负责。

(2) 对裸露地面、集中堆放的土方采取抑尘措施。

(3) 现场进出口设车胎冲洗设施和吸湿垫,保持进出现场车辆清洁。

(4) 易飞扬和细颗粒建筑材料封闭存放,余料回收。

(5) 拆除、爆破、开挖、回填及易产生扬尘的施工作业有抑尘措施。

(6) 高空垃圾清运采用封闭式管道或垂直运输机械。

(7) 遇有六级及以上大风天气时,停止土方开挖、回填、转运及其他可能产生扬尘污染的施工活动。

(8) 现场运送土石方、弃渣及易引起扬尘的材料时,车辆采取封闭或遮盖措施。

(9) 弃土场封闭,并进行临时性绿化。

(10) 现场搅拌设有密闭和防尘措施。

(11) 现场采用清洁燃料。

废气排放控制应包括下列内容:

(1) 施工车辆及机械设备废气排放符合国家年检要求。

(2) 现场厨房烟气净化后排放。

(3) 在环境敏感区域内的施工现场进行喷漆作业时,设有防挥发物扩散措施。

建筑垃圾处置应包括下列内容:

(1) 制订建筑垃圾减量化专项方案,明确减量化、资源化具体指标及各项措施。

(2) 装配式建筑施工的垃圾排放量不大于 200 t/万 m^2,非装配式建筑施工的垃圾排放量不大于 300 t/万 m^2。

（3）建筑垃圾回收利用率达到30%，建筑材料包装物回收利用率达到100%。

（4）现场垃圾分类、封闭、集中堆放。

（5）办理施工渣土、建筑废弃物等排放手续，按指定地点排放。

（6）碎石和土石方类等建筑垃圾用作地基和路基回填材料。

（7）土方回填不采用有毒有害废弃物。

（8）施工现场办公用纸两面使用，废纸回收，废电池、废硒鼓、废墨盒、剩油漆、剩涂料等有毒有害的废弃物封闭分类存放，设置醒目标志，并由符合要求的专业机构消纳处置。

（9）施工选用绿色、环保材料。

污水排放控制应包括下列内容：

（1）现场道路和材料堆放场地周边设置排水沟。

（2）工程污水和试验室养护用水处理合格后，排入市政污水管道，检测频率不应少于1次/月。

（3）现场厕所设置化粪池，化粪池定期清理。

（4）工地厨房设置隔油池，定期清理。

（5）工地生活污水、预制场和搅拌站等施工污水达标排放和利用。

（6）钻孔桩、顶管或盾构法作业采用泥浆循环利用系统，不得外溢漫流。

光污染控制应包括下列内容：

（1）施工现场采取限时施工、遮光或封闭等防治光污染措施。

（2）焊接作业时，采取挡光措施。

（3）施工场区照明采取防止光线外泄措施。

噪声控制应包括下列内容：

（1）针对现场噪声源，采取隔声、吸声、消音等降噪措施。

（2）采用低噪声施工设备。

（3）噪声较大的机械设备远离现场办公区、生活区和周边敏感区。

（4）混凝土输送泵、电锯等机械设备设置吸声降噪屏或其他降噪措施。

（5）施工作业面设置降噪设施。

（6）材料装卸设置降噪垫层，轻拿轻放，控制材料撞击噪声。

（7）施工场界声强限值昼间不大于70 dB（A），夜间不大于55 dB（A）。

三、优选项

优选项是指绿色施工过程中实施难度较大、要求较高的条款，优选项的相关内容如下。

（1）施工现场宜设置可移动厕所，并定期清运、消毒。

（2）施工现场宜采用自动喷雾（淋）降尘系统。

（3）施工场界宜设置扬尘自动监测仪，动态连续定量监测扬尘［总悬浮颗粒物（TSP），可吸入颗粒物（粒径小于或等于10 μm，PM10）］。

（4）施工场界宜设置动态连续噪声监测设施，保存昼夜噪声曲线。

（5）装配式建筑施工的垃圾排放量不宜大于140 t/万 m^2，非装配式建筑施工的垃圾排放量不宜大于 210 t/万 m^2。

(6) 建筑垃圾回收利用率宜达到 50%。

(7) 施工现场宜采用地磅或自动监测平台，动态计量建筑废弃物质量。

(8) 施工现场宜采用雨水就地渗透措施。

(9) 施工现场宜采用生态环保泥浆、泥浆净化器反循环快速清孔等环境保护技术。

(10) 施工现场宜采用水封爆破、静态爆破等高效降尘的先进工艺。

(11) 土方施工宜采用水浸法湿润土壤等降尘方法。

(12) 施工现场淤泥质渣土宜经脱水后外运。

实战演练

[2024 真题·单选] 根据绿色施工评价相关标准，在施工现场环境保护方面作为“控制项”应进行评价的内容是（　　）。

A. 采取限时施工和遮光措施　　B. 设置并清理现场厕所化粪池

C. 制订地下文物保护应急预案　　D. 制订建筑垃圾减量化计划

[解析] 控制项是指绿色施工过程中必须达到要求的条款，控制项的相关内容如下。①绿色施工策划文件中应包含环境保护内容，并建立环境保护管理制度；②施工现场应在醒目位置设置环境保护标识；③施工现场的古迹、文物、树木及生态环境等应采取有效保护措施，制订地下文物保护应急预案。

[答案] C

[经典例题·多选] 下列关于施工现场环境保护措施的说法，正确的有（　　）。

A. 土方回填不得采用有毒有害废弃物

B. 优选项中建筑垃圾产生量不应大于 300 t/万 m^2

C. 一般项中建筑垃圾产生量不宜大于 210 t/万 m^2

D. 有毒有害的废弃物应封闭分类存放

E. 一般项中建筑垃圾回收利用率应达到 30%

[解析] 选项 B 错误，优选项中建筑垃圾产生量不宜大于 210 t/万 m^2。选项 C 错误，一般项中建筑垃圾产生量不应大于 300 t/万 m^2。

[答案] ADE

第九章

国际工程承包管理

本章导学

本章包括“国际工程承包市场开拓”“国际工程承包风险及应对策略”“国际工程投标与合同管理”3节内容。

第一节讲述国际工程承包市场开拓，考生应重点掌握“国际工程承包相关政策”“国际工程承包市场进入”，考试题目大多考查书中原文，考生着重记忆即可。

第二节讲述国际工程承包风险及应对策略，包括国际工程承包过程中遇到的风险类型以及对应的应对策略两部分。

第三节讲述国际工程投标与合同管理，考生应重点掌握FIDIC《施工合同条件》《设计采购施工（EPC）/交钥匙工程合同条件》。

第一节　国际工程承包市场开拓

改革开放以来，随着国家“走出去”、共建“一带一路”战略的实施，我国对外承包工程持续高速发展，取得了令人瞩目的成就。在国际市场上，近年来我国对外工程承包完成营业额及新签合同额持续快速增长，中国逐步成为世界重要的工程服务提供商。

知识点 1　国际工程承包相关政策

一、《对外承包工程项目备案和立项管理办法》（商务部令 2024 年第 2 号）

本办法适用的对外承包工程项目（以下简称工程项目），是指中国境内注册企业（以下简称企业）承包的境外建设工程项目，包括工程的咨询、勘察、设计、监理、施工、采购安装、运营维护等。

（1）企业以投标或者议标方式承包一般项目的，应当在对外投标或者议标前完成工程项目备案。企业以其他方式承包一般项目的，应当在项目签约前完成工程项目备案。

（2）企业以投标或者议标方式承包特定项目的，应当在对外投标或者议标前完成工程项目立项。企业以其他方式承包特定项目的，应当在项目签约前完成工程项目立项。未经批准立项，企业不得擅自参与特定项目。

（3）商务主管部门应当对企业办理工程项目备案立项和信息报告情况开展监督检查。企业应当积极配合监督检查。

二、《商务部等 19 部门关于促进对外承包工程高质量发展的指导意见》（商合发〔2019〕273 号）

2019 年 9 月，商务部等 19 部门联合印发了《商务部等 19 部门关于促进对外承包工程高质量发展的指导意见》，该指导意见的主要内容如下。

（一）基本原则

（1）坚持企业主体。充分发挥市场在资源配置中的决定性作用，落实企业市场主体地位，鼓励有实力、有条件的各类所有制企业，不断提高跨国经营能力和国际化经营水平，按照市场原则和国际通行规则，积极稳妥地开展对外承包工程。

（2）坚持质量优先。加快形成对外承包工程发展新优势，实现由规模速度型向质量效益型发展转变。引导企业坚持开放、绿色、廉洁理念，聚焦重点、精雕细琢，注重生态环境保护，建设高质量、可持续、抗风险、价格合理、包容可及的基础设施等工程项目。

（3）坚持互利共赢。秉持共商共建共享原则，充分尊重和照顾各方利益关切，加强规划、政策和项目对接，积极开展第三方市场合作，通过对外承包工程推动相关国家和地区经济社会发展和民生改善。指导企业树立正确义利观，切实履行社会责任，深度融入当地社会。

（4）坚持规范有序。加强组织领导和统筹协调，完善管理机制，改革管理方式，强化行业自律，督促企业切实规范经营行为，维护良好市场秩序。坚持底线思维，构建综合性风险防控体系，积极防范和化解各类风险。

（二）加快形成对外承包工程发展新优势

（1）积极鼓励设计咨询“走出去”。引导有实力、有条件的工程设计咨询机构开展国际化经营，积极参与境外项目的勘察、规划、设计、咨询、造价、监理、项目管理等，加快与国际接轨步伐，不断提升国际竞争力，推动对外承包工程发展向产业链高端延伸。发挥工程设计、全过程工程咨询“走出去”对中国技术和标准以及建设施工“走出去”的引领带动作用，增添对外承包工程发展新动力。

（2）积极促进投建营综合发展。增强企业参与项目投融资和建成后运营管理的能力，鼓励金融机构按照市场化原则对有条件的建设-运营-移交（BOT）等政府和社会资本合作（PPP）类项目提供项目融资。鼓励企业以建营一体化、投建营一体化等多种方式实施项目，提高产业链参与度和在国际分工中的地位，逐步实现由建设施工优势为主向投融资、工程建设、运营服务的综合优势转变。

（3）积极依托国内优势产业支撑。推动对外承包工程与制造业“走出去”、境外经贸合作区建设等其他对外投资合作有机结合、相互促进。鼓励企业依托我国信息通信、电力、交通、化工、冶金、建材等行业的产业优势，特别是发挥上述行业在技术研发、装备制造等方面的全产业链优势，以及产品价格合理、服务高效快捷的比较优势，推动对外承包工程领域不断拓宽、层次逐步提高。

（4）积极培育创新发展动能。坚持创新引领，鼓励企业开展对外承包工程的管理创新、模式创新，注重新理念、新技术、新材料在对外承包工程领域的应用，把握数字化、网络化、智能化发展机遇，探寻对外承包工程新的增长动能和发展路径。推动企业加强跨国创新合作，增强创新能力，适应国际承包工程合作和竞争新趋势。

（5）积极提升可持续发展能力。按照国际普遍接受的规则标准，将可持续发展理念融入对外承包工程的项目选择、实施、管理等各方面，做优做精项目，促进资源节约和高效利用，确保项目经济、社会、环境可持续性，创建以高质量、可持续、技术先进、绿色环保等为核心的中国建设品牌。引导企业加强同项目所在国政府、企业和民众的沟通和利益融合，尊重当地风俗习惯，开展属地化经营，促进当地就业，注重环境保护，履行社会责任，实现持久发展。

（6）积极提高国际合作水平。坚持开放包容，鼓励在对外承包工程的设计咨询、造价咨询、投融资、工程建设标准化、建设施工和运营管理等方面，与有意愿的国家、国际组织、大型跨国企业、国际金融机构等开展三方合作、多边合作。通过多方参与，充分发挥各方潜能，实现优势互补、共赢发展。为企业以收购、参股、合资等方式与国际承包工程企业合作，在更高水平参与国际竞争创造便利化条件。

三、《国务院办公厅关于促进建筑业持续健康发展的意见》（国办发〔2017〕19号）

为贯彻落实《中共中央 国务院关于进一步加强城市规划建设管理工作的若干意见》，进一步深化建筑业“放管服”改革，加快产业升级，促进建筑业持续健康发展，为新型城镇化提供支撑，经国务院同意，提出该意见。该意见关于加快建筑业企业“走出去”提出以下举措。

（一）加强中外标准衔接

积极开展中外标准对比研究，适应国际通行的标准内容结构、要素指标和相关术语，缩小中国标准与国外先进标准的技术差距。加大中国标准外文版翻译和宣传推广力度，以“一带一路”战略为引领，优先在对外投资、技术输出和援建工程项目中推广应用。积极参加国际标准认证、交流等活动，开展工程技术标准的双边合作。到2025年，实现工程建设国家标准全部有外文版。

（二）提高对外承包能力

统筹协调建筑业“走出去”，充分发挥我国建筑业企业在高铁、公路、电力、港口、机场、油气长输管道、高层建筑等工程建设方面的比较优势，有目标、有重点、有组织地对外承包工程，参与“一带一路”建设。建筑业企业要加大对国际标准的研究力度，积极适应国际标准，加强对外承包工程质量、履约等方面管理，在援外住房等民生项目中发挥积极作用。鼓励大企业带动中小企业、沿海沿边地区企业合作“出海”，积极有序开拓国际市场，避免恶性竞争。

（三）加大政策扶持力度

加强建筑业“走出去”相关主管部门间的沟通协调和信息共享。到2025年，与大部分“一带一路”沿线国家和地区签订双边工程建设合作备忘录，同时争取在双边自贸协定中纳入相关内容，推进建设领域执业资格国际互认。综合发挥各类金融工具的作用，重点支持对外经济合作中建筑领域的重大战略项目。借鉴国际通行的项目融资模式，按照风险可控、商业可持续原则，加大对建筑业“走出去”的金融支持力度。

四、《企业境外投资管理办法》（国家发展和改革委员会令第11号）

为加强境外投资宏观指导，优化境外投资综合服务，完善境外投资全程监管，促进境外投资持续健康发展，维护我国国家利益和国家安全，根据《中华人民共和国行政许可法》《国务院关于投资体制改革的决定》《国务院对确需保留的行政审批项目设定行政许可的决定》等法律法规，制定本办法。本办法主要规定如下。

（1）投资主体依法享有境外投资自主权，自主决策、自担风险。

（2）投资主体开展境外投资，应当履行境外投资项目（以下简称项目）核准、备案等手续，报告有关信息，配合监督检查；开展境外投资，不得违反我国法律法规，不得威胁或损害我国国家利益和国家安全。

（3）实行核准管理的范围是投资主体直接或通过其控制的境外企业开展的敏感类项目。核准机关是国家发展改革委。实行备案管理的范围是投资主体直接开展的非敏感类项目，即涉及投资主体直接投入资产、权益或提供融资、担保的非敏感类项目。

（4）实行备案管理的项目中，投资主体是中央管理企业（含中央管理金融企业、国务院或国务院所属机构直接管理的企业）的，备案机关是国家发展改革委；投资主体是地方企业，且中方投资额3亿美元及以上的，备案机关是国家发展改革委；投资主体是地方企业，且中方投资额3亿美元以下的，备案机关是投资主体注册地的省级政府发展改革部门。

第九章

五、《企业境外经营合规管理指引》

合规是企业“走出去”行稳致远的前提，合规管理能力是企业国际竞争力的重要方面。为更好地服务企业开展境外经营，推动企业持续提升合规管理水平，国家发展改革委、外交部、商务部、中国人民银行、国资委、外汇局、全国工商联共同制定了《企业境外经营合规管理指引》。该指引主要规定如下。

（1）合规管理框架。企业应以倡导合规经营价值观为导向，明确合规管理工作内容，健全合规管理架构，制定合规管理制度，完善合规运行机制，加强合规风险识别、评估与处置，开展合规评审与改进，培育合规文化，形成重视合规经营的企业氛围。

（2）合规管理原则。

①独立性原则。企业合规管理应从制度设计、机构设置、岗位安排以及汇报路径等方面保证独立性。合规管理机构及人员承担的其他职责不应与合规职责产生利益冲突。

②适用性原则。企业合规管理应从经营范围、组织结构和业务规模等实际出发，兼顾成本与效率，强化合规管理制度的可操作性，提高合规管理的有效性。同时，企业应随着内外部环境的变化持续调整和改进合规管理体系。

③全面性原则。企业合规管理应覆盖所有境外业务领域、部门和员工，贯穿决策、执行、监督、反馈等各个环节，体现于决策机制、内部控制、业务流程等各个方面。

（3）合规管理要求。

①对外贸易中的合规要求：企业开展对外货物和服务贸易，应确保经营活动全流程、全方位合规，全面掌握关于贸易管制、质量安全与技术标准、知识产权保护等方面的具体要求，关注业务所涉国家（地区）开展的贸易救济调查，包括反倾销、反补贴、保障措施调查等。

②境外投资中的合规要求：企业开展境外投资，应确保经营活动全流程、全方位合规，全面掌握关于市场准入、贸易管制、国家安全审查、行业监管、外汇管理、反垄断、反洗钱、反恐怖融资等方面的具体要求。

③对外承包工程中的合规要求：企业开展对外承包工程，应确保经营活动全流程、全方位合规，全面掌握关于投标管理、合同管理、项目履约、劳工权利保护、环境保护、连带风险管理、债务管理、捐赠与赞助、反腐败、反贿赂等方面的具体要求。

④境外日常经营中的合规要求：企业开展境外日常经营，应确保经营活动全流程、全方位合规，全面掌握关于劳工权利保护、环境保护、数据和隐私保护、知识产权保护、反腐败、反贿赂、反垄断、反洗钱、反恐怖融资、贸易管制、财务税收等方面的具体要求。

（4）合规治理结构。企业可结合发展需要建立权责清晰的合规治理结构，在决策、管理、执行 3 个层级上划分相应的合规管理责任。

①企业的决策层应以保证企业合规经营为目的，通过原则性顶层设计，解决合规管理工作中的权力配置问题。

②企业的高级管理层应分配充足的资源建立、制定、实施、评价、维护和改进合规管理体系。

③企业的各执行部门及境外分支机构应及时识别归口管理领域的合规要求，改进合规管

理措施，执行合规管理制度和程序，收集合规风险信息，落实相关工作要求。

（5）合规行为准则。合规行为准则是最重要、最基本的合规制度，是其他合规制度的基础和依据，适用于所有境外经营相关部门和员工，以及代表企业从事境外经营活动的第三方。合规行为准则应规定境外经营活动中必须遵守的基本原则和标准，包括但不限于企业核心价值观、合规目标、合规的内涵、行为准则的适用范围和地位、企业及员工适用的合规行事标准、违规的应对方式和后果等。

（6）合规管理办法。企业应在合规行为准则的基础上，针对特定主题或特定风险领域制定具体的合规管理办法，包括但不限于礼品及招待、赞助及捐赠、利益冲突管理、举报管理和内部调查、人力资源管理、税务管理、商业伙伴合规管理等内容。

（7）合规考核。合规考核应全面覆盖企业的各项管理工作。合规考核结果应作为企业绩效考核的重要依据，与评优评先、职务任免、职务晋升以及薪酬待遇等挂钩。

（8）合规审计。企业合规管理职能应与内部审计职能分离。企业审计部门应对企业合规管理的执行情况、合规管理体系的适当性和有效性等进行独立审计。审计部门应将合规审计结果告知合规管理部门，合规管理部门也可根据合规风险的识别和评估情况向审计部门提出开展审计工作的建议。

实战演练

［2024 真题·多选］为加快形成对外承包工程发展新优势，国家鼓励建筑企业由建设施工优势为主向同时具有（　　）的综合优势转变。

A. 集成设计　　　　B. 投融资

C. 全过程工程咨询　　　　D. 工程建设

E. 运营服务

［解析］鼓励企业以建营一体化、投建营一体化等多种方式实施项目，提高产业链参与度和在国际分工中的地位，逐步实现由建设施工优势为主向投融资、工程建设、运营服务的综合优势转变。

［答案］BDE

［经典例题·单选］若地方企业进行境外投资，并且中方投资额达到 2 亿美元，则该投资项目的备案机关是（　　）。

A. 国家发展改革委

B. 投资主体注册地的省级政府发展改革部门

C. 商务部

D. 地方政府外事办公室

［解析］投资主体是地方企业，且中方投资额 3 亿美元及以上的，备案机关是国家发展改革委；投资主体是地方企业，且中方投资额 3 亿美元以下的，备案机关是投资主体注册地的省级政府发展改革部门。

［答案］B

知识点 2　国际工程承包市场进入

一、工程承包企业设立条件

企业进入国际市场进行工程承包时，需明确其是否在目标国设立分支机构，这将影响其投标资格。外国承包商是否需要在当地注册，反映了该国市场的开放程度。各国法律对承包企业的业务范围和投标资格要求不同。比较多个国家的法律可发现，大多数国家要求外国承包商在承揽工程前向当地政府注册，而少数开放程度较高的国家对此没有强制性要求。典型国家和地区国际市场工程承包企业设立要求见表 9-1-1。

表 9-1-1　典型国家和地区国际市场工程承包企业设立要求

国家和地区	要求注册	企业设立要求
新加坡	是	外国承包商在申请相应建筑资质以参与新加坡项目投标时，必须在新加坡注册一家分公司、个人所有企业或合伙制企业，然后才能向新加坡建设局进行申请
印度尼西亚	是	外国企业必须在印度尼西亚设立有限责任公司或代表机构，并获得该国公共工程部颁发的承包工程许可证，然后方可与项目业主签约
中国香港特别行政区	是	持有香港特别行政区政府发展局批准的承包商注册牌照的承包商才能参与政府工程的投标。海外投资企业可以通过不同的商业形式在香港特别行政区开展业务，如设立有限公司、分公司、代表处或联营公司
韩国	是	外国承包商在韩国承包工程项目之前，必须首先在韩国注册登记，并获得韩国相关部门对其企业资质的确认，方可承接由政府或企业在韩国招标的工程项目
巴西	是	外国公司在巴西实施工程项目时，需在巴西的联邦商会进行注册，如成立一家有限责任公司。完成注册后，还需在联邦、州和市级的税务机关进行登记
阿联酋	是	外国公司在阿布扎比开展承包工程业务需要注册登记，取得当地营业执照
印度	否	印度的工程市场对外国企业开放，不要求投标的外国公司在当地注册。外国公司可以直接投标，也可以与当地公司组建联合体进行投标
美国	否	在当地注册公司并非必要。然而，由于业主通常更倾向于与本国公司合作，所以外国公司在美国开展工程承包业务时，最好注册为当地公司，以便更顺利地开展业务

二、承包工程许可制度

国际工程承包商开展对外承包业务，必须取得目标市场国家和地区的许可，东道国的许可制度对于国际工程承包商有重要影响。大部分国家通过设立相应的资质等级管理制度对承揽的业务进行限制，根据资质等级的不同限定外国承包商从事的业务领域和规模，如新加坡、沙特阿拉伯等国。有些国家还对外国承包商实施的项目进行监管，要求承包商接受政府对承包项目的审查，如以色列。典型国家和地区建筑业管理机构和工程市场许可制度见表 9-1-2。

表 9-1-2 典型国家和地区建筑业管理机构和工程市场许可制度

国家和地区	主管部门	主要许可制度
新加坡	建设局	承包商资质分成 A1—C3（建筑工程类）、L1—L6（其他工程类）共 13 个等级。完成公司注册程序后，需到新加坡建设局（BCA）申领资质等级，个人公司或合伙制企业，首次只能申请 C1 和 L1 资质等级。取得资质等级后方可投标资质等级范围内的项目
中国香港特别行政区	香港特别行政区政府发展局	政府工程牌照分为 A、B、C 3 级。需取得香港特别行政区政府发展局批准的承包商牌照，才有资格参加政府工程的投标
马来西亚	建筑业发展局	外国承包商在马来西亚注册成立建筑工程公司需得到建筑业发展局批准，同时还要获得建筑承包等级证书。法律规定外国独资公司不能获得 A 级执照
印度尼西亚	公共工程部	外国承包商在印度尼西亚执行承包工程需获得许可，本国合作伙伴必须是具有 A 级资格的本国承包商协会或本国承包商联合会成员
沙特阿拉伯	城乡事务部	政府实施资质管理制度，将承包商分为 5 个等级，1 级为最高。相关政府机构和国有垄断企业还通过各种形式的短名单限定进入市场的承包商和主要设备材料供应商，构成进入壁垒
以色列	工业合作局	获准承包工程的企业需要到政府部门申请承包工程许可证，并接受工业合作局对承包工程的审查和项目监督

为保护本国建筑企业，一些国家要求外国承包商与本地企业合作才能获得许可。例如，马来西亚规定，外国独资公司无法获得 A 级执照，未持有 A 级执照的公司不能参与政府 1 000万马币以上项目的招标。因此，外国公司必须与当地企业合作才能成为 A 级公司。中国承包商在进入国际市场前，应研究目标市场的许可制度和限制，以避免竞争劣势。

三、项目招标投标

纵观国际工程市场，大多数国家和地区均建立了招标投标制度，并根据不同项目类型、资金来源等对招标投标方式做了明确规定。可将项目按照资金来源的不同划分为政府拨款、国际金融机构贷款以及私人筹资 3 种类型。

各国对政府拨款项目的招标投标均有严格规定。例如，新加坡政府工程建设项目，承包商只能按照建设局审定的资质等级所批准的工程类型及范围进行投标，不得跨级、跨范围投标；中国香港特别行政区政府规定所有政府发包项目必须进行公开招标，承包商按照招标要求进行投标；美国联邦政府和地方政府的工程项目也必须通过公开招标确定承包单位，但并不是所有政府拨款项目都要进行公开招标，如沙特阿拉伯规定 100 万沙特里亚尔（约合 27 万美元）以上的政府项目才必须进行公开招标，但具备资质的沙特阿拉伯当地公司享有优先权；摩洛哥虽然对绝大部分工程项目均采用国际公开招标方式，但国家财政出资的项目仅对在摩洛哥境内注册的公司开放。

国际金融机构（如世界银行、亚洲开发银行、非洲开发银行等）贷款项目多在发展中国家。这类项目要求必须按照国际金融机构的相关规定进行公开招标。

国际市场上私人投资项目的招标投标规定均相对宽松，招标投标限制较少或允许多种招标方式并存。例如，沙特阿拉伯规定私营项目可自行决定招标；新加坡也允许采用公开招标、邀请招标或议标等多种方式；美国对私营和民间投资项目并不限定承包商的范围，也不须公开招标，业主可自行选择设计者和承包商。

四、外籍劳务限制

中国开展国际工程承包是带动劳务输出的重要途径，不同国家有关外籍劳务输出的规定对中国工程承包企业开展投标策划、项目组织实施及人工费用有重要影响。

为了维护本地劳动力的就业权益，许多国家和地区都制定了严格的外籍劳务输入限制政策。这些限制通常包含 3 个主要环节：首先需要申请劳务输入配额，其次要办理居留签证，最后还需获取工作许可。同时，这些国家还会从多个维度对外籍劳务设置准入门槛，包括对其技术水平提出要求、核查工作经验、审核受教育程度、限定从业工种，并对就业期限做出明确规定。典型国家和地区对外籍劳务的规定见表 9-1-3。

表 9-1-3　典型国家和地区对外籍劳务的规定

国家和地区	对外籍劳务的规定
阿尔及利亚	本地缺乏熟练工人时方可雇用外籍工人，且应是至少有 10 年以上工作经验的技术工人。雇用外籍工人时，需向地方劳动部门提交申请获得外籍劳务指标，办理签证需经劳动就业部和外交部批准
摩洛哥	外国人赴摩洛哥工作须先取得职业和技能培训署出具的证明（证明该职业为摩洛哥市场所需且有雇用外国劳动者之必要），持此证明方可向就业和职业培训部就业局外国人就业处申请外籍工作合同
新加坡	外籍人员在新加坡工作，必须取得合法工作许可。政府规定建筑企业雇用外籍劳务的额度限制为 1∶7，即每雇用 1 名新加坡永久居民，可最多申请雇用 7 名外籍工人，并支付外劳税。建筑工人赴新加坡务工须先通过建设局组织的技术资格专门考试（北京等地设有考点）
中国香港特别行政区	对输入内地普通劳务人员执行严格的审批制度，仅限于香港业主迫切需要且在本地难以招到合适人员的岗位，对于业主申请资格和批准人数也有较高的要求
马来西亚	外国人在马来西亚工作必须获得工作许可。政府鼓励各类公司培训和使用本地员工，但因其国内劳动力短缺，允许包括建筑业在内的部分行业雇用外国劳工
印度尼西亚	一般只允许引进外籍专业人员，普通劳务人员不许引进。除保洁、保安、司机、矿场服务等少数工种外，不允许企业进行劳务外包
卡塔尔	卡塔尔劳动力短缺，体力劳动几乎均由外籍劳务承担。赴卡塔尔工作的外国人只能为担保人工作，未经允许不得更换担保人。中国与卡塔尔已签署《中华人民共和国政府和卡塔尔国政府关于规范卡塔尔雇佣中国劳务人员的协议》并附有经两国政府批准的标准劳务合同

续表

国家和地区	对外籍劳务的规定
以色列	对外籍劳务实行配额管理，在配额内按照工作许可制度办理相关手续。只有拥有永久居留权、临时居留权、B1（在以色列短期工作，领取报酬的外国人）或B4（在以色列从事无报酬自愿工作的外国人）签证的外国人可在以色列工作
美国	各州多要求建筑公司的技术管理人员优先从本地招募，需要先在当地报纸登载广告，经过面试没有招募到合格本地人的情况下，才能从国外雇用技术管理人员。有图纸签字权的设计师须取得当地专业执照，熟悉本专业技术规范，一般都会考虑雇用当地已取得专业执照的工程师

从表 9-1-3 可以看出，除本国缺少劳动力的国家，中国工程承包企业聘用国内普通劳务进入境外国际项目普遍存在困难，而专业技术人员参加国际工程则相对较为便利。因此，中国国际工程承包企业应周密论证项目劳务人员的构成和来源，掌握东道国劳动力的供应情况、技术水平及工资标准，搭建适合的由国内外人员共同组成的劳务队伍。

五、工程禁止领域

国际上多数国家或从保护本国工程承包企业或从涉及国家保密、安全等工程需要考虑，对外国承包商设置了不同程度的禁止领域，中国企业应该了解这些禁止领域，选择适合的业务领域。

各国政府对禁止领域的规定主要有两种情况。一种情况是政府明令禁止从事相关领域的工程承包，如以色列在国家安全等项目上禁止外国企业进入，对外国承包商的限制程度也较高。另一种情况是虽然对外国承包商没有规定禁止领域，但存在潜在限制，如美国对军事等工程进行严格限制，而印度尚未对中国企业开放承揽港口疏浚和船坞工程及军事控制区等敏感工程。

尽管各国给外国承包商设置了不同程度的禁止领域，但总体上范围较小，大多数国家为外国承包商提供了较为开放的工程市场。

总之，中国工程承包企业要顺利进入国际建筑市场，必须对东道国的企业设立、许可制度、招标投标、外籍劳务及禁止领域等诸多方面有全面了解。

实战演练

［2024 真题 · 多选］为了保护本地劳动力就业，世界上不少国家和地区对外籍劳务输入有严格限制，进入这些国家和地区承包工程的企业需要办理的事项有（　　）。

A. 申请劳务输入配额　　B. 申请居留签证

C. 申请获得政府担保　　D. 申请纳税证明

E. 申请工作许可

［解析］为了维护本地劳动力的就业权益，许多国家和地区都制定了严格的外籍劳务输入限制政策。这些限制通常包含 3 个主要环节：首先需要申请劳务输入配额，其次要办理居留签证，最后还需获取工作许可。同时，这些国家还会从多个维度对外籍劳务设置准入门槛，包括对其技术水平提出要求、核查工作经验、审核受教育程度、限定从业工种，并对就业期限做出明确规定。

［答案］ABE

第二节　国际工程承包风险及应对策略

知识点 1　国际工程承包风险

一、国际工程承包风险概述

国际工程承包风险是指对国际工程项目的工期、成本、质量、安全、性能保证等目标造成一定负面影响的，事前不能确定的干扰因素或事件，除了包括一般工程建设项目所面临的风险外，还包括由于工程处于另一国家而面临的国别风险。

二、国际工程承包过程中的主要风险

国际工程一般建设周期都比较长，涉及的风险因素众多，按形成风险因素的根源，并从便于管理的角度出发，可将国际工程承包风险划分为：合同风险、经济风险、技术风险、履约风险、质量风险、法律风险、市场风险、政治风险。

（一）合同风险

1. 招标文件风险

招标文件是承包商投标的主要依据。承包商在接到招标文件后必须认真研究其全部内容。因为在投标者须知、设计图纸、工程质量要求、合同条款以及工程量清单等中都存在着潜在的经济风险。承包商如对其研究不透，贸然投标，将导致以后履约过程中的多种风险。

2. 合同双方责、权、利不对等带来的风险

业主利用有利的主导地位和起草合同的便利条件，把较多风险转嫁给承包商，其主要表现为合同单方面的约束性，不对等的责、权、利条款；合同中缺少因第三方造成工期延误或经济损失的赔偿条款；缺少对业主方或监理工程师工作效率低或发出错误指令的制约条款等，往往会使承包商自始至终处于十分不利的地位，并在经济上蒙受不应有的损失。

3. 合同文件不严谨带来的风险

承包商在签订合同前未对合同进行评审或评审不认真，致使合同条款中存在较多不全面、不完善，以至于语言模糊、不严谨的问题，没有得到很好的识别和解决，给日后履约及工程索赔带来风险。

（二）经济风险

经济风险主要表现在付款、通货膨胀和汇率急剧变化等方面。经济风险一旦发生，会造成承包工程的经济效益急剧下降，承包商损失严重，所以也被称为“严重风险”。其具体包括：

（1）延时付款。业主延时付款而不予误期付款的利息，或虽有利息但利息率很低；汇率大幅度下降，致使原先签订的合同的实际支付额锐减。

（2）换汇控制。有的国家不允许将正当利润换成硬通货汇往国外，有的国家虽然允许换汇和寄出，但期限甚至比施工期还长。

（3）通货膨胀。多数国家都有此风险，有些国家的通货膨胀超过承包商的预期范围，如

果合同中没有调值条款或该条款写得太笼统，就会给承包商带来风险。

（4）保函风险。有些国家的业主要求承包商提交首次既付保函，承包商担保银行经常不认真审查而草率填写，承包商甚至不清楚保函中填写了什么内容，因而构成风险。

（三）技术风险

1. 验收规范风险

业主方没有明确提出工程所遵循的技术标准、质量验收规范等，将影响工程的阶段验收和交付验收，从而导致工程收尾、结算方面的风险。

2. 施工技术风险

施工过程出现与承包商自身技术专业能力不相适应的工程技术问题，项目经理部各专业间又存在不能及时协调的问题等；业主方/监理工程师的技术能力不适应，对于承包商所提出的需要他们解决的技术问题，不能及时给予答复，使工程被迫中断或进度放缓。

（四）履约风险

1. 业主方的风险

（1）合同履行过程中，业主方或监理工程师的工作效率低，不能及时解决现场发生的问题，不能及时批复承包商的报告文件，不能及时实施过程中的检验，甚至发出错误指令等导致工程进展缓慢和经济损失。

（2）有些经济不发达国家缺乏国际惯例意识，处理问题固执己见，使承包商不得不承受的一些经济损失。

（3）业主方经济状况恶化，导致履约能力差，无力支付工程款。

（4）业主方不诚信，不按合同规定进行工程结算，恶意拖欠工程款。

2. 承包商的风险

承包商不能准确把握合同要求，不能按合同要求履行自己的责任和义务，由于自方原因而工期拖延等，导致业主方的罚款或索赔。

（五）质量风险

原材料、工程设备质量不符合要求，施工人员违反操作规程等导致工程质量事故，进而导致工期拖延和经济、信誉损失。

（六）法律风险

海外工程项目面临多维度法律风险，主要涉及市场准入、商业存在、行政许可、工程法规、环保标准、税收制度、劳工政策、进出口管制及外汇管理等方面。中国企业在开展海外投资和工程承包时，有时会因对东道国法律法规认知不足或理解偏差，导致违规操作，引发严重后果。

（七）市场风险

当今国际工程承包市场正经历深刻变化。全球市场环境直接影响着工程承包企业的经营状况，这些影响主要体现在3个层面：首先，发展中国家的基础设施建设正面临严峻挑战。这些国家普遍存在财政资源短缺的问题，许多原本规划的基础设施投资计划不得不搁置，导致可承接的工程项目数量显著减少。其次，项目建设成本呈现全面上涨态势。国际供应链出现波动，不仅原材料价格大幅攀升，航运和物流费用也持续走高。同时，生产和生活物资价格的上涨，加上人工成本的提升，使得整体工程建设成本显著增加。最后，市场竞争环境日趋严峻。国际工程承包企业之间的同质化现象明显，导致企业不得不采取低价竞标策略。对中国企业而言，这种竞争态势使得海外市场空间逐渐收窄，企业盈利能力持续下降。

（八）政治风险

政治风险通常表现为政治形势的变化带来的风险，它包括工程项目所在国的政局是否稳定，会不会经常发生政权的更迭；有没有发生战争、动乱、内战的可能；周边国家政局是否稳定；政策上的稳定性和连续性如何，有没有没收外资、拒付债务的可能；工程项目所在国有没有发生大规模政治运动的可能；当地政府的办事效率如何，政府官员廉洁与否，当地工会组织对外国公司的态度，是否常用罢工手段向雇主提出各种要求等。政治风险一旦发生，对承包商来说常是无法控制和转移的，承包商遭受的损失极大，多数承包商是难以承受的，所以，政治风险也常被称为“致命风险”。承包商必须对政治风险给予高度的重视，认真做好市场调查、预测，结合承包商的实际做慎重决策。

实战演练

［经典例题·单选］关于国际工程承包风险的说法，正确的是（　　）。

A. 政治风险仅涵盖所在国的政治稳定性

B. 经济风险主要来自所在国的经济政策和产业结构

C. 市场风险与项目所在国的市场环境无关

D. 法律风险包括商业存在、劳工法律、进出口管制等多方面内容

［解析］选项 A 错误，政治风险通常表现为政治形势的变化带来的风险，它包括工程项目所在国的政局是否稳定，会不会经常发生政权的更迭；有没有发生战争、动乱、内战的可能；周边国家政局是否稳定；政策上的稳定性和连续性如何等。选项 B 错误，经济风险主要表现在付款、通货膨胀和汇率急剧变化等方面。选项 C 错误，市场风险直接受全球和项目所在国市场环境的影响。选项 D 正确，海外工程项目面临多维度法律风险，主要涉及市场准入、商业存在、行政许可、工程法规、环保标准、税收制度、劳工政策、进出口管制及外汇管理等方面。

［答案］D

［经典例题·多选］下列属于国际工程承包的市场风险因素的有（　　）。

A. 国际供应链原材料成本上涨

B. 项目建设过程中的通货膨胀

C. 项目所在国语言差异

D. 国际工程承包企业同质化竞争

E. 国际工程承包市场上基建投资计划搁浅导致项目数量减少

［解析］市场风险：当今国际工程承包市场正经历深刻变化。全球市场环境直接影响着工程承包企业的经营状况，这些影响主要体现在3个层面：首先，发展中国家的基础设施建设正面临严峻挑战。这些国家普遍存在财政资源短缺的问题，许多原本规划的基础设施投资计划不得不搁置，导致可承接的工程项目数量显著减少，选项E正确。其次，项目建设成本呈现全面上涨态势。国际供应链出现波动，不仅原材料价格大幅攀升，航运和物流费用也持续走高。同时，生产和生活物资价格的上涨，加上人工成本的提升，使得整体工程建设成本显著增加，选项A正确。最后，市场竞争环境日趋严峻。国际工程承包企业之间的同质化现象明显，导致企业不得不采取低价竞标策略，选项D正确。对中国企业而言，这种竞争态势使得海外市场空间逐渐收窄，企业盈利能力持续下降。

［答案］ADE

知识点 2 国际工程承包风险应对策略

一、国际工程承包法律风险应对策略

（1）加强所在国劳动法、公共合同法等法律的学习。在劳动用工方面，从工作时间、法定休息日、加班及加班工资、缺勤、带薪年休假、工伤、医疗卫生7个方面，掌握工程日常管理中所需要的法律知识，并严格依据合同与法律事实来处理与法律有关的问题，以减少非法管理等引起的劳动纠纷。

（2）注重证据的收集、整理和保存。劳动用工中涉及的合同、辞职和解聘、警告信、年假单等相关资料必须有书面资料且存档；施工中与业主的往来邮件、信函、会议纪要，施工现场的各类签认记录等要妥善保存，以便为以后的纠纷或索赔提供证据支持。

（3）入乡随俗、尊重所在国法律。事前防范，寻求与当地律师合作，对合作相对方资信能力、土地、房屋等进行尽职调查；识别合同中存在的风险条款及进行合同谈判；制订、修改劳资协议等，最大程度防止违约或纠纷的发生。

二、国际工程承包汇率风险应对策略

（1）全面收集影响汇率的各种风险因素，积极进行企业转型升级，提高产品附加值和利润率。相关企业要积极完成转型升级任务，促进自身的技术密集型的转型工作，从而以更高的技术含量和更高的产品附加值，促进企业在国际竞争中的健康发展。

（2）加强与境内外金融机构的合作，综合运用多种金融工具和手段应对汇率风险。首先，企业可以强化与专业金融机构的合作，通过接受专业机构的指导，提高汇率风险防范工作的科学性和有效性。其次，企业还可以利用汇率保险、远期外汇交易等金融工具，来规避可能出现的汇率风险。企业通过向保险公司投保或者远期外汇交易的方式，可以将风险转移分摊到保险公司及银行方面，从而提高企业自身的抗汇率风险能力。

（3）实施精细化的汇率风险管理，从细节方面提高企业抗汇率风险能力。在整个国际工程承包项目中，承包企业要根据项目的实际情况，进行针对性的细节把控，从而通过精细化的风险管理，规避汇率风险。首先，进行投标前的风险管理。承包企业应该从品质、能力和资本等方面对业主进行评估，避免与不良业主出现业务往来，并从工程的全生命周期进行考

量，从而规避汇率在一定时间中的变动而引发的风险。其次，进行投标和签订合同阶段的风险管理。在这一过程中，合同计价和结算时应尽可能选择硬货币，贷款货币则可选择软货币，并在考虑汇率波动和工程地人力、原料成本的基础上，订立好相关的合同文件，在合同中约定有利于规避汇率风险的条款。

实战演练

[经典例题·单选] 在国际工程承包风险应对策略中，关于汇率风险管理的措施，说法不正确的是（　　）。

A. 全面收集影响汇率的各种风险因素

B. 根据汇率风险规避原则，在合同中约定有利于规避汇率风险的条款

C. 采用人民币结算，完全避免外币兑换

D. 加强与境内外金融机构的合作，综合运用多种金融工具和手段应对汇率风险

[解析] 选项C错误，采用人民币结算并不能做到“完全避免外币兑换”，特别是在国际工程承包领域，往往涉及跨国交易，存在外币兑换的需求。

[答案] C

第三节　国际工程投标与合同管理

知识点 1　国际工程投标策略

一、投标决策前的准备工作

（一）项目的信息收集和跟踪选择

项目的跟踪和选择是对工程项目信息进行连续的收集、分析、判断，并根据项目的具体情况和营销策略，选择直至确定投标项目的过程。

（二）决策前的环境调查

投标环境是指招标工程项目所在国的政治、经济、法律、社会、自然条件等对投标和中标后履行合同有影响的各种宏观因素。

（1）政治方面：①政局是否稳定，有无发生政变、暴动或内战的因素；②与邻国关系如何，有无发生边境冲突或封锁边界的可能；③与中国的双边关系如何。

（2）经济方面：①工程项目所在国的经济发展情况和自然资源状况；②外汇储备情况及国际支付能力；③港口、铁路和公路运输以及航空交通与通信联络情况；④当地的科学技术水平。

（3）法律方面：①工程项目所在国的宪法；②与承包活动有关的经济法、工商企业法、建筑法、劳动法、税法、金融法、外汇管理法、经济合同法以及经济纠纷的仲裁程序等。

（4）市场方面：①建筑材料、施工机械设备、燃料、动力、水和生活用品的供应情况，价格水平，过去几年的批发物价和零售物价指数以及今后的变化趋势预测；②劳务市场状况，包括工人的技术水平、工资水平、有关劳动保险和福利待遇的规定，以及外籍工人是否

被允许入境；③外汇汇率；④银行信贷利率；⑤工程所在国的本国承包企业和注册的外国承包企业的经营情况等。

二、投标决策的分析方法

国际工程招标投标阶段的风险众多，需要有效地对其进行识别与分析，一般采用以下几种方法：

（1）定性分析法：通过对项目背景、目标、环境等因素进行定性分析，可以初步识别潜在的风险因素。

（2）专家评估法：通过咨询专业人士（如工程专家、经济专家等）的意见和经验，对项目进行评估和分析，从而发现可能存在的风险。

（3）数据统计分析法：利用历史数据和相关统计数据进行分析和比较，可以找出项目中存在的异常情况和趋势，进而预测和识别可能的风险点。

（4）网络调查法：通过网络调查和问卷调查等方式，收集相关人员的意见和建议，了解他们对项目的预期和担忧，从中发现潜在的风险因素。

（5）SWOT 分析法：通过分析项目和组织的内部优势（strengths）、劣势（weaknesses）、机会（opportunities）和威胁（threats），可以识别可能影响项目造价的风险因素，帮助制订相应的应对策略和措施。

三、投标的策略

（一）研究招标项目的整体特点

投标时，既要考虑自己公司的优势和劣势，也要分析招标项目的整体特点，根据工程的类别、施工条件等考虑报价策略。

（1）可提高报价的情形：①施工条件差（如场地狭窄、地处闹市）的工程；②专业要求高的技术密集型工程，而本公司这方面有专长，声望也高时；③总价低的小工程，以及自己不愿意做而被邀请投标时，不得不投标的工程；④特殊的工程，如港口码头工程、地下开挖工程等；⑤业主对于工期要求急的工程；⑥投标对手少的工程；⑦支付条件不理想的工程。

（2）应降低报价的情形：①施工条件好、工作简单、工程量大而一般公司都可以做的工程，如大量的土方工程、一般房建工程等；②附近有工程而本项目可利用该项目工程的设备、劳务或有条件短期突击完成的；③投标对手多、竞争力强时；④非急需工程；⑤工程支付条件好，如现汇支付。

（二）不平衡报价法

不平衡报价法也叫前重后轻法，是指一个工程项目的投标报价，在总价基本确定后，如何调整内部各个子目的报价，以期既不提高总价、不影响中标，又能在结算时得到更理想的经济效益。一般可以从以下几个方面考虑采用不平衡报价法：

（1）能够早日结账收款的子项目（如开办费、基础工程、土方开挖、桩基等）可以报得较高，以利资金周转；后期工程子项目（如机电设备安装、装饰、油漆等）可适当降低。

（2）经过工程量核算，预计今后工程量会增加的子项目，单价适当提高，这样在最终结算时可多赚钱，而将工程量完不成的子项目单价降低，工程结算时损失不大。

但是上述两点要统筹考虑，即对于工程量有错误的早期子项目，如果经过核对分析不可能完成工程量表中的数量，则不能盲目抬高报价，要具体分析比较后再定。

(3) 设计图纸不明确，估计修改后工程量要增加的，可以提高单价，而工程内容说不清楚的，则可降低报价。

(4) 暂定项目。暂定项目又叫任意项目或选择项目，对这类项目要具体分析，因为这一类子项目要开工后再由业主研究决定是否实施，由哪一承包商实施。如果工程不分标，只由一家承包商施工，则其中肯定要做的暂定项目单价可高些，不一定做的则应低些。如果工程分标，该暂定项目也可能由其他承包商施工，则不宜报高价，以免抬高总报价。

(5) 在单价包干混合式合同中，有某些子项目业主要求采用包干报价时，宜报高价。一则这类子项目多半有风险，二则这类子项目在完成后可全部按报价结账，即可以全部结算收回投资，而其余单价项目则可适当降低报价。

但是，不平衡报价一定要建立在对工程量仔细核对分析的基础上，特别是对于单价报得太低的子项目，如这类子项目实施过程中工程量增加很多，将对承包商造成重大损失。不平衡报价一定要控制在合理幅度内（一般可在10%左右），以免引起业主反对，甚至导致废标。

实战演练

[2024 真题 · 单选] 国际工程承包商在甄选项目、初步确定投标策略时，宜采用的方法是（　　）。

A. PERT 分析法　　B. LCC 评估法

C. LCA 评估法　　D. SWOT 分析法

[解析] SWOT 分析法：通过分析项目和组织的内部优势（strengths）、劣势（weaknesses）、机会（opportunities）和威胁（threats），可以识别可能影响项目造价的风险因素，帮助制订相应的应对策略和措施。

[答案] D

知识点 2 FIDIC 施工合同和设计—采购—施工（EPC）合同管理

FIDIC 合同条件是由国际咨询工程师联合会组织编撰的一系列合同的总称，包括《施工合同条件》(新红皮书)、《设计采购施工（EPC）/交钥匙工程合同条件》(银皮书）等。

(1) FIDIC《施工合同条件》(新红皮书）主要用于由业主设计的或由咨询工程师设计的房屋建筑工程和土木工程。新红皮书适用的工程范围为：①各类大型或复杂工程，主要工作为施工；②业主负责大部分设计工作；③由工程师来监理施工和签发支付证书；④按工程量表中的单价来支付完成的工程量（即单价合同）业主承担的风险较大。

(2)《设计采购施工（EPC）/交钥匙工程合同条件》(银皮书）适用于工厂建设之类的开发项目，是包含了项目策划、可行性研究、具体设计、采购、建造、安装、试运行等在内的全过程承包方式。

一、FIDIC《施工合同条件》(新红皮书)

FIDIC《施工合同条件》中“合同条件”又分为通用条件和专用条件两部分。通用条件是 FIDIC 合同条件的第一部分，具有广泛适用性，可以直接放入工程项目的招标文件中。专用条件是根据工程项目的专业特点及工程所在地的政治、经济、法律、自然条件等特点，针对通用条件中条款的规定加以具体说明。新红皮书的通用条件共 20 条 163 款，概括了工程项目施工阶段业主、承包商双方的主要权利和义务，工程师的主要职责与权利，各种可能预见事件发生的责任界限，正常履行合同过程中各方应遵守的工程程序，以及因意外事件而使合同被迫终止时各方应遵守的工作准则等，主要内容如下。

（一）一般规定

1. 专用词语定义

（1）合同协议书。合同协议书是合同当事人为明确双方享受的权利和应尽的义务而达成的协议。除非双方另有协议，否则双方应在承包商收到中标函后的 28 天内签订合同协议书。

（2）中标函。中标函是业主对投标文件签署的正式接收函，包括其后所附的备忘录（由合同各方达成并签订的协议构成）。

（3）开工日期。开工日期是工程师通知承包商开工的日期。承包商在收到中标函后 42 天内，应开始施工，工期应从这天起开始计算。工程师应在不少于 7 天前向承包商发出“开工日期”的通知，通知书上写明的日期就是开工日期。

（4）中标合同金额。中标合同金额是业主在中标函中接受的，为工程施工、竣工和修补任何缺陷而支付给承包商的价格。

（5）合同价格。合同价格是业主用于支付承包商按照合同约定完成承包范围内全部工作的实际工程款，包括合同履行过程中按合同约定发生的价格变化。

（6）成本（费用）。成本（费用）是承包商为完成合同规定的施工任务、在现场内外发生的或将要发生的全部合理开支，包括管理费和类似支出，但不包括利润。

（7）费用加利润。在合同条件中，包含“费用加上合理利润的”短语的规定，都要求该利润为该费用的 1/20（5%）。

2. 文件的优先次序

合同文件有优先次序，构成合同的各个合同文件应互做说明、互为补充，这样便于解释合同文件的相关内容。合同文件的优先顺序排列如下：①合同协议书（如有时）；②中标函；③投标函；④专用合同条件；⑤通用合同条件；⑥规范；⑦图纸；⑧资料表以及其他任何构成合同一部分的文件。

（二）合同各方主体的基本义务和权利

1. 业主的基本义务和权利

（1）业主向承包商提供施工现场的义务（现场进入权）。

（2）业主向承包商提供的协助和配合义务。业主应尽其所能提供合理协助，以便承包商办理其需要获取的各项许可、执照与批准，如运输货物、出入关和设备离开现场时所需的许可。

（3）业主对其资金安排向承包商通知的义务。业主应在收到承包商的请求后 28 天内向承包商提供合理的证据，证明其工程款资金到位，且有能力按时向承包商支付工程款。

（4）业主的索赔权。承包商的违约给业主造成损失，业主有权向承包商提出索赔。

2. 工程师的基本义务和权利

工程师无权修改合同以及解除任何一方依照合同具有的任何职责、义务或责任，以及工程师的任何批准、审查、证书、同意、审核、检查、指示、通知、建议、请求、检验或类似行为（包括没有否定），不能解除承包商依照合同应具有的任何责任，包括对其错误、漏项、误差以及未能遵守合同的责任。

3. 承包商的基本义务和权利

（1）承包商的基本义务。承包商应按照合同要求和工程师的指示，完成合同中规定的由承包商负责的部分或全部工程。同时，修补工程中的任何缺陷，并按照规定提供相应的生产设备、承包商文件、承包商人员、货物、消耗品、其他物品和服务等。

（2）承包商应承担的主要责任。①对现场施工作业、施工方法负责。②对全部工程施工质量负责。③对全部承包商文件、临时工程及合同规定的生产设备和材料的设计负责。④对合同规定的部分工程的设计负责，并为该部分工程的图纸、施工质量、竣工文件、操作维护手册等负责。

（3）承包商应按投标书附录规定的金额和币种提供履约担保。

（4）承包商代表作为承包商实际驻场的管理人员，应被赋予按合同所需要的、代表承包商工作时的一切权力。

（5）承包商不得将整个工程分包出去。承包商应对任何分包商、分包商代理人及分包商雇员的行为或违约负责。

（6）承包商应依据合同的规定或工程师的指示，为可能被雇佣在现场或现场附近从事FIDIC《施工合同条件》（新红皮书）未包括工作的人员（包括业主人员、其他承包商及其人员、某些公共当局的工作人员）提供适当的工作条件。

（7）承包商应为其所需的专用或临时道路（包括进场道路的通行权）承担全部费用和开支。

（8）承包商应避免工程的实施对公众便利，对所有道路和人行道的进入、使用和占用产生不必要或不当的干扰。

（9）承包商应提前21天通知工程师其所需的任何生产设备或每项其他主要货物的进场日期，承包商应负责工程需要的所有货物和其他物品的包装、装货、运输、接收、卸货、存储和保护。

（10）承包商应采取一切适当的措施，保护施工现场内外的环境，并限制因其施工作业产生的污染、噪声以及其他后果对公众和财产造成的损害和妨害。

（三）工程施工进度管理

1. 工程开工和竣工

工程师应在不少于7天前向承包商发出开工日期的通知。除非专用条件中另有说明，开工日期应在承包商收到中标函后42天内。承包商应在开工日期后，在合理可能的情况下尽早开始工程的实施，随后应以正当速度，不拖延地进行工程。

2. 工程进度计划

承包商在收到开工日期通知后28天内应向工程师递交一份详细的进度计划。承包商可以在投标阶段准备其进度计划，并可在谈判过程中或在收到中标通知书和签署合同协议书的过程中计划工程。

3. 工程竣工时间的延长

如果出现下述任何原因致使承包商的竣工在一定程度上遭到或将要遭到延误，承包商可要求延长竣工时间。

(1) 一项工程变更（除非已对竣工时间做出调整）或其他合同中包括的任何一项工程数量上的实质性变化。

(2) 导致承包商根据 FIDIC《施工合同条件》（新红皮书）条件的某条款有权获得延长工期的延误原因。

(3) 异常不利的气候条件。

(4) 传染病或其他政府行为导致人员或货物的可获得的不可预见的短缺。

(5) 由业主、业主人员或现场中业主的其他承包商直接造成的或认为属于其责任的任何延误、干扰或阻碍。

如果承包商认为他有权获得竣工时间的延长，承包商应按索赔条款的规定，向工程师发出通知。当确定每一延长时间时，工程师应复查以前的决定并可增加（但不应减少）整个延期时间。

4. 工程暂停

(1) 工程暂停。工程师可随时指示承包商暂停进行部分或全部工程。暂停期间，承包商应保护、保管以及保障该部分或全部工程免遭任何损蚀、损失或损害。工程师还应通知停工原因。

(2) 暂停引起的后果。如果承包商在遵守工程师所发出的指示以及/或在复工时遭受了延误和/或导致了费用，则承包商应通知工程师并有权要求获得任何延长的工期，如果竣工已经或将被延误，以及支付任何有关费用，并将之加入合同价格。在接到此通知后，工程师应对此事做出商定或决定。如果以上后果是由承包商错误的设计、工艺或材料引起的，或由于承包商未能采取保护、保管及保障措施引起的，则承包商无权获得为修复上述后果所需的延期和招致的费用。

(3) 持续的暂停。如果工程暂停已持续 84 天以上，承包商可要求工程师同意继续施工。若在接到上述请求后 28 天内工程师未给予许可，则承包商可以通知工程师将把暂停影响到的工程视为工程变更和调整。如果此类暂停影响到整个工程，承包商可发出通知，提出终止合同。

5. 工程复工

在接到继续工作的许可或指示后，承包商应和工程师一起检查受到暂停影响的工程以及永久设备和材料。承包商应修复在暂停期间发生在工程、永久设备或材料中的任何损蚀、缺陷或损失。

(四) 工程接收

1. 对工程和区段的接收

除未能通过竣工检验所述情况外，当工程根据合同已竣工，包括竣工时间中所述事宜

（下段①所述情况除外）且已颁发或认为已颁发工程接收证书时，业主应接收工程。承包商可在他认为工程将完工并准备移交前14天内，向工程师发出申请接收证书的通知。如果工程分为区段，则承包商应同样为每一区段申请接收证书。

工程师在收到承包商的申请后28天内：①应向承包商颁发接收证书，说明根据合同工程或区段完工的日期，但某些不会实质影响工程或区段按其预定目的使用的扫尾工作以及缺陷除外（直到或当该工程已完成且已修补缺陷时）；②或者驳回申请，提出理由并说明为使接收证书得以颁发承包商尚需完成的工作。随后承包商应在再一次发出申请通知前，完成此类工作。

若在28天期限内工程师既未颁发接收证书也未驳回承包商的申请，而当工程或区段（视情况而定）基本符合合同要求时，应视为在上述期限内的最后一天已经颁发了接收证书。

2. 对部分工程的接收

在业主的决定下，工程师可以为部分永久工程颁发接收证书。业主不得使用工程的任何部分（合同规定或双方协议的临时措施除外），除非且直至工程师已颁发了该部分的接收证书。但是，如果在接收证书颁发前业主确实使用了工程的任何部分：

（1）该被使用的部分自被使用之日，应视为已被业主接收。

（2）承包商应从使用之日起停止对该部分的照管责任，此时，责任应转给业主。

（3）当承包商要求时，工程师应为此部分颁发接收证书。工程师为此部分工程颁发接收证书后，应尽早给予承包商机会以使其采取可能必要的步骤完成任何尚未完成的竣工检验，承包商应在缺陷通知期期满前尽快进行此类竣工检验。

（五）工程缺陷责任

1. 完成扫尾工作和修补缺陷

承包商应在工程师指定的一段合理时间内完成至接收证书注明的日期时尚未完成的任何工作；按照业主（或业主授权的他人）指示，在工程或区段的缺陷通知期期满之日或之前（视情况而定）实施补救缺陷或损害所必需的所有工作。若出现任何此类缺陷或发生损坏的情况，业主（或业主授权的他人）应立即通知承包商。

2. 缺陷通知期的延长

如果且在一定程度上工程、区段或主要永久设备（视情况而定，并且在接收以后）由于缺陷或损害而不能按照预定的目的进行使用，则业主有权要求延长工程或区段的缺陷通知期，但缺陷通知期的延长不得超过2年。如果永久设备和（或）材料的运送以及（或）安装工作发生了暂停，则承包商的义务不适用于永久设备和（或）材料的缺陷通知期期满2年后发生的任何缺陷或损害的情况。

3. 未能补救缺陷

如果承包商未能在某一合理时间内修补任何缺陷或损害，业主（或业主授权的他人）可确定某一日期，规定在该日或该日之前修补缺陷或损害，并且应向承包商发出合理的通知。

（六）工程测量和估价

1. 需测量的工程

应对工程进行测量并确定其支付价值。当工程师要求对工程的任何部分进行测量时，他应合理地通知承包商的代表，承包商的代表应：

（1）立即参加或派1名合格的代表协助工程师进行测量。

（2）提供工程师所要求的全部详细资料。

如果承包商未能参加或派出1名代表，则由工程师（或工程师授权的他人）进行的测量应被视为准确地测量而接受。

2. 工程估价

工程师应通过对每一项工作的估价，与合同双方商定或决定合同价格。每项工作的估价是依据商定或决定的测量数据乘以此项工作的相应价格费率或价格得到的。

对每一项工作，该项合适的费率或价格应该是合同中对此项工作规定的费率或价格，或者如果没有该项，则为对其类似工作所规定的费率或价格。但在下列情况下，可以规定新的费率或价格：

（1）该项工作实际测量的工程量比工程量表或其他报表中规定的工程量的变动大于10%；工程量的变更与对该项工作规定的具体费率的乘积超过了接受的合同款额的0.01%；工程量的变更直接造成该项工作每单位工程量费用的变动超过1%；该项工作不是合同中规定的“固定费率项目”。

（2）合同中对该项工作未规定费率或价格。

（七）工程变更和调整

1. 工程变更内容

在颁发工程接收证书前的任何时间，工程师可通过发布指示或以要求承包商递交建议书的方式，提出变更。

承包商应执行每项变更并受每项变更的约束，除非承包商马上通知工程师（并附具体的证明资料）并说明承包商无法得到变更所需的货物。在接到此通知后，工程师应取消、确认或修改指示。每项变更可包括：

（1）对合同中任何工作的工程量的改变（此类改变并不一定必然构成变更）。

（2）任何工作质量或其他特性上的变更。

（3）工程任何部分标高、位置和（或）尺寸上的改变。

（4）省略任何工作，除非它已被他人完成。

（5）永久工程所必需的任何附加工作、永久设备、材料或服务，包括任何联合竣工检验、钻孔和其他检验以及勘察工作。

（6）工程的实施顺序或时间安排的改变。

承包商不应对永久工程做任何更改或修改，除非且直到工程师发出指示或同意变更。

2. 变更程序

如果工程师在发布任何变更指示之前要求承包商提交1份建议书，则承包商应尽快做出书面反应，要么说明理由为何不能遵守指示（如果未遵守时），要么提交：①将要实施的工作的说明书以及该工作实施的进度计划；②承包商对进度计划和竣工时间做出任何必要修改的建议书；③承包商对变更估价的建议书。

工程师在接到上述建议后，应尽快予以答复，说明批准与否或提出意见。在等待答复期间，承包商不应延误任何工作。

3. 暂定金额

每一笔暂定金额仅按照工程师的指示全部或部分地使用，并相应地调整合同价格。支付给承包商的此类总金额仅应包括工程师指示的且与暂定金额有关的工作、供货或服务的款项。对于每一笔暂定金额，工程师可指示：

（1）由承包商实施工作（包括提供永久设备、材料或服务），并进行估价。

（2）由承包商从指定分包商处或其他人处购买永久设备、材料或服务，并应加入合同价格。

当工程师要求时，承包商应出示报价单、发票、凭证以及账单或收据，以示证明。

4. 计日工

对于数量少或偶然进行的零散工作，工程师可以指示规定在计日工的基础上实施任何变更。对于此类工作应按合同中包括的计日工报表中的规定进行估价。

5. 法规变化引起的调整

如果在基准日期以后，能够影响承包商履行其合同义务的工程所在国的法律（包括新法律的实施以及现有法律的废止或修改）或对此法律的司法的或官方政府的解释的变更导致费用的增减，则合同价格应做出相应调整。

（八）合同价格和支付

1. 合同价格

（1）合同价格应根据工程估价来商定或决定，并应根据 FIDIC《施工合同条件》（新红皮书）对其进行调整。

（2）承包商应支付根据合同其应支付的所有税费、关税和费用，而合同价格不应因此类费用进行调整。

（3）工程量清单或其他报表中可能列出的任何工程量仅为估算的工程量，不得将其视为：①要求承包商实施的工程的实际或正确的工程量；②用于工程测量和估价的目的实际或正确的工程量。

（4）在开工日期开始后 28 天之内，承包商应该向工程师提交对资料表中每一项总价款项的价格分解建议表。

2. 期中支付

在业主收到并批准了履约保证之后，工程师才能为任何付款开具支付证书。此后，在收到承包商的报表和证明文件后 28 天内，工程师应向业主签发期中支付证书，列出他认为应支付承包商的金额，并提交详细证明资料。业主支付期中支付证书中开具的款额，其付款时间是在工程师收到报表及证明文件之日起 56 天内。

3. 最终支付

在收到最终报表及书面结清单后 28 天内，工程师应向业主发出 1 份最终支付证书，说明：①最终应支付的款额；②在对业主以前支付过的款额与业主有权得到的全部金额加以核算后，业主还应支付给承包商，或承包商还应支付给业主（视情况而定）的余额（如有时）。

如果承包商未申请最终支付证书，工程师应要求承包商提出申请。如果承包商未能在

28 天期限内提交此类申请，工程师应对其公正决定的应支付的此类款额颁发最终支付证书。业主应在收到工程师签发的最终支付证书之日起 56 天内，向承包商付款。

（九）不可抗力

1. 定义

“不可抗力”是指如下所述的特殊事件或情况：①一方无法控制的；②在签订合同前该方无法合理防范的；③情况发生时，该方无法合理回避或克服的；④不是由另一方造成的。

只要满足上述①至④条所述的条件，不可抗力可包括（但不限于）下列特殊事件或情况：

（1）战争、敌对行动（不论宣战与否）、入侵、外敌行动。

（2）叛乱、恐怖活动、革命、暴动、军事政变或篡夺政权，或内战。

（3）暴乱、骚乱、混乱、罢工或停业，完全局限于承包商的人员以及承包商和分包商的其他雇员中间的事件除外。

（4）军火、炸药、离子辐射或放射性污染，由于承包商使用此类军火、炸药、辐射或放射性的情况除外。

（5）自然灾害，如地震、飓风、台风或火山爆发。

2. 不可抗力引起的后果

如果由于不可抗力，承包商无法依据合同履行他的任何义务，而且已经发出了相应的通知，并且由于承包商无法履行此类义务而使其遭受工期的延误和（或）费用的增加，则承包商有权：①根据竣工时间延长的规定，就任何此类延误获得延长的工期（如果竣工时间已经或将要被延误）；②可获得任何此类费用的支付款额（如果发生了符合不可抗力的定义中第（1）～（4）项所描述的事件或情况，以及如果在工程所在国发生了如不可抗力的定义中第（2）～（4）项所述的事件或情况）。在收到此类通知后，工程师应对上述事宜表示同意或做出决定。

（十）工程索赔、争端和仲裁

1. 承包商的索赔

如果承包商根据 FIDIC《施工合同条件》（新红皮书）条件的任何条款或参照合同的其他规定，认为他有权获得任何竣工时间的延长和（或）任何附加款项，他应通知工程师，说明引起索赔的事件或情况。该通知应尽快发出，并应不迟于承包商开始注意到，或应该开始注意到这种事件或情况之后28 天。如果承包商未能在 28 天内发出索赔通知，竣工时间将不被延长，承包商将无权得到附加款项，并且业主将被解除有关索赔的一切责任。承包商还应提交一切与此类事件或情况有关的任何其他通知（如果合同要求），以及索赔的详细证明报告。

承包商应在现场或工程师可接受的另一地点保持用以证明任何索赔可能需要的同期记录。工程师在收到发出的上述通知后，在不必事先承认业主责任的情况下，监督此类记录的进行，并（或）可指示承包商保持进一步的同期记录。承包商应允许工程师审查所有此类记录，并应向工程师提供复印件（如果工程师指示的话）。

在承包商开始注意到，或应该开始注意到，引起索赔的事件或情况之日起 42 天内，或在承包商可能建议且由工程师批准的此类其他时间内，承包商应向工程师提交1份足够详细的索赔，包括1份完整的证明报告，详细说明索赔的依据以及索赔的工期和（或）索赔的金额。

2. 工程争端解决

如果在合同双方之间产生起因于合同或实施过程或与之相关的任何争端（任何种类），包括对工程师的任何证书的签发、决定、指示、意见或估价的任何争端，任一方可以将此类争端事宜以书面形式提交争端避免/裁决委员会（DAAB），供其裁定，并将副本送交另一方和工程师。

合同双方应立即向DAAB提供为对此类争端进行裁决的目的而可能要求的所有此类附加资料、进一步的现场通道和适当的设施。争端避免/裁决委员不应被视为仲裁人。在DAAB收到上述争端事宜的提交后84天内，或在DAAB建议并由双方批准的此类其他时间内，DAAB应做出决定，该决定应是合理的。

如果合同双方中任一方对DAAB的裁决不满意，则他可在收到该决定的通知后第28天内或此前将其不满通知对方。如果DAAB未能在其收到此类不满通知后84天（或其他批准的时间）内做出决定，那么合同双方中的任一方均可在上述期限期满后28天之内将其不满通知对方。

3. 友好解决

已发出表示不满的通知后，合同双方在仲裁开始前应尽力以友好的方式解决争端。除非合同双方另有协议，否则，仲裁将在表示不满的通知发出后第56天或此后开始，即使双方未曾做过友好解决的努力。

4. 仲裁

除非通过友好解决，否则如果DAAB有关争端的决定（如有时）未能成为最终决定并具有约束力，那么此类争端应由国际仲裁机构最终裁决。除非合同双方另有协议，否则：①该争端应根据国际商会的仲裁规则被最终解决；②该争端应由3位仲裁人裁决。

仲裁人应有全权公开、审查和修改工程师的任何证书的签发、决定、指示、意见或估价，以及任何DAAB有关争端事宜的决定。

合同双方的任一方在上述仲裁人的仲裁过程中均不受以前为取得DAAB的决定而提供的证据或论据或其不满意通知中提出的不满理由的限制。在仲裁过程中，可将DAAB的决定作为一项证据。

工程竣工之前或之后均可开始仲裁。但在工程进行过程中，合同双方、工程师以及DAAB的各自义务不得因任何仲裁正在进行而改变。

二、《设计采购施工（EPC）/交钥匙工程合同条件》（银皮书）

《设计采购施工（EPC）/交钥匙工程合同条件》（银皮书）适用的工程范围为：①私人投资项目，如BOT项目（地下工程太多的工程除外）固定总价不变的交钥匙合同，并按里程碑方式支付；②业主代表直接管理项目实施过程，采用较宽松的管理方式，但严格竣工检验和竣工后检验，以保证完工质量的项目；③项目风险大部分由承包商承担，但业主愿意为此多付出一定费用的项目。

《设计采购施工（EPC）/交钥匙工程合同条件》（银皮书）和《施工合同条件》（新红皮书）的绝大多数内容都基本相同或完全相同，如词语的定义、工程的开工及竣工、进度计划、付款、竣工试验、工程的接收、修补缺陷、例外事件、保险、DAAB、仲裁等。两者的区别在于《设计采购施工（EPC）/交钥匙工程合同条件》（银皮书）新增加了业主代表、设计、竣工后试验等内容的条款。

（一）一般规定

1. 文件优先次序

构成合同的文件要认为是互相说明的。为了解释的目的，文件的优先次序如下：①合同协议书；②专用条件；③通用条件；④业主要求；⑤投标书和构成合同组成部分的其他文件。

2. 权益转让

任一方都不应将合同的全部或任何部分，或合同中或根据合同所具有的任何利益或权益转让他人。但任一方在另一方完全自主决定的情况下，事先征得其同意后，可以将全部或部分转让；也可以作为以银行或金融机构为受款人的担保，转让其根据合同规定的任何到期或将到期应得款项的权利。

（二）合同各方主体的基本义务和权利

1. 业主的基本义务和权利

（1）现场进入权。业主应在专用条件中规定的时间内，给承包商进入和占用现场各部分的权利。

（2）资金提供义务。业主应做好资金安排的合理证明，说明其能支付合同价格（按当时估算）。

（3）业主应在基准日期前，将其取得的现场地下和水文条件及环境方面的所有有关资料提交给承包商。

2. 承包商的基本义务和权利

（1）承包商应按照合同设计、实施和完成工程，并修补工程中的任何缺陷。完成后，工程应能满足合同规定的工程预期目的。

（2）承包商应提供合同规定的生产设备和承包商文件，以及设计、施工、竣工和修补缺陷所需的所有临时性或永久性的承包商人员、货物、消耗品及其他物品和服务。

（3）承包商应对所有现场作业、所有施工方法和全部工程的完备性、稳定性和安全性承担责任。

（4）承包商应对严格履约（自费）取得履约担保，保证金额与币种应符合专用条件中的规定。

（三）业主代表

业主可以任命 1 名业主代表，代表他根据合同进行工作。在此情况下，他应将业主代表的姓名、地址、任务和权力通知承包商。如果业主希望替换任何已任命的业主代表，应在不少于 14 天前将替换人的姓名、地址、任务和权力以及任命的日期通知承包商。

（四）承包商代表

承包商应任命承包商代表，并授予他代表承包商根据合同采取行动所需要的全部权力。除非合同中已写明承包商代表的姓名，承包商应在开工日期前，将其拟任命为承包商代表的人员姓名和详细资料提交给业主，以取得同意。如果未获同意，或随后撤销了同意，或任命的人不能担任承包商代表，承包商应同样地提交另外适合人选的姓名、详细资料，以取得该项任命。未经业主事先同意，承包商不应撤销承包商代表的任命，或任命替代人员。

（五）工程设计

承包商应负责工程的设计，并在除下列业主应负责的部分外，对业主要求（包括设计标准和计算）的正确性负责。业主应对业主要求中的下列部分，以及由（或代表）业主提供的下列数据和资料的正确性负责：①在合同中规定的由业主负责或不可改变的部分、数据和资料；②对工程或其任何部分的预期目标的说明；③竣工工程的试验和性能的标准；④除合同另有说明外，承包商不能核实的部分、数据和资料。

（六）不可预见的困难

除合同另有说明外：

（1）承包商应被认为已取得了对工程可能产生影响和作用的有关风险、意外事件和其他情况的全部必要资料。

（2）通过签署合同，承包商接受对预见到的为顺利完成工程的所有困难和费用的全部职责。

（3）合同价格对任何未预见到的困难和费用不应考虑予以调整。

实战演练

［2024 真题·单选］根据 FIDIC《施工合同条件》（新红皮书），合同条款未规定“费用加利润”中的利润计取比例时，应按（　　）计取。

A. 5%　　　　B. 2%

C. 3%　　　　D. 10%

［解析］在合同条件中，包含“费用加上合理利润的”短语的规定，都要求该利润为该费用的 1/20（5%）。

［答案］A

［2024 真题·单选］FIDIC《施工合同条件》（新红皮书）规定，业主应在收到工程师签发的最终付款证书（　　）天内向承包商付款。

A. 14　　　　B. 21

C. 28　　　　D. 56

［解析］业主应在收到工程师签发的最终支付证书之日起 56 天内，向承包商付款。

［答案］D

[经典例题·单选] 根据 FIDIC《施工合同条件》(新红皮书),下列不属于工程师责任和义务的是( )。

A. 执行业主委托的施工项目质量、进度、费用的日常管理工作

B. 协调、联系、指示、批准和决定工程相关的专业事项

C. 向助手指派任务和委托部分权力,但工程师无权修改合同

D. 为了业主的利益,解除承包商依照合同具有的职责、义务或责任

[解析] 选项 D 不属于工程师的责任和义务,工程师无权解除承包商依照合同具有的职责、义务或责任。

[答案] D

[经典例题·单选] 关于 FIDIC《施工合同条件》(新红皮书)中开工日期和竣工时间的描述,错误的是( )。

A. 承包商应在开工日期后尽早开始实施工程

B. 竣工时间从开工日期算起至工程或某分项工程根据合同中"竣工时间"条款规定的要求竣工的时间

C. 工程师应在开工日期前至少 28 天向承包商发出开工日期的通知

D. 承包商应在工程或分项工程的竣工时间内,完成整个工程和每个分项工程

[解析] 选项 C,工程师应在不少于 7 天前向承包商发出"开工日期"的通知,通知书上写明的日期就是开工日期。

[答案] C

知识点 3 NEC 施工合同和 AIA 合同

一、NEC 施工合同

新工程合同(New Engineering Contract,NEC)是由土木工程领域历史最悠久的协会——英国土木工程师学会编写的工程合同系列,于 1993 年发布第一版。2017 年,NEC 合同最新版——NEC4 合同系列发行,进一步提高了合同条款的清晰性、灵活性和易于管理性。

(一)NEC4 合同系列的组成

为了适用于不同类型的工程采购活动以及各工程参与方之间的不同关系,NEC4 合同系列主要包含以下不同类型的合同范本:

(1)工程施工合同(Engineering and Construction Contract)。

(2)工程施工分包合同(Engineering and Construction Subcontract)。

(3)专业服务合同(Professional Service Contract)。

(4)供应合同(Supply Contract)。

(5)争议解决服务合同(Dispute Resolution Service Contract)。

(6)设计建造运营合同(Design Build and Operate Contract)。

(7)框架合同(Framework Contract)。

（8）定期服务合同（Term Service Contract）。

（9）联盟合同（Alliance Contract）。

（二）工程施工合同（ECC）的结构

ECC 是 NEC 的主合同，以模块呈现，供用户自由组合使用。ECC 包括以下几个部分：

（1）核心条款。核心条款是用户必须使用的通用条款，包括 9 项：总则（general）、承包商主要责任（the contractor's main responsibilities）、工期（time）、质量管理（quality management）、支付（payment）、补偿事件（compensation events）、所有权（title）、责任与保险（liabilities and insurance）、合同终止（termination）。

（2）主要选项。根据计价方式的不同，ECC 提供了如下 6 个选项。用户必须选择其中一项，与核心条款组成完整的合同。

①选项 A：带有分项工程表的标价合同；②选项 B：带有工程量清单的标价合同；③选项 C：带有分项工程表的目标合同；④选项 D：带有工程量清单的目标合同；⑤选项 E：成本补偿合同；⑥选项 F：管理合同。

（3）争议解决与避免程序。ECC 提供了 3 种争议解决模式，用户必须选择其中之一来构成完整的主要选项。

W1：使用裁决（adjudication）作为争议解决的方式，英国《住房补贴、建造和改建法案 1996》（*Housing Grants，Construction and Regeneration Act* 1996）不适用。

W2：使用裁决作为争议解决的方式，英国《住房补贴、建造和改建法案 1996》适用。

W3：采用争议避免委员会（dispute avoidance board）作为争议解决的方式，英国《住房补贴、建造和改建法案 1996》不适用。

（4）次要选项。次要选项为非必要选项，用于调整合同，以适应项目的特定情况。用户可以根据具体需要，选择部分、全部或者不选次要选项。次要选项分为如下 X、Y、Z 3 类。

选项 X 包含通货膨胀调价、多种货币、法律变更、最终控股公司担保、部分完工、提前完工奖励、工期延误赔偿、向业主或其他方保证、权利转让、多方协作、履约保证、支付承包商预付款、承包商设计、保留金等条款。

选项 Y 为针对英国国内的法案编写的条款。

选项 Z 可以用于修改、增加条款。

（5）成本组成表。成本组成表对成本项目进行了详细定义。根据计价方式的差异，成本组成表分为成本组成表（schedule of cost components）与成本组成简表（short schedule of cost components）2 种。成本组成简表用于主要选项 A、B 下补偿事件的计价；成本组成表用于选项 C、D、E 的成本计算；成本组成表不适用于选项 F（管理合同）。

（三）ECC 的主要内容

1. 管理机制

ECC 条件中详细规定了业主、承包商、项目经理、监理工程师等合同参与方的权利与义务，对分包商、供应商、争议解决参与方（高级代表、裁决人、DAB）以及其他方进行了必要的说明。

2. 工期控制

ECC 核心条款第三项“工期”从进度计划的编制、提交和修订，进入和使用现场，停工，工程接收，赶工等方面对工期控制进行规定。

3. 计价与付款

ECC 提供 6 种计价方式：带有分项工程表的标价合同、带有工程量清单的标价合同、带有分项工程表的目标合同、带有工程量清单的目标合同、成本补偿合同、管理合同。用户根据项目的特征来选用。

4. 风险管理

ECC 通过早期警告、补偿事件、责任与保险等机制进行风险管理。

(1) 早期警告。ECC 建立了一项特色的风险预警程序——早期警告（early warning），要求项目经理和承包商一旦发现可能引起总价上升、工期延迟、损害工程使用性能或是成本上升的事件，应尽快向对方发出早期警告。定期举办早期警告会议，双方均可召开并要求另一方参加，会上探讨规避或解决预警事件的方案，决定应采取的行动和人员安排。早期警告程序要求双方积极合作，未及时发出早期警告的一方可能承担损失。早期警告程序有利于识别、降低、消除风险，确保双方在任何阶段都对项目预期成果有最佳的了解，并有尽可能充分的时间采取行动。

(2) 补偿事件。与传统合同中的工期索赔、费用索赔与价格调整等方式不同，ECC 将风险事件的通知、报价、计价、实施等过程集结在一项条款之内，并限定明确的时间范围，建立了一套特殊的补偿程序——补偿事件（compensation events）。ECC 中没有对“补偿事件”进行明确定义，补偿事件可以理解为：非承包商风险的事件，若发生并影响到承包商，承包商有权根据该事件对合同价款、关键日、完工日的影响要求补偿，获得额外的付款和工期调整等。

(3) 责任与保险。工程建设规模大，周期长，受环境影响大，面临大量风险。工程保险是最为直接的风险转移手段。ECC 核心条款规定了业主和承包商之间的责任分配与投保的义务，详细列明业主、承包商应承担的风险事件和应投的保险。其中工程、设备、材料损失，与承包商施工有关的财产损失和人员伤亡（非承包商人员）应由承包商以双方联合名义投保，合同资料中规定的交叉责任事件的保险赔款分别支付双方。

二、AIA 合同

(一) AIA 合同概述

AIA 是美国建筑师协会（American Institute of Architects）的简称。自 1888 年发行第一套供业主和承包商使用的标准合同条件以来，AIA 已经发布了近 200 份标准文件，其中不仅包括合同通用条件和合同协议书，还包括在项目全生命周期可能用到的各种表格，基本涵盖了各种项目类型下的所有重要文书。

AIA 出版的合同文件有两种分类方式：

一是按照文件的用途分类，根据该文件的使用者之间的关系分为 A 至 G 系列。

二是按照项目类型或交付方式分类，将所有的合同文件分为 9 个族（family），如第 1族适用于传统交付模式（DBB）、第 2 族适用于咨询型建设管理模式（CMa）。这种双重的文件分类方式使用户可以更快捷地找到适合自己项目的合同文件。截至 2020 年，AIA 共出版了 198 份合同文件，每份文件都有一个特殊的命名编号，这些文件的命名格式如图 9-3-1 所示。

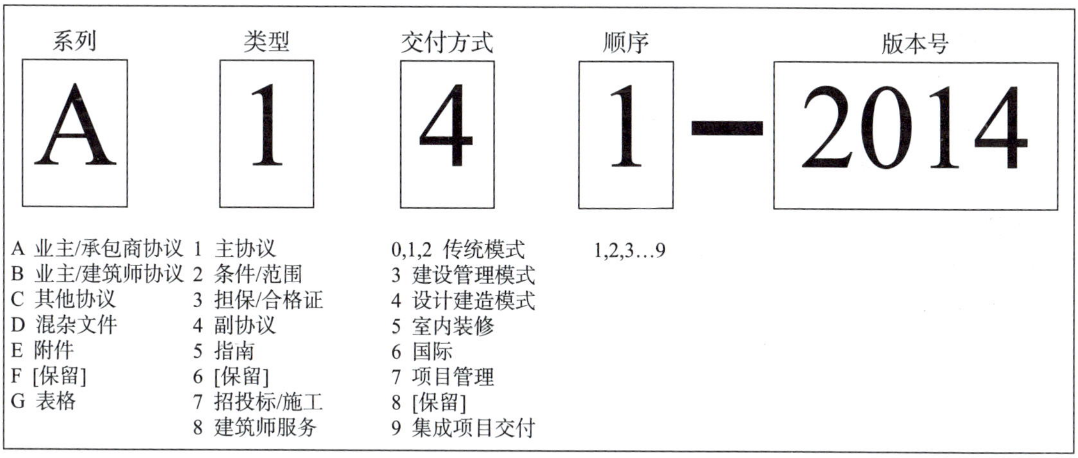

图 9-3-1 AIA 文件的命名格式示例

（二）AIA 设计—施工合同范本的总体特点

1. 设计和施工的明确界限

AIA 设计—施工合同范本的一大亮点在于其为设计和施工两个阶段制定了相对明确的分界线，就合同文件类型而言，AIA 将协议书（*Standard Form of Agreement Between Owner and Design-Builder*）的签订作为工程项目设计阶段的起点，该协议书明确了业主和总承包商的权利、义务以及日常事项的处理程序，业主对项目的需求（AIA 称“业主标准”）也在此列出。就工程费用的计价和结算方式而言，AIA 将设计阶段产生的费用称“补偿费（compensation）”，将施工阶段产生的费用称“合同金额（contract sum）”，二者的计价和结算方式均相互独立。

2. 选择性多、灵活性强

首先，在价格方面，AIA 提供了 3 种工程计价方式供使用者选择：固定总价、成本加酬金、有最高限额的成本加酬金，并详细规定了每种计价方式下合同金额的构成、进度款的计算方法以及其他注意事项。

其次，在争议解决方面，AIA 在主协议书中给出了 3 种最终的有约束力的争议解决方式供使用者选择：仲裁、诉讼或双方约定的其他方式，并规定如果合同双方未选择则默认采用诉讼方式。合同双方可以根据工程的特点以及项目所在地管辖法律的相关规定选择最适宜的最终争议解决方式。

3. 覆盖的合同关系较全面

AIA 合同范本的系列化不仅全面地覆盖了采用不同模式的各类工程项目，也覆盖了一个工程项目中不同参与方之间可能用到的所有重要文书。

实战演练

[经典例题·单选] 在 AIA 系列合同中，关于建筑师角色和职责的说法，不正确的是（　　）。

A. 建筑师有权代表业主行事，在合同规定的范围内负责合同的执行管理

B. 建筑师负责对工程进度及质量进行检查，并对承包商付款申请进行确认

C. 建筑师需要对所有参与工程的承包商文件资料进行审查批准

D. 建筑师拥有签发变更令的权利，但不涉及财务管理报表的编制

[解析] 选项 D 错误，F 系列为财务管理报表，而建筑师作为项目中的关键角色，可能会涉及财务管理报表的相关工作。

[答案] D

第十章

建设工程项目管理智能化

本章导学

本章包括“建筑信息模型（BIM）及其在工程项目管理中的应用”“智能建造与智慧工地”2节内容。

第一节讲述建筑信息模型（BIM）及其在工程项目管理中的应用，包括“BIM技术的基本特征”“BIM技术在工程项目管理中的应用”。

第二节讲述智能建造与智慧工地，包括智能建造的定义、重点任务以及智慧工地的概念、特征、总体架构等内容。

第一节　建筑信息模型（BIM）及其在工程项目管理中的应用

知识点 1 BIM 技术的基本特征

一、BIM 的含义

住房和城乡建设部于 2016 年 12 月 2 日发布第 1380 号公告，批准《建筑信息模型应用统一标准》为国家标准，编号为 GB/T 51212—2016，自 2017 年 7 月 1 日起实施。《建筑信息模型应用统一标准》“术语”一节中对于 BIM 的相关定义为：

(1) BIM 是指在建设工程及设施全生命期内，对其物理和功能特性进行数字化表达，并依此设计、施工、运营的过程和结果的总称。简称模型。

(2) 建筑信息子模型（sub-BIM）是指建筑信息模型中可独立支持特定任务或应用功能的模型子集。简称子模型。

(3) 建筑信息模型元素（BIM element）是指建筑信息模型的基本组成单元。简称模型元素。

(4) 建筑信息模型软件（BIM software）是指对建筑信息模型进行创建、使用、管理的软件。简称 BIM 软件。

住房和城乡建设部工程质量安全监管司处长对 BIM 的解释为：BIM 技术是一种应用于工程设计建造管理的数据化工具，通过参数模型整合各种项目的相关信息，在项目策划、运行和维护的全生命周期过程中进行共享和传递，使工程技术人员对各种建筑信息做出正确理解和高效应对，为设计团队以及包括建筑运营单位在内的各方建设主体提供协同工作的基础，在提高生产效率、节约成本和缩短工期方面发挥重要作用。

结合上述定义，可以认为，BIM 的含义应当包括 3 个方面：

(1) BIM 是设施所有信息的数字化表达，是一个可以作为设施虚拟替代物的信息化电子模型，是共享信息的资源，即 building information model，称为 BIM 模型。

(2) BIM 是在开放标准和互用性基础之上建立、完善和利用设施的信息化电子模型的行为过程，设施有关的各方可以根据各自职责对模型插入、提取、更新和修改信息，以支持设施的各种需要，即 building information modeling，称为 BIM 建模。

(3) BIM 是一个透明的、可重复的、可核查的、可持续的协同工作环境。在这个环境中，各参与方在设施全生命周期中都可以及时联络，共享项目信息，并通过分析信息，做出决策和改善设施的交付过程，使项目得到有效的管理，即 building information management，称为建筑信息管理。

二、BIM 技术的基本特征

（一）模型信息的完备性

BIM 是设施的物理和功能特性的数字化表达，包含设施的所有信息。BIM 的这个定义就体现了信息的完备性，其包含：

（1）工程对象3D几何信息及拓扑关系。

（2）工程对象完整的工程信息描述。例如，对象名称、结构类型、建筑材料、工程性能等设计信息；施工工序、进度、成本、质量以及人力、机械、材料资源等施工信息；工程安全性能、材料耐久性能等维护信息等。

（3）工程对象之间的工程逻辑关系。例如，在创建BIM行为的过程中，设施的前期策划、设计、施工、运营维护各个阶段都连接了起来，把各阶段产生的信息都存入BIM模型中，使得BIM模型的信息来自单一的工程数据源，包含设施的所有信息。

（二）模型信息的关联性

模型信息的关联性体现在两个方面：一是工程信息模型中的对象是可识别且相互关联的；二是模型中某个对象发生变化，与之关联的所有对象会随之更新。在数据之间创建实时的、一致性的关联，对数据库中任何的数据进行更改，都可以立刻在其他关联的地方反映出来。

（三）模型信息的一致性

全生命周期不同阶段的模型信息是一致的，同一信息无须重复输入。具体来说，就是BIM模型中所有数据只需要一次性采集或输入，就可以在整个设施的全生命周期中实现信息的共享、交换与流动，使BIM模型能够自动演化，避免出现信息不一致的错误。模型对象在不同阶段可以简单地进行修改和扩展，而无须重新创建。

（四）模型信息的可视化

BIM模型的可视化是一种能够使同构件之间形成互动性和反馈性的可视化，在BIM中，可视化的结果不仅可以用来展示效果图及生成报表，更重要的是，项目设计、建造、运营过程中的沟通、讨论、决策都在可视化的状态下进行。

（五）模型信息的协调性

BIM可在建筑物建造前期对各专业的碰撞问题进行协调，生成和提供协调数据。当然，BIM的协调作用也并不是只能解决各专业间的碰撞问题，它还可以解决诸如电梯井布置与其他设计布置及净空要求的协调、防火分区与其他设计布置的协调、地下排水布置与其他设计布置的协调等问题。

（六）模型信息的模拟性

BIM可以模拟不能够在真实世界中进行操作的事物。在设计阶段，可以进行节能模拟、紧急疏散模拟、日照模拟、热能传导模拟等。在招标投标和施工阶段，可以进行4D模拟（三维模型＋项目的发展时间），也就是根据施工的组织设计模拟实际施工，从而确定合理的施工方案来指导施工；同时，还可以进行5D模拟（基于4D模型的造价控制），从而实现成本控制。在后期运营阶段，可以进行日常紧急情况处理方式的模拟，如地震人员逃生模拟及消防人员疏散模拟等。

（七）模型信息的一体化性

基于BIM技术可进行从设计到施工再到运营的一体化管理，贯穿了工程项目的全生命周期。BIM的技术核心是一个由计算机三维模型所形成的数据库，其不仅包含了建筑的设计信息，而且可以容纳从设计到建成使用，甚至是使用周期终结的全过程信息。

实战演练

[经典例题·单选] 下列选项中，不属于 BIM 技术的基本特征的是（　　）。

A. 模型操作的可视化　　B. 模型信息的完备性

C. 模型信息的静态性　　D. 模型信息的协调性

[解析] BIM 技术的基本特征：①模型信息的完备性；②模型信息的关联性；③模型信息的一致性；④模型信息的可视化；⑤模型信息的协调性；⑥模型信息的模拟性；⑦模型信息的一体化性。

[答案] C

知识点 2 BIM 技术在工程项目管理中的应用

一、BIM 应用概述

（一）BIM 应用范围

BIM 有着很广泛的应用范围，纵向上可以跨越设施的整个生命周期，横向上可以覆盖不同的专业和工种，使得在不同的阶段，不同岗位的人员都可以应用 BIM 技术来开展工作。BIM 技术具体包括 4 个阶段共 20 种典型应用（图 10-1-1）。

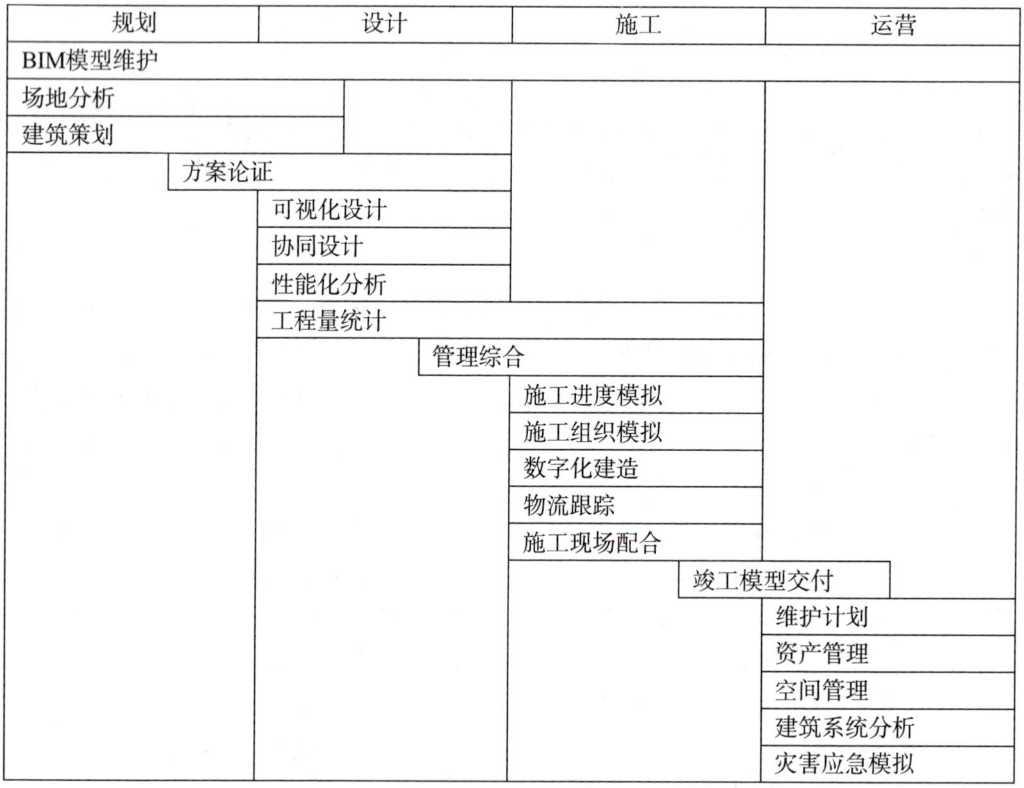

图 10-1-1　BIM 技术的 20 种典型应用

第十章

（二）BIM 实施模式和组织架构

1. BIM 实施模式

（1）建设单位（业主）BIM 实施模式：由建设单位主导，选择适当的 BIM 技术应用模式，各参与方协同采用 BIM 技术，完成项目的 BIM 技术应用。

（2）承包商 BIM 实施模式：由项目各相关方自行或委托第三方机构应用 BIM 技术，完成自身承担的项目建设内容，辅助项目建设与管理，以实现项目建设目标。

（3）BIM 实施模式宜采用基于全生命期 BIM 技术应用模式下的建设单位（业主）主导的实施模式，以利于协调各参与方在项目全生命期内协同应用 BIM 技术，充分发挥 BIM 技术的最大效益和价值。

2. 建设单位（业主）BIM 实施模式下的组织架构

（1）建设单位应首先确定 BIM 应用策略，确定 BIM 总协调方。

（2）建设单位宜建立 BIM 项目协同平台，项目各参与方应根据各自预设权限及标准在该协同平台下进行项目数据提交、更新、下载和管理等。

（3）BIM 总协调方可以由建设单位自行组建或委托第三方机构（应为有类似 BIM 项目经验的设计、施工或咨询机构）承担。

（4）建设单位可根据项目实际情况，选择适宜的应用模式，自行或委托第三方机构进行实施。

（5）典型建设单位（业主）BIM 实施模式的组织架构如图 10-1-2 所示。

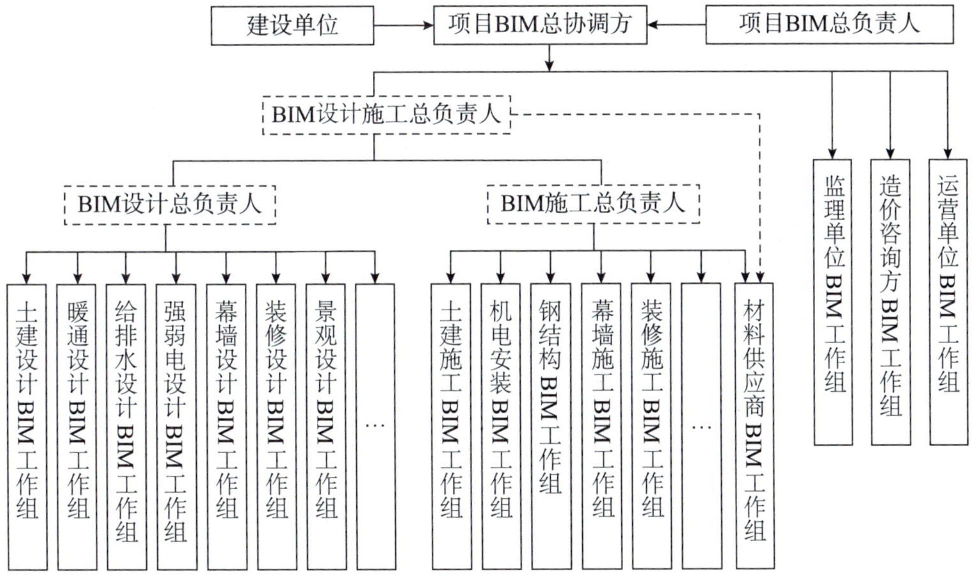

图 10-1-2　典型建设单位（业主）BIM 实施模式的组织架构

3. 承包商 BIM 实施模式下的组织架构

（1）承包商应首先确定 BIM 应用策略，并履行其相应的职责。

（2）承包商应根据工程实际情况，选择适宜的应用点，可自行或委托第三方机构（应有类似 BIM 项目经验）实施。

（3）承包商 BIM 实施模式宜采用多方实施的阶段性 BIM 技术应用模式，各自承担自身工作内容；也可采用一方实施的阶段性 BIM 技术应用模式，完成自身工作内容。

（4）典型承包商 BIM 实施模式的组织架构如图 10-1-3 所示。

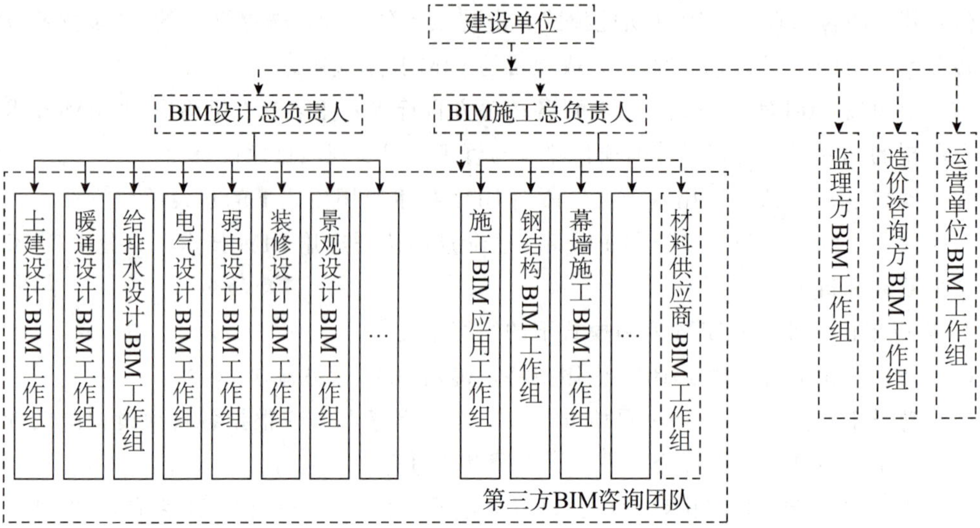

图 10-1-3　典型承包商 BIM 实施模式的组织架构

➤ **注意：** 虚线框内为自主加入的相关方，他们根据自身需求选择应用 BIM 技术（各单位是以阶段性 BIM 技术应用模式进行工作的）。如果所有各方都参加，内容同全生命周期 BIM 技术应用模式，各参与方构建的 BIM 模型应符合接口一致性原则。由于少了建设单位（业主）的主导，后者仍然有别于建设单位（业主）BIM 实施管理模式。

（三）BIM 技术实施流程

（1）建设工程项目 BIM 技术应用步骤如图 10-1-4 所示。

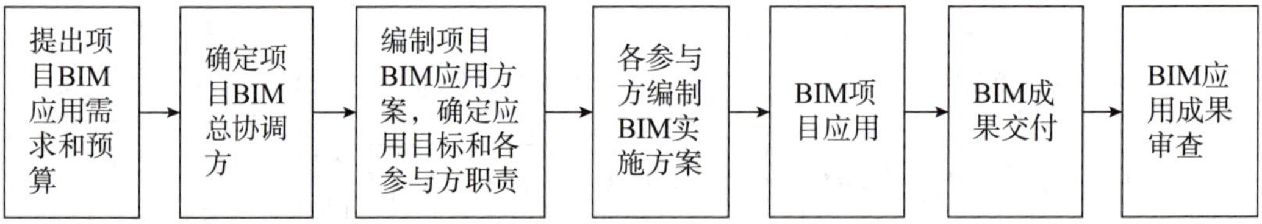

图 10-1-4　建设工程项目 BIM 技术应用步骤

（2）典型建设工程项目 BIM 实施步骤如图 10-1-5 所示。

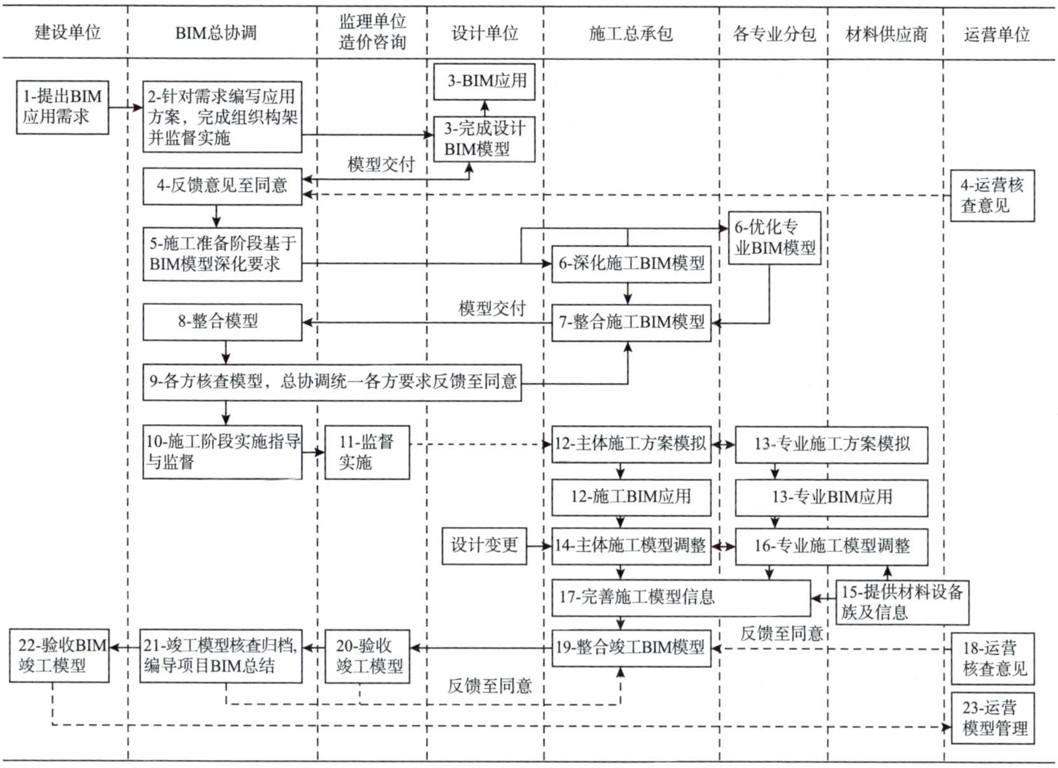

图 10-1-5　典型建设工程项目 BIM 实施步骤

建设工程项目 BIM 技术应用步骤图和典型建设工程项目 BIM 实施步骤图表达了通用性步骤，相关参与方可根据项目的实际情况进一步深化。

（四）BIM 技术实施各参与方的职责

1. 建设单位职责

（1）组织策划项目 BIM 实施策略，确定项目的 BIM 应用目标、应用要求，并落实相关费用。

（2）委托工程项目的 BIM 总协调方。

（3）接收通过审查的 BIM 交付模型和成果档案。

2. BIM 总协调方职责

（1）制订项目 BIM 应用方案，并组织管理和贯彻实施。

（2）BIM 成果的收集、整合与发布，并对项目各参与方提供 BIM 技术支持；审查各阶段项目参与方提交的 BIM 成果并提出审查意见，协助建设单位进行 BIM 成果归档。

（3）根据建设单位 BIM 应用的实际情况，可协助其开通和辅助管理维护 BIM 项目协同平台。

（4）组织开展对各参与方的 BIM 工作流程的培训。

（5）监督、协调及管理各分包单位的 BIM 实施质量及进度，并对项目范围内最终的 BIM 成果负责。

3. 监理单位职责

（1）审阅 BIM 模型，提出审阅意见。

（2）配合 BIM 总协调方，对 BIM 交付模型的正确性及可实施性提出审查意见。

4. 设计单位职责

（1）配置 BIM 团队，并根据项目 BIM 应用方案的要求提供 BIM 成果，提高项目设计质量和效率。

（2）采用 BIM 技术在设计阶段建立 BIM 模型，根据项目 BIM 应用方案编写项目设计 BIM 实施方案，并完成项目设计 BIM 实施方案制订的各应用点。

（3）设计单位项目 BIM 负责人负责内外部的总体沟通与协调，组织设计阶段 BIM 的实施工作，根据合同要求提交 BIM 工作成果，并保证其正确性和完整性。

（4）接受 BIM 总协调方的监督，对总协调方提出的交付成果审查意见及时整改落实。

（5）设计单位应结合 BIM 技术进行技术交底。

5. 施工总承包单位职责

（1）配置 BIM 团队，并根据项目 BIM 应用方案的要求提供 BIM 成果，利用 BIM 技术进行节点组织控制管理，提高项目施工质量和效率。

（2）接收设计 BIM 模型，并基于该模型完善施工 BIM 模型，且在施工过程中及时更新，保持适用性。

（3）根据项目 BIM 应用方案编写项目施工 BIM 实施方案，并完成项目施工 BIM 实施方案制订的各应用点。

（4）施工单位项目 BIM 负责人负责内外部的总体沟通与协调，组织施工阶段 BIM 的实施工作，根据合同要求提交 BIM 工作成果，并保证其正确性和完整性。

（5）接受 BIM 总协调方的监督，对总协调方提出的交付成果审查意见及时整改落实。

（6）根据合同确定的工作内容，统筹协调各分包单位施工 BIM 模型，将各分包单位的交付模型整合到施工总承包的施工 BIM 交付模型中。

（7）利用 BIM 技术辅助现场管理施工，安排施工顺序节点，保障施工流水合理，按进度计划完成各项工程目标。

6. 专业分包单位职责

（1）配置 BIM 团队，根据项目 BIM 应用方案和项目施工 BIM 实施方案的要求提供 BIM 成果，并保证其正确性和完整性。

（2）接收施工总承包的施工 BIM 模型，并基于该模型完善分包施工 BIM 模型，且在施工过程中及时更新，保持适用性。

（3）根据项目 BIM 应用方案和项目施工 BIM 实施方案编写分包项目施工 BIM 实施方案，并完成分包项目施工 BIM 实施方案制订的各应用点。

（4）分包单位项目 BIM 负责人负责内外部的总体沟通与协调，组织分包施工 BIM 的实施工作。

（5）接受 BIM 总协调方和施工总承包方的监督，并对其提出的审查意见及时整改落实。

（6）利用 BIM 技术辅助现场管理施工，安排施工顺序节点，保障施工流水合理，按进度计划完成各项工程目标。

7. 造价咨询单位职责

（1）采用 BIM 应用软件对工程量进行统计。

（2）采用 BIM 技术辅助进行工程概算、预算和竣工结算工作。

（3）根据合同要求提交 BIM 工作成果，并保证其正确性和完整性。

8. 运营单位职责

（1）采用 BIM 模型及相关成果进行日常管理，并对 BIM 模型进行深化、更新和维护，保持适用性。

（2）宜在设计和施工阶段提前配合 BIM 总协调方，确定 BIM 数据交付要求及数据格式，并在设计 BIM 交付模型及竣工 BIM 交付模型交付时配合 BIM 总协调方审核交付模型，提出审核意见。

（3）搭建基于 BIM 的项目运维管理平台。

（4）接收竣工 BIM 交付模型，并基于该模型完善运营 BIM 模型，保证其正确性和完整性。

（5）根据需要协助建设单位向项目所在城市的数字化城市平台提供项目模型。

二、BIM 技术在质量管理中的应用

将 BIM 技术引入工程项目质量管理，达到了拓宽质量管理新方法，帮助解决现阶段存在的问题的目的。BIM 技术在质量管理中的应用具体有以下几方面。

（一）可视化技术交底

（1）基于 BIM 技术的可视化现场管控。可视化现场管控是指在施工现场安装摄像头进行视频采集，传送到项目管理中心进行处理，再通过网络传送到监管中心，并由管理系统集中管理。在处理和管理的过程中，将现场施工动态与虚拟施工过程及 BIM 信息模型进行对比分析，实现对施工过程的可视化动态管理。

（2）施工现场可视化布置。应用 BIM 的可视化技术结合施工现场调查、采集得来的资料，对工程项目进行三维立体施工规划，并保存施工现场所有信息。通过 BIM 的可视化技术及虚拟技术对施工现场的各种信息进行模拟，可以更轻松、准确地进行施工布置，发现并解决传统场地布置中难以发现的问题。

（二）碰撞检查

碰撞检查是指在施工前对图纸的检查，可以对工程项目的专业内、专业之间发生的冲突进行检查、审核与调整，最后得到优化模型。在建设工程项目中，碰撞的类型主要分为硬碰撞和软碰撞，其具体分类如图 10-1-6 所示。其中硬碰撞是指实体与实体之间关于空间位置的交叉与碰撞，在工程项目中经常出现，尤其是专业与专业之间的碰撞，主要是由专业与专业之间的不熟悉和缺乏沟通造成的；软碰撞与硬碰撞不同，它是指实体与实体之间的距离不小于某一规定的值或范围，这是出于安全的考虑，对一些实体之间的距离规定一个下限，如在管道安装时，需要管道与管道之间有一定的间隙，便于管道的安装和维修。

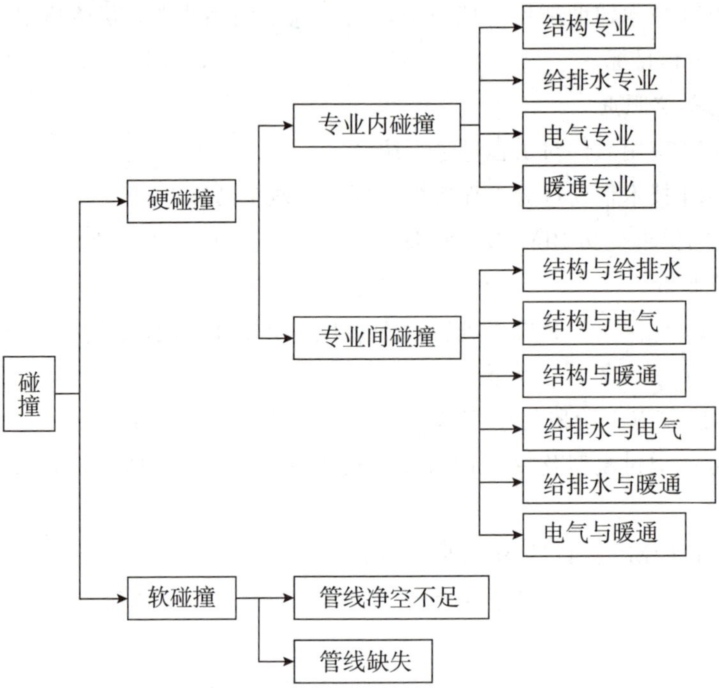

图 10-1-6　建设项目碰撞点分类

（三）质量检查对比

应用 BIM 技术于施工质量控制中，通过现场拍照片、目测或者实际测量获得质量信息，并将这些信息上传、关联到 BIM 模型进行对比检查；也可通过 BIM 技术对施工过程、钢筋下料进行复核等，不需要携带厚厚的图纸，就可掌控施工现场的实际施工质量；还可以通过移动端的应用在现场直接进行对比、复核下料等，并收集信息。应用 BIM 技术进行质量对比时，根据质量问题的严重性，落实到责任人进行整改，并进行记录存档及跟踪管理等工作。

（四）现场质量控制

BIM 承载了项目的各种相关信息，一切用数据说话，数据是质量管理活动的基础。在施工质量控制的过程中，及时收集质量数据，并对其进行归类、整理、加工，获得建设质量信息，发现质量问题及原因，及时改进施工工序。数据收集完成之后，要及时地统计、使用，以免数据丢失。

BIM 技术的应用为质量信息的收集、整理和存储提供了技术保障。现场施工阶段的质量控制是整个质量控制阶段最为重要的一环，因为这关乎整个工程质量的命脉。现场质量控制的主要目标是对在施工过程中建筑构件的持续循环的质量控制，最后达到质量控制的要求。

三、BIM 技术在进度管理中的应用

（一）BIM 技术在进度计划中的应用

1. 估算工序工期

BIM 技术实现了工作分解结构、任务进度和模型三者之间的链接，工作分解结构的项

目编码与工作任务一一对应，指定工序即可查询其对应模型的信息。因此，可以利用 BIM 模型提供的工程量信息，再套用施工定额来完成工序工期的估算。

2. 确定工序逻辑关系

BIM 技术可根据结构特征匹配施工规则初步确定工序间的逻辑关系，然后再进行人工选择和修正，完成进度计划的编制。

3. 均衡资源分配

利用 BIM 技术编制进度计划时，可在工序工作信息卡中添加资源信息，使得资源随工期与构件关联在一起，这样就可以生成资源报表分析资源分配情况，避免出现资源分配不均、资源使用出现高峰或者低谷的现象。还可制订资源使用计划，进而实现对项目的全面控制。

4. 帮助成本估算

利用 BIM 系统生成的资源与费用分析表、费用控制报表、成本挣值曲线等比较实际费用和预算费用，监控项目资金支出。

5. 进度计划的三维表达

基于 BIM 的进度计划最大的优点就是可用施工进度的三维可视化模拟，让所有参与人员快速了解工程信息。可在 BIM 平台中制作包含项目所有里程碑节点的视频文件，以较为直观、形象的方式向业主展示项目进展情况以及竣工后与周边环境的协调性。可以通过三维模拟及相关信息查看功能向一线施工人员展示设计意图，明了各项工作的施工工艺及施工顺序。

（二）BIM 技术在进度控制中的应用

1. BIM 技术在进度信息采集中的应用

BIM 技术可与物联网技术结合，通过引进自动化数据识别技术快捷、精准地收集数据，并迅速将相关信息传送到 BIM 系统进行整体分析，从而实时监控项目进展情况。

2. BIM 技术在进度计划分析中的应用

基于 BIM 技术的进度管理系统可以从不同层面提供多种方法全方位地分析项目进展情况。

（1）进度情况分析。进度情况分析有 3 种方法，即关键路径分析、里程碑控制点影响分析和进度模型对比分析。通过观察关键路径、里程碑计划并结合任务的实际完成时间，能够预测剩余的任务能否在规定的时间内完成；将采集的进度数据上传至 BIM 系统，以不同的颜色区别实际与计划进展情况，实现三维模型的对比，能够直观地看出存在的进度偏差。

（2）资源情况分析。基于 BIM 的进度管理体系可提供资源分析概况、资源分析明细表，分析在一段时间内资源的分配情况和使用情况。

（3）费用情况分析。基于 BIM 技术的进度管理平台能够生成费用明细表、费用多算对比表来评估当前成本和进度绩效的关系，也能以此预测未来的费用支出情况。

四、BIM 技术在成本管理中的应用

（一）BIM 技术在施工前成本管理阶段的应用

借助 BIM 技术，将项目成本管理整合到 3D 和 4D 模型中，形成 5D 模型。这一成本维

度将建筑元素和工程活动与成本数据相结合，实现对项目成本的评估、控制和优化。利用BIM技术可以根据前期图纸完成初始模型，由于BIM三维算量的全自动化大大提高了计算的效率，使得项目管理人员在项目施工前就可以根据初始模型估计出人工、材料、机械的各自用量。应用BIM管理的工程，几乎所有工程数据都可以以电子形式保存在BIM模型中，在以后类似工程的成本预测过程中需要用到这些数据时，就可以很方便地对这些数据进行抽取和分析，从而提高类似工程成本预测的效率和准确性。

（二）BIM技术在施工中成本管理阶段的应用

1. 碰撞检查

基于BIM技术的设计过程可以利用系统和软件进行碰撞检查，系统整合所有专业，将土建、安装等专业集成在一个平台，通过软件内置的逻辑关系自动查找出设计不合理的地方。利用BIM技术强大的碰撞检查功能，可以实时跟进设计，第一时间反映出问题，第一时间解决问题，有效规避项目后期可能出现的潜在问题，起到对设计优化的作用，提高图纸质量，从而达到保障施工周期、节约成本的目的。

2. 内部多算对比

应用BIM技术可以从时间、工序、空间等维度进行多算对比，这对及时发现成本管理过程中的问题并解决问题至关重要。BIM管理平台对BIM模型中的各个构件赋予了时间、工序、造价等信息，借助BIM强大的计算功能，成本管理人员可以在最短的时间内花费最少的精力来对工程成本进行任意的拆分、统计和分析，轻松实现不同维度的多算对比。

（三）BIM技术在竣工结算成本管理阶段的应用

工程造价在竣工结算阶段的主要工作是确定项目实际造价，即计算竣工的结算与决算价格，编写竣工决算文件，移交项目资产。BIM模型所具有的参数化特质，让每个建筑构件既具有几何属性，又具有物理属性，如空间关系、工程量数据、地理信息、成本信息、材料详细清单信息、建筑元素信息、项目进度信息等。BIM模型数据库随着设计与施工等阶段的进展而不断地完善，“设计变更与现场签证”等信息的持续更新及录入，在竣工移交时，其信息量已然能呈现竣工工程实体。在竣工移交上，BIM模型确保了结算的高效，降低了双方扯皮发生率，加快了结算速度，并且其也是双方节约成本的手段之一。

实战演练

［2024真题・单选］ 为了应用建筑信息模型（BIM）技术，实现对工程项目成本的估算、控制和优化，需要进行的工作是（　　）。

A. 将项目成本管理与2D和3D模型集成，形成4D模型

B. 将项目成本管理与3D和4D模型集成，形成5D模型

C. 将项目成本管理与4D和5D模型集成，形成6D模型

D. 将项目成本管理与5D和6D模型集成，形成7D模型

［解析］ 借助BIM技术，将项目成本管理整合到3D和4D模型中，形成5D模型。这一成本维度将建筑元素和工程活动与成本数据相结合，实现对项目成本的评估、控制和优化。

［答案］ B

[经典例题·单选] 在BIM技术应用实施模式中，下列不属于施工总承包单位职责的是（ ）。

A. 配置BIM团队并提供BIM成果
B. 完善施工BIM模型并及时更新
C. 编写项目施工BIM实施方案
D. 监督分包单位的施工质量及进度

[解析] 监督、协调及管理各分包单位的BIM实施质量及进度是BIM总协调方的职责，而不是施工总承包单位的职责。

[答案] D

[经典例题·单选] 关于BIM总协调方的职责，说法错误的是（ ）。

A. 制订项目BIM应用方案并组织实施
B. 收集并发布项目各参与方提交的BIM成果
C. 组织开展对各参与方的BIM工作流程的培训
D. 完善施工BIM模型并及时更新

[解析] 选项A正确，BIM总协调方需要制订项目BIM应用方案，并组织管理和贯彻实施。选项B正确，BIM总协调方的职责包括BIM成果的收集、整合与发布，并对项目各参与方提供BIM技术支持。选项C正确，BIM总协调方要组织开展对各参与方的BIM工作流程的培训。选项D错误，完善施工BIM模型，且在施工过程中及时更新是施工总承包单位的职责。

[答案] D

[经典例题·多选] BIM技术应用实施模式中，专业分包单位的职责包括（ ）。

A. 配置BIM团队并提供BIM成果
B. 接收并完善施工总承包单位的施工BIM模型
C. 编写项目BIM应用方案并贯彻实施
D. 接受BIM总协调方和施工总承包方的监督
E. 利用BIM技术辅助现场管理施工，安排施工顺序节点

[解析] 专业分包单位职责：①配置BIM团队，根据项目BIM应用方案和项目施工BIM实施方案的要求提供BIM成果，并保证其正确性和完整性；②接收施工总承包的施工BIM模型，并基于该模型完善分包施工BIM模型，且在施工过程中及时更新，保持适用性；③根据项目BIM应用方案和项目施工BIM实施方案编写分包项目施工BIM实施方案，并完成分包项目施工BIM实施方案制订的各应用点；④分包单位项目BIM负责人负责内外部的总体沟通与协调，组织分包施工BIM的实施工作；⑤接受BIM总协调方和施工总承包方的监督，并对其提出的审查意见及时整改落实；⑥利用BIM技术辅助现场管理施工，安排施工顺序节点，保障施工流水合理，按进度计划完成各项工程目标。选项C错误，编写项目BIM应用方案并贯彻实施是BIM总协调方的职责，不是专业分包单位的职责。

[答案] ADE

第二节　智能建造与智慧工地

知识点 1　智能建造

住房和城乡建设部等13部门联合印发了《住房和城乡建设部等部门关于推动智能建造与建筑工业化协同发展的指导意见》（建市〔2020〕60号），明确提出围绕建筑业高质量发展总体目标，以大力发展建筑工业化为载体，以数字化、智能化升级为动力，创新突破相关核心技术，加大智能建造在工程建设各环节应用，形成涵盖科研、设计、生产加工、施工装配、运营等全产业链融合一体的智能建造产业体系，提升工程质量安全、效益和品质，有效拉动内需，培育国民经济新的增长点，实现建筑业转型升级和持续健康发展。

一、基本定义

智能建造是指利用人工智能等新一代信息技术，与先进制造技术、工业化建造技术深度融合，提高设计、生产、施工和交付各阶段的工业化、数字化、智能化水平，优化建造过程，提升工程质量安全、效益和品质的新型建造方式。

二、智能建造重点任务

（一）加快建筑工业化升级

大力发展装配式建筑，推动建立以标准部品为基础的专业化、规模化、信息化生产体系。加快推动新一代信息技术与建筑工业化技术协同发展，在建造全过程加大BIM、互联网、物联网、大数据、云计算、移动通信、人工智能、区块链等新技术的集成与创新应用。大力推进先进制造设备、智能设备及智慧工地相关装备的研发、制造和推广应用，提升各类施工机具的性能和效率，提高机械化施工程度。加快传感器、高速移动通讯、无线射频、近场通讯及二维码识别等建筑物联网技术应用，提升数据资源利用水平和信息服务能力。加快打造建筑产业互联网平台，推广应用钢结构构件智能制造生产线和预制混凝土构件智能生产线。

（二）加强技术创新

加强技术攻关，推动智能建造和建筑工业化基础共性技术和关键核心技术研发、转移扩散和商业化应用，加快突破部品部件现代工艺制造、智能控制和优化、新型传感感知、工程质量检测监测、数据采集与分析、故障诊断与维护、专用软件等一批核心技术。探索具备人机协调、自然交互、自主学习功能的建筑机器人批量应用。研发自主知识产权的系统性软件与数据平台、集成建造平台。推进工业互联网平台在建筑领域的融合应用，建设建筑产业互联网平台，开发面向建筑领域的应用程序。加快智能建造科技成果转化应用，培育一批技术创新中心、重点实验室等科技创新基地。围绕数字设计、智能生产、智能施工，构建先进适用的智能建造及建筑工业化标准体系，开展基础共性标准、关键技术标准、行业应用标准研究。

（三）提升信息化水平

推进数字化设计体系建设，统筹建筑结构、机电设备、部品部件、装配施工、装饰装修，推行一体化集成设计。积极应用自主可控的BIM技术，加快构建数字设计基础平台和集成系统，实现设计、工艺、制造协同。加快部品部件生产数字化、智能化升级，推广应用数字化技术、系统集成技术、智能化装备和建筑机器人，实现少人甚至无人工厂。加快人机智能交互、智能物流管理、增材制造等技术和智能装备的应用。以钢筋制作安装、模具安拆、混凝土浇筑、钢构件下料焊接、隔墙板和集成厨卫加工等工厂生产关键工艺环节为重点，推进工艺流程数字化和建筑机器人应用。以企业资源计划（ERP）平台为基础，进一步推动向生产管理子系统的延伸，实现工厂生产的信息化管理。推动在材料配送、钢筋加工、喷涂、铺贴地砖、安装隔墙板、高空焊接等现场施工环节，加强建筑机器人和智能控制造楼机等一体化施工设备的应用。

（四）培育产业体系

探索适用于智能建造与建筑工业化协同发展的新型组织方式、流程和管理模式。加快培育具有智能建造系统解决方案能力的工程总承包企业，统筹建造活动全产业链，推动企业以多种形式紧密合作、协同创新，逐步形成以工程总承包企业为核心、相关领先企业深度参与的开放型产业体系。鼓励企业建立工程总承包项目多方协同智能建造工作平台，强化智能建造上下游协同工作，形成涵盖设计、生产、施工、技术服务的产业链。

（五）积极推行绿色建造

实行工程建设项目全生命周期内的绿色建造，以节约资源、保护环境为核心，通过智能建造与建筑工业化协同发展，提高资源利用效率，减少建筑垃圾的产生，大幅降低能耗、物耗和水耗水平。推动建立建筑业绿色供应链，推行循环生产方式，提高建筑垃圾的综合利用水平。加大先进节能环保技术、工艺和装备的研发力度，提高能效水平，加快淘汰落后装备设备和技术，促进建筑业绿色改造升级。

（六）开放拓展应用场景

加强智能建造及建筑工业化应用场景建设，推动科技成果转化、重大产品集成创新和示范应用。发挥重点项目以及大型项目示范引领作用，加大应用推广力度，拓宽各类技术的应用范围，初步形成集研发设计、数据训练、中试应用、科技金融于一体的综合应用模式。发挥龙头企业示范引领作用，在装配式建筑工厂打造“机器代人”应用场景，推动建立智能建造基地。梳理已经成熟应用的智能建造相关技术，定期发布成熟技术目录，并在基础条件较好、需求迫切的地区，率先推广应用。

知识点 2　智慧工地

一、智慧工地概念

智慧工地是建筑业从经验范式开始，经过理论范式、计算机模拟范式发展到第四范式的典型。它是以施工过程的现场管理为出发点，时间上贯穿工程项目全生命周期，空间上涵盖工程项目各情境，借助云计算、大数据、物联网、移动互联网、人工智能、BIM等各类信息技术，对“人、机、料、法、环”等关键因素控制管理，形成的互联协同、信息共享、安全监测及智能决策平台，共同构建而成的工程项目信息化系统。

二、智慧工地特征

通过对相关研究及实际应用状况分析，可以得出目前智慧工地具有以下 4 个特征：

（1）专业高效化。以施工现场一线生产活动为立足点，实现信息化技术与生产专业过程深度融合，集成工程项目各类信息，结合前沿工程技术，提供专业化决策与管理支持，真正解决现场的业务问题，提升一线业务工作效能。

（2）数字平台化。通过施工现场全过程、全要素数字化，建立起一个数字虚拟空间，并与实体之间形成映射关系，积累大数据，通过数据分析解决工程实际的技术与管理问题。同时构建信息集成处理平台，保证数据实时获取和共享，提高现场基于数据的协同工作能力。

（3）在线智能化。实现虚拟与实体的互联互通，实时采集现场数据，为人工智能奠定基础，从而强化数据分析与预测支持。综合运用各种智能分析手段，通过数据挖掘与大数据分析等手段辅助领导进行科学决策和智慧预测。

（4）应用集成化。完成各类软硬件信息技术的集成应用，实现资源的最优配置和应用，满足施工现场变化多端的需求和环境，保证信息化系统的有效性和可行性。

三、智慧工地总体架构

（一）智慧工地系统

智慧工地系统是为了实现智慧工地理念而开发设计的模块化、集成化的计算机应用系统，是支持对人和物全面感知、施工技术全面智能、工作互通互联、信息协同共享、决策科学分析、风险智慧预控的施工现场管理系统，目的在于变被动“监督”为主动“监控”。

（二）架构分层

架构，又称软件架构，是一系列相关的抽象模式，用于指导大型软件系统各个方面的设计。智慧工地应由感知层、网络层以及应用层组成。

（1）感知层。感知层由信息采集设备（各种传感器、监控设备、无人机等终端设备）对工地现场各类信息（人员、机械设备、物资、环境等）进行传感、采集。这些数据是智慧工地运行和决策的基础。

（2）网络层。网络层是智慧工地运作中至关重要的数据通道和处理中心，充当着连接感知层与应用层的桥梁角色。它确保数据能够高效流动和精准处理，其中包含了 4G 和 5G 网络、光纤通信、卫星通信以及物联网管理中心等网络设备和技术。这些技术手段保障数据的高速、稳定传输，实现数据实时、准确地传递至目标位置。此外，网络层也涵盖了云计算和大数据等技术，它们负责海量数据的存储、处理与分析，从而为上层应用提供有力支持。

（3）应用层。应用层是智慧工地的核心组成部分，主要涵盖多种基于数据的智能应用。这些应用利用网络层所处理和分析的数据，提供智能化的管理与服务功能，具体包括人员管理、机械设备管理、物资管理、环境与能耗管理、视频监控管理、施工过程检测与监测管理等。这些应用不仅有效提升了工地的运作效率和安全水平，同时也为管理者提供了全面且准确的工地状态信息，辅助其进行科学的决策制定。

（三）常见架构

软件架构是一个系统的草图。架构描述的对象是直接构成系统的抽象组件。各个组件之间的连接则明确和相对细致地描述组件之间的通信。因智慧工地系统适用的项目类型和项目相关单位不同，出现了架构层次划分的差异。智慧工地系统常见的架构层次划分见表10-2-1。

表 10-2-1　智慧工地系统常见的架构层次划分

序号	层数	各层名称	各层作用
1	3 层	数据访问层	对施工现场各类数据进行采集
		业务层	结合项目管理目标进行各类业务分析
		用户层	将分析结果传递到友好的用户界面
2	4 层	前端感知层	由传感器等智能硬件构成，主要用于施工现场数据采集
		本地管理层	将前端感知层的数据通过无线方式上传到本地管理平台，进行显示等处理
		云端部署层	将本地管理层的数据通过无线方式实时上传到智慧工地云平台，在云平台利用大数据技术，对数据进行统计处理，然后以折线图等方式显示，助力决策层决策
		移动应用层	将智慧工地云平台处理过的数据通过移动互联网技术，推送到智慧工地 APP，决策者可以随时随地查看施工现场情况和数据来决策
3	5 层	现场应用层	通过一系列实用的专业系统（如施工策划、人员管理、机械设备管理、物资管理、成本管理、进度管理、质量安全管理、绿色施工、BIM 应用等）对施工现场设置的装置进行数据采集（如模拟摄像机、编码器、RFID 识别、报警探测器、环境监测、门禁、二维码、智能安全帽、自动称重、车辆通行等）
		集成监管层	方便企业管理层对项目管理者进行监管。通过标准数据接口将项目数据进行整理和统计分析，实现施工现场的成本、进度、生产、质量、安全、经营等业务的实时监管
		决策分析层	在集成监管层基础上，应用数据仓库、联机分析处理（OLAP）和数据挖掘等技术，通过多种模型进行数据模拟，挖掘关联，可进行目标分析、资金分析、成本分析、资源分析、进度分析、质量安全分析和风险分析等
		数据中心层	为支持各应用而建立的知识数据库系统，包括人员库、机械设备库、材料信息库、技术知识库、安全隐患库、BIM 构件库等
		行业监管层	适用于政府部门按照法律法规或规范规程进行行业监管，包括质量监管、安全监管、劳务实名制监管、环境监管、绿色施工监管等
4	6 层	智能采集层	将各类终端、施工升降机、塔式起重机作业产生的动态情况、工地周围的视频数据、混凝土和渣土车位置、速度信息上传至通信层
		通信层	由通信网络组成，是数据传输的集成通道
		基础设施层	通过移动网络基站等传递数据至远程数据库
		数据层	存储项目中的实时数据和历史数据的数据库系统
		应用层	包含进度、成本、安全、质量、环保、人员、节能、设备、物料等的智能分析运算
		接入层	包含浏览器界面和移动终端界面供用户选用

四、智慧工地建设方向

（一）满足现场工作及监管的需要

智慧工地的建设要紧紧围绕“人、机、料、法、环”。“人”是根本，“法”是基础，“机”和“料”是施工的保证，“环”是条件，缺一不可，同时要满足一线管理岗位对现场作业过程所学知识的融合、应用。要针对现场工作人员所面对的具体工作，包括现场作业指导、处置、验收等，以及与现场施工管理人员相关的设计、监理、业主、分包等不同干系方之间的沟通管理，通过智慧工地的信息化手段实现要素的智能监控预测预警和工作的数据共享、实时协同等。

（二）整体规划，分步实施

智慧工地从本质上来讲依然属于信息化建设的范畴，从这个角度来讲，智慧工地的建设需要企业进行整体的规划。整体规划可以采用“从上到下”的方式，综合考虑集团和公司层到项目层，从监管业务到执行层业务的细节与关系，结合公司战略和信息化发展的整体规划方向，对公司和项目，乃至互联网＋智慧工地方案的各方面、各层次、各要素统筹规划，强调规划对象内部要素之间围绕核心理念和整体目标所形成的关联、匹配与有机衔接。结合公司战略和业务管理弱点，有针对性地梳理智慧工地的业务需求、技术标准和建设成本等，规划适合于企业的智慧工地的整体架构和实施步骤，选择重点或关键项目进行试点，逐步推进和推广。

（三）采取自建和购买服务相结合的方式建立系统

智慧工地现场的碎片化应用涉及多种软件系统，这些软件呈现出供应商多样化、技术集成度高、数据不一致等特征，但同时又表现出业务相对单一、系统架构简单、单品价格较低的特点。基于这些特性，智慧工地的建设宜采用多种方式相结合的策略。主要包括：①直接采购商业软件。这适用于商业化程度高且较为成熟的系统，可以在经过简单培训后直接投入使用，如一些手机应用、视频监控系统、劳务实名制软件等。②定制化或半定制化软件系统。这针对项目部有明确需求且具有个性化特征、市场上无对应成熟产品的情况，对项目部的能力要求较高，通常为某些大型项目所采用。③自主研发或合作开发。这是由企业层面主导的策略，项目部一般不涉及。自主研发需要企业具备较高的项目研发能力，并且通常会有较大的资金投入。

（四）建立配套的岗位流程制度提供支撑

智慧工地集成应用了物联网、云计算、移动等新技术手段，使得现场管理跨越了时空限制，符合现场走动式办公的特点。这样的信息化模式会改变现场管理和协同的方式，催生新的现场管理的工作模式。这样的新工作方式需要建立起相应的岗位和管理制度支撑。

实战演练

［2024 真题 · 单选］智慧工地总体框架中，发挥桥梁和枢纽作用，并负责处理大量数据的层次是（　　）。

A. 感知层　　B. 应用层

C. 扩展层　　D. 网络层

［解析］网络层是智慧工地运作中至关重要的数据通道和处理中心，充当着连接感知层与应用层的桥梁角色。它确保数据能够高效流动和精准处理，其中包含了4G和5G网络、光纤通信、卫星通信以及物联网管理中心等网络设备和技术。这些技术手段保障数据的高速、稳定传输，实现数据实时、准确地传递至目标位置。此外，网络层也涵盖了云计算和大数据等技术，它们负责海量数据的存储、处理与分析，从而为上层应用提供有力支持。

［答案］D

［经典例题・单选］关于智慧工地的说法，正确的是（　　）。

A. 智慧工地不依赖于任何先进的信息技术

B. 智慧工地在安全管理方面没有明显优势

C. 智慧工地利用数据共享和协作，实现资源的高效利用

D. 智慧工地的应用层不涉及人员管理和机械设备管理

［解析］智慧工地是建筑业从经验范式开始，经过理论范式、计算机模拟范式发展到第四范式的典型。它是以施工过程的现场管理为出发点，时间上贯穿工程项目全生命周期，空间上涵盖工程项目各情境，借助云计算、大数据、物联网、移动互联网、人工智能、BIM等各类信息技术，对“人、机、料、法、环”等关键因素控制管理，形成的互联协同、信息共享、安全监测及智能决策平台，共同构建而成的工程项目信息化系统，选项C正确。

［答案］C

参考文献

[1] 陆惠民，苏振民，王延树，等．工程项目管理 [M]. 3 版．南京：东南大学出版社，2015.

[2] 赖一飞，胡小勇，刘汕．工程项目管理学 [M]. 北京：武汉大学出版社，2015.

[3] 杨晓林．工程项目管理 [M]. 北京：机械工业出版社，2021.

[4] 何元斌，韩利红．工程项目管理 [M]. 成都：西南交通大学出版社，2016.

[5] 张立新，姜吉坤．工程项目管理 [M]. 北京：化学工业出版社，2017.

[6] 程元军．项目质量管理 [M]. 北京：机械工业出版社，2007.

[7] 张公绪．新编质量管理学 [M]. 北京：高等教育出版社，2003.

[8] 王新华，韩沚清．质量管理学 [M]. 北京：中国矿业大学出版社，1999.

[9] 许程洁，张淑华．工程项目管理 [M]. 武汉：武汉理工大学出版社，2012.

[10] 解立远．工程项目管理 [M]. 成都：西南交通大学出版社，2013.

[11] 中华人民共和国住房和城乡建设部，中华人民共和国国家质量监督检验检疫总局．建设工程监理规范：GB/T 50319—2013 [S]. 北京：中国建筑工业出版社，2013.

[12] 中华人民共和国国家质量监督检验检疫总局，中国国家标准化管理委员会．质量管理体系 基础和术语：GB/T 19000—2016 [S]. 北京：中国标准出版社，2016.

[13] 中华人民共和国住房和城乡建设部，中华人民共和国国家质量监督检验检疫总局．建筑工程施工质量验收统一标准：GB 50300—2013 [S]. 北京：中国建筑工业出版社，2013.

[14] 中华人民共和国住房和城乡建设部，中华人民共和国国家质量监督检验检疫总局．建设工程项目管理规范：GB/T 50326—2017 [S]. 北京：中国建筑工业出版社，2017.

[15] 中华人民共和国住房和城乡建设部，中华人民共和国国家质量监督检验检疫总局．建设工程工程量清单计价标准：GB/T 50500—2024 [S]. 北京：中国计划出版社，2024.

[16] 中华人民共和国国家市场监督管理总局，中国国家标准化管理委员会．职业健康安全管理体系 要求及使用指南：GB/T 45001—2020 [S]. 北京：中国标准出版社，2020.

[17] 中华人民共和国国家质量监督检验检疫总局，中国国家标准化管理委员会．环境管理体系 要求及使用指南：GB/T 24001—2016 [S]. 北京：中国标准出版社，2016.

[18] 中华人民共和国住房和城乡建设部，中华人民共和国国家质量监督检验检疫总局．建筑工程绿色施工规范：GB/T 50905—2014 [S]. 北京：中国建筑工业出版社，2014.

[19] 赵振宇．中国国际工程承包：数据、模型与实践 [M]. 北京：清华大学出版社，2018.

[20] 赵丕熙．国际工程承包项目管理实务 [M]. 北京：科学技术文献出版社，2011.

[21] 许焕兴，赵莹华．国际工程承包 [M]. 2 版．大连：东北财经大学出版社，2009.

[22] 王汉军．国际工程承包法律风险浅析及应对策略 [J]. 城市建设理论研究（电子版），2017（30）：206-207.

[23] 葛刚．国际工程承包项目汇率风险分析及应对策略探讨 [J]. 财会学习，2017 (13)：222.

[24] 张健．国际工程承包政治风险应对策略研究 [D]. 北京：北京交通大学，2017.

[25] 黄莺．FIDIC 施工合同条件 [M]. 北京：中国建筑工业出版社，2018.

[26] 黄兰，马惠香．BIM 应用 [M]. 北京：北京理工大学出版社，2018.

[27] 王要武，陶斌辉．智慧工地理论与应用 [M]. 北京：中国建筑工业出版社，2019.

亲爱的读者：

如果您对本书有任何感受、建议、纠错，都可以告诉我们。我们会精益求精，为您提供更好的产品和服务。

祝您顺利通过考试！

扫码参与调查

建造师考试研究院